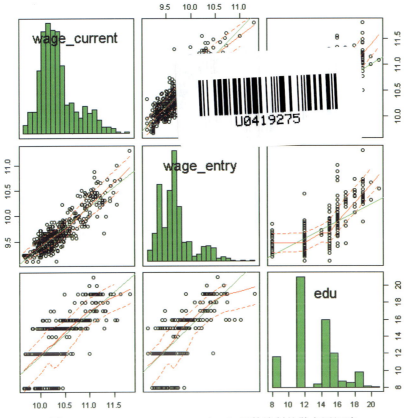

图 4-11 scatterplotMatrix() 函数绘制的散点图矩阵

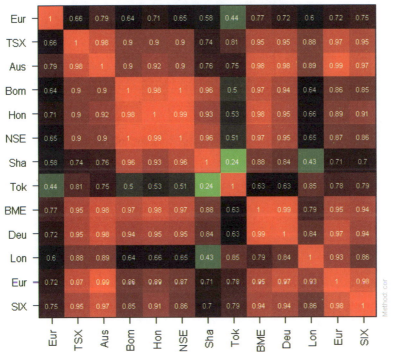

图 4-18 用 fAsset 包绘制的相关系数矩阵图

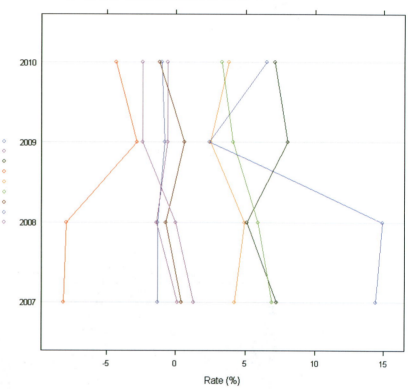

图 4-24 另一组参数设置下的 dotplot() 绘图

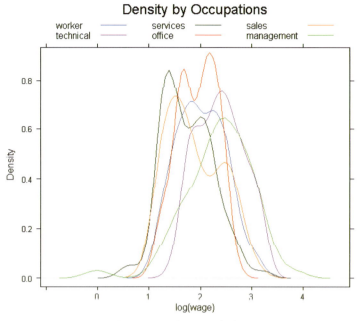

图 4-28 重叠显示的密度图

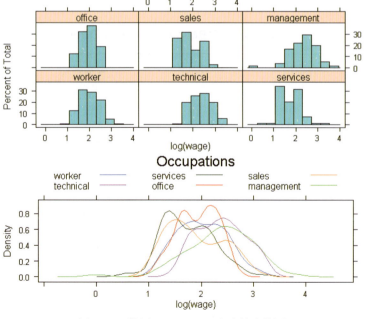

图 4-29 使用 plot.trellis() 完成的合并图

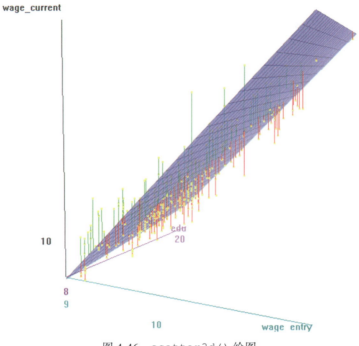

图 4-46　scatter3d()绘图

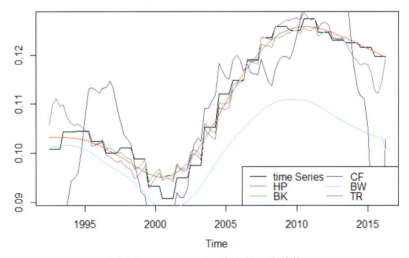

图 8-7　mFilter()取出的 5 个趋势

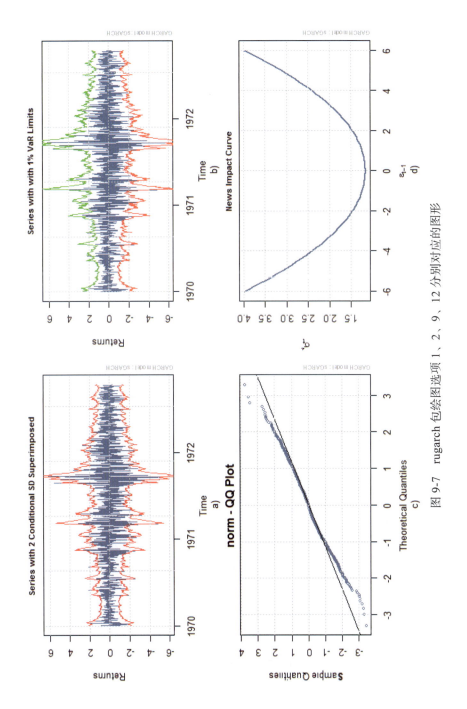

图 9-7 rugarch 包绘图选项 1、2、9、12 分别对应的图形

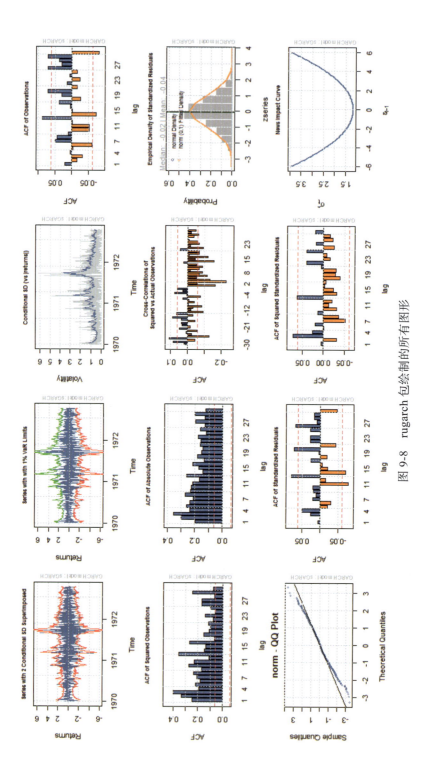

图 9-8 rugarch 包绘制的所有图形

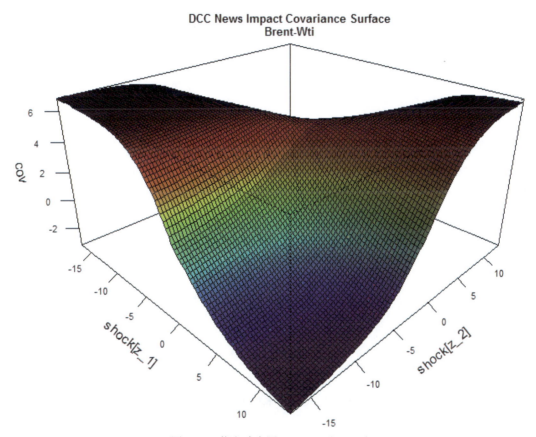

图 11-3 信息冲击图 nisurface(fitDcc)

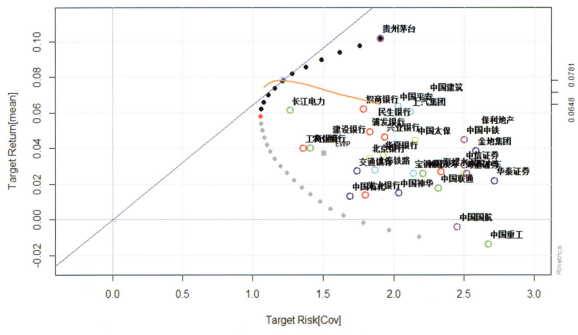

图 12-6 以标准差做风险的投资有效边界图

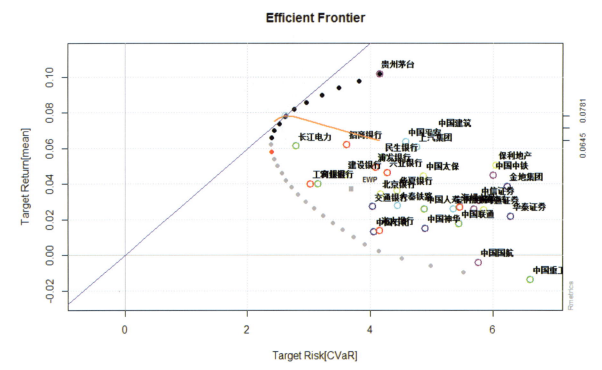

图 12-7 以 CVaR 为风险的投资有效边界图

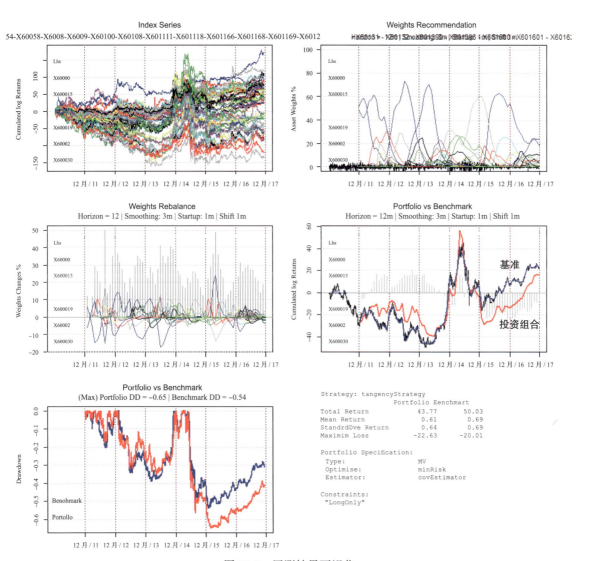

图 12-8 回测结果可视化

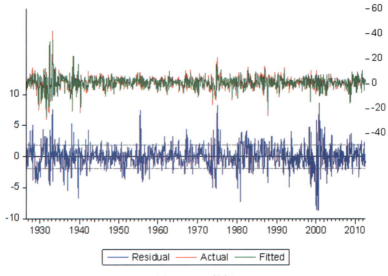

图 14-10 数据

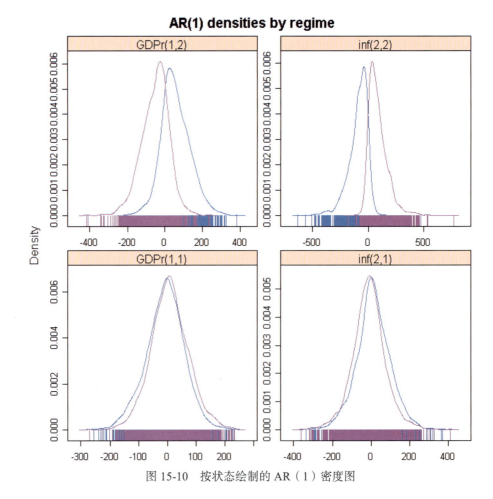

图 15-10 按状态绘制的 AR（1）密度图

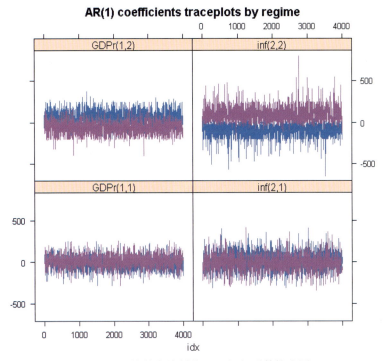

图 15-11　按状态绘制的 AR（1）系数轨迹图

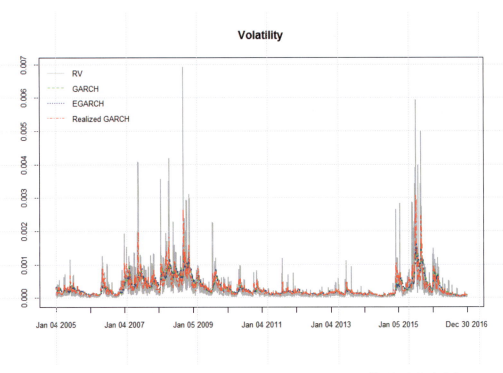

图 20-2　已实现波动率 RV 与 GARCH、EGARCH 和 RGARCH 模型拟合的波动率

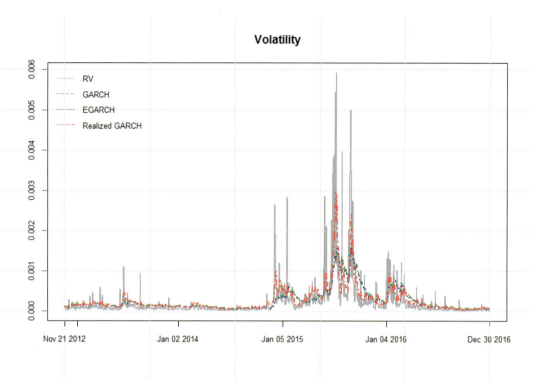

图 20-4　已实现波动率 RV 与 GARCH、EGARCH 和 RGARCH 模型预测的波动率

图 24-1　铜期现货价格走势图

| 数据科学与大数据分析丛书 |

同济大学研究生教材出版基金资助（2018JC002）

FINANCIAL AND ECONOMETRIC ANALYSIS WITH R

经济与金融计量方法

原理、应用案例及R语言实现

何宗武　马卫锋 /编著

机械工业出版社
China Machine Press

图书在版编目（CIP）数据

经济与金融计量方法：原理、应用案例及 R 语言实现 / 何宗武，马卫锋编著 . —北京：机械工业出版社，2019.7

ISBN 978-7-111-62978-8

I. 经… II. ①何… ②马… III. 经济计量分析 IV. F224.0

中国版本图书馆 CIP 数据核字（2019）第 115127 号

本书版权登记号：图字 01-2019-0098

  本书主要论述了概率、统计与 R 语言基础，单变量和多变量时间序列分析，非线性时间序列分析，面板数据分析，高频数据分析，并在最后选择经济金融领域几个长盛不衰的研究范例，运用书中讲解的模型，采用 R 语言去实现对计量模型结果的解读。

  本书是为大众读者，特别是广大经济、金融专业的本科生和研究生读者提供的研究模板和实证方法手册。

出版发行：机械工业出版社（北京市西城区百万庄大街 22 号　邮政编码：100037）
责任编辑：王宇晴　　　　　　　　　　　责任校对：李秋荣
印　　刷：中国电影出版社印刷厂　　　　版　　次：2019 年 7 月第 1 版第 1 次印刷
开　　本：185mm×260mm　1/16　　　　印　　张：26.75（含 0.75 印张彩插）
书　　号：ISBN 978-7-111-62978-8　　　定　　价：69.00 元

凡购本书，如有缺页、倒页、脱页，由本社发行部调换
客服热线：（010）88379210　88379833　　　投稿热线：（010）88379007
购书热线：（010）68326294　　　　　　　　读者信箱：hzjg@hzbook.com

版权所有·侵权必究
封底无防伪标均为盗版
本书法律顾问：北京大成律师事务所　韩光 / 邹晓东

不是序的序

大约一个月前,何宗武教授专门来我的办公室,送来他和马卫锋老师合作的新著《经济与金融计量方法:原理、应用案例及 R 语言实现》的书稿,嘱托我为其作序。正值学期结束之际,本人事务繁杂,拖至今日方才动笔,实在汗颜。不过,我回想起与宗武兄交往的这几年历程,还是颇有感触的。

斗转星移,花开花落,我和宗武兄,即何教授,相识已有五年时间。当时他还在世新大学财金系任教,随赖鼎铭校长一行访问同济大学,由于共同的学术兴趣,我们彼此之间有了更多的交流与合作。五年来,何教授不仅与本人结下深厚友谊,更与同济大学经济与管理学院的好几位老师结缘,马卫锋老师就是其中的一员,这本书既是两位共同努力的成果,也是他们俩友谊的象征。如今,何宗武教授已经就职于台湾师范大学,但我相信,他与同济大学的合作将依然紧密无间。

宗武兄曾就读于美国犹他大学,荣获经济学博士学位,在国际知名期刊上发表了多篇高水平学术论文。他不仅精于各种计量模型的构建和改进,还擅长将其与各种应用场景结合,并通过 R 语言予以软件实现。卫锋弟,即马老师,理论基础扎实,并对中国经济发展和金融实践中的种种现实问题有着深刻的理解和系统认知。在宗武兄和卫锋弟合作的这本新著中,系统展示和介绍了有关 R 语言、数据结构及数据对象处理、数据存取及预处理、R 的绘图工具、概率与统计分析原理、线性模型及其扩展等基础知识,并围绕单变量时间序列分析、多变量时间序列分析、非线性时间序列分析、面板数据分析、高频数据分析等主题进行了专门的方法和工具讲解。最后,以七种实际应用场景为对象,开展了通过 R 语言予以软件实现的应用研究。就总体而言,这本新书既可以让初学者迅速理解和掌握 R 语言及其应用的各种窍门，也可以对经济金融界的理论研究工作者们形成诸多有益启示。

作为两位作者的好朋友，希望这只是他们合作的开端，本人乐见两位将来有更多、更有价值和更有趣的作品问世。同时，我也真心盼望越来越多大陆和台湾的学者携起手来，开展更多高质量学术研究，造福两岸。

陈　强

同济大学经济与管理学院教授、博士生导师，同济大学文科办主任

2018 年 9 月 29 日

自序
Foreword

  这本新著《经济与金融计量方法：原理、应用案例及 R 语言实现》，是以我在同济大学这几年来给金融经济博士班学生讲授的教材为蓝本，经过几年的整理和修改而成的。当年我访问同济大学是应陈强教授之邀，做过两次短期授课，而后，我继续和马卫锋老师一起规划了这门课程。我每年除了讲授基本的计量经济与金融的方法，也同时新增了一些当年较新兴的主题。因而，门限模型（Threshold Modelling）到混频模型（MIDAS）的内容，都逐年加入课程。2018 年暑假，我开始增加高频数据风险分析的新主题，上课的学生也都有优秀的表现。

  基于从陈强教授开始结下的因缘，我和马老师皆认为这一段时间的授课意义非凡，从 2018 年起我们开始准备把授课资料整理出版。在整个授课过程中，马老师不但全程陪学生上课，而且课后也无私地辅导学生，对于授课内容的熟悉，无人能出其左右。

  本书内容涵盖很多计量方法主题，自学和上课皆宜，数据实操部分也提供了 R 语言代码。全书分成七部分，除了第七部分是论文实操案例之外，其余内容依照学习深浅程度分成六部分。除了第一部分以外，其余内容授课教师都可依照"部分"进行选配。例如，多变量、非线性和面板数据等，都可以和第一部分搭配。如果只是学习 R 语言，那么第一部分的前几章是 R 语言的基础知识，它将六大数据的结构和语法做了详细的解说，包括如何透过 R 连接 MySQL/SQL 数据库与函式程序撰写。

  讲学的这段时间，我不但和同济大学的优秀学者有深入的接触与交流，也结识了不少杰出的硕博士生，如 2017 年的博士生王盼盼、更早的夏婷博士，还有

2018年暑假口试毕业的蒋伟博士，他们都是优秀的青年学者。硕士生可圈可点的更是难以计数。

  本书得以出版，我要感谢许多人。没有马老师的细心整理、代码测试与编校，就没有这本书。没有陈强教授每个暑假的茶叶打气，也没有这本书。当然，没有那一群上课的学生，更成就不了这本书。2018年暑假的那群学生，是我永远忘不了的小伙伴。

何宗武

台湾师范大学管理院全球经营与策略研究所教授

2018 年 8 月 31 日

前言
Preface

在大数据时代,数据的管理和建模分析是商务决策的关键一环。R 语言是一个对数据进行统计分析、可视化和统计编程的强大工具,在学术研究、商务分析等诸多领域中均被广泛使用。

本书将计量经济学理论与模型及其在 R 语言中的实现相结合,并配以多个研究主题下的实证研究范例进行讲解,力图打造一本三位一体(模型+软件实现+应用)的金融数据建模分析和经济金融实证研究的实用宝典。

本书适合作为经济类相关专业的高年级本科生、硕士生和博士生的计量经济学、金融数据分析等相关课程的教材,或者金融实证研究的参考手册。本书也适合从事经济与金融数据分析等金融行业的从业人员使用。

本书侧重时间序列分析,内容覆盖较广,从 R 语言使用入门到概率统计基础,从单变量时间序列模型到多变量时间序列模型,从线性时间序列模型到非线性时间序列模型,也兼顾了面板数据及高频数据分析的主题。全书分为七大部分:第一部分介绍 R 语言的使用入门、数据分析与可视化的基本方法、概率与统计基础、线性回归模型等基础知识与方法。有相关基础的读者可以选择性地跳过相关章节。第二部分介绍单变量时间序列的相关模型和方法,主要包括 ARMA、ARIMA、单变量 GARCH 等模型及其相关处理。第三部分介绍多变量时间序列的相关模型和方法,主要包括 VAR、VECM、多变量 GARCH 等模型及其相关处理,以及多变量分析方法在投资组合分析上的运用。第四部分介绍非线性时间序列模型,主要包括门限 VAR、门限 VECM、结构变化、马尔科夫状态转换等模型及其相关处理。第五部分是面板数据分析专题。第六部分是高频数据分析专题,主要介绍颇有难度的 MIDAS 模型及其处理。第七部分是几个研究主题的实证研究范例。

请读者留意,在本书各种演示用的范例代码中,代码行使用了加粗字体,前面没有放置 R 默认的命令提示符 >。代码执行后的输出结果放在代码行下面，使用没有加粗的小字号字体。

本书的出版得到了机械工业出版社的支持和帮助，并获得了同济大学研究生教材出版基金（2018JC002）的资助。由于时间和水平的限制，纰漏之处在所难免，恳请读者提出宝贵意见！

推荐序
自序
前言

第一部分　R 语言及概率、统计基础

Chapter 1
第 1 章　R 语言概览 / 2

1.1　选择 R 语言的理由 / 2
1.2　R 的安装 / 4
1.3　R 使用概览 / 6
1.4　常用的图形用户界面 / 10

Chapter 2
第 2 章　数据结构及数据对象处理 / 21

2.1　数据类型 / 21
2.2　数据结构 / 22
2.3　常规数据对象的处理 / 30
2.4　时间序列对象的处理 / 39

Chapter 3
第 3 章　数据存取及预处理 / 51

3.1　数据文件读取 / 51
3.2　数据的网络获取 / 57

3.3 数据库访问 / 65

3.4 数据处理常用函数 / 71

3.5 数据的基本统计分析 / 74

Chapter4
第 4 章　R 的绘图工具 / 79

4.1 数据分布特征的视觉化 / 79

4.2 基础绘图函数 plot() / 82

4.3 多笔数据的视觉呈现 / 88

4.4 多因素分析与栅格图 / 98

4.5 时间序列图形的绘制 / 108

4.6 三维立体图形的绘制 / 117

4.7 地图相关图形的绘制 / 119

4.8 函数曲线的绘制 / 122

4.9 图形的外部存储 / 123

Chapter5
第 5 章　概率与统计分析原理 / 125

5.1 统计分析原理 / 126

5.2 函数原理和数据分析 / 129

5.3 R 的金融工具箱 / 131

Chapter6
第 6 章　线性模型 / 137

6.1 基础线性回归原理：最小二乘法 / 137

6.2 单变量线性回归 / 138

6.3 多元连续变量线性回归 / 144

6.4 因子和交互效果 / 146

6.5 回归诊断检验 / 149

6.6 简单时间序列回归：dynlm() / 151

6.7 共线性检验 / 153

Chapter7
第 7 章　线性模型的扩展 / 155

7.1 广义线性模型 / 155

7.2 稳健统计量 / 167

第二部分 单变量时间序列分析

Chapter 8
第 8 章 时间序列的平稳性 I(0) 和 I(1) / 174

- 8.1 时间序列性质 / 174
- 8.2 单笔时间序列性质 / 175
- 8.3 ARMA 过程 / 182
- 8.4 序列相关的检验与修正 / 184
- 8.5 时间序列预测 / 186
- 8.6 ARIMA 和季节 ARIMA 的自动配置 / 188
- 8.7 非平稳时间序列及其单位根检验 / 189

Chapter 9
第 9 章 单变量 GARCH 模型 / 196

- 9.1 单变量 GARCH 原理 / 196
- 9.2 单变量 GARCH 的简易操作 / 199
- 9.3 单变量 GARCH 的专业处理 / 206

第三部分 多变量时间序列分析

Chapter 10
第 10 章 向量自回归和误差修正模型 / 214

- 10.1 平稳 VAR 多变量原理 / 214
- 10.2 R 包与 VAR 程序范例 / 215
- 10.3 VECM 的协整分析 / 220

Chapter 11
第 11 章 多变量 GARCH 模型 / 226

- 11.1 多变量 GARCH 原理 / 226
- 11.2 多变量 GARCH 的处理 rmgarch 包 / 228
- 11.3 设定条件的多样化 / 233

Chapter 12
第 12 章 多变量的投资组合运用 / 234

- 12.1 初步选择资产 / 234
- 12.2 多元化投资组合与回测 / 236

第四部分 非线性时间序列分析

第 13 章 门限和平滑转移 / 246

13.1 门限单位根过程 / 246

13.2 门限 VAR / 251

13.3 门限 VECM / 254

13.4 平滑转换模型 / 256

第 14 章 结构变化 / 257

14.1 结构变化的检验 / 257

14.2 Bai-Perron 方法 / 266

第 15 章 马尔科夫转换模型 / 273

15.1 模型简介 / 273

15.2 R 范例程序说明 / 277

第五部分 面板数据分析

第 16 章 面板数据及其模型 / 290

16.1 概述 / 290

16.2 基本线性模型 / 295

16.3 维度 N 的异质性 / 297

第 17 章 面板数据模型的检验 / 307

17.1 固定效应模型 / 307

17.2 随机效应模型 / 308

17.3 随机效应与固定效应的选择 / 310

17.4 序列相关检验 / 312

17.5 序列相关的修正 / 315

第 18 章 面板数据的延伸主题 / 323

18.1 动态面板数据与广义矩 GMM 估计 / 323

18.2　具门限效果的面板回归 / 327

第六部分　高频数据分析

Chapter19
第 19 章　混频模型：MIDAS / 330

19.1　MIDAS 的原理 / 330

19.2　MIDAS 在 R 中的实现 / 332

第七部分　研究实例及 R 实现

Chapter20
第 20 章　基于已实现 GARCH 的高频数据波动率建模 / 340

20.1　模型介绍 / 340

20.2　中国股市的实证研究案例 / 341

20.3　本章小结 / 346

Chapter21
第 21 章　基于 DCC-GARCH 的波动率溢出研究 / 347

21.1　模型的特征与估计原理 / 347

21.2　中美股市动态相关性实证研究案例 / 348

Chapter22
第 22 章　基于 TVAR 和 VAR 的量价关系研究 / 354

22.1　基于 TVAR 的标准普尔 500 指数量价关系研究 / 354

22.2　基于 VAR 的道琼斯指数量价关系研究 / 357

Chapter23
第 23 章　沪港通对 A + H 股联动性的影响 / 362

23.1　选题介绍 / 362

23.2　文献综述 / 362

23.3　实证方法：DCC-GARCH 模型及其估计原理 / 363

23.4　数据处理与实证结果 / 364

Chapter24
第 24 章　铜期货与现货的协整关系 / 373

24.1　门限 VECM 模型概述 / 373

24.2 背景概述 / 373

24.3 数据处理与实证结果 / 374

Chapter25
第 25 章　沪深 300 股指期现货关系的实证研究 / 381

25.1 背景介绍 / 381

25.2 文献综述 / 381

25.3 数据处理与实证结果 / 382

25.4 研究结论 / 386

Chapter26
第 26 章　中国商品期货指数通胀对冲能力的实证研究 / 387

26.1 背景介绍 / 387

26.2 相关文献综述 / 388

26.3 通胀对冲定义 / 388

26.4 数据处理与实证结果 / 388

26.5 主要的 R 程序代码及其说明 / 391

参考文献 / 393

后记 / 400

第一部分
PART1

R 语言及概率、统计基础

第1章　Chapter 1

R 语言概览

古人云："工欲善其事，必先利其器。"在大数据时代，我们手上应该有一套进行数据分析的利器。R 语言就是其中一种。

1.1 选择 R 语言的理由

用于数据统计、计量分析的工具有很多，之所以选择 R 语言，主要在于 R 语言自身具有的诸多优势。

1. 强大的数据分析功能

R 语言是一个开源的数据分析环境，1995 年由新西兰奥克兰大学统计系的罗斯·伊哈卡（Ross Ihaka）和罗伯特·杰特曼（Robert Gentleman）两个人在 S 语言（贝尔实验室开发的一种统计用编程语言）的基础上建立起来的，以更好地进行统计计算和绘图。因为他们名字的第一个字母都是 R，所以这门语言就被叫作 R 语言（以下简称 R）。

R 是统计学家发明的语言，天生具有统计的基因，统计分析能力是 R 与生俱来的，是其最为核心的竞争力。R 中有各种各样的软件包（package，简称"包"）几乎覆盖了整个统计领域的前沿算法，能够轻巧地完成几乎所有类型的数据整理和统计分析工作。知名的数据分析资讯网站 KDnuggets 的调查显示，近几年来 R 语言都是数据分析、数据挖掘、数据科学领域排名第一的主流语言和工具。⊖

2. 强大的图形绘制功能

数据分析中，绘制图形通常有助于更好地探索数据信息或展示研究结果，一幅精心绘制的图形很多时候会胜过千言万语。这也是数据可视化越来越被重视的原因。

⊖ https://www.kdnuggets.com/.

R 具有强大的数据展示能力，在数据可视化领域表现出众。图形绘制也是 R 语言最为拿手的功能，R 官方网站描述 R 的第一句话——"R 是一个统计计算和绘图的自由软件环境"就已经开门见山地强调了这一点。

除了 R 内建的基本图形系统（base 包）之外，grid、lattice 和 ggplot2 三个常用的包也提供了额外的图形系统，扩展了 R 的绘图能力。借助这些包，R 能绘制出顶尖水准的、可直接用于出版的精美图形。

完善的数据分析功能再加上强大的绘图功能，是我们学习 R 的最大理由。

3. 强大的拓展和开发能力

R 虽然与 C 语言之类的程序设计语言差别很大，但仍保留了程序设计语言的基础逻辑与自然的语言风格。作为编程语言，R 具有强大的开发和拓展能力，可以编制自己的函数，或制作独立的统计分析包、快速实现新算法。

R 是开源的自由软件，开发者可以开发自己的软件包，封装自己的功能，然后在 CRAN 上面发布。R 中各种包和函数的透明性极好，这使得对函数的调整和改良变得非常便利。如有需要，我们可以把其源码调出来进行相应修改，在其他绝大多数统计软件里这基本上是不可能的事情。关于这一点，时任 Google 首席经济学家的知名学者哈尔·范里安（Hal Varian）讲得非常贴切："R 拥有大量可用的工具包，其最让人惊艳之处是你可以任意修改这些工具包以便你完成要做的事情，这无疑是让你站在巨人的肩膀上工作。"[1]

4. 强大的社区支持

R 社区庞大。R 诞生于统计社区，服务于数据，并随着数据逐渐渗透到了各行各业。早期主要是被学术界的统计学家用于统计分析、应用数学、计量经济、金融分析、财经分析、数据挖掘、人工智能、数据可视化、生物信息学、生物制药、全球地理科学、人文科学等各种不同领域。近年来，随着大数据应用的兴起，越来越多的其他行业的数据分析人员（如金融分析师、互联网数据分析师、IT 工程人员、广告数据分析人员等）认识到了 R 语言的强大功能，不断加入 R 的使用者大军。

R 社区学习资源非常丰富。R 有完备的帮助系统和大量的文档可以供用户学习使用；R 有庞大的用户群体，有很多活跃的讨论群和论坛，讨论内容涉及 R 的方方面面。在这些论坛中提出的有意义的问题，几乎总能得到快速回应。

R 社区软件包资源丰富。目前，CRAN（Comprehensive R Archive Network）上已经有 1 万多个通过严格审核的 R 包，而且其数量正以指数级的速度增长（见图 1-1）。其内容涵盖了从基本统计计算到机器学习，从金融分析到生物信息，从社会网络分析到自然语言处理，从各种数据库各种语言接口到高性能计算模型，可以说无所不包，无所不容。⊖大量 R 包的存在也是 R 本身具有高可扩展性的体现。

5. 免费

这一点很重要，不必多说。对尚未工作、没有收入的广大同学来说，免费尤为重要！R 更新频繁，有时候隔一两个月就会有新版本发布，所有的更新版本都是免费的！

除此之外，R 具备跨平台的能力，可运行于包括 Windows、UNIX 和 Mac OS X 等

⊖ 截至 2017 年 8 月 16 日，CRAN 上共有 11 237 个包。最新数据可在任何一个 R 的镜像网站（比如 https://mirrors.tuna.tsinghua.edu.cn/CRAN/）上查看。

在内的主要计算机操作系统上（本书讲解以 Windows 系统为例）；R 也具备与其他软件协同工作的能力，它可以调用 C、Python 等，其功能也可以被整合进 C++、Java、Python 等其他语言编写的应用程序中；R 可以良好地支持各种格式的数据文件，并且提供丰富的数据接口。这些特点都给我们带来了使用便利，也拓宽了 R 自身的使用领域和发展前景。

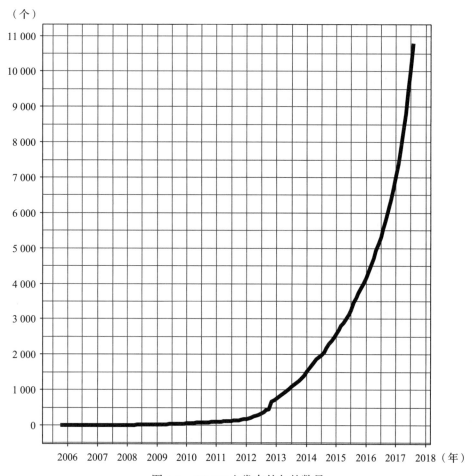

图 1-1　CRAN 上发布的包的数量

资料来源：R 语言官方网站。㊀

R 不仅仅是一门编程语言，也不仅仅是一个统计软件，更是一个数据分析工具的宝库，也是一个学习和工作的宽广的、坚实的平台。无论你为了近期得出实证结果，以完成学业、拿到学位，还是为了修炼数据分析能力，以实现成为数据科学家的职业理想，R 都是一个理想的选择。

1.2　R 的安装

R 是一个轻量型软件，安装比较简单、快捷。

㊀ 该图数据是本书作者使用 R 从 R 官网上直接抓取数据，运用 ggplot2 包绘制的。

首先，登录 R 官方主页：https://www.r-project.org/，点击窗口中间位置的"download R"或窗口左侧的"CRAN"（见图 1-2），之后在弹出的页面中选择 CRAN 镜像站点（比如 https://mirrors.tuna.tsinghua.edu.cn/CRAN/）。⊖接下来，根据所用的计算机操作系统选择相应版本的 R，最后进入下载页面（见图 1-3）下载。最后点击下载到的安装包，根据提示一步步安装即可。⊜

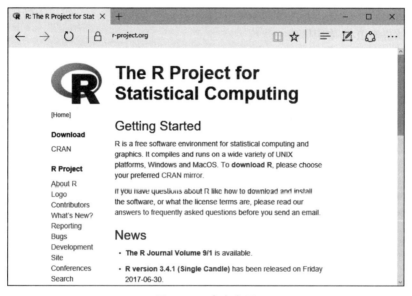

图 1-2　R 官方主页

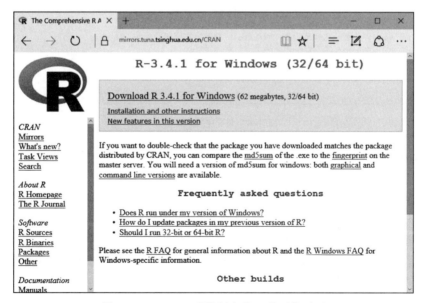

图 1-3　Windows 系统版本的 R 的下载页面

⊖ 为了下载速度更快，尽量选择离我们近些的国内站点。
⊜ 安装选项根据自己的使用习惯选择，建议安装过程中在"启动选项"窗口选择"Yes"（自定义启动）并在随后的"显示模式"窗口选择"SDI"（多个分开的窗口）。

1.3 R 使用概览

1.3.1 工作界面

R 启动后，界面简洁（见图 1-4）。默认情况下，R 只提供一个简单的命令行界面（command line interface, CLI），菜单也比较简单。用户在命令行提示符 > 后面输入命令，回车后即执行。

现在已经有很多 R 的图形界面供我们选择，下一节中我们重点介绍三个常用界面。这些图形界面能够提高 R 的使用体验，建议大家尝试。

我们以一段代码的演示作为 R 使用入门的开始。

这段代码分别将 x 和 y 赋值为 1 和 2，并将 x+y 的结果赋值给 z，最后将 "1 + 2 = 3" 作为字符串赋值给 Equ。需要提醒的是 R 是区分大小写的，Equ 和 equ 是不同的，在编写代码的时候一定要注意大小写。

R 中默认的赋值符号为 <-，大多数情况下，赋值符号也可以用 = 代替；# 开始的部分是注释语句，不会被执行。在 R 中编写程序代码时常常会用到。

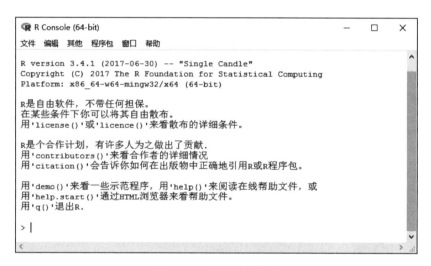

图 1-4 R 的控制台界面

如范例程序 1-1 所示，一个命令行中通常只有一条命令代码。如果有多条，要用分号间隔。

命令代码没有输入完毕也可以换行，此时 R 下一个命令行会出现 +，光标闪烁等待新的输入。无论几行，命令代码都必须完整，否则 R 会一直等待或报错。

当前会话过程中输入的所有命令代码 R 都有记录，使用上下方向键可以查看已输入命令的历史记录，从而选择一个之前输入过的命令并适当修改，回车之后就可以重新执行。

R 中的数据有多种数据类型和数据结构，我们会在下一章介绍。

范例程序 1-1：R 首秀

```
x <- 1; y <- 2          # 将 x 赋值为 1，将 y 赋值为 2
z <- x + y              # 将 z 赋值为 x+y 的值
Equ <- paste(x, "+", y, "=", z, sep=" ")
   # paste() 函数用于连接字符串，可以将 x 的值、加号、y 的值、等号、z 的值作为字符串连接起来，赋值给 Equ;
   用 sep=" " 设定字符串的几个组成部分间的连接符为空格
```

```
Equ
[1] "1 + 2 = 3"
```

1.3.2 工作环境设定

合理设定工作环境有助于高效地开展工作。工作环境设定的内容很多，下面本书将介绍其中常用的几个。

1. 工作目录设定

最常用到的是对工作目录（working directory）的设定。工作目录是 R 用来读取文件和保存结果的默认目录。很多时候读取和加载数据出错都是因为要读取和加载的数据文件不在当前工作目录中。使用 **getwd()** 可以查看当前工作目录是什么，使用 **setwd(**"*mydirectory*"**)** 可以把工作目录设定为自选目录 *mydirectory*。

注意 **setwd()** 命令的目录路径中必须使用正斜杠（/），而且函数 **setwd()** 不会自动创建一个不存在的目录。若有必要，可先用函数 **dir.create(**"*mydirectory*"**)** 创建新目录 *mydirectory*，然后用 **setwd(**"*mydirectory*"**)** 将工作目录设为这个新目录。

```
getwd()                         # 显示当前工作目录
[1] "D:/BigData"
setwd("D:/futData")             # 将当前工作目录设为 D:\futData，R 中路径的表示要用 /
```

2. 可选项设置

工作环境中有很多参数可以设定。可以用不加任何参数的 **options()** 显示当前选项的情况，用 **help(options)** 显示可选项的说明，大家可以试试看。我们选择常用的关于数据位数和高频数据时间显示格式的相关可选项的设定举例演示，如范例程序 1-2 所示。

范例程序 1-2：R 中的可选项设置

```
x <- 6.6; y <- 6.666; m <- 66.66; n <- 6666.6
z <- c(x,y,m,n)                 # 将 x、y、m 和 n 的值合并为向量
x; y; m; n; z
[1] 6.6
[1] 6.666
[1] 66.66
[1] 6666.6
[1]    6.600    6.666   66.660 6666.600
options(digits=3)               # 将数字格式化，可能的情况下显示为 3 位有效数字的格式
x; y; m; n; z
[1] 6.6
[1] 6.67
[1] 66.7
[1] 6667
[1]    6.60    6.67   66.66 6666.60
Sys.time()                      # 显示当前系统时间
[1] "2017-08-19 10:54:13 CST"
options(digits.secs=3)          # 设定时间显示为秒后 3 位小数（毫秒）
Sys.time()
[1] "2017-08-19 10:54:42.359 CST"
```

3. 工作空间操作

所谓工作空间（workspace）就是当前 R 的工作环境。内存中的对象（向量、矩阵、函数、数据框、列表等）、工作环境的设置等都记录在工作空间中。在一个 R 会话结束（关闭

R）时，R 会询问是否保存当前工作空间（见图 1-5），如果选择"是"，当前工作空间会被保存到当前工作目录中。如果当前工作目录是 R 默认的工作目录，则下次启动 R 时会自动载入之前保存的工作空间。

一个可选的做法是：根据项目设立目录，每一个项目存放在一个独立的目录中。每次 R 会话结束时选择保存工作空间。之后，每次启动 R 后先使用 `setwd()` 命令指定到某一个项目的路径，然后用 `load()` 命令加载之前保存的工作空间镜像。命令代码举例如下：

图 1-5　保存工作空间询问窗口

```
setwd("D:/futData")
load(".RData")
```

一个更简便的办法是打开这一项目所在的文件夹，双击该镜像文件。这样就可以完成启动 R、载入工作空间镜像、将该文件夹设为当前工作目录这一系列动作。

当然，我们可以自定义工作空间镜像文件的保存路径和名称。例如：

```
save.image("D:/futData/myData.RData")    # 保存工作空间到文件 myData.RData 中
```

我们可以选择特定对象进行保存。命令格式为 `save(objectlist, file="myfile")`。承接范例程序 1-2，示例如范例程序 1-3 所示。

范例程序 1-3：工作空间操作

```
ls()                              # 列出当前工作空间中的所有对象
[1] "Equ" "m" "n" "x" "y" "z"
save(z, file="zdata.RData")       # 将 z 保存到文件 zdata.RData 中
rm(z)    # 移除（删除）z，在内存空间紧张的时候，通过 rm() 移除一些对象可能会有所改观
```

4. 自定义启动环境

如果在每次启动 R 开始一个会话后就需要设置某些环境可选项、设置工作目录、加载某些包等重复性工作，那么通过自定义 R 的启动环境就可以避免这些重复性任务。

自定义启动环境可以通过站点初始化文件（Rprofile.site）实现。我们可以用记事本打开 R 安装主目录下的 `etc` 子目录中的 Rprofile.site 文件，修改其中的代码或添加所需代码。R 在启动时会执行该文件中的代码，实现启动环境的设置。

例如，我们设置默认的 CRAN 镜像站点，这样就不用在每次安装或更新包的时候都要选择一次镜像站点了。例如，我们可以在 Rprofile.site 文件中将相应代码修改如下：

```
local(
  {r <- getOption("repos")
  r["CRAN"] <- "https://mirrors.tongji.edu.cn/CRAN/"
       options(repos=r)
  }
)
# 将 CRAN 镜像站点设为同济大学镜像站点
```

关于自定义启动环境的更多细节，可通过 `help(Startup)` 查阅帮助。

1.3.3 包的使用

顾名思义，所谓包就是将函数、数据等采用规范的格式打包形成的集合，是 R 组织这些要素从而形成某些特定功能的基本单位。R 中的包可分为核心包和扩展包两大类。

R 自带了一系列核心包，包括 base、datasets、graphics、grDevices、methods、stats 以及 utils。R 安装后这些包就已经存在，无须额外安装，使用时也无须加载，可以直接使用这些包里提供的众多函数和数据集。

其他种类繁多的扩展包则需要额外下载、安装。安装后加载到内存中才能使用。

1. 安装

使用命令 `install.packages()` 即可完成包的下载、安装。

使用 `.libPaths()` 命令可以查看 R 把包安装到了哪个目录中。我们可以直接进入该目录去查看有哪些包，每个包都会有一个文件夹。我们也可以用 `installed.packages()` 查看已经安装了哪些包。

CRAN 上 1 万多个添加包令人眼花缭乱，该安装哪些包呢？除了用到哪个安装哪个的方式之外，我们也可以根据自己的研究主题预装以后可能用到的添加包。我们可以借助 R 中的"CRAN Task Views"功能进行批量安装。CRAN Task 列表可在 R 网站上查看（见图 1-6）。该功能的使用示例如下：

```
install.packages("ctv");library(ctv)
    # 使用 CRAN Task View 功能，需要先下载安装 ctv 包并加载
install.views(c("Econometrics","Finance"))
    # 批量安装计量经济学及金融实证研究领域的包
```

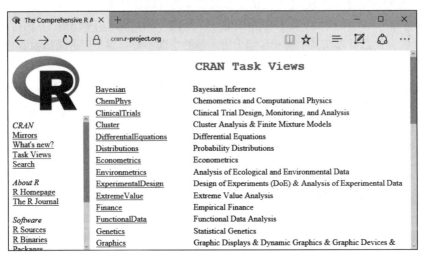

图 1-6 CRAN Task Views 窗口

2. 加载和卸载

扩展包安装好以后，必须用 `library()` 或 `require()` 命令加载到当前会话中才能使用。⊖可以使用命令 `search()` 查看哪些包已加载到位。

⊖ `library()` 和 `require()` 的不同之处在于 `library()` 载入之后不返回任何信息，而 `require()` 载入后则会返回 TRUE。因此，在编写程序时通常 `require()` 更适用。

为避免某些包中的函数名称相同从而造成冲突，有时需要将之前加载到内存中的包卸载。卸载包的函数为 `detach()`。需要注意的是 `detach()` 与 `library()` 的参数不同，示例如下：

```
library(ggplot2)                    # 加载扩展包 ggplot2
detach(package:ggplot2)             # 卸载扩展包 ggplot2
```

3. 更新

我们可以使用命令不带任何参数的 `update.packages()` 命令更新已经安装的包。

大家以后经常遇到的一个问题是 R 版本更新后，通常原来安装的扩展包需要重新安装。如果之前安装过的扩展包数量可观，这就是一个相当麻烦的事情。一个解决的办法是将新版本的 R 安装在与之前版本不同的目录下，再将旧版本安装路径中 library 子目录下的文件拷贝至新版本 library 目录下（重复文件选择不覆盖），然后再执行 `update.packages()`。这样就可以避免在重新安装之前安装过的扩展包的情况下，将这些扩展包更新至最新版。

4. 使用

面对各种各样的包和函数，R 的初学者可能会晕头转向，无所适从。实际上，只要会使用 R 的帮助基本上就可以畅通无阻。使用命令 `help(package="package_name")` 可以查看某个包的简要介绍以及包中的函数和数据集列表；使用函数 `help()` 可以查看其中任意函数或数据集的更多细节。R 的帮助文件里通常带有示例，自己将这些示例演练一遍，会对包中函数的功能及其使用有更直观的理解。

1.3.4 获取帮助

R 有强大的帮助系统。使用 R 仅靠其帮助系统就可以快速上手。

使用函数 `help.start()` 是获取帮助的一个好的开始。`help.start()` 执行后会打开一个浏览器窗口，我们可以在其中查看专题手册、包的帮助手册、常见问题集以及其他参考材料。

此外，还有几个常用的帮助函数的使用举例如下：

```
help.search("ggplot")
   # 以 ggplot 为关键词搜索本地帮助文档，该 help.search() 函数可用 ?? 代替
library(ggplot2); help("ggplot")
   # 查看 ggplot2 中函数 ggplot 的帮助（引号可以省略），该 help() 函数可用 ? 代替
RSiteSearch("bigdata")
   # 从在线帮助手册和 R-Help 邮件列表的讨论里搜索以 "bigdata" 为主题的内容
```

1.4 常用的图形用户界面

社群有人开发出好用的集成开发环境（integrated development environment，IDE）的接口。这些接口可以分为两类：

第一类是统计应用类。这类 IDE 也称为图形用户界面（graphical user interface，GUI），把原来需要通过命令行输入代码使用的统计函数，用窗口菜单（menu）把函数包起来，让函数的参数设定成为一个图形选择界面，初学者使用起来更为简便。1.4.1 节的 R Commander 和 1.4.2 节的 Deducer 都是此类，两者都是统计分析的菜单，菜单项大概有七成相同。此外，还有一种是专门用于数据挖掘的，如 rattle 就是一个数据挖掘的专业 GUI。

第二类是专业数据分析和开发者使用的 GUI 接口。这类接口主要是程序代码处理区的

编辑器，整合一些开发者常用的工具。在这类环境中，对象、函数乃至数据都有不同色彩。R 的控制台比较简单，很多情况下，尤其是在程序检查除错的时候，用起来不够灵活。因此，这类 IDE 就很有帮助。最常使用的是 RStudio 和 Tinn-R，本书推荐使用 RStudio。

1.4.1 R Commander

1. R Commander 安装

在 R 控制台窗口的菜单栏中，选择"程序包＞安装程序包…"，然后在弹出的对话框中选取所有 Rcmdr 开头的包后点击"确定"按钮，即开始安装 R Commander。

2. R Commander 加载

完成 R Commander 的安装之后，有两种加载开启 R Commander 的方法。

1）菜单栏启动。在 R 控制台窗口菜单栏中，选择"程序包＞加载程序包…"，然后在弹出的对话框中找到 Rcmdr，选定后点击"确认"按钮，即可开启 R Commander。

2）命令行启动。直接在 R 控制台窗口的命令行键入 `library(Rcmdr)`，按回车键即可。

万一上面指令执行时，无法启动 R Commander，且 R 提示缺少某些包时，依照指示自动安装就可以。只要有网络连接，这都很方便。

3. R Commander 概览

R Commander 比 R 本身具有更丰富多元的功能菜单栏，其视窗界面风格比较像常用的一些统计软件，数值运算等功能都可以通过下拉菜单选择。R Commander 的视窗界面如图 1-7 所示。R Commander 相对简便的视窗操作模式，由此可见一斑。

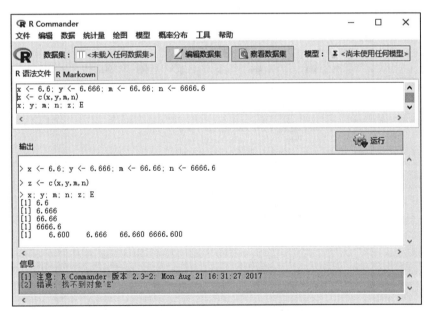

图 1-7 R Commander 的视窗界面

R Commander 是更少数几个具有丰富的视窗菜单模式的包中的佼佼者。对于习惯通过下拉菜单完成任务的使用者，R Commander 不失为一个以视窗模式使用 R 的好选择。

在 R Commander 窗口上方主要是各种功能菜单。下面的"R 语法文件"窗口中用于编辑指令代码。选定相应的指令代码点击下面的"运行"按钮即可执行；执行的代码及相应结果在下面的"输出"窗口中显示,其中指令代码默认用红色字体显示,执行结果用蓝色字体显示;最下方的"信息"窗口用于显示一些额外信息,比如错误信息用红色字体显示,警告与提醒信息用绿色字体显示,数据集的行列数目等其他信息用蓝色字体显示。

1.4.2 Deducer

Deducer 是由 Java 开发的,因此需要两个关键包,即 rJava 和 JGR。除此之外,我们也需要不少支持包。

Deducer 不是本书的重心,只是附带介绍;用户如果因为自己的计算机系统的问题,遇到安装 Java 失败,也不要纠结。我们以程序代码为主,重心是后面的 RStudio。

1. Deducer 安装

如同其他扩展包,Deducer 也要下载安装后才能加载使用。安装、加载 Deducer 只需在 R 控制台命令行中执行如下代码就可以了:

```
install.packages(c("JGR","Deducer","DeducerExtras"))
```

2. Deducer 加载

安装好之后,要加载 Deducer,需要两个步骤:

1)R 控制台中执行如下代码,启动 Java 的 R 图形界面 JGR 控制台。

```
library(JGR)
JGR()
```

第一次启动的 JGR 控制台视窗界面如图 1-8 所示。[⊖]

图 1-8　JGR控制台视窗界面

⊖ 因 JGR 不支持中文,为避免乱码,可将 R 的界面语言转换为英文。一个简易做法:桌面 R 图标上点击鼠标右键,选择"属性",在弹出的对话框中选择"快捷方式"标签,然后在"目标"栏里的路径后面空格添加 language=English。再打开 R 的时候就是英文界面了。图 1-8 即是在 R 转换为英文后的 JGR 控制台窗口。

2）在 JGR 控制台中加载 Deducer。点击菜单 Packages & Data > Package Manager，在弹出的对话框中找到 Deducer 和 DeducerExtras，点击选中这两个包最前面的复选框即可（见图 1-9）。

加载 Deducer 和 DeducerExtras 之后，JGR 的界面会出现变化，菜单栏变得更加丰富。㊀ 如图 1-10 所示，我们将新的界面称为 Deducer 界面。

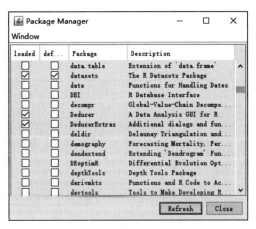

图 1-9　选择 Deducer 启动项

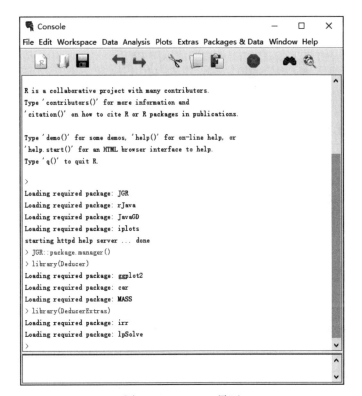

图 1-10　Deducer 界面

㊀ 为使 Deducer 工作和显示更为流畅，建议选中 R 的主界面使用 SDI 模式。如果安装 R 的时候没有选中，也可以在 R 控制台界面，选择菜单栏 Edit->GUI preferences，在弹出的对话框中选定 SDI 前面的单选框。

3. Deducer 概览

Deducer 也是一个把统计功能打包的 GUI。其菜单和 R Commander 相仿。较多的部分是空间统计和 Text 的文字分析（通过菜单"Packages & Data > GUI Add-ons"可查看）。事实上，除了空间统计，其他统计方法在 R Commander 内也大都可以由插件（Plug-in）调用。

Deducer 内最有特色的是 Plots 绘图菜单，它将 R 的可视化函数进行了相当完整的归集。通过菜单"Plots > Plot Builder"可打开 Plot Builder 窗口（见图 1-11），窗口中几乎包含了所有的图版。

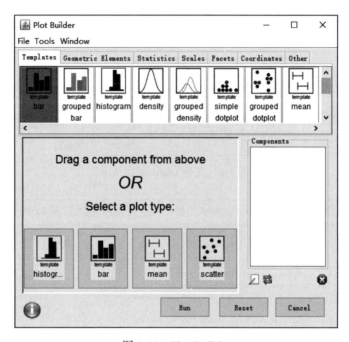

图 1-11　Plot Builder

加载 Deducer 后应该会弹出一个多功能的数据加载器（Data Viewer）窗口（见图 1-12）。如果没有，也可以通过菜单"Packages & Data > Data Viewer"启动。Data Viewer 是一个非常简易的数据加载工具，使用它比通过使用图 1-11 最左边的 File 菜单还要简易。

1.4.3　RStudio

1. 安装

本书所用的执行程序的接口和程序编辑器，以 RStudio 为主。我们可以在官方网站 https://www.rstudio.com/ 下载 RStudio 进行安装。启动 RStudio，其主界面如图 1-13 所示。

RStudio 的四个窗口格子，整合了经常使用的环境功能。

左边上下分别是"程序代码编辑区"（Source）和"控制台"（Console）。启动 RStudio 就会连带启动 R 的主程序，这和之前介绍的 R Commander 不同。R Commander 是 GUI，必须先启动 R 的控制台，再加载包，之后才能启动。RStudio 则是针对开发者所设计的界面，不是应用的 GUI。

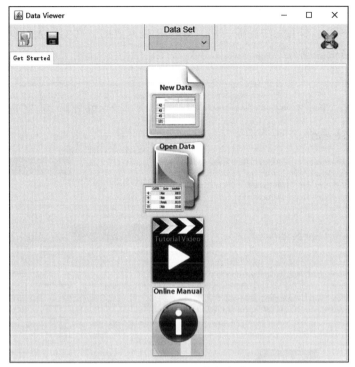

图 1-12　Deducer 的数据加载器

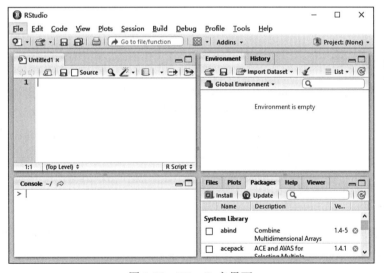

图 1-13　RStudio 主界面

要执行程序代码，先用鼠标将要执行的代码选中，然后点击"程序代码编辑区"右上方的右箭头外观的 Run 按钮即可，执行结果会在下方控制台出现。

右边上下分别是"对象暂存区"（Environment、History 等）和"其他区"（Files、Plots 等）两个笔记本模式。"对象暂存区"可以让我们看到在程序中产生的数据对象或加载的数据有哪些。"其他"则归集了很多其他项目，包括了文件档案（Files）、绘图（Plots）、包（Packages）、说明（Help）和快速浏览（Viewer）。

RStudio 有许多资源，其中的备忘单（Cheatsheets）就是非常好的学习资源。依照图 1-14 的指示可以选择下载。本书无法涵盖一切，好在 R 是开放的，网上有大量资源。只要我们想学习，免费的网络资源应有尽有。

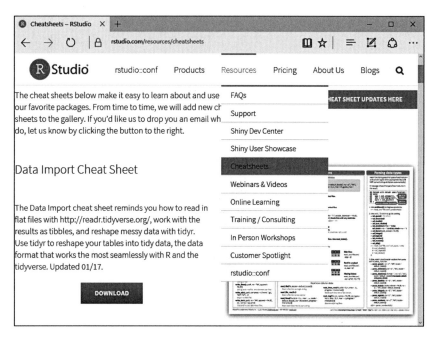

图 1-14　RStudio 备忘单下载

2. 变更面板布局

RStudio 四个窗口格子的布局可以根据用户自己的习惯进行调整。在 RStudio 菜单栏中，选择"Tools > Global Options…"，在弹出的对话框中选择"Pane Layout"。或者直接点击 RStudio 菜单栏下方的图标 右边的下拉按钮，从中选择"Pane Layout…"。在"Pane Layout"对话框中通过四个区块名称的下拉条可以随意调整这四个区块的布局位置（见图 1-15）。

3. 生成文档

RStudio 不只是一个程序编辑器，它具备文档生成功能，可生成 Word、PDF 或 HTML 等格式的文档。运用 RStudio 可以运行 R 程序，也可以实现文章撰写。文章内可以直接插入计量分析结果的表格，实证研究和文章撰写可以一并搞定。

如图 1-16 所示，菜单栏选择"File > New File"，会看到很多文档选项。如果我们要写的是程序代码，就选择 R Script。点击菜单"File"下面的按钮 也可以出现同样的文档菜单选项。

R Sweave 是和 LaTex 文字编辑软件结合的包，可以产生 PDF 文档。其余的文档可望文生义：R HTML 是网页，R Presentation 是制作投影片，R Documentation 是制作 R 内定的 Rd 文件档。

启动 R Sweave 后，就会出现如图 1-17 所示的文本编辑区，还有 Compile PDF 的功能选项。点击"Format"则会出现LaTex字形、字体和段落章节等格式设定选项（见图1-17）。这些文本都可以内嵌R程序代码。RStudio开发人员写的书，大多都是使用R Sweave书写的。例如，哈德利·维克汉姆（Hadley Wickham）的《高级R语言编程指南》(*Advanced R*)[⊖]一书，就是用它完成的。

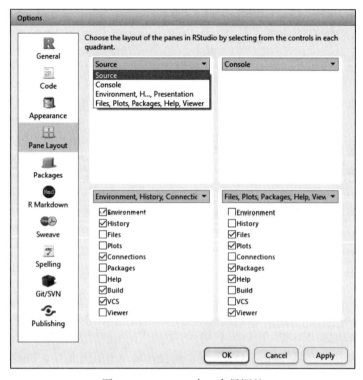

图1-15　RStudio窗口布局调整

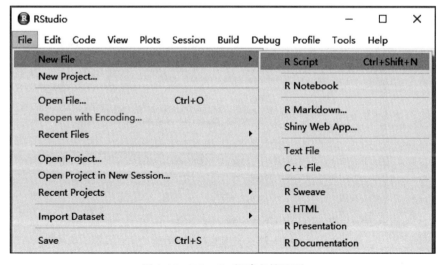

图1-16　RStudio新建文档选项

⊖　此书已由机械工业出版社出版。

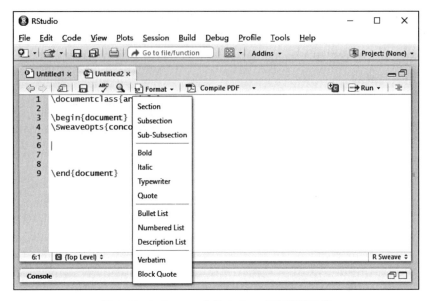

图 1-17　R Sweave 中的 LaTex 文字编辑功能

4. Markdown

更具有一般性的新建文档选项是图 1-16 中的"R Markdown..."。选择"R Markdown..."时，如果系统没有安装相关包，就必须依照指示安装完毕，才会成功加载这项功能。输出的文件类型，有上述 HTM 和 PDF，也包括微软的 WORD（见图 1-18）。

作为示例，我们在图 1-18 中 Title 栏输入"练习"，Author 栏输入"何宗武"，输出格式选择默认的"HTML"，然后点击"OK"键，就会开启一个范例文本，如图 1-19 所示。

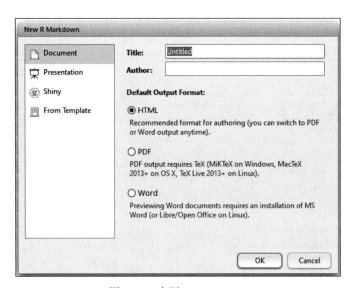

图 1-18　启用 R Markdown

范例文本中，文字编排、程序代码的嵌入等都有范例。我们根据范例文本中的提示，输入了部分内容。然后点击"Knit"出现的输出文本选项，选"Knit to Word"，之后会弹出编码选择对话框（见图 1-20）。因为有中文，我们可以选择"GB 2312"。之后就可以生成如

图 1-21 所示的作为练习范本生成的 Word 文件。

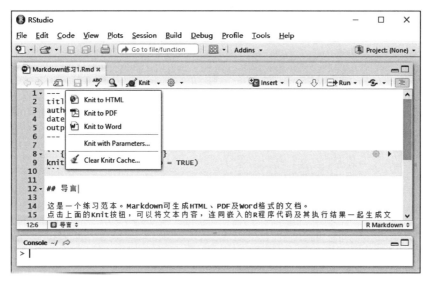

图 1-19　Markdown 文档输出类型选择

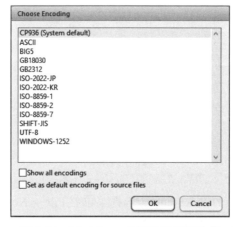

图 1-20　Markdown 文档输出编码选择

Knit 更多的功能，请参考 Knitr 包作者谢益辉先生的专著[2]。

由此可见，RStudio 不只是程序 IDE，而是一个数据工作平台。业界分析师分析完数据后，常常需要立即生成报告。RStudio 这些功能，极为好用。

需要注意的是，含有中文内容的文本，输出为 HTML 和 Word 文件都不会有问题，但如果要输出为 PDF 文件，就会产生因缺乏中文支持而出现乱码的困扰。有热心人在网上提出了一些解决方案，其中比较实用的一种方法是借助于 rticles 包。此外，生成 PDF 文件需要 LaTeX 引擎。Windows 下的 LaTeX 系统，最常用的是 Miktex。如果使用 Miktex，下载安装 Miktex 后还要进行更新，否则 PDF 制作可能会出错、失败。㊀当然也可以一步到位，安装中文排版系统 CTeX。㊁

㊀ https://miktex.org/.

㊁ https://www.ctex.org/.

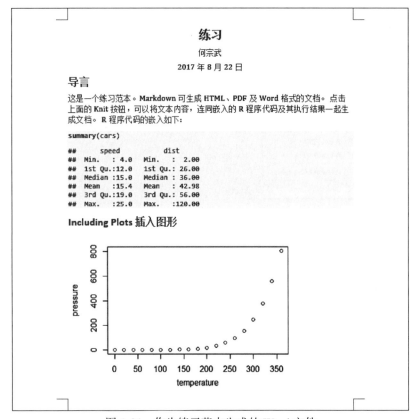

图 1-21　作为练习范本生成的 Word 文件

为降低失败的可能，安装 rticles 包的同时可以将安装过的其他包一并更新。可以使用如下代码：

```
update.packages(ask = FALSE, checkBuilt = TRUE)
install.packages("rticles", type = "source")
```

安装好 rticles 包之后，打开 RStudio，选择菜单" File > New File > R Markdown"，然后从模板中选择 CTeX Documents，就会弹出包含中文的模板，大家根据需要在模板的基础上进行修改，最后进行 Knit 即可生产含有中文内容的 PDF 文件。[⊖]

RStudio 更多的功能，只要多用，就会清清楚楚。其中一项本书没有多谈的就是 Shiny。Shiny 是内建的 Web App 和 GUI 函数，启动后可以设计和 R 服务器结合的网页 App，或者设计用户图形界面，功能十分强大。

⊖ 更多细节可参考网上资料，如 https://github.com/yihui/knitr/issues/889 等。

第2章
Chapter 2

数据结构及数据对象处理

本章是为完全没有 R 经验的人撰写。初学 R，适宜通过 R 命令行做练习，了解 R 的数据功能。熟悉之后，可以将多条命令存成一个脚本（script）文件，批量执行。对于已经熟悉 R 中的数据结构与数据处理的读者，本章可以略过，或者翻阅即可。

2.1 数据类型

R 中数据的基础类型主要有逻辑型（logical）、整数型（integer）、双精度型（double）[一]、字符型（character）、复数型（complex）和原生型（raw）。其中逻辑型数据只有 TURE 和 FALSE 两个值。

R 是一门面向对象（object）的编程语言。对象是指可以赋值给变量的任何事物，包括常量、数据结构、函数，甚至图形。每个对象都具有类型。此外，R 中的每个对象都是某个类（class）的成员。R 中的类有很多，下一节要介绍的字符向量、数值向量、数据框、列表、数组等都是类。

常用的查看对象类型的函数有：

`class()`——显示对象的类（class）。

`typeof()`——显示对象的类型（type）。

`str()`——显示对象的结构。信息更多，其中有类的信息，也有数据结构的信息。

大家可以用范例程序 2-1 的代码演练一下，对数据类型及上述函数会有更直观的理解。

范例程序 2-1：数据类型演示

```
x <- 1; y <- 1L    # 将 x 赋值为双精度型数值 1，将 y 赋值为整数型数值 1
typeof(x); typeof(y)
[1] "double"
[1] "integer"
```

[一] 通常又称数值型（numeric）。

```
class(x); class(y)
[1] "numeric"
[1] "integer"
str(x); str(y)
 num 1
 int 1
xn <- is.numeric(x); yn <- is.numeric(y); xn; yn
                               # 无论是整数型还是双精度型向量，is.numeric都返回TRUE
[1] TRUE
[1] TRUE
typeof(xn); class(xn); str(xn)
[1] "logical"
[1] "logical"
 logi TRUE
v <- 5 + 3i; v                 # 将 5 + 3i 赋值给v，显示v的内容，此处的i表示复数的虚部
[1] 5+3i
typeof(v); class(v); str(v)
[1] "complex"
[1] "complex"
 cplx 5+3i
h <- "Hello"                   # 将h赋值为内容为Hello的字符串，""表示其内容为字符型数据
typeof(h); class(h); str(h)
[1] "character"
[1] "character"
 chr "Hello"
hr <- charToRaw(h); hr         # 将字符串"Hello"转换为原生型数据并赋值给hr，显示hr
[1] 48 65 6c 6c 6f
typeof(hr); class(hr); str(hr)
[1] "raw"
[1] "raw"
 raw [1:5] 48 65 6c 6c ...
```

2.2 数据结构

不同的程序语言有不同的数据组织方式，学习程序语言第一步就是要知道如何建立不同结构的数据。R 的数据结构有六种形态：向量（vectors）、矩阵（matrix）、数组（array）、数据框（data frame）、时间序列（time series）、列表（list）。

下面将依次介绍这六种数据结构。建议初学者以在 R 控制台使用命令行的方式练习，可以更好地了解 R 语言的语法及数据结构。已经熟悉命令行方式的用户也可以将这些指令合并成一个程序文件来执行。

2.2.1 向量

1. 函数 c()

R 的数据结构中最简单的是向量，向量是由一组性质相同的元素所组成。例如，都是数字（number），或都是字符串（character string）。

建立的方法是使用函数 c()。如范例程序 2-2 所示。

范例程序 2-2：函数 c()

```
x=c(0.5, 1, 2.3, 6.1, 5.5)
    # 建立由 0.5, 1, 2.3, 6.1,5.5 这五个实数组成的向量，赋值给 x
x   # 显示向量 x，显示结果中的 [1] 表示该行第一个元素在向量中的位次
```

```
[1] 0.5 1.0 2.3 6.1 5.5
y=c(x, 0.25, x); y    # 赋值并显示向量 y
z=c(sin(x)/cos(x), log(x)); z
  # 建立一个向量并显示，函数 c() 内部允许函数运算
[1] 0.50 1.00 2.30 6.10 5.50 0.25 0.50 1.00 2.30 6.10 5.50
w=c("Brazil", "Russia", "India", "China"); w
  # 建立一个字符型向量 w 并显示，加引号表示引号内的内容为字符串
[1] "Brazil" "Russia" "India"  "China"
```

如范例所示，函数 c() 内可以是具体数据，可以是数学函数。其中能够运算向量的部分常用数学函数如表 2-1 所示。

表 2-1 向量运算函数

函数	说明
abs	绝对值
asin, acos, atan	反三角函数
asinh, acosh, atanh	反双曲函数
exp, log	指数和自然对数
floor	不大于原始数据的最大整数值
gamma, lgamma	伽马函数和对数伽马函数
log10	以 10 为底的对数
round	四舍五入
sin, cos, tan	三角函数
sinh, cosh, tanh	双曲函数
sqrt	平方根

如何对向量使用数学函数可见下面的范例程序 2-3（省略结果）。

范例程序 2-3：数学函数

```
x=c(0.5, 1, 2.3, 6.1, 5.5)
  # 建立一个向量 x, 其元素是 0.5, 1, 2.3, 6.1, 5.5 这五个实数
x              # 显示向量 x。
x^2            # 对向量 x 内的各元素 "取平方"
log(x)         # 对向量 x 内的各元素 "取对数"
exp(x)         # 对向量 x 内的各元素 "取指数"
sqrt(x)        # 对向量 x 内的各元素 "开根号"
sin(x)         # 对向量 x 内的各元素 "取三角函数 sin 值"
```

2. : 和 seq()

使用符号 : 是另一种建立向量的方式，而函数 seq() 则用于建立等间距的数列。如范例程序 2-4 所示。

范例程序 2-4: : 和 seq()

```
index=1:20    # 建立一个名称为 index 的向量，其元素是 1 到 20 这 20 个数
index         # 显示向量 index
[1]  1  2  3  4  5  6  7  8  9 10 11 12 13 14 15 16 17 18 19 20
z=seq(from=-3, to=2, by=0.5)
              # 建立向量 z, 向量元素由 -3 排列至 2, 数值间距（步长）为 0.5
z             # 显示向量 z
[1] -3.0 -2.5 -2.0 -1.5 -1.0 -0.5  0.0  0.5  1.0  1.5  2.0
seq(as.POSIXct("1988-04-03"), by="month", length=12)
```

```
                # 生成以月为间隔的自 "1988-04-03" 开始的 12 个日期组成的向量,日期格式设定为 POSIXct 的时间格式
[1] "1988-04-03 CST" "1988-05-03 CST" "1988-06-03 CST" "1988-07-03 CST"
[5] "1988-08-03 CST" "1988-09-03 CST" "1988-10-03 CST" "1988-11-03 CST"
[9] "1988-12-03 CST" "1989-01-03 CST" "1989-02-03 CST" "1989-03-03 CST"
iso.tS=seq(ISOdate(1910, 1, 1), ISOdate(1999,1 ,1), "years")
                # 建立向量并赋值给 iso.tS,其元素是以年为间隔的自 1910 年 1 月 1 日开始到 1999 年 1 月 1 日的时间值,
                  时间格式采用国际日期标准码(ISOdate)
head(iso.tS, 12)          # 显示向量 iso.tS 的前 12 个数据,若不指定 12,则默认是 6
 [1] "1910-01-01 12:00:00 GMT" "1911-01-01 12:00:00 GMT"
 [3] "1912-01-01 12:00:00 GMT" "1913-01-01 12:00:00 GMT"
 [5] "1914-01-01 12:00:00 GMT" "1915-01-01 12:00:00 GMT"
 [7] "1916-01-01 12:00:00 GMT" "1917-01-01 12:00:00 GMT"
 [9] "1918-01-01 12:00:00 GMT" "1919-01-01 12:00:00 GMT"
[11] "1920-01-01 12:00:00 GMT" "1921-01-01 12:00:00 GMT"
```

3. rep() 和抽样函数

函数 **rep()** 是 repeat 的缩写用语法 **rep(a, b)** 来表示——a 表示被重复的数字,b 是重复次数。如范例程序 2-5 所示。

范例程序 2-5:函数 rep()

```
x=rep(1:4, c(2, 3, 4, 5)); x
    # 建立向量 x 并显示其内容,x 的元素由 1 到 4,按 1 重复 2 次、2 重复 3 次、3 重复 4 次、4 重复 5 次这样
      的顺序排列
[1] 1 1 2 2 2 3 3 3 3 4 4 4 4 4
y=rep(1:3, 1:3); y
    # 建立向量 y 并显示其内容,y 的元素由 1 到 3,按 1 重复 1 次、2 重复 2 次、3 重复 3 次的顺序排列
[1] 1 2 2 3 3 3
```

在 R 中,元素的建立除了自行给定之外,也可以使用抽样函数在特定样本内随机抽样。如范例程序 2-6 所示。

范例程序 2-6:抽样函数

```
x=rnorm(10); x          # 从标准正态分布中随机抽取 10 个数字组成向量赋值给 x,显示 x
[1]  1.52126785  0.74966160 -0.32892130  0.24620212  1.16062039
[6]  0.39476219  1.71748494  0.42496796 -0.01542509 -0.08200104
y=runif(10, 4, 7); y
    # 在 4 至 7 之间按均匀分布随机抽取 10 个实数组成向量,赋值给 y,显示 y
[1] 5.279320 5.877090 6.731793 5.847405 4.251390 4.848272 6.618911
[8] 4.875452 5.052423 4.048826
```

2.2.2 矩阵

矩阵是由向量构成的二维的数据结构。需要注意的是 R 的矩阵的所有元素都有相同的基本数据类型(数值型、字符型或逻辑型)。

1. 建构矩阵的三个方法

- **方法一**

将向量转换为矩阵,其关键是运用维度函数 **dim()** 设定向量元素的排列方式。命令语法通常是 **dim(x)=c(a,b)**,其中 x 是拟排列向量,a 为矩阵中的行数,b 为矩阵中的列数。如范例程序 2-7 所示。

范例程序 2-7:建构矩阵(一)

```
x=2:9           # 建立一个向量 x,其元素是从 2 到 9 的整数
```

```
dim(x)=c(2,4)          # 将 x 以 2×4 的矩阵排列，矩阵元素按列填充
x                      # 显示矩阵 x
     [,1] [,2] [,3] [,4]
[1,]   2    4    6    8
[2,]   3    5    7    9
```

- 方法二

直接使用矩阵函数 `matrix()`，语法为 `matrix(a,b,c)`，**a** 为矩阵的元素，**b** 为行数，**c** 为列数。如范例程序 2-8 所示。

范例程序 2-8：建构矩阵（二）

```
x=matrix(2:9, 2, 4); x
 # 建立一个 2×4 的矩阵 x 并显示，矩阵元素从 2 至 9，默认按列填充
     [,1] [,2] [,3] [,4]
[1,]   2    4    6    8
[2,]   3    5    7    9
y=matrix(2:9, 2, 4, byrow=TRUE); y
 # 建立一个 2×4 的矩阵 y 并显示，矩阵元素从 2 至 9，参数 byrow=TRUE 设定按行排列
     [,1] [,2] [,3] [,4]
[1,]   2    3    4    5
[2,]   6    7    8    9
```

- 方法三

通过合并向量的组合方式建立矩阵。如范例程序 2-9 所示。

范例程序 2-9：建构矩阵（三）

```
x=cbind(c(1, 2, 3), c(4, 5, 6)); x
 # 将两向量以列合并的方式形成矩阵 x 并显示
     [,1] [,2]
[1,]   1    4
[2,]   2    5
[3,]   3    6
y=rbind(1:3, letters[1:3]); y
 # 将两向量以行合并的方式形成矩阵 y 并显示。其中 1:3 相当于数值型向量 c(1,2,3)，letters 作为 R 内
   建对象，是 26 个小写字母的字符型向量（调用大写字母向量用 LETTERS），通过 [1:3] 取其前三个。从下面的
   显示结果发现原来的数值型向量与字符型向量合并为矩阵是被强制转换为字符型向量，这也表明矩阵中所有元
   素都具有相同的数据类型
     [,1] [,2] [,3]
[1,]  "1"  "2"  "3"
[2,]  "a"  "b"  "c"
```

2. 矩阵运算

矩阵的基础运算，不外乎是矩阵内元素对元素的数学四则运算，即"加、减、乘、除"，在 R 中以符号"+、-、*、/"表示。如果是矩阵对矩阵两两相乘，则以"%*%"符号表示。如范例程序 2-10 所示。

范例程序 2-10：矩阵运算

```
x=matrix(1:8, 2, 4); x
 # 建立一个元素由 1 到 8 按列填充的 2×4 矩阵 x 并显示
     [,1] [,2] [,3] [,4]
[1,]   1    3    5    7
[2,]   2    4    6    8
x+x                    # 矩阵对应元素相加
     [,1] [,2] [,3] [,4]
```

```
[1,]    2    6   10   14
[2,]    4    8   12   16
x-x     # 矩阵对应元素相减（显示结果略）
x*x     # 矩阵对应元素相乘（显示结果略）
x/x     # 矩阵对应元素相除（显示结果略）
y=matrix(-8:-1, 4, 2); y    # 建立一个元素由-8到-1排列的4×2矩阵 y 并显示
     [,1] [,2]
[1,]  -8   -4
[2,]  -7   -3
[3,]  -6   -2
[4,]  -5   -1
x%*%y
                            # 矩阵 x 乘以矩阵 y，矩阵两两相乘的运算符号为"%*%"
     [,1] [,2]
[1,] -94  -30
[2,] -120 -40
x%*%t(x)                    # 两个矩阵相乘，其中 t(x) 为矩阵 x 的转置矩阵（显示结果略）
```

其中，可以用于矩阵运算的常用函数如表 2-2 所示。

表 2-2 矩阵运算函数

函数	说明
chol(x)	对 x 进行乔里斯基（Choleski）分解
col(x)	返回 x 的列号矩阵（x 的各元素替换为所在列的列号）
diag(x)	由向量 x 生成对角阵
ncol(x)	返回矩阵 x 的列数
nrow(x)	返回矩阵 x 的行数
qr(x)	矩阵 x 的 QR 分解
row(x)	返回 x 的行号矩阵（x 的各元素替换为所在行的行号）
solve(A,b)	求解 Ax=b 中的 x
solve(x)	计算 x 的逆矩阵
svd(x)	矩阵 x 的奇异值分解
var(x)	矩阵 x 列与列之间的协方差

2.2.3 数组

数组与矩阵类似，只不过它更具一般性和灵活度。实际上，向量可以被视为一维数组，矩阵可以被视为二维数组，而数组可以是更高维的。为使读者方便理解，表 2-3 比较了向量、矩阵与数组在 R 中的排列方式。

表 2-3 向量、矩阵与数组

向量	矩阵	数组

[1] 2 5 7 8	[,1] [,2]
	[1,] 2 7
	[2,] 5 8
		, , 1
		     [,1] [,2]
		[1,] 2 7
		[2,] 5 8
		
		, , 2
		     [,1] [,2]
		[1,] 2 7
		[2,] 5 8

我们接下来介绍在 R 中建立数组的方式。如范例程序 2-11 所示。

范例程序 2-11：建立数组

```
x=1:18          # 建立一向量 x，其元素由 1 排列至 18
dim(x)=c(3, 3, 2); x
  # 设定向量 x 的维度，将向量 x 转变成由 2 个 3×3 矩阵构成的数组，显示数组 x
, , 1
     [,1] [,2] [,3]
[1,]    1    4    7
[2,]    2    5    8
[3,]    3    6    9
, , 2
     [,1] [,2] [,3]
[1,]   10   13   16
[2,]   11   14   17
[3,]   12   15   18
y=array(c(2:9, 12:19, 112:119), dim=c(2, 4, 3)); y
  # 建立数组 y，将 3 组元素依次排成由 3 个 2×4 矩阵构成的数组，显示数组 y
, , 1
     [,1] [,2] [,3] [,4]
[1,]    2    4    6    8
[2,]    3    5    7    9
, , 2
     [,1] [,2] [,3] [,4]
[1,]   12   14   16   18
[2,]   13   15   17   19
, , 3
     [,1] [,2] [,3] [,4]
[1,]  112  114  116  118
[2,]  113  115  117  119
```

2.2.4 数据框

数据框是列等长的二维数据结构，并且不同的列中可以存放不同类型的数据。例如，字符串和数值可并存于一个数据框中。因此，数据框是 R 内部最方便的数据储存方式。

1. 加载内建数据

R 有一个名为 **longley** 的内建数据集，即以数据框格式存放，使用命令代码 **data(longley)** 即可调用。如范例程序 2-12 所示。

范例程序 2-12：加载内建数据 data(longley)

```
data(longley); head(longley)          # 加载一笔 R 内建的数据 longley 并显示前 6 条记录
     GNP.deflator     GNP Unemployed Armed.Forces Population Year Employed
1947         83.0 234.289      235.6        159.0    107.608 1947   60.323
1948         88.5 259.426      232.5        145.6    108.632 1948   61.122
1949         88.2 258.054      368.2        161.6    109.773 1949   60.171
1950         89.5 284.599      335.1        165.0    110.929 1950   61.187
1951         96.2 328.975      209.9        309.9    112.075 1951   63.221
1952         98.1 346.999      193.2        359.4    113.270 1952   63.639
rownames(longley)                     # 显示 longley 数据每行的变量名称
 [1] "1947" "1948" "1949" "1950" "1951" "1952" "1953" "1954" "1955" "1956" "1957"
[12] "1958" "1959" "1960" "1961" "1962"
names(longley)                        # 显示 longley 数据每列的变量名称
[1] "GNP.deflator" "GNP"          "Unemployed"   "Armed.Forces" "Population"
[6] "Year"         "Employed"
```

2. 自建数据框

在 R 中，使用数据框函数 `data.frame()` 可将向量合并成数据框。如范例程序 2-13 所示。

范例程序 2-13：函数 `data.frame()`

```
y1=sample(c(TRUE, FALSE), size=20, replace=TRUE)
    # 从样本元素 TURE 和 FALSE 中有放回地抽取 20 次，赋值给 y1。其中 replace=TURE 设定样本元素抽取后
      再放回
y2=rnorm(20)
    # 从标准正态分布中随机抽取 20 个数字，赋值给 y2
x=sample(c("AA", "A", "B"), size=20, replace=TRUE)
    # 从样本元素 "AA"、"A" 和 "B" 3 个字符串中有放回地抽取 20 次，赋值给 x
mydata=data.frame(y1, y2, x); head(mydata)
    # 将 3 个不同类型的向量合并为数据框并显示前 6 条记录
     y1          y2   x
1  TRUE   1.14966502  AA
2 FALSE  -0.43558902  AA
3  TRUE   0.22302127  AA
4  TRUE   0.01122144  AA
5  TRUE  -0.29224267   A
6  TRUE  -0.33169969   A
```

2.2.5 时间序列

就数据格式而言，时间序列和一般数据的差异在于它有时间差，而就回归分析而言，时间序列也有一些特殊的处理项目，比如有序列相关、结构变动、预测以及动态回归等。

下面我们采用从 2009 年第一季度到 2017 年第二季度的中国 GDP 金额（单位：亿元）和传统上的三驾马车——消费、投资和净出口在 GDP 累计同比增长中的贡献率的数据来说明时间序列格式的数据。如范例程序 2-14 所示。

范例程序 2-14：时间序列函数 `ts()`

```
gdp=read.csv("GDP_CN.csv", header=TRUE); head(gdp)
    # 读取 GDP_CN.csv 中的数据，赋值给 gdp，其中 header=TRUE，表示读取第一行的数据作为列名（变量
      名称）
      GDP   cr_C cr_I cr_EX
1  74053.1  70.0 33.0   -3.0
2  83981.3  53.4 87.9  -41.0
3  90014.1  51.8 94.9  -46.7
4 101032.8  52.5 92.3  -44.8
5  87616.7  52.0 57.9   -9.9
6  99532.4  35.1 59.1    5.8
gdp_ts=ts(data=gdp, start=c(2009, 1), freq=4)
    # 利用 ts() 函数建立时间戳，起始日期为 2009 年第一季度，频次为季（若 freq=12 则为月）
class(gdp_ts)
    # 数据如果是向量，数据对象的属性为 ts 类；数据如果是 matrix，则对象还具有 mts 类（具有相同时间
      索引的多列数据）和 matrix 类属性
[1] "mts"      "ts"       "matrix"
window(gdp_ts, start=c(2009, 1), end=c(2010, 2))
    # 显示 gdp_ts 前 6 行数据，ts 类对象取子集用 window() 函数，用 head() 等函数则无法显示时间戳
           GDP   cr_C cr_I cr_EX
2009 Q1  74053.1  70.0 33.0  -3.0
2009 Q2  83981.3  53.4 87.9 -41.0
2009 Q3  90014.1  51.8 94.9 -46.7
2009 Q4 101032.8  52.5 92.3 -44.8
```

```
2010 Q1    87616.7 52.0 57.9   -9.9
2010 Q2    99532.4 35.1 59.1    5.8
tsp(gdp_ts)
   # tsp()为时间序列期间函数,显示时间序列数据的起始与结束时间,可用于数据确认检查
[1] 2009.00 2017.25    4.00
```

`ts()`函数内的参数如表2-4所示。

表2-4 函数`ts()`的参数

参数	说明
data	观察值的向量或矩阵
start	第一个观察值的时间
end	最后一个观察值的时间
frequency	观察值的时间频率
deltat	表示观察值时间频次的分数,比如1/12表示月度
ts.eps	时间序列比较容限
class	结果类的设定
names	设定多元时间序列变量名称的字符型向量
header	TRUE/FALSE,原始数据第一列是否为变量名称

2.2.6 列表

列表是R中最复杂也最灵活的一种数据结构。列表中可以包含不同属性、长度的向量、矩阵、数据框甚至其他列表等。R中,列表经常被用于分析处理结果(如回归分析的结果)的数据存储结构,也经常被用作各种类型数据整合的工具。

1. 作为计量分析结果存储形式的列表运用

列表应用的范例如范例程序2-15所示。

范例程序2-15:列表应用

```
x=rnorm(20)                        # 从正态分布中随机抽取20个数字赋值给x
e=rnorm(20, mean=0, sd=0.25)
   # 从正态分布中按均值为零、标准差为0.25抽取20数字赋值给e,当作残差
y=0.15*x+e
   # 以该公式为数据生成过程 (data generating process, DGP),生成数据y
output=lm(y~x)           # 将y对x的线性回归结果存入output,lm()为线性回归函数
names(output)            # 显示output中所有信息条目的名称
[1] "coefficients"  "residuals"    "effects"    "rank"    "fitted.values"   "assign"
[7] "qr"            "df.residual"  "xlevels"    "call"    "terms"           "model"
output$coefficients      # 显示output中存放的回归系数
(Intercept)            x
-0.01670645   0.21697442
output$residuals         # 显示output中存放的回归残差(显示结果略)
output$model             # 显示output中存放的原始模型数据(显示结果略)
```

若想获得更完整的信息,可使用`summary()`函数。如范例程序2-16所示。

范例程序2-16:函数`summary()`

```
output_more=summary(output)
   # 使用summary()函数以获得output数据的详细信息,存入对象output_more中
output_more              # 显示output_more的信息
```

```
Call:
lm(formula = y ~ x)
Residuals:
    Min       1Q    Median      3Q       Max
-0.28997  -0.14935  -0.04362  0.14285  0.38806
Coefficients:
             Estimate Std. Error t value Pr(>|t|)
(Intercept) -0.009366   0.044163  -0.212  0.834430
x            0.196434   0.044993   4.366  0.000373 ***
---
Signif. codes:  0 '***' 0.001 '**' 0.01 '*' 0.05 '.' 0.1 ' ' 1
Residual standard error: 0.1969 on 18 degrees of freedom
Multiple R-squared:  0.5143,    Adjusted R-squared:  0.4873
F-statistic: 19.06 on 1 and 18 DF,  p-value: 0.0003726
names(output_more)           # 显示 output_more 中所有的信息条目的名称
[1] "call"     "terms"      "residuals"     "coefficients"  "aliased"     "sigma"
[7] "df"       "r.squared"  "adj.r.squared" "fstatistic"    "cov.unscaled"
```

2. 作为数据整合工具的列表运用

运用列表函数 `list()`，可将不同长度、不同类型的向量整合在一起，这是向量和矩阵无法做到的。如范例程序 2-17 所示。

范例程序 2-17：函数 `list()`

```
x1=1:15                        # 取数值 1 到 15，构成数值型向量 x1
x2=LETTERS[1:18]               # 取前 18 个大写字母，构成字符型向量 x2
x3=sample(c(TRUE, FALSE), size=10, replace=TRUE)
  # 从样本元素 TURE 和 FALSE 中有放回抽取 10 个，构成逻辑型向量 x3
L=list(num=x1, ABC=x2, TF=x3)
  # 运用 list() 函数将 3 个不同长度、不同类型的向量组合在一起，同时给它们加上标签名称
L                              # 显示列表 L
$num
 [1]  1  2  3  4  5  6  7  8  9 10 11 12 13 14 15
$ABC
 [1] "A" "B" "C" "D" "E" "F" "G" "H" "I" "J" "K" "L" "M" "N" "O" "P" "Q" "R"
$TF
 [1] FALSE FALSE FALSE  TRUE  TRUE  TRUE  TRUE  TRUE FALSE  TRUE
L[[1]]                         # 显示列表的第一个组成部分的内容，也可以使用 L[["num"]] 或 L$num
 [1]  1  2  3  4  5  6  7  8  9 10 11 12 13 14 15
L[1]                           # 显示列表的第一个子列表。请读者仔细比较下面的显示结果与上面的差别
$`numi`
 [1]  1  2  3  4  5  6  7  8  9 10 11 12 13 14 15
```

2.3 常规数据对象的处理

数据处理，不外乎针对部分数据或特定条件数据的提取与显示，以及对数据做些基本的编辑、运算等操作。

2.3.1 向量的处理

1. 利用正整数取值筛选数据

在 R 中，我们可利用中括号 `[ ]` 来截取向量中特定的元素。在中括号内输入的数字即可筛选出以该数字为序号的向量元素。如范例程序 2-18 所示。

范例程序 2-18：利用正整数取值筛取数据

```
x=c(-6, 7, 2, 4, 10, 8, 6)        # 建立向量 x
x[5]                               # 显示向量 x 的第 5 个元素
[1] 10
x[length(x)]                       # 显示向量 x 最后 1 个元素，length(x) 返回向量 x 的长度（元素个数）
[1] 6
x[2:5]                             # 显示向量 x 第 2 至第 5 个元素
[1] 7  2  4 10
x[c(4, 3, 5)]                      # 显示向量 x 第 4、第 3 和第 5 个元素
[1] 4  2 10
x[3]=-2                            # 将第 3 个元素的值改为 -2
x[3]                               # 显示向量 x 的第 3 个元素
[1] -2
```

2. 利用逻辑条件筛选数据

除了以特定位置的方式截取向量中元素，另外还有条件逻辑设定表示。如范例程序 2-19 所示。

范例程序 2-19：利用逻辑条件筛选数据

```
x=c(-10, 14, 62, 71, -18)           # 建立向量 x
index=x>15; index
  # 判断向量 x 中的元素是否大于 15，"是"则返回 TURE，"否"则返回 FALSE，逻辑判断结果形成新向量 index
    并显示
[1] FALSE FALSE  TRUE  TRUE FALSE
x[index]                            # 从向量 x 中筛选出与 index 中 TRUE 位次相同的元素
[1] 62 71
x[c(FALSE, TRUE)]
  # c(FALSE, TRUE) 的长度小于向量 x，R 会自动循环补齐。本条代码相当于 x[c(FALSE, TRUE, FALSE, TRUE,
    FALSE)]，所以是从向量 x 中筛选出第 2 个和第 4 个元素
[1] 14 71
x[x>15]=0; x                        # 将向量 x 中大于 15 的元素的值替换为 0；显示向量 x
[1] -10  14   0   0 -18
```

3. 利用负整数取值筛除数据

对于向量中特定元素的筛选，除了用"正数"进行"筛取"外，还可以"负数"进行"筛除"。如范例程序 2-20 所示。

范例程序 2-20：利用负整数取值筛除数据

```
x=c(1.5, 2.6, 3.7, 4.8, 5.9, 6)     # 建立向量 x
x[-(1:2)]                           # 显示向量 x 中筛除前 2 个元素后的内容
[1] 3.7 4.8 5.9 6.0
x[-(5:6)]                           # 显示向量 x 中筛除第 5 个和第 6 个元素后的内容
[1] 1.5 2.6 3.7 4.8
x[-(6:7)]                           # 显示向量 x 中筛除第 6 个和第 7 个元素后的内容，没有第 7 个元素，则自动忽略
[1] 1.5 2.6 3.7 4.8 5.9
x[1:7]                              # 显示向量 x 中的第 1 个至第 7 个元素，因无第 7 个元素，故显示 NA
[1] 1.5 2.6 3.7 4.8 5.9 6.0  NA
```

4. 常用的向量运算函数

向量是 R 中存放数据的基本结构，如同单笔数据。R 提供了一些常用的函数，可以对向量形式的数据进行简单的统计运算、逻辑判断等操作，据此可以了解数据的某些特征。部分常用函数使用范例如范例程序 2-21 所示。

范例程序 2-21：部分常用向量函数

```
x=1:20              # 建立由整数 1 至 20 构成的向量 x
length(x)           # 显示向量 x 的长度
[1] 20
max(x)              # 显示向量 x 的最大值
[1] 20
min(x)              # 显示向量 x 的最小值
[1] 1
range(x)            # 显示向量 x 的取值范围（最小值和最大值）
[1] 1 20
prod(x)             # 元素连乘的乘积
[1] 2.432902e+18
sum(x)              # 元素连加
[1] 210
any(x>10)           # 判断向量 x 中是否有大于 10 的元素存在
[1] TRUE
all(x>10)           # 判断向量 x 的所有元素是否都大于 10
[1] FALSE
summary(x)          # 显示向量 x 的描述性统计量。
   Min. 1st Qu.  Median    Mean 3rd Qu.    Max.
   1.00    5.75   10.50   10.50   15.25   20.00
cumsum(x)           # 显示每个元素与其前所有元素相加的累计结果
 [1]   1   3   6  10  15  21  28  36  45  55  66  78  91 105 120 136 153 171 190 210
cummin(x)           # 显示累计的最小元素
 [1] 1 1 1 1 1 1 1 1 1 1 1 1 1 1 1 1 1 1 1 1
cummax(x)           # 显示累计的最大元素。
 [1]  1  2  3  4  5  6  7  8  9 10 11 12 13 14 15 16 17 18 19 20
```

5. 部分特殊用途的向量处理函数

接下来介绍几个有时特别有用的可应用于向量的函数。如将向量元素做递增或递减排序的 `sort()` 函数，或显示向量序列的 `order()` 函数，还有显示向量中共有多少不同元素的 `unique()` 函数，以及判断元素是否为重复出现的 `duplicated()` 函数。如范例程序 2-22、范例程序 2-23 所示。

范例程序 2-22：其他函数应用（一）

```
x=rnorm(5); x                # 按正态分布随机抽取 5 个数，生成向量 x 并显示
[1]  0.2175304  0.9731461  1.4107622 -0.3390057 -1.5426420
sort(x)                      # 将向量 x 中的元素按默认的升序排列
[1] -1.5426420 -0.3390057  0.2175304  0.9731461  1.4107622
sort(x, decreasing=TRUE)     # 将向量 x 的元素递减排序
[1]  1.4107622  0.9731461  0.2175304 -0.3390057 -1.5426420
rev(sort(x))                 # rev 可以将向量元素逆序排列，此例结果视同将向量 x 的元素做递减排序
[1]  1.4107622  0.9731461  0.2175304 -0.3390057 -1.5426420
order(x)                     # 按元素取值由小到大的顺序显示向量 x 各元素的序号
[1] 5 4 1 2 3
```

范例程序 2-23：其他函数应用（二）

```
x=c(1, 1, 3, 5, 6, 7, 7, 8, 9, 9, 6, 7, 5, 5, 3, 2, 1, 4, 4, 7, 6); x
  # 建立向量 x 并显示
 [1] 1 1 3 5 6 7 7 8 9 9 6 7 5 5 3 2 1 4 4 7 6
unique(x)                    # 将向量 x 中重复的项目去除，留下唯一值
[1] 1 3 5 6 7 8 9 2 4
duplicated(x)                # 判断元素是否有重复
```

```
[1]  FALSE  TRUE  FALSE  FALSE  FALSE  FALSE  TRUE  FALSE  FALSE  TRUE  TRUE  TRUE
[13] TRUE   TRUE  TRUE   FALSE  TRUE   FALSE  TRUE  TRUE   TRUE
```

6. 向量差分函数 diff()

向量差分是向量内元素两两相减，diff() 为差分函数，其中若无给定滞后期，则 R 默认为滞后一期。如范例程序 2-24 所示。

范例程序 2-24：向量差分函数

```
x=c(1, 3, 2, 5, 8, 6, 12, 15, 22)     # 建立一向量 x
diff(x)                                # 对 x 向量做差分，默认滞后一期
[1]  2 -1  3  3 -2  6  3  7
diff(x, lag=2)                         # 对向量 x 做滞后 2 期的差分
[1]  1  2  6  1  4  9 10
```

2.3.2 矩阵的处理

矩阵部分元素的选取是矩阵处理的基础，接下来重点介绍几种常用的方法。

1. 利用行列序号选取矩阵子集

和向量相同，矩阵局部的选取也是用符号 [ ] 表示。差别在于向量是单维的，矩阵是二维的，矩阵元素的选取指令，也就比向量的操作多了一个维度的设定。通常的指令格式为"x[a,b]"，其中，x 为矩阵名称，a 为所欲选取元素的行号，而 b 为所欲选取元素的列号；若 b（或 a）缺失，则表示取第 a 行整行（或第 b 列整列）数据。如范例程序 2-25 所示。

范例程序 2-25：利用行列序号选取矩阵子集

```
x=matrix(1:25, ncol=5); x              # 建立矩阵 x 并显示，元素由 1 按列排至 25，共 5 列
     [,1] [,2] [,3] [,4] [,5]
[1,]    1    6   11   16   21
[2,]    2    7   12   17   22
[3,]    3    8   13   18   23
[4,]    4    9   14   19   24
[5,]    5   10   15   20   25
x[2, 5]                                # 选取并显示矩阵 x 第 2 行第 5 列的元素
[1] 22
x[3, ]                                 # 选取并显示矩阵 x 第 3 行的元素
[1]  3  8 13 18 23
x[ ,2]                                 # 选取并显示矩阵 x 第 2 列的元素
[1] 6 7 8 9 10
x[3, c(2, 4)]                          # 选取并显示矩阵 x 第 3 行的第 2 个和第 4 个元素
[1] 8 18
x[ , -5]                               # 显示矩阵 x 中扣除第 5 列后的元素
     [,1] [,2] [,3] [,4]
[1,]    1    6   11   16
[2,]    2    7   12   17
[3,]    3    8   13   18
[4,]    4    9   14   19
[5,]    5   10   15   20
x[1, 1]=0; x                           # 将矩阵 x 的第 1 行第 1 列的数据改为 0；显示 x
     [,1] [,2] [,3] [,4] [,5]
[1,]    0    6   11   16   21
[2,]    2    7   12   17   22
[3,]    3    8   13   18   23
```

```
[4,]    4    9   14   19   24
[5,]    5   10   15   20   25
```

2. 利用行列序号矩阵选取矩阵子集

R 中还可以用矩阵表示被选矩阵元素的位置，从而实现子集选取。如范例程序 2-26 所示。

范例程序 2-26：利用行列序号矩阵选取矩阵子集

```
x=matrix(-12:12, ncol=5); x         # 建立矩阵 x 并显示，元素由 -12 按列排至 12, 共 5 列
     [,1] [,2] [,3] [,4] [,5]
[1,]  -12   -7   -2    3    8
[2,]  -11   -6   -1    4    9
[3,]  -10   -5    0    5   10
[4,]   -9   -4    1    6   11
[5,]   -8   -3    2    7   12
index=cbind(c(1, 2, 5), c(3, 4, 4)); index
     # 利用列合并函数 cbind()，将两个向量组合为矩阵 index; 显示 index
     [,1] [,2]
[1,]    1    3
[2,]    2    4
[3,]    5    4
x[index]                             # 从矩阵 x 中选取 (1,3)、(2,4)、(5,4) 这几个位置上的元素
[1] -2  4  7
```

3. 利用向量序号选取矩阵子集

矩阵的所有元素可以视为一个大的向量，R 中还可以使用向量序号从矩阵中提取相应元素。如范例程序 2-27 所示。

范例程序 2-27：利用向量序号选取矩阵子集

```
x=matrix(0:35, ncol=6)              # 建立矩阵 x, 元素由 0 开始按列排至 35, 共 6 列
x[3]                                 # 显示矩阵 x 中第 3 个元素
[1] 2
x[9]                                 # 显示矩阵 x 中第 9 个元素
[1] 8
x[20:35]                             # 显示矩阵 x 中第 20 至 35 个元素
 [1] 19 20 21 22 23 24 25 26 27 28 29 30 31 32 33 34
```

4. 利用逻辑条件选取矩阵子集

同向量元素的选取一样，我们也可以运用逻辑判断选取符合条件的矩阵元素。如范例程序 2-28 所示。

范例程序 2-28：利用逻辑条件选取矩阵子集

```
x=matrix(1:36, ncol=6)              # 建立矩阵 x, 元素由 1 开始按列排至 36, 共 6 列
y=x>16; y                            # 将 x 中的元素数值大于 16 的逻辑值矩阵赋值给 y 并显示
      [,1]  [,2]  [,3]  [,4] [,5] [,6]
[1,] FALSE FALSE FALSE  TRUE TRUE TRUE
[2,] FALSE FALSE FALSE  TRUE TRUE TRUE
[3,] FALSE FALSE FALSE  TRUE TRUE TRUE
[4,] FALSE FALSE FALSE  TRUE TRUE TRUE
[5,] FALSE FALSE  TRUE  TRUE TRUE TRUE
[6,] FALSE FALSE  TRUE  TRUE TRUE TRUE
x[y]                                 # 显示矩阵 x 中符合条件的元素
 [1] 17 18 19 20 21 22 23 24 25 26 27 28 29 30 31 32 33 34 35 36
x[x>median(x)]=0; x                 # 将矩阵 x 中所有大于中位数的元素改为 0; 显示 x
```

```
        [,1] [,2] [,3] [,4] [,5] [,6]
[1,]      1    7   13    0    0    0
[2,]      2    8   14    0    0    0
[3,]      3    9   15    0    0    0
[4,]      4   10   16    0    0    0
[5,]      5   11   17    0    0    0
[6,]      6   12   18    0    0    0
```

2.3.3 数据框的处理

数据框允许不同模式的数据（比如字符串与数值）并存，是 R 中最方便的数据存储结构，与经济、金融时间序列数据的形态也非常相称。接下来我们就介绍数据框的常见处理方法，比如数据子集的选取、字段（列）的添加等。我们借助 R 内建的 `longley` 数据集进行示范说明。

1. 数据子集的选取

在 R 中，矩阵子集选取的方法大都可以用于数据框的数据子集选取。此外，数据框数据子集的选取还有一些特殊方法，比如可以运用 `$` 符号选取特定的列。具体操作如范例程序 2-29 所示，注意比较其中几种方法的异同。

范例程序 2-29：数据框子集选取

```
data(longley); str(longley)            # 加载 R 内建的数据集 longley 并显示其结构
'data.frame':    16 obs. of  7 variables:
 $ GNP.deflator: num  83 88.5 88.2 89.5 96.2 ...
 $ GNP         : num  234 259 258 285 329 ...
 $ Unemployed  : num  236 232 368 335 210 ...
 $ Armed.Forces: num  159 146 162 165 310 ...
 $ Population  : num  108 109 110 111 112 ...
 $ Year        : int  1947 1948 1949 1950 1951 1952 1953 1954 1955 1956 ...
 $ Employed    : num  60.3 61.1 60.2 61.2 63.2 ...
longley[1:3,]                          # 选取并显示数据集的前 3 行数据
     GNP.deflator     GNP Unemployed Armed.Forces Population Year Employed
1947         83.0 234.289      235.6        159.0    107.608 1947   60.323
1948         88.5 259.426      232.5        145.6    108.632 1948   61.122
1949         88.2 258.054      368.2        161.6    109.773 1949   60.171
head(longley, 3)                       # 同上，显示结果略
tail(longley, 2)                       # 选取并显示数据集的最后 2 行数据
     GNP.deflator     GNP Unemployed Armed.Forces Population Year Employed
1961        115.7 518.173      480.6        257.2    127.852 1961   69.331
1962        116.9 554.894      400.7        282.7    130.081 1962   70.551
names(longley)                         # 显示数据集的变量（列）名称
[1] "GNP.deflator"  "GNP"  "Unemployed"  "Armed.Forces"  "Population"  "Year"  "Employed"
longley$GNP                            # 选取并显示数据集中的 GNP 数据（转化为向量的结构）
 [1] 234.289 259.426 258.054 284.599 328.975 346.999 365.385 363.112 397.469 419.180
442.769 444.546
[13] 482.704 502.601 518.173 554.894
longley[[2]]                           # 同上，显示结果略
longley[,2]                            # 同上，显示结果略
head(longley["GNP"],3)
 # 选取并显示数据集中 GNP 数据的前 3 行，这种方法保留了数据框的结构，所以行名称（在此为年份）可以一
   并显示
         GNP
1947 234.289
1948 259.426
```

```
1949 258.054
head(longley[2],3)                      # 同上，显示结果略
longley[1:3,c("GNP", "Population")]
    # 选取并显示数据集前三行中 GNP 和 Population 这两列的数据
Y1960=longley["1960",]; Y1960           # 将数据集中 1960 年的数据赋值给 Y1996 并显示
     GNP.deflator       GNP Unemployed Armed.Forces Population Year Employed
1960        114.2   502.601      393.1        251.4    125.368 1960   69.564
longley[c("1955", "1960"),]             # 显示数据集中 1955 年和 1960 年这两年的数据
     GNP.deflator       GNP Unemployed Armed.Forces Population Year Employed
1955        101.2   397.469      290.4        304.8    117.388 1955   66.019
1960        114.2   502.601      393.1        251.4    125.368 1960   69.564
subset(longley, GNP>350 & Population>110)
    # 显示符合 GNP 大于 350 且 Population 大于 110 的数据信息
     GNP.deflator       GNP Unemployed Armed.Forces Population Year Employed
1953         99.0   365.385      187.0        354.7    115.094 1953   64.989
1954        100.0   363.112      357.8        335.0    116.219 1954   63.761
1955        101.2   397.469      290.4        304.8    117.388 1955   66.019
1956        104.6   419.180      282.2        285.7    118.734 1956   67.857
1957        108.4   442.769      293.6        279.8    120.445 1957   68.169
1958        110.8   444.546      468.1        263.7    121.950 1958   66.513
1959        112.6   482.704      381.3        255.2    123.366 1959   68.655
1960        114.2   502.601      393.1        251.4    125.368 1960   69.564
1961        115.7   518.173      480.6        257.2    127.852 1961   69.331
1962        116.9   554.894      400.7        282.7    130.081 1962   70.551
```

2. 字段添加

数据管理工作中经常会遇到在原有的数据集中添加变量的情况。在 R 中可以通过使用 `cbind()` 函数添加字段的方式实现。同理，利用 `rbind()` 函数则可以添加新的观察值。如范例程序 2-30 所示，以 longley 数据为例，演示 `cbind()` 函数的用法。

范例程序 2-30：向数据框中添加字段

```
data(longley)                           # 加载 R 内建的数据集 longley
gnpPop=round(longley[,"GNP"]/longley[,"Population"], 2)
    # 建立一笔新数据 gnpPop，其值为 longley 数据的 GNP/Population 四舍五入取小数点后二位。其中，round()
    # 为四舍五入函数，参数 2 表示取小数点后两位
longley=cbind(longley, gnp.Pop=gnpPop)
    # 新的 longley 数据为，以 cbind() 函数将原来的 longley 数据，与步骤一建立的 gnpPop 数据以 gnp.Pop
    # 命名相合并
head(longley, 3)                        # 显示增加字段后的 longley 数据
     GNP.deflator       GNP Unemployed Armed.Forces Population Year Employed gnp.Pop
1947         83.0   234.289      235.6        159.0    107.608 1947   60.323    2.18
1948         88.5   259.426      232.5        145.6    108.632 1948   61.122    2.39
1949         88.2   258.054      368.2        161.6    109.773 1949   60.171    2.35
```

2.3.4 字符串的处理

R 不仅可以进行数值运算与操作，其处理字符串的功能也很强大。字符串可由字母、数字等各式符号或其组合构成，多用于标示数据的某些属性。在 R 中，字符串实际上是字符模式的单元素向量。

1. 常用的字符串函数

此处介绍三个常用的字符串函数，分别是显示字符串字符数的 `nchar()` 函数，截取字符串的 `substring()` 函数，以及进行字符串拼贴的 `paste()` 函数。具体的使用方法如范

例程序 2-31 所示。

范例程序 2-31：常用字符串函数 nchar()、substring() 和 paste()

```
charvector=c("1970 1,003.2|4.11|6.21 Mio", "1975|21,034.6|5.31|7.11 Mio",
    "1980|513.2|4.79|7.13 Mio"); charvector
    # 生成字符型向量 charvector 并显示其内容
[1] "1970 1,003.2|4.11|6.21 Mio" "1975|21,034.6|5.31|7.11 Mio" "1980|513.2|4.79|7.13 Mio"
nchar(charvector)                # 显示每个字符串内的字符数量
[1] 26 27 24
years=substring(charvector, first=1, last=4); years
    # 提取字符串中的年份并显示。substring() 函数截取每组字符串中的第 1 到第 4 个字符，其中，"first=1, last=4"
      也可以简写为 "1, 4"
[1] "1970" "1975" "1980"
paste(years, "12", "31", sep="-")
    # 将 years 中的每个字符串贴上 12 与 31，并用符号 "-" 作为分隔符
[1] "1970-12-31" "1975-12-31" "1980-12-31"
```

2. 搜索字符串中的模式

在涉及字符串的处理或文本分析的工作中，经常要探索字符串的特征或利用字符串的一些模式或规律，比如搜索所有以某个大写字母开头的字符串。R 中最常用的是 `grep()` 等函数。具体运用如范例程序 2-32 所示。

范例程序 2-32：在字符串对象中搜索某种模式

```
data(longley)                    # 加载 R 内建的数据集 longley
Names=names(longley); Names      # 将 longley 的列名称赋值给 Names 并显示
[1] "GNP.deflator"  "GNP"         "Unemployed"   "Armed.Forces" "Population"   "Year"
[7] "Employed"
index=grep("GNP", Names); index
    # 搜索含有字符串 "GNP" 的元素在向量 Names 中的位次，赋值给 index 并显示
[1] 1 2
Names[index]                     # 显示向量 Names 中由 index 标示的元素
[1] "GNP.deflator" "GNP"
index=grep("^G", Names); index
    # 搜索以 "G" 开头的向量元素在向量 Names 中的位次，赋值给 index 并显示，符号 ^ 是正则运算符，表示
      匹配输入字符串的开始位置，正则运算符的数据，读者可自行网上搜索
[1] 1 2
gnpMatch=regexpr("GNP", Names); gnpMatch
    # 判断向量 Names 中的各元素是否含有字符串 "GNP"，若含有返回在该元素中的位次，若没有则返回数值 -1（返
      回结果中还有其他信息，信息详情可查看帮助文件了解），返回值的向量赋值给 gnpMatch 并显示
[1]  1  1 -1 -1 -1 -1 -1
attr(,"match.length")
[1]  3  3 -1 -1 -1 -1 -1
attr(,"useBytes")
[1] TRUE
index=1:length(Names)            # 生成数值向量，元素为整数 1 到 Names 的元素个数
index[gnpMatch>0]                # 显示符合条件的 index（即 Names 中含有 "GNP" 的元素的位次）
[1] 1 2
```

3. 字符串替换

承接范例程序 2-32，下面我们来介绍如何定义数据文件的名称。如范例程序 2-33 所示。

范例程序 2-33：字符串替换

```
gsub(".Forces", "_Forces", Names)
```

```
# 将向量 Names 中的字符串元素中含有的 ".Forces" 替换为 "_Forces"
[1] "GNP.deflator"   "GNP"    "Unemployed"    "Armed_Forces"    "Population"    "Year"
[7] "Employed"
```

2.3.5 因子的处理

所谓因子（factor）就是可用于分类的类别变量。类别变量可以是有序的几个，比如表示成绩高低的"优、良、中、及格、不及格"，也可以是没有顺序含义的名义型变量，比如表示性别的"男、女"。

在原始数据中，类别变量也有可能用数值编码，比如用"5、4、3、2、1"分别为"优、良、中、及格、不及格"编码，用"1、0"分别为"男、女"编码。在 R 中，字符型的变量通常被默认为因子。如果使用了数值编码，就需要用一些技巧来建立因子。我们可用函数 cut() 在数值编码的基础上建立因子。如范例程序 2-34 所示。

范例程序 2-34：函数 cut()

```
data(longley)                          # 加载 R 内建的数据集 longley
gnp=longley[,"GNP"]                    # 将数据集 longley 中的 GNP 数据赋值给 gnp
regimes=(2:6)*100; regimes             # 生成向量 regimes 并显示
[1] 200 300 400 500 600
cut(x=gnp, regimes)
   # 以 regimes 内的数据为区间，将 gnp 数据进行分类
 [1] (200,300] (200,300] (200,300] (200,300] (300,400] (300,400] (300,400] (300,400]
 [9] (300,400] (400,500] (400,500] (400,500] (400,500] (500,600] (500,600] (500,600]
Levels: (200,300] (300,400] (400,500] (500,600]
cut(x=gnp, breaks=3)
   # 用 3 个分类区间将 gnp 分组归类，分类区间大小由 R 根据 gnp 的数据范围自动划分
 [1] (234,341] (234,341] (234,341] (234,341] (234,341] (341,448] (341,448] (341,448]
 [9] (341,448] (341,448] (341,448] (341,448] (448,555] (448,555] (448,555] (448,555]
Levels: (234,341] (341,448] (448,555]
cut(x=gnp, breaks=5)                   # 用 5 个分类区间将 gnp 分组归类
 [1] (234,298] (234,298] (234,298] (234,298] (298,363] (298,363] (363,427] (363,427]
 [9] (363,427] (363,427] (427,491] (427,491] (427,491] (491,555] (491,555] (491,555]
Levels: (234,298] (298,363] (363,427] (427,491] (491,555]
groups=cut(gnp, breaks=3, labels=c("低收入","中收入","高收入")); groups
   # 用分类区间将 gnp 分组归类，分别以字符串 "低收入" "中收入" 与 "高收入" 来显示
 [1] 低收入 低收入 低收入 低收入 低收入 中收入 中收入 中收入 中收入 中收入 中收入 中收入
[13] 高收入 高收入 高收入 高收入
Levels: 低收入 中收入 高收入
class(groups)                          # 显示 groups 的类型，显示的结果表明其为因子
[1] "factor"
gnp=cbind(longley["GNP"],Level=groups); gnp
   # 合并原始数据及类别标签赋值给 gnp 并显示其内容
        GNP    Level
1947  234.289  低收入
1948  259.426  低收入
1949  258.054  低收入
1950  284.599  低收入
1951  328.975  低收入
1952  346.999  中收入
1953  365.385  中收入
1954  363.112  中收入
1955  397.469  中收入
1956  419.180  中收入
1957  442.769  中收入
1958  444.546  中收入
```

```
1959    482.704    高收入
1960    502.601    高收入
1961    518.173    高收入
1962    554.894    高收入
str(gnp) # 显示 gnp 对象的结构
'data.frame':16 obs. of  2 variables:
 $ GNP     : num  234 259 258 285 329 ...
 $ Level   : Factor w/ 3 levels "低收入","中收入",..: 1 1 1 1 2 2 2 2 ...
```

此外，如果要将某连续型变量设为因子，则使用 `factor()` 即可实现。需要注意的是因子在 R 中是字符型向量，不能进行算术运算。如范例程序 2-35 所示。

范例程序 2-35：函数 `factor()`

```
x=1:6; x
[1] 1 2 3 4 5 6
class(x)
[1] "integer"
y=factor(x); y
[1] 1 2 3 4 5 6
Levels: 1 2 3 4 5 6
class(y)
[1] "factor"
x+y
[1] NA NA NA NA NA NA
Warning message:
In Ops.factor(x, y) : '+' not meaningful for factors
```

2.4 时间序列对象的处理

由于大量经济、金融数据都是时间序列数据，我们把对时间序列对象的处理放于单独一节介绍。

2.4.1 日期时间对象的类型

时间序列对象与其他类型数据的关键差别是它有时间戳。我们首先介绍作为时间戳的数据类型。R 语言的基础包中提供了两种类型的时间数据：一种是 Date 类型数据，它不包括时间和时区信息，另一种是 POSIX 类型数据，其中包括了日期、时间和时区信息。此外，R 中还有依赖于各种包的很多其他类型的日期时间对象，如 chron、timeDate 等（部分常见类型见表 2-5），本书不进行介绍。

表 2-5 部分常用日期 – 时间对象的类型

类（Class）	包	说明
chron	chron	以自 1970 年初以来的秒数（带符号）来表示日历日期和时间，不含时区信息
Date	base	以自基准日期（1970 - 01 - 01）以来的天数的形式来表示日期
yearmon	zoo	用来表示月度的类，其内部以 0 表示 1 月，加 1/12 表示 2 月，加 2/12 表示 3 月，以此类推；与 ts 类月度数据的频率相同
yearqtr	zoo	用来表示季度的类。其内部以年份加 0 表示第 1 季度，加 1/4 表示第 2 季度，以此类推，与 ts 类季度数据的频率相同
POSIXct	base	以时间标准时（UTC）时区为准的从 1970 年初以来的秒数（带符号）来表示日历日期和时间。支持各种时区规格（如 GMT、PST、EST 等）

（续）

类（Class）	包	说明
POSIXlt	base	将时间存储为一个包括秒、分钟、小时、月等组成部分的列表
timeDate	timeDate	Rmetrics 提出的用来表示时间的 S4 类，也符合 ISO 的相关约定

资料来源：参考 Zivot, Eric. Working with time series data in R.[i] 整理内容。

1. Date 类型

Date 类型数据用来表示日期，它只有日期信息而没有时间和时区等信息。创建一个 Date 类型时间对象的一个简单的办法是使用 `Sys.Date()` 函数，该函数返回系统当前日期。Date 类型的数据虽然以字符串的样式显示，但在 R 内部，日期对象是以指定日期距离基准日期（1970 年 1 月 1 日）的天数来存储，基准日期之前的为负数，基准日期之后的为正数。我们可以用 `as.numeric()` 或 `unclass()` 函数将日期对象转换为它的内部形式。范例程序 2-36 可以帮助大家更好地理解 Date 型数据对象。

范例程序 2-36：日期型数据对象

```
today <- Sys.Date()                    # 将系统当前日期赋值给 today
today
[1] "2018-01-11"
class(today)                           # 查看对象 today 的类型
[1] "Date"
as.numeric(today)                      # 将 today 的值转换为数值型
[1] 17542
ndate <- unclass(today)                # 去除 today 的日期类型
ndate
[1] 17542
as.Date(ndate,origin='1970-01-01')     # 将 ndate 的值（即数值 17542）转换为 Date 类型
[1] "2018-01-11"
class(ndate)='Date'                    # 将 ndate（即数值 17542）的类型定义为 Date 类型
ndate
[1] "2018-01-11"
```

2. POSIX 类型

POSIX 这个古怪的名称来源于"UNIX 可移植操作系统接口"（Portable Operating System Interface of UNIX）的英文缩写。POSIX 最初是为在各种 UNIX 操作系统上运行的软件制定的一系列应用程序接口标准（包括日期和时间如何标记），以获得源代码级别的软件可移植性。

R 中 POSIX 类时间有两个具体类型：POSIXct 和 POSIXlt。POSIXct 中的 ct 是日历时间（calendar time）的简称，该类时间记录了以世界标准时（UTC）时区为准的从 UNIX 元年（1970-01-01 00:00:00）开始的秒数计数；POSIXlt 中的 lt 意指列表时间（list time），该类将时间存为一个列表，其中包括秒、分钟、小时和月等，每一部分都是列表的一个元素。两类时间的差别可通过范例程序 2-37 的演示结果进行比较。

由于 POSIXct 类时间的存储只需要用一个双精度数值，POSIXlt 则需要一个较长的列表，相比之下 POSIXct 更节省资源。除非需要 POXIXlt 类列表的性质（在需要提取日期时间元素时非常方便），在 R 中存储时间的一般选择是 POSIXct 类。

范例程序 2-37：POSIXct 和 POSIXlt 类型的时间

```
time_ct <- Sys.time(); time_ct         # 将当前系统时间赋值为 time_ct 并显示
[1] "2018-01-12 09:49:23 CST"
```

```
class(time_ct)
    # 结果表明 Sys.time() 函数返回结果为 POSIXct 类的时间；POSIXt 是 POSIXct 和 POSIXlt 类的统称
[1] "POSIXct" "POSIXt"
as.numeric(time_ct); unclass(time_ct)           # 两个函数均返回时间在 R 内部的数值
[1] 1515721764
[1] 1515721764
time_lt <-as.POSIXlt(time_ct)                   # 将时间转换为 POSIXlt 类
class(time_lt)
[1] "POSIXlt" "POSIXt"
as.numeric(time_lt)
[1] 1515721764
unclass(time_lt)
$sec
[1] 23.71371
$min
[1] 49
$hour
[1] 9
$mday
[1] 12
$mon
[1] 0
$year
[1] 118
$wday
[1] 5
$yday
[1] 11
$isdst
[1] 0
$zone
[1] "CST"
$gmtoff
[1] 28800
attr(,"tzone")
[1] ""      "CST" "CDT"
n_sec <- as.numeric(time_lt)
class(n_sec)=c('POSIXct','POSIXt');n_sec;class(n_sec)
    # 可通过 class() 函数将秒数转换为 POSIXct 类时间
[1] "2018-01-12 09:49:23 CST"
[1] "POSIXct" "POSIXt"
```

上述代码中倒数第三条指令的结果列出了 POSIXlt 类对象 time_lt 的列表内容。我们可以借助 $ 符号取出其中的某一部分，比如可以用 time_lt$year 显示或调用其中的年份数据，需要注意的是该年份数据不是实际日历年份，而是该日历年份自 1900 年以来的年份数据（故本例中显示的不是"2018"而是"118"）。

2.4.2 日期时间对象的处理

1. 转换与格式化

有时我们要在表示时间的字符串（或数字）和日期时间类对象之间相互转换：读入的数据用字符串（或数字）来表示时间，若要使用日期时间函数，首先必须把字符串转换为日期型的对象；相反，如果要往 CSV 等格式的文件写数据，则要把日期时间类数据转换成字符串。

要转换为 Date 型日期，常用的函数是 **as.Date()**。如果原始数据是数值型的，需要指定 origin 参数（见范例程序 2-36）；在原始数据是字符串格式的情况下，除非字符串是"年 – 月 – 日"或"年/月/日"格式，必须通过 format 参数匹配字符串格式，否则会报错。

要转换为 POSIX 型时间，常用的有 as.POSIXct()、ISOdate()（或 ISOdatetime()）、as.POSIXlt() 和 strptime() 函数。其中前者返回 POSIXct 格式的对象，后两者的返回 POSIXlt 格式的对象。

相反，日期时间对象可以通过 as.character() 转换为字符串格式；若想转换为自定义格式的字符串，可以使用 format() 或 strftime() 函数。如范例程序 2-38 所示。

范例程序 2-38：字符串与日期时间型对象的转换

```
## 转换为日期时间类型
myDate=as.Date('2018-01-15'); myDate; class(myDate)
[1] "2018-01-15"
[1] "Date"
tDay=c('01/01/2018','01/11/2018')
dates1=as.Date(tDay,format='%m/%d/%y'); dates1
    # 非常规格式字符串用 as.Date() 函数转换为日期必须加 format 参数；部分常用参数值的含义见表 2-6 此处
      %y 限定两位数年份，若结果明显不是所需要的，用 %Y 就没有问题
[1] "2020-01-01" "2020-01-11"
Dates1=as.Date(tDay,format='%m/%d/%Y'); dates1
[1] "2018-01-01" "2018-01-11"
class(dates1)
[1] "Date"
dates2=strptime(tDay,format='%m/%d/%Y'); dates2; class(dates2)
[1] "2018-01-01 CST" "2018-01-11 CST"
[1] "POSIXlt" "POSIXt"
d=ISOdate(2018,1,16); d; class(d)
    # ISOdate() 函数把数值型的时间元素汇集成 POSIXct 型日期时间对象
[1] "2018-01-16 12:00:00 GMT"
[1] "POSIXct" "POSIXt"
as.Date(d)    # 将结果转换为 Date 类型
[1] "2018-01-16"
lubridate::force_tz(d,tzone='asia/shanghai')  #
    # 利用 lubridate 包中的 forc_tz 函数将时区由 GMT（Greenwich Mean Time, 格林威治标准时间）强制转
      换为 CST（Central Standard Time）。使用符号 "::" 可以在不用事先加载某个包的情况下调用该包中的函数
 [1] "2018-01-16 12:00:00 CST"
## 转换为字符串类型
mytime <- Sys.time(); mytime
[1] "2018-01-16 20:47:13 CST"
time_char <- format(mytime,format='%Y/%m/%d'); time_char; class(time_char)
[1] "2018/01/16"
[1] "character"
format(mytime,'%Y年%m月%d日 %p%I点%M分')
[1] "2018年01月16日 下午08点47分"
as.character(mytime)
[1] "2018-01-16 20:47:13"
strftime(mytime,'%Y年%m月%d日 %p%I点%M分')    # strftime() 与 format() 使用方式类似
[1] "2018年01月16日 下午08点47分"
## 提取日期时间中的信息成分
weekdays(mytime)
[1] "星期二"
months(mytime)
[1] "1月"
quarters(mytime)
[1] "Q1"
time_e=as.POSIXlt(mytime); time_e
```

```
[1] "2018-01-16 20:47:13 CST"
time_e$mday
[1] 16
```

表 2-6 为设定日期和时间显示格式常用代码的总结。这些代码及其含义在大多数情况下都是这样的，但在个别包中可能稍有不同，查看相关函数的说明即可了解具体情况。

表 2-6 常用的日期时间格式代码

时间频率	格式代码及其含义
年	%y 两位数年份；%Y 四位数年份
月	%m 月份（01～12）
日	%d 日期（01～31）；%j 日期（001-366）
周	%u 周几（1～7，周一为 1）；%w 周几（0～6，周日为 0） %u 周几（1～7，周一为 1）；%w 周几（0～6，周日为 0）
时、分、秒	%H 小时 (24 时制)；%I 小时（12 时制）；%p 上下午（AM/PM）；%M 分；%S 秒

2. 日期和时间的运算

R 支持 POSIX 类和 Date 类日期和时间的算术运算。POSIX 类时间和数值相加，会以秒为单位增加时间。Date 类日期与数字相加会以天为单位增加日期。R 也不支持日期或时间相加（这样做也没有实际意义），但是支持日期或时间的减法运算。Difftime() 函数也是减法运算，但功能更强大。此外，我们也可以使用 range()、mean() 和 summary() 等函数查看一系列日期和时间类对象的时间范围、均值和基本的描述性统计等。如范例程序 2-39 所示。

范例程序 2-39：日期和时间的算术运算

```
## 转换为日期时间类型
mytime=strptime("2018-01-16 20:47:13",format="%Y-%m-%d %H:%M:%S",tz=""); mytime
[1] "2018-01-16 20:47:13 CST"
mytime+3600                # 加一个小时（3600 秒）
[1] "2018-01-16 21:47:13 CST"
mytime+86400               # 加一天
[1] "2018-01-17 20:47:13 CST"
st=as.Date("1949-10-01")
en=as.Date("2019-09-30")
en+1
[1] "2019-10-01"
all_days=en-st; all_days; class(all_days)
Time difference of 25566 days
[1] "difftime"
all_days[[1]]
    # 日期或时间相减得到的是一个 difftime 类的对象，如果取出相差的天数或秒数，就要用这种方法
[1] 25566
myDates=seq(st, by="day", length=25567)
head(myDates); tail(myDates)
[1] "1949-10-01" "1949-10-02" "1949-10-03" "1949-10-04" "1949-10-05" "1949-10-06"
[1] "2019-09-25" "2019-09-26" "2019-09-27" "2019-09-28" "2019-09-29" "2019-09-30"
myDates=seq(st,en, by="day")
head(myDates); tail(myDates)
[1] "1949-10-01" "1949-10-02" "1949-10-03" "1949-10-04" "1949-10-05" "1949-10-06"
[1] "2019-09-25" "2019-09-26" "2019-09-27" "2019-09-28" "2019-09-29" "2019-09-30"
```

```
range(myDates)           # 查看时间范围
[1] "1949-10-01" "2019-09-30"
difftime(en,st,units="weeks")
Time difference of 3652.286 weeks
diffd=difftime(en,st); diffd
Time difference of 25566 days
str(diffd)
 'difftime' num 25566
 - attr(*, "units")= chr "days"
diffy=diffd/365.25; diffy
Time difference of 69.99589 days
attr(diffy,"units")="years"; diffy
Time difference of 69.99589 years
mean(myDates)
[1] "1984-09-30"
summary(myDates)
        Min.     1st Qu.      Median        Mean     3rd Qu.        Max.
"1949-10-01" "1967-04-01" "1984-09-30" "1984-09-30" "2002-03-31" "2019-09-30"
```

2.4.3 时间序列对象的类型

时序数据形式多样，在 R 中的存储格式也五花八门，例如 ts、zoo、xts、timeSeries、fts 等诸多类型的格式。部分常用时间序列数据对象的类型如表 2-7 所示。

表 2-7　部分常用时间序列数据对象的类型

时间序列对象类型	索引类型	包	说明
fts		fts	tslib（C++ 的时间序列库）的 R 接口
its	POSIXct	its	一个处理不规则时间序列的 S4 类
irts	POSIXct	tseries	不规则时间序列对象
timeSeries	timeDate	timeSeries	Rmetrics 时间序列分析系列包中所用的时间序列对象，能够处理不规则时间序列
tis	ti	tis	与 FAME 数据库管理系统兼容的 S3 类
ts、mts	Date	stats	只能处理规则时间序列
zoo		zoo	可以处理规则和不规则时间序列数据的一个 S3 类
xts		xts	zoo 类的扩展

资料来源：参考 Zivot, Eric. Working with time series data in R.[i] 整理内容。

我们在 2.2.5 节中介绍了用 R 内置的时间框架函数 ts() 建立时间序列的方法，但 ts() 函数建立的 ts 类和 mts 类时间对象至少有三个缺点：

1）不易保存。即使将数据被储存为 R 的 .RData 格式文件中，也无法保存原来的时间戳，当我们用 load() 再次加载 .RData 的数据时就会失去原有的时间刻度。

2）无法处理高频率数据。ts() 只能处理月和季的时间框架，无法处理周、日等更高频率的时间框架。

3）无法处理时间频率不规则的时间序列数据。为此，R 中增加了很多扩展包专门用于处理时间序列数据，其中 zoo、xts 和 timeSeries 这三个最为常用。zoo 包对应的是 zoo 类型的时间序列对象，xts 包对应的是 xts 类型的，timeSeries 包对应的是 timeSeries 类型的。其中，使用 timeSeries 包时需要 timeDate 提供支撑。

用这三个包将数据转为相应格式的时间序列时，有些重要的不同之处，例如：

1）zoo 包和 xts 包会将数据强制变换为正序（即按照时间由早到晚）排列；timeSeries 不会强制排序，其结果可以根据 sort() 函数排序，也可以采用 rev() 函数进行逆序排列。

2）当预设的时间有重复的时间点时，zoo 包会报错，xts 包会按照原顺序做升序排列（其内部通过自动添加更小的时间刻度来实现），timeSeries 包则把重复部分放置在尾部。

这三种不同的时间序列对象之间彼此可以互相转换。如范例程序 2-40 所示，dat1，dat2 和 dat3 是由不同的包建立，但是可以通过 as.PKG（as.zoo、as.xts、as.timeSeries）互相转换。

范例程序 2-40：建立时间序列对象的三大工具包

```
temp=read.csv("TWII.csv"); head(temp,3)           # 读取外部数据并查看前三条记录
        Date    Open    High     Low   Close    Volume
1 2006-07-21 6396.70 6423.52 6373.59 6420.01 65507400
2 2006-07-24 6316.83 6363.68 6308.72 6359.63 57905600
3 2006-07-25 6433.32 6435.83 6390.99 6390.99 72001900
#== 方法 1：使用 zoo 包
library(zoo)
dat1=as.zoo(temp[,-1], as.Date(temp[,1]))
  # 用 temp 的第一列作为时间戳，将数据框格式的数据转为 zoo 类时间序列
class(dat1)
[1] "zoo"
head(dat1,3); tail(dat1,3)
              Open    High     Low   Close    Volume
2006-07-21 6396.70 6423.52 6373.59 6420.01 65507400
2006-07-24 6316.83 6363.68 6308.72 6359.63 57905600
2006-07-25 6433.32 6435.83 6390.99 6390.99 72001900
              Open    High     Low   Close    Volume
2016-08-08 9123.07 9153.99 9104.43 9150.26 82352000
2016-08-09 9154.00 9155.50 9130.36 9140.75 11936000
2016-08-10 9160.94 9174.70 9158.65 9168.18  9394000
plot(dat1[,"Close"])                              # 绘制收盘价格走势图，结果略
dat1toxts=xts::as.xts(dat1); class(dat1toxts)     # 转为 xts 类并查看类型
[1] "xts" "zoo"
dat1totS=timeSeries::as.timeSeries(dat1); class(dat1totS)
  # 转为 timeSeries 类并查看类型
[1] "timeSeries"
attr(,"package")
[1] "timeSeries"
#== 方法 2：使用 xts 包
library(xts)
dat2=as.xts(temp[,-1], as.Date(temp[,1]))
  # 用 temp 的第一列作为时间戳，将数据框格式的数据转为 xts 类时间序列
class(dat2)
[1] "xts" "zoo"
head(dat2,3); tail(dat2,3)
              Open    High     Low   Close    Volume
2006-07-21 6396.70 6423.52 6373.59 6420.01 65507400
2006-07-24 6316.83 6363.68 6308.72 6359.63 57905600
2006-07-25 6433.32 6435.83 6390.99 6390.99 72001900
              Open    High     Low   Close    Volume
2016-08-08 9123.07 9153.99 9104.43 9150.26 82352000
2016-08-09 9154.00 9155.50 9130.36 9140.75 11936000
2016-08-10 9160.94 9174.70 9158.65 9168.18  9394000
plot(dat2[,"Close"])                              # 绘制收盘价格走势图，结果略
dat2tozoo=as.zoo(dat2); class(dat2tozoo)
  # 转为 zoo 类并查看类型，xts 类向下兼容 zoo 类，所以实际上无需这样转换
```

```
[1] "zoo"
dat2totS=timeSeries::as.timeSeries(dat2); class(dat2totS)
  # 转为 timeSeries 类并查看类型
[1] "timeSeries"
attr(,"package")
[1] "timeSeries"
#== 方法 3: 使用 timeSeries 包
library(timeSeries)
newData=temp[,-1]                              # 只取数据
rownames(newData)=as.Date(temp[,1])            # 用 temp 的第一列作为数据的行名
dat1=as.timeSeries(newData)                    # 将数据转为 timeSeries 类时间序列
class(dat3)
[1] "timeSeries"
attr(,"package")
[1] "timeSeries"
head(dat3,3); tail(dat3,3)                     # 显示结果中的 GMT 是格林威治标准时间的意思
GMT
             Open     High      Low    Close    Volume
2006-07-21 6396.70 6423.52 6373.59 6420.01 65507400
2006-07-24 6316.83 6363.68 6308.72 6359.63 57905600
2006-07-25 6433.32 6435.83 6390.99 6390.99 72001900
GMT
             Open     High      Low    Close    Volume
2016-08-08 9123.07 9153.99 9104.43 9150.26 82352000
2016-08-09 9154.00 9155.50 9130.36 9140.75 11936000
2016-08-10 9160.94 9174.70 9158.65 9168.18  9394000
names(temp); names(dat3)
  # 通过比较可以发现转换为 timeSeries 格式之后，原来的 Date 列消失，转变成为时间序列的时间戳
[1] "Date"    "Open"    "High"    "Low"     "Close"   "Volume"
[1] "Open"    "High"    "Low"     "Close"   "Volume"
temp_rn <- rownames(temp); dat3_rn <- rownames(dat3)
head(temp_rn,3);head(dat3_rn,3)
  # 若将 timeSeries 等特殊格式的时间序列数据转为数据框等格式，有时需要借助于 rownames() 函数提前时
    间戳数据
[1] "1" "2" "3"
[1] "2006-07-21" "2006-07-24" "2006-07-25"
plot(dat3[,"Close"])                           # 绘制收盘价格走势图，结果略
dat3tozoo=as.zoo(dat3); class(dat3tozoo)       # 转为 zoo 类并查看类型
[1] "zoo"
dat3toxts=as.xts(dat3); class(dat3toxts)       # 转为 xts 类并查看类型
[1] "xts" "zoo"
```

2.4.4 时间序列对象的处理

在 zoo、xts 和 timeSeries 这三个包中，每个包都有很多专用的时间序列对象的分析处理函数，如要全面了解和掌握，仔细研读包中相关函数的帮助文档即可。接下来我们以范例程序为主对这三个包的函数择要介绍。

1. zoo 包

zoo 包里的时间序列对象由数据和索引（时间戳）两部分组成。除了常用的 zoo 类时间序列对象外，zoo 包里面还有一个名为 zooreg 的时间序列对象类。zooreg 类对象继承了 zoo 类对象的定义，但只能用于规则的时间序列数据。范例程序 2-41 沿用前面范例程序中生成的 dat 对象，演示针对 zoo 类时间序列对象的提取时间戳（索引）、提取数据、选取子集等常见操作。

范例程序 2-41：使用 zoo 包处理时间序列数据

```
library(zoo)                            # 载入 zoo 包
dat1Index=index(dat1); head(dat1Index)
[1] "2006-07-21" "2006-07-24" "2006-07-25" "2006-07-26" "2006-07-27" "2006-07-28"
dat1Data=coredata(dat1); head(dat1Data,3)
        Open    High    Low     Close   Volume
[1,]    6396.70 6423.52 6373.59 6420.01 65507400
[2,]    6316.83 6363.68 6308.72 6359.63 57905600
[3,]    6433.32 6435.83 6390.99 6390.99 72001900
window(dat1, end="2006-07-31")          # 截取截至 2006-07-31 的数据
           Open    High    Low     Close   Volume
2006-07-21 6396.70 6423.52 6373.59 6420.01 65507400
2006-07-24 6316.83 6363.68 6308.72 6359.63 57905600
2006-07-25 6433.32 6435.83 6390.99 6390.99 72001900
2006-07-26 6389.49 6406.66 6360.11 6376.39 68095900
2006-07-27 6379.40 6461.92 6373.11 6459.25 75363300
2006-07-28 6450.04 6490.36 6448.37 6480.07 75926100
2006-07-31 6528.23 6531.11 6428.26 6454.58  2743000
window(dat1, start="2016-08-01", end="2016-08-05")
   # 截取 2016-08-01 至 2016-08-05 这段时间的数据
           Open    High    Low     Close   Volume
2016-08-01 9008.74 9080.71 9008.74 9080.71 78804100
2016-08-02 9081.06 9086.42 9052.71 9068.76 74010000
2016-08-03 9000.82 9033.95 8948.40 9001.71 70771400
2016-08-04 9009.29 9035.25 8972.31 9024.71 74418300
2016-08-05 9025.76 9049.26 9023.23 9040.51 11365000
window(dat1, start="2016-08-05")        # 截取自 2016-08-05 开始的数据
           Open    High    Low     Close   Volume
2016-08-05 9025.76 9049.26 9023.23 9040.51 11365000
2016-08-08 9123.07 9153.99 9104.43 9150.26 82352000
2016-08-09 9154.00 9155.50 9130.36 9140.75 11936000
2016-08-10 9160.94 9174.70 9158.65 9168.18  9394000
```

2. xts 包

xts 意为扩展的时间序列（Extensible Time Series），xts 包在 zoo 包的基础结构基础上对时间序列对象进行了扩展，由数据、索引和属性三部分组成。该包中有大量处理 xts 类时间序列对象的函数，功能强大，建议不熟悉该包的读者认真研读该包帮助文档，会有很大的收获。由于篇幅所限，范例程序 2-42 只能择要演示其中非常常用的一部分操作。

范例程序 2-42：使用 xts 包处理时间序列数据

```
library(xts)                            # 载入 xts 包
dat2Index=index(dat2); head(dat2Index)
[1] "2006-07-21" "2006-07-24" "2006-07-25" "2006-07-26" "2006-07-27" "2006-07-28"
x=dat2
indexFormat(x)="%Y/%m/%d"
x[start(x),];x[end(x),]
           Open    High    Low     Close   Volume
2006/07/21 6396.7  6423.52 6373.59 6420.01 65507400
           Open    High    Low     Close   Volume
2016/08/10 9160.94 9174.7  9158.65 9168.18  9394000
dat2["/2006-07-31"]                     # 截取截至 2006-07-31 的数据
           Open    High    Low     Close   Volume
2006-07-21 6396.70 6423.52 6373.59 6420.01 65507400
2006-07-24 6316.83 6363.68 6308.72 6359.63 57905600
2006-07-25 6433.32 6435.83 6390.99 6390.99 72001900
```

```
2006-07-26 6389.49 6406.66 6360.11 6376.39 68095900
2006-07-27 6379.40 6461.92 6373.11 6459.25 75363300
2006-07-28 6450.04 6490.36 6448.37 6480.07 75926100
2006-07-31 6528.23 6531.11 6428.26 6454.58  2743000
dat2["2016-08-01/2016-08-10",  ,       # 截取 2016-08-01 至 2016-08-05 这段时间的数据
             Open    High    Low   Close    Volume
2016-08-01 9008.74 9080.71 9008.74 9080.71 78804100
2016-08-02 9081.06 9086.42 9052.71 9068.76 74010000
2016-08-03 9000.82 9033.95 8948.40 9001.71 70771400
2016-08-04 9009.29 9035.25 8972.31 9024.71 74418300
2016-08-05 9025.76 9049.26 9023.23 9040.51 11365000
dat2["2016-08-05/",]                    # 截取自 2016-08-05 开始的数据
             Open    High    Low   Close    Volume
2016-08-05 9025.76 9049.26 9023.23 9040.51 11365000
2016-08-08 9123.07 9153.99 9104.43 9150.26 82352000
2016-08-09 9154.00 9155.50 9130.36 9140.75 11936000
2016-08-10 9160.94 9174.70 9158.65 9168.18  9394000
first(dat2); last(dat2)
             Open   High    Low   Close    Volume
2006-07-21 6396.7 6423.52 6373.59 6420.01 65507400
             Open   High    Low   Close    Volume
2016-08-10 9160.94 9174.7 9158.65 9168.18 9394000
apply.yearly(dat2$Volume,mean)
             Volume
2006-12-29  84684840
2007-12-31 128241839
2008-12-31 101577810
2009-12-31 119992518
2010-12-31 115216942
2011-12-30 109473048
2012-12-28  83037824
2013-12-31  79959650
2014-12-31  92916470
2015-12-31  92120153
2016-08-10  79708423
ep=endpoints(dat2,'years'); ep
 [1]    0  114  361  610  861 1111 1357 1604 1848 2096 2339 2485
period.apply(dat2$Volume, INDEX=ep, FUN=function(x) mean(x))
    # 结果同上。这是比 apply.yearly、apply.monthly 等一系列函数更灵活的一种方式，其中的关键是
      INDEX 参数，该参数设置的关键又是 endpoints() 函数。感兴趣的读者可深入研读 endpoints() 函数的
      帮助文件，掌握其使用技巧。
```

3. timeSeries 包

timeSeries 包是 Rmetrics 发布的一整套用于金融数据分析和计算金融的软件包之一。在 Rmetrics 发布的系列软件包中，timeSeries 类是最主要的数据对象类型，但总体来看，timeSeries 类的时间序列对象并没有 zoo 类和 xts 类使用的广泛。

范例程序 2-43 演示了读取 return47.csv 文件中的 47 个市场收益率月度数据，并建立 timeSeries 类时间序列对象的操作。

范例程序 2-43：timeSeries 包处理月度数据

```
library(timeSeries)                                 # 载入 timeSeries 包
data=read.csv("returns47.csv", header=TRUE)         # 读取数据存为名称为 data 的数据框
ret=ts(data, start=c(1995,1),freq=12)
    # 赋予数据月的时间框架，重新命名为 ret。start=c(1995,1), 起始月是 1995 年 1 月。freq=12, 是月；
      若是季，则 freq=4
```

```
returns47=as.timeSeries(ret)
   # as.timeSeries()将ret数据转换成时间序列returns47
save(returns47, file="returns47.RData")
   # 读入后,将数据存成R的内部格式 .RData
load("returns47.RData ")                       # 用load()读取R格式数据
attach(returns47)
   # 告诉R这个档案要正式载入。这个步骤没有设定的话,后续分析会没有数据
names(returns47)
   # 看一看数据的变量名称是否正确。我们也可以用head()或tail()看一看数据的头尾几笔数据,以确认数
     据加载正确
 [1] "ARG" "AUS" "AUT" "BEL" "BRA" "CAN" "CHL" "CHN" "COL" "CZE" "DEU" "DNK" "EGY"
[14] "ESP" "FIN" "FRA" "GBR" "GRE" "HKG" "HUN" "IDN" "IND" "IRL" "ISR" "ITA" "JPN"
[27] "KOR" "MAR" "MEX" "MYS" "NLD" "NOR" "NZL" "PAK" "PER" "PHL" "POL" "PRT" "RUS"
[40] "SGP" "SWE" "SWZ" "TAW" "THA" "TUR" "USA" "ZAF"
isRegular(returns47)                           # 查看数据的时间频率是否规则
[1] TRUE
```

读者可以使用names()来看一看ret和return47,这样就更清楚没有通过as.timeSeries()转换的差异在何处。

接下来,范例程序2-44演示了处理更高频率时间序列数据的做法。index_stock.csv文件中是四个股市价格指数及其收益率的日度数据,第一列是日期字段。因为日度数据往往是不规则的(有些日期有数据记录,有些日期则没有),所以通常要求原始数据要有日期字段,否则很难处理时间戳。

范例程序2-44：timeSeries包处理日度数据

```
library(timeSeries)                            # 载入timeSeries包
data=read.csv("index_stock.csv", header=TRUE)
   # 读入数据成为名称为data的数据框(data.frame)
index_stock=as.timeSeries(data)
   # as.timeSeries()将data数据转换成时间序列index_stock
save(index_stock, file=" index_stock.RData")   # 将数据存成R的内部格式.RData
load("index_stock.RData")                      # 读取R格式数据
cnRet=returns(index_stock[,2])
   # returns函数可由价格序列计算收益率。该函数的参数及其设置请参考该包的帮助文件。
head(cnRet,3)                                  # 显示计算的收益率(列名称未改,读者可
                                               #   自行尝试修改)
GMT
            China_price
2006-06-02  0.0202953779
2006-06-05  0.0090090925
2006-06-06 -0.0002216804
start(index_stock); end(index_stock)           # 获取数据头尾两端的时间戳

GMT
[1] [2006-06-01]
GMT
[1] [2010-04-23]
window(index_stock[,1:4],"2010-01-01","2010-01-05")
   # 截取2010-01-01至2010-01-05这段时间的数据
GMT
            Brazil_price China_price Mexico_price Russia_price
2010-01-01     9895.184    6399.691     8185.406     1297.093
2010-01-04    10216.230    6397.848     8284.691     1310.581
2010-01-05    10255.120    6575.117     8385.449     1330.411
colMeans(index_stock[,5:8])                    # 获取5~8列的均值
```

```
Brazil_returns   China_returns  Mexico_returns  Russia_returns
   0.03503406      0.02891043      0.02740671      0.01663603
colMaxs(index_stock[,5:8])                 # 获取5~8列的最大值
Brazil_returns   China_returns  Mexico_returns  Russia_returns
     7.397821        6.152402        8.386071        9.370061
colMins(index_stock[,5:8])                 # 获取5~8列的最小值
Brazil_returns   China_returns  Mexico_returns  Russia_returns
    -7.829882       -5.916555       -5.114027       -9.584819
isRegular(index_stock)                     # 查看数据的时间频率是否规则
[1] FALSE
```

一般而言，只要原始数据有表示时间的字段，就可以在直接读入后用 as.timeSeries() 转换，无须再用 ts() 建立时间框架。但有时候 timeSeries 包对数据比较挑剔，一旦像本例这样直接使用 as.timeSeries(data) 操作失败，可以尝试范例程序 2-40 中的操作方式。

timeSeries 包中有大量用于处理时间序列对象特别是金融时间序列对象的专用工具，感兴趣的读者可以翻阅包内帮助文件，由于篇幅所限，本章对此不再详述。

第3章
Chapter 3

数据存取及预处理

数据是实证研究的重要基础。实证研究最繁杂、耗时的工作不是高深模型的构建，而是数据的收集、清洗等基础准备工作。

在收集数据过程中我们通常会面对来自多种数据源和数据格式的数据，我们要将这些数据导入 R 中，进行适当整理，整理的结果要能够被恰当保存，为下一步的研究打下良好的基础。R 的数据存取功能强大，本章择要介绍，更完整指南可查阅 CRAN 上的 R Data Import/Export 手册。[⊖]

3.1 数据文件读取

外部数据读取大致可分为两种情况：一种是从 csv 文件、txt 文件与 xls 文件等一般格式的文件加载数据，另一种是从 S-PLUS、SAS、SPSS 与 Stata 等其他统计软件的专有格式的数据文件加载数据。本章重点介绍第一种情况下的数据读取。

在 R 中，读取外部数据的函数有：`read.csv()`、`read.table()`、`read.delim()`、`read.xls()`、`scan()` 以及 `read.xls()` 等函数。我们将以常用的 csv 文件与 txt 文件作为范例，介绍函数 `read.csv()`、`read.table()` 与 `scan()` 在读取外部数据上的使用。

此外，导出数据可使用 `write()`、`save()` 等函数。其中，特别是以 `save()` 函数可将数据储存为 RData 格式的文件，能够保留数据在 R 中的结构类型，方便下次加载使用，保证数据整理工作的连续性。本节重点介绍的函数汇总于表 3-1 中。

⊖ http://cran.r-project.org/doc/manuals/R-data.pdf。

表 3-1 函数汇总表

函数	说明
数据导入或录入	
scan()	将读进来的数据 (data.frame)，转成向量或矩阵
read.csv()	用来加载以"逗号"分隔其字段的数据，如 csv 文件
read.table()	用来加载以"空格"分隔其字段的数据，如 txt 文件
read.xls()	加载 Excel 格式的文件
保存数据	
save()	将数据储存为符合 R 数据格式的 RData 文件
加载数据	
load()	加载先前以 save() 函数储存的数据
数据导出	
write()	将数据以"向量"或"矩阵"的形态导出
write.csv()	将数据以"数据框"的形态导出，适用于 csv 文件
write.table()	将数据以"数据框"的形态导出，适用于 txt 文件

3.1.1 读取 csv 文件

csv 是 Excel 格式的文本文件，其数据字段以分隔符为","（逗号）。在 R 中，可以使用 **read.csv()** 函数读取 csv 文件。参数 **header** 的默认值是 **TRUE**，读入到 R 中的数据的变量名（即列名）是原始数据第一行的内容。如果 csv 文件中原始数据中的第一行不是变量名称，则需使用"**header=FALSE**"来设定。**read.csv()** 函数的使用如范例程序 3-1 所示。

需要注意的是，在读取数据文件前，一定要确保文件处于 R 的当前工作目录。

范例程序 3-1：函数 read.csv()

```
bankwage=read.csv("bank_wage.csv", header=TRUE)
  # 从 bank_wage.csv 文件中读取数据赋值给 bankwage
dim(bankwage)
  # 显示 bankwage 的维度，结果表明 bankwage 中有 474 行 6 列数据，也就是有 6 个变量，每个变量有 474 个
    观察值
[1] 474    6
head(bankwage,3)        # 显示前 3 行数据
  wage education wage_begin gender minority   job_category
1 57000        15      27000   Male       No     Management
2 40200        16      18750   Male       No Administrative
3 21450        12      12000 Female       No Administrative
summary(bankwage)       # 显示数据的描述性统计量，显示结果略
names(bankwage)=c("wage", "education", "wage0", "gender", "minority", "job")
  # 原来的变量名称太长，进行替换更新
write.csv(bankwage, file="bank_wage.csv")
  # 将 bankwge 中的数据，覆盖保存至原 csv 文件（覆盖原文件一定要慎重）
```

除了 **dim()** 函数之外，**structure()** 函数（可简写为 **str()**）可以提供数据对象的更丰富信息。例如 **str(bankwage)** 显示的结果有数据对象 **bankwage** 的结构类型为数据框，数据集中有 6 个变量与 474 个观察值。此外，这 6 个变量的名称及类型信息都有显示。所以，**structure()** 函数是 R 中读入数据集后了解该数据集概况的常用工具。

```
str(bankwage)
'data.frame':   474 obs. of  6 variables:
```

```
$ wage      : int  57000 40200 21450 21900 45000 32100 36000 21900 27900 24000 ...
$ education : int  15 16 12 8 15 15 15 12 15 12 ...
$ wage0     : int  27000 18750 12000 13200 21000 13500 18750 9750 12750 13500 ...
$ gender    : Factor w/ 2 levels "Female","Male": 2 2 1 1 2 2 2 1 1 1 ...
$ minority  : Factor w/ 2 levels "No","Yes": 1 1 1 1 1 1 1 1 1 1 ...
$ job       : Factor w/ 3 levels "Administrative",..: 3 1 1 1 1 1 1 1 1 1 ...
```

数据框中的变量通常用"数据框名称$变量名称"的方式访问。例如"bankwage$wage"指向数据框 bankwage 中的变量 wage。在频繁调用数据框中变量的情况下，这种操作非常啰唆。一个比较好的办法是使用 **attach()** 函数。执行 attach(bankwage) 之后，直接使用"wage"就可以指向数据框 bankwage 中的变量 wage。如果要解除 attach 的作用，则需要使用 **detach()** 函数。具体操作可参考如下范例。

```
attach(bankwage)           # 将数据框 bankwage 添加到搜索路径中
summary(wage)
  # 显示 wage 变量的描述性统计，如果之前没有 attach，则需要用类似于指令 summary(bankwage$wage) 这样的
    方式指定 wage 的路径
   Min. 1st Qu.  Median    Mean 3rd Qu.    Max.
  15750   24000   28875   34420   36938  135000
detach(bankwage)           # 将数据框 bankwage 从搜索路径中移除
```

3.1.2 读取 txt 文件

在 R 中，函数 **read.table()** 可用来读取 txt 格式文本文件中的数据。**read.table()** 函数与 **read.csv()** 函数最主要的差别在于，**read.csv()** 的 **header** 参数的默认设置是"**header=TRUE**"，而 **read.table()** 则为"**header=FALSE**"，表示数据加载后其第一列不以变量名称显示。表 3-2 中是同一数据文件导入在不同参数下的结果，比较之下一目了然。

此外，**scan()** 函数可以从文件逐行读入或在控制台上通过键盘逐行输入数值到向量（或列表）中。关于函数 **read.table()** 和 **scan()** 的应用，如范例程序 3-2 所示。

表 3-2 header 参数设置的结果比较

header=TRUE				header=FALSE			
Wage	education	wage0	gender	V1	V2	V3	V4
1 57 000	15	27 000	Male	1 wage	education	wage0	gender
2 40 200	16	18 750	Male	2 57 000	15	27 000	Male
3 21 450	12	12 000	Female	3 40 200	16	18 750	Male

范例程序 3-2：函数 read.table()

```
data0=scan("risk_4v_scan.txt")
  # 将 risk_4v_scan.txt 文件中的数据读入到向量 data0 中，该文件数据共 4 列，使用空格作为分隔符 scan()
    逐行读入数据，放入向量 data0 中，程序显示共读入了 452 个数据
Read 452 items
data1=matrix(data0, 113, 4, byrow=TRUE)
  # 将向量 data0 中的数据转化成 113×4 的矩阵，使用 byrow=TRUE 设定数据按行排列
data1                     # 显示 data1 数据
           [,1]       [,2]       [,3]       [,4]
[1,]  -0.018680  -0.159376  -4.705716  -6.800977
[2,]  -0.253432  -0.341416  -0.658024  -5.522831
[3,]   0.992952   0.287517   5.042660  13.832300
```

```
data2=read.table("risk_4v_scan.txt")
  # read.table() 简化了前 2 条代码的工作，也可以用 read.csv("risk_4v_scan.txt", sep="",
    header=F)
head(data2,3)
         V1        V2        V3        V4
1 -0.018680 -0.159376 -4.705716 -6.800977
2 -0.253432 -0.341416 -0.658024 -5.522831
3  0.992952  0.287517  5.042660 13.832300
colnames(data2)=c("ret","rm","hml","smb")  # 变量更名
write.table(data2, file="risk_4v_rt.txt")  # 将数据导出到新的 txt 文件中
```

3.1.3 读取 Excel 文件

微软的 Office 办公软件应用甚广，我们经常会遇到用 xls 和 xlsx 格式的 Excel 文件保存的原始数据。虽然可以先把文件另存为 csv 文件再行导入，但是 csv 文件中只有一张表格，xls 和 xlsx 格式的文件中可能有多张表格。如图 3-1 所示，capm.xls 文件中就有名为“returns”和“factors”的两张工作表。

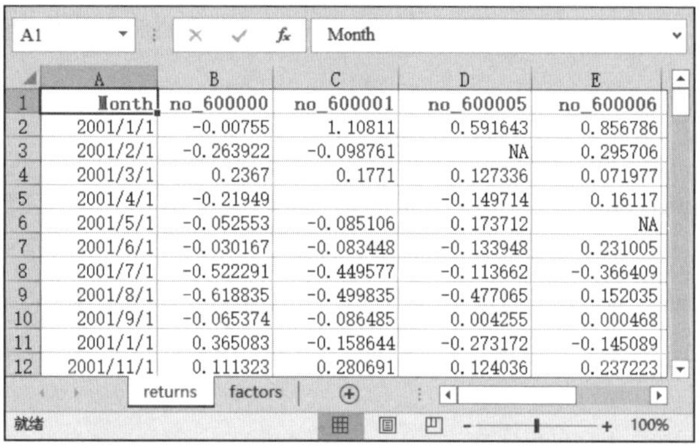

	A	B	C	D	E
1	Month	no_600000	no_600001	no_600005	no_600006
2	2001/1/1	-0.00755	1.10811	0.591643	0.856786
3	2001/2/1	-0.263922	-0.098761	NA	0.295706
4	2001/3/1	0.2367	0.1771	0.127336	0.071977
5	2001/4/1	-0.21949		-0.149714	0.16117
6	2001/5/1	-0.052553	-0.085106	0.173712	NA
7	2001/6/1	-0.030167	-0.083448	-0.133948	0.231005
8	2001/7/1	-0.522291	-0.449577	-0.113662	-0.366409
9	2001/8/1	-0.618835	-0.499835	-0.477065	0.152035
10	2001/9/1	-0.065374	-0.086485	0.004255	0.000468
11	2001/1/1	0.365083	-0.158644	-0.273172	-0.145089
12	2001/11/1	0.111323	0.280691	0.124036	0.237223

图 3-1 capm.xls 文件中的原始数据

目前 R 中有多个包可以直接读取 xls 和 xlsx 格式的文件，例如 xlsx、gdata、openxlsx 和 RODBC 等。其中，xlsx 包依赖于 java，要同时安装 xlsxjars 和 rJava 包。xls 和 xlsx 两种格式的文件 **read.xlsx()** 函数都可以读取；**gdata** 的使用需要搭配 Perl 程序语言，虽然两种 Excel 格式的文件也都能读取，但 xlsx 格式文件的读取速度相对较慢；openxlsx 并不依赖于外部软件且读取速度较快，但该包只能读取 xlsx 文件，不能读取 xls 文件；RODBC 包搭配 SQL 数据库语言，也可以读取 Excel 文件中的数据并进行相关操作。

此外 XLConnect、readxl 都可以读取两类 Excel 文件，感兴趣的读者可自行探索使用。范例程序 3-3 主要演示前几种包的使用。

范例程序 3-3：读取 xls 和 xlsx 格式文件

```
mydata1=xlsx::read.xlsx("capm.xls", 1, header=TRUE); head(mydata1)
  # 使用 xlsx 包的 read.xlsx() 函数读取 capm.xls 文件中的第 1 张表中的数据，赋值给 mydata1 并查
    看前 6 行数据。参数中的 1 是设定读取第 1 张表，结果显示，空白单元格会被自动填入 NA（表示缺失值）
     Month no_600000 no_600001 no_600005 no_600006
1 2001/1/1 -0.007550  1.108110  0.591643  0.856786
2 2001/2/1 -0.263922 -0.098761        NA  0.295706
3 2001/3/1  0.236700  0.177100  0.127336  0.071977
4 2001/4/1 -0.219490        NA -0.149714  0.161170
```

```
5 2001/5/1 -0.052553 -0.085106  0.173712            NA
6 2001/6/1 -0.030167 -0.083448 -0.133948  0.231005
mydata2=gdata::read.xls("capm.xls", sheet=1,
                        perl="c:/strawberry/perl/bin/perl.exe", header=TRUE)
  # 使用 gdata 包中的 read.xls() 函数读取 capm.xls 文件中的第 1 张表中的数据，赋值给 mydata2，设定
    sheet=1（默认值）读取第 1 张表。perl 参数设定 perl 程序语言执行文件的路径，perl 必须已经安装，并
    通过 perl 参数正确设定其路径㊀
head(mydata2)              # 查看 mydata 前 6 行数据，同 mydata1，显示结果略
library(RODBC)             # 加载 RODBC 包
mydata3=odbcConnectExcel2007("capm.xls")
  # 读入 capm.xls 的数据赋值给 mydata3。odbcConnectExcel2007() 函数仅适用于 64 位操作系统，设定
    好目标读取文件名即可，通常不需要设置其他参数
sqlTables(mydata3)
  # sqlTables() 查看 mydata3 的表格名称，这个是 SQL 的格式，如果已知表格名称，则不需要本行代码
                    TABLE_CAT TABLE_SCHEM TABLE_NAME     TABLE_TYPE REMARKS
1 E:\\_Books\\Ch03\\capm.xls       <NA>    factors$   SYSTEM TABLE    <NA>
2 E:\\_Books\\Ch03\\capm.xls       <NA>    returns$   SYSTEM TABLE    <NA>
capm_ret=sqlFetch(mydata3, "returns"); str(capm_ret)
  # 读取表格 returns 的数据赋值给 capm_ret；查看 capm_ret 的结构
'data.frame': 113 obs. of  5 variables:
 $ Month     : POSIXct, format: "2001-01-01" "2001-02-01" ...
 $ no_600000: num  -0.00755 -0.26392 0.2367 -0.21949 0.05255
 $ no_600001: num  1.1081 -0.0988 0.1771 NA -0.0851 ...
 $ no_600005: num  0.592 NA 0.127 -0.15 0.174 ...
 $ no_600006: num  0.857 0.296 0.072 0.161 NA ...
capm_factor=sqlFetch(mydata3, "factors")  # 读取表格 factors 的数据，并赋值给 capm_factor
mydata4=openxlsx::read.xlsx("HS300.xlsx",sheet=1,detectDates = TRUE)
  # 用 openxlsx 的 read.xlsx() 函数读取 HS300.xlsx 文件的第 1 张表，sheet=1 为默认值
head(mydata4,3)   # 查看前 3 行数据
   time open high  low close    volume     amt
1 42571 3247 3247 3247  3247  39135900 4.60e+08
2 42571 3247 3247 3246  3246  64576600 8.39e+08
3 42571 3246 3246 3244  3245  39312700 4.97e+08
```

上述可以读取 Excel 文件的包各有特点，我们推荐大家使用 **RODBC** 包。两种类型的 Excel 文件该包中的 `odbcConnectExcel2007()` 函数均能读取，且该包对外部软件的依赖性也不强，非常好用。其缺点是 `odbcConnectExcel2007()` 函数只适用于 64 位的 Windows 系统下，32 位系统只能使用 `odbcConnectExcel()` 函数（该函数也只能运行在 32 位环境中），但后者不一定能够读取 xlsx 格式的文件，还要取决于其他配置情况。

除本节重点介绍的三大类文件外，R 还可以读取 SAS、SPSS、Stata、S-Plus 和 Minitab 等常用商用软件专有格式的数据文件。若读取目标文件的名称为 filename，以 **Foreign** 包为例，各种类型文件读取指令的语法如下：

SAS 格式：`read.ssd("filename")`

SPSS 格式：`read.spss("filename")`

Splus 格式：`read.S("filename")`

Minitab 格式：`read.mtp("filename")`

有些文件格式需要对应的程序支持，有些则不需要。例如，读取 SAS 的 ssd 格式的文件就需要计算机上安装有 SAS 系统程序。详细内容可以阅读 foreign 包的说明文件，此处不再赘述。

㊀ perl 程序语言可在其官方网站 http://strawberryperl.com/ 免费下载。

3.1.4 数据存储与输出

R 整理好的数据暂存于内存，如果要留存备用或与他人分享，就需要将数据存档。R 数据输出的文件格式不少，我们重点介绍两种：一种是 R 专有的 RData 文件，另一种是通用的 csv 文件。

1. 存储为 RData 文件

RData 文件是 R 的专有数据文件，可以用于保存 R 中所有类型的对象。R 当前工作空间的所有对象甚至整个工作空间（见 1.3.2），都可以存储为 RData 文件。如果是自己数据存储备用或 R 用户之间分享数据，强烈建议使用 RData 文件。该文件能够保留数据在 R 中的类型和全部信息，其他格式的文件无法做到。例如 xts 格式时间序列数据若存储为 csv 文件就会丢失其时间戳信息。

将内存中的一个或多个对象储存成为 RData 文件可以用 `save()` 函数。如果以后需要使用这些数据，只要用 `load()` 函数加载该 RData 文件即可。

关于 `save()` 函数和 `load()` 函数的应用，我们以 csv 文件的 capm 数据为例，承接范例程序 3-3。如范例程序 3-4 所示。

范例程序 3-4：使用函数 `save()` 和 `load()` 保存和加载 RData 文件

```
save(capm_ret, file="ret.RData")
  # 将 capm_ret 保存为 RData 格式的文件，R 当前工作目录中会产生新文件 ret.RData
rm(capm_ret)         # 从内存中移除数据对象 capm_ret，移除后无法使用和处理 capm_ret 数据
load("ret.RData")    # 加载之前保存的 ret.RData 文件，加载后，capm_ret 数据进入内存，可继续使用
```

2. 输出为 csv 或 txt 文件

为了跨软件分享数据，有时需要将数据存为通用性强的 csv 或 txt 文件。我们在范例程序 3-1 和范例程序 3-2 的最后一行已经演示了如何将数据输出为 csv 或 txt 文件。无论保持原文件名不变还是新定义文件名，保持在当前工作目录下或设置新的保存路径都可以。为加深理解，可再演练范例程序 3-5。

范例程序 3-5：将数据输出

```
x=matrix(1:10,ncol=5)                         # 生成矩阵 x
write(x, "x.txt")
  # 将矩阵 x 的数据输出为 x.txt 文件，存于 R 当前工作目录内，也可以通过文件路径设定保存目录
data(longley)                                  # 加载 R 的内建数据集 longley
write.csv(longley, file="longley.csv")         # 将 longley 数据集的数据保存为 csv 文件
gnpPop=round(longley[,"GNP"]/longley[,"Population"], 2)   # 生成新变量 gnpPop
newlongley=cbind(longley, gnp.Pop=gnpPop)      # 将 longley 与 gnpPop 列合并，赋值给 newlogley。
write.table(newlongley, file="new_longley.txt")
  # 将 newlongley 数据以 txt 文件的格式，储存于工作目录，文件名为 new_longley.txt
```

write.table 函数也可以产生 csv 文件。感兴趣的读者可参考 `help(write.table)`。

`write.table` 和 `write.csv` 函数，会自动把数据的行标识（行名称，默认是 1, 2, 3…这样按顺序排列的整数）存入文件。所以，打开 longley.csv 就会发现最左边多了一列数字。如果不需要这一列，保存的时候使用参数 `row.names=FALSE` 即可。例如：

```
write.csv(longley, file="longley.csv", row.names=FALSE)
```

此外，用 `write.foreign()` 也可以将数据输出为其他统计软件（如 SAS、SPSS 等）默认的格式。完整说明，请参考 `help(write.foreign)` 或其他相关文件。

3.2 数据的网络获取

语言 R 语言还可以直接在网络上获取大量数据。除了其强大的网页抓取（爬虫）功能外，它也可以读取网站数据文件，通过接口获取网上数据平台或数据提供商的免费或者收费数据。

3.2.1 网站数据文件的读取

如果网站数据文件是 R 可以读取的文件类型且存储数据的路径明确，我们就可以用 R 直接读取。

一个典型的例子是我们用 **read.csv()** 函数结合 **paste()** 函数，就可以很方便地读取美国圣路易斯联储研究资源网站[⊖]的数据。范例程序 3-6 以读取美元兑人民币汇率、美国都会区的消费者物价指数以及 CBOE 著名的 VIX 指数为例，演示具体操作方法。其中最关键的一点是要正确设定你读取数据的代码。以美元兑人民币汇率为例，我们网站上搜索找到该汇率数据的页面，如图 3-2 所示，数据名称后面的括号内的"DEXCHUS"即是。同理，我们可以找到后两者的数据代码为"CPIUFDNS"和"VIXCLS"。

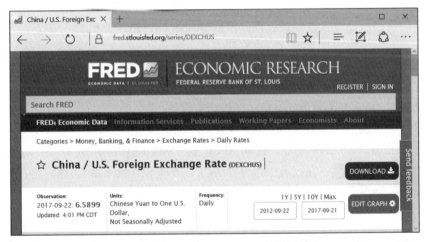

图 3-2 美国圣路易斯联储经济数据网页

范例程序 3-6：函数 paste()

```
n=c("DEXCHUS", "CPIUFDNS", "VIXCLS") # 3 组拟读取数据的代码向量
URL=paste("http://research.stlouisfed.org/fred2/series/",n[1],"/",
        "downloaddata/", n[1], ".csv", sep = "")
 # 设定美元兑人民币汇率数据文件的下载路径
CH_US = read.csv(URL)                  # 将读取的数据赋值给 CH_US
head(CH_US,3)
        DATE   VALUE
1 1981-01-01 1.5518
2 1981-02-01 1.6131
3 1981-03-01 1.6314
URL=paste("http://research.stlouisfed.org/fred2/series/",n[2],"/",
"downloaddata/", n[2], ".csv", sep = "")
 # 设定美国都会区的消费者物价指数数据文件的下载路径
CPI_ufdns = read.csv(URL)              # 将读取的数据赋值给 CPI_ufdns
```

⊖ http://research.stlouisfed.org/，截至 2017 年 9 月，该网站已有来自 80 多个数据源的 50 多万笔时间序列的数据。

```
head(CPI_ufdns,3)
        DATE VALUE
1 1913-01-01   9.7
2 1913-02-01   9.6
3 1913-03-01   9.6
URL=paste("http://research.stlouisfed.org/fred2/series/",n[3],"/",
          "downloaddata/", n[3], ".csv", sep = "")
 # 设定VIX数据文件的下载路径
VIX = read.csv(URL)              # 将读取的数据赋值给VIX
head(VIX,3)
        DATE VALUE
1 1990-01-02 17.24
2 1990-01-03 18.19
3 1990-01-04 19.22
```

3.2.2　通过 Quandl 平台下载

　　Quandl 是一个国际知名的经济金融数据平台,其数据主要分为公众(public)数据、核心金融(core financial)数据和另类(alternative)数据三大类。虽然只有公众数据是免费的,但由于其数据的丰富程度及使用的便利性,Quandl 对于研究人员来说仍然算是一个数据宝库。Quandl 的数据可通过多种形式获得,包括 Quandl 的网站以及相关应用程序界面(API)。Quandl 几乎支持所有常见的数据分析语言和工具,如 Python、R、Matlab、Excel、Ruby 等。通常用户在获取数据之后还需要经过繁杂耗时的步骤才能把需要的数据格式处理好,但如果使用 Quandl 的应用程序界面则只需要简单的一行代码就可以将用户所需数据以期望的格式获得。

　　使用 R 获取 Quandl 平台上的数据,操作比较简单。

　　首先要在 R 中通过 `installl.packages('Quandl')` 安装 Quandl 包。

　　接下来要在 Quandl 官网注册,获取 API 密钥(API Key)。如图 3-3 所示,登录之后,点击在页面右上角的 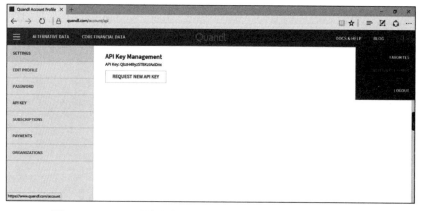,在列表中选择"ACCOUNT SETTINGS",然后再在页面左侧点击"API KEY"即可看到自己的密钥。该密钥需要摘抄下来备用。

图 3-3　Quandl 网站注册后获取应用程序接口密匙(APIKEY)

　　此外,我们还可以通过网站的搜索功能获得拟查数据的条目代码。例如,若要查上海期货交易所铜期货即期月合约的相关数据,可以"SHFE Copper Futures"搜索,从检索结果中找到"Front Moth"的链接打开,在页面左上角即有该条目数据在 Quandl 数据平台的代码(见图 3-4)。

图 3-4　Quandl 网站检索数据及查找代码

最后，我们在 R 中加载 Quandl 包，通过相应函数就可以从 Quanl 上获取所需格式的数据。如范例程序 3-7 所示。

范例程序 3-7：获取 Quandl 平台上的数据

```
library(Quandl)
Quandl.api_key("yourAPIkey")    # yourAPIkey是读者在Quandl官网注册后获得的key
cu <- Quandl("SCF/SHFE_CU1_FN", start_date="2005-01-01", end_date="2017-12-31",
             type="xts")
 # 获取2005年1月1日至2017年12月31日之间上海期货交易所铜期货即期月合约相关数据，赋值给cu，数据
   为xts格式，实际获取的时间段取决于Quandl平台的实有数据及用户权限情况。Type参数设置获取数据的
   格式，除"xts"外，常用的参数值还可以取"raw" "ts" "zoo"，其中"raw"是默认值，对应的是数据框
   格式
tail(cu,3)
            Open  High   Low Settle Volume Prev. Day Open Interest
2005-01-07 28380 28570 28310  28420  76218                  119016
2005-01-10 28390 28590 27930  28280 115932                  128252
2005-01-11 28360 28550 28330  28430  88654                  125050
```

3.2.3　使用 quantmod 包下载

quantmod 包可以从一些开放数据源（如雅虎财经、谷歌财经和圣路易斯量储备银行的联邦储备经济数据库等）直接下载数据，只需安装 quantmod 包，无须任何密钥，使用方便。使用 quantmod 包可以获取股票市场、金属商品市场、外汇市场等多个市场的数据。具体操作方法如范例程序 3-8 所示。

范例程序 3-8：使用 quantmod 包下载网络财经数据

```
library(quantmod)
getSymbols("IBM")    # 下载IBM股票价格数据，不指定时间段等参数，默认从2007年1月1日至操作时
  head(IBM,3)
           IBM.Open IBM.High IBM.Low IBM.Close IBM.Volume IBM.Adjusted
2007-01-03  125.319  126.892 124.133     97.27    9196800     75.42905
2007-01-04  125.409  127.395 124.932     98.31   10524500     76.23550
2007-01-05  125.861  126.312 124.971     97.42    7221300     75.54537
getSymbols("IBM", from="1990-01-01", to="2017-12-31", adjust=T)
  # 指定数据的起止时间，获取IBM股价数据，将参数adjust=T限定复权数据
head(IBM,3)
           IBM.Open IBM.High IBM.Low IBM.Close IBM.Volume IBM.Adjusted
1990-01-02 23.68750 24.53125 23.62500  14.14189    7041600     14.14189
```

```
1990-01-03 24.68750 24.87500 24.59375  14.26816    9464000     14.26816
1990-01-04 24.75000 25.09375 24.71875  14.43050    9674800     14.43050
getQuote("IBM")                    # 取得实时股票报价，滞后 15 分钟
            Trade Time      Last    Change  % Change   Open   High    Low  Volume
IBM 2018-01-05 16:02:54   162.49  0.7900085  0.4885644  162.44 162.9 161.101 5195764
getDividends("IBM")                # 取得股利（显示结果略）
#####===== 取得金属商品价格数据
getMetals(c("gold", "silver", "palladium", "platinum")) # 获取黄金、白银、钯、白金数据
[1] "XAUUSD" "XAGUSD" "XPDUSD" "XPTUSD"
head(XAUUSD,3)
             XAU.USD
2017-07-13  1220.339
2017-07-14  1223.317
2017-07-15  1228.460
#####===== 取得上市公司财务报告
getFin("IBM")                      # 获取 IBM 的财务报告
[1] "IBM.f"
viewFin(IBM.f, "BS", "Q") # 查看季报：Balance Sheet, 结果略
viewFin(IBM.f, "IS", "Q") # 查看季报：Income Statement, 结果略
viewFin(IBM.f, "CF", "Q") # 查看季报：Cash Flow Statement, 结果略
viewFin(IBM.f, "BS", "A") # 查看年报：Balance Sheet, 结果略
viewFin(IBM.f, "IS", "A") # 查看年报：Income Statement, 结果略
viewFin(IBM.f, "CF", "A") # 查看年报：Cash Flow Statement, 结果略
#####===== 取得汇率
getFX("USD/JPY")
[1] "USDJPY"
head(USDJPY,3)
             USD.JPY
2017-07-13  113.1915
2017-07-14  112.9494
2017-07-15  112.5000
```

3.2.4 美联储利率数据的下载

只要安装并加载 FRBData 包，即可使用其专门下载联邦银行利率数据 FRB 与网上股价数据的功能。但是 FRBData 这个包已经很久没有更新，已经被 R 官网下架，目前已无法安装。我们已将其改写成源码，只要用 `source("GetInterestRates.src")` 加载，就和安装之后使用 `library(FRBData)` 加载一样。

利用函数 `GetInterestRates()`，设置拟下载的利率数据名称以及数据的时间范围便可下载美联储相应的利率数据。美联储提供的利率数据的名称可在美联储官网数据下载的相关页面查阅，表 3-3 是部分利率数据的条目名称。我们对相关信息进行了初步整理，参阅本书附件 .appendixFRB.txt 文件。

表 3-3 利率数据的条目名称

名称	说明
TB	U.S. government securities/Treasury bills (secondary market)
TCMNOM	U.S. government securities/Treasury constant maturities/Nominal
TCMII	U.S. government securities/Treasury constant maturities/Inflation indexed
LTAVG	U.S. government securities/Inflation-indexed/Long-term average.(over 10 years)
SWAPS	Interest rate swaps
DWPC	Discount window primary credit.
ED	Eurodollar deposits (London)
FF	Federal funds effective rate

名称	说明
NFCP	AA Nonfinancial Commercial Paper Interest Rate
FCP	AA Financial Commercial Paper Interest Rate

具体操作如范例程序 3-9 所示。

范例程序 3-9：函数 GetInterestRates() 获取美联储利率数据

```
source("GetInterestRates.src")        # 载入来源码 GetInterestRates.src
FROM1= as.Date("1980/01/01")          # 定义数据 TCMNOM 起始日
TO= as.Date(Sys.Date())               # 定义数据终日为系统时间
TB_all<-GetInterestRates("TCMNOM", from = FROM1, to = TO)
 # 以函数 GetInterestRates() 加载网络数据 TCMNOM 数据
head(TB_all,3); tail(TB_all,3)        # 查看前 3 行、后 3 行数据
           1M 3M 6M   1Y    2Y    3Y    5Y    7Y   10Y  20Y   30Y
1980-01-01 NA NA NA   NA    NA    NA    NA    NA    NA   NA    NA
1980-01-02 NA NA NA 11.89 11.39 10.77 10.52 10.51 10.5   NA 10.23
1980-01-03 NA NA NA 12.25 11.45 10.79 10.54 10.59 10.6   NA 10.31
           1M   3M   6M   1Y    2Y    3Y    5Y    7Y   10Y  20Y  30Y
2017-09-20 0.98 1.04 1.20 1.32 1.45 1.60 1.89 2.12 2.28 2.59 2.82
2017-09-21 0.99 1.04 1.19 1.31 1.45 1.59 1.89 2.11 2.27 2.57 2.80
2017-09-22 0.97 1.03 1.19 1.30 1.46 1.58 1.88 2.10 2.26 2.57 2.80
write.csv(TB_all, file="TB_all.csv", row.names=FALSE)  # 将数据保存为 csv 文件
```

3.2.5 通过 Wind 数据接口下载

万得（WindR）、同花顺等国内主要的财经数据提供商都提供接口，可以在 R 中通过指令直接下载数据。如果已经获得了数据系统的登录权限，直接通过 R 下载数据会节省不少数据整理的时间。接下来我们主要以万得的 Wind 资讯金融终端为例介绍相关操作。

Wind 的 R 数据接口插件 WindR 的安装比较简单：打开 Wind 资讯终端，在"我的"菜单下选择"修复插件"，也可以在"量化"菜单下选择"修复插件"，然后按照屏幕提示进行相应操作即可（见图 3-5）。

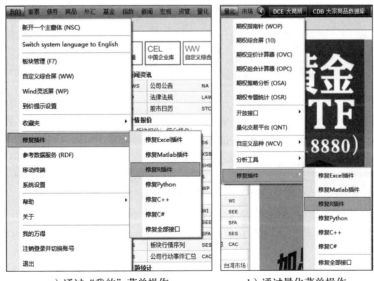

a）通过"我的"菜单操作　　　　b）通过量化菜单操作

图 3-5　接口插件 WindR 的安装

插件成功安装后，即可在 R 中通过代码连接 Wind 资讯系统检索、下载数据。通过 WindR 提取数据的最简单的办法是执行如下代码，开启导航窗口（见图 3-6）。通过 WindR 从 Wind 中提取数据的所有功能都可以通过该导航窗口实现。

```
library(WindR)    # 加载 WindR 包
w.start()    # 显示导航界面。可以通过 w.start(showmenu=F) 关闭导航界面
```

图 3-6 WindR 的导航窗口

WindR 被用于提取数据时有如下几个主要功能：

1. 使用 w.wsd 获取低频时间序列数据

如范例程序 3-10 所示，w.wsd() 函数可以用于获取指定证券（每次只能一个）的时间序列数据（日、周、月、季、年）。代码格式为：

```
w.wsd(证券代码，指标，开始日期，结束日期，可选参数)
```

该代码运行完毕返回一个包含三个成分的列表，其中：
$ErrorCode 是反映指令是否成功执行的错误码，0 表示成功；
$Data 是返回的数据，为数据框格式；
$Code 是数据对应的 WindCode 代码。

范例程序 3-10：从万得获取低频时间序列数据

```
library(WindR)
w.start(showmenu=F)  # 启动 WindR，参数 showmenu=F 设定不显示导航界面
data <- w.wsd("000016.SH", "open,close,volume,amt", "2005-01-01",
              Sys.Date()-1, "Period=D")
# 获取自 2000 年以来的上证 50 指数开盘价、收盘价、成交量、成交金额的日度数据，Period 参数限定数据
    频率，日、周、月、季、年分别用 D、W、M、Q、Y 表示，其中 "Period=D" 是缺省值，可省略；若不熟悉证
    券代码、可选参数，可执行 w.menu('wsd') 显示导航界面，在导航界面的提示下完成任务
head(data$Data,3)
    DATETIME      OPEN     CLOSE    VOLUME          AMT
1 2005-01-04   836.988   827.071 403169700   2136408535
2 2005-01-05   825.707   831.428 302086300   1705649112
3 2005-01-06   831.989   822.499 275357400   1519686788
```

2. 使用 w.wss 获取历史截面数据

如范例程序 3-11 所示，**w.wss()** 函数命令可以用于获取某个报告期一系列证券的历史截面数据，比如 2016 年 12 月报告期上证 50 成分股的净利润数据。代码格式为：

```
w.wss(证券代码，指标，可选参数)
```

该代码运行完毕返回一个包含三个成分的列表，其中：
$ErrorCode 是反映指令是否成功执行的错误码，0 表示成功。
$Data 是返回的序列数据，为数据框格式；
$Time 是数据获取指令的执行时间信息。

范例程序 3-11：从万得获取历史截面数据

```
library(WindR)
```

```
w.start(showmenu=F)  # 启动 WindR, 参数 showmenu=F 设定不显示导航界面
data <-w.wss('600000.SH,600016.SH', 'net_profit_is', 'unit=1', 'rptDate=20161231',
            'rptType=1')
    # 获取 2016 年 12 月报告期上证 50 成分股浦发银行和民生银行的净利润数据, 可通过执行 w.menu('wss') 显示
    导航界面, 在导航界面的提示下完成任务
Data$Date
        CODE  NET_PROFIT_IS
X1 600000.SH    5.3678e+10
X2 600016.SH    4.8778e+10
```

3. 使用 w.wsi 获取分钟数据

如范例程序 3-12 所示,**w.wsi()** 函数可以用于获取指定证券的分钟 K 线数据(只能获取最近三年数据),分钟周期、技术指标参数可以自定义设置。代码格式为:

w.wsi(品种代码,指标,开始时间,结束时间,可选参数)

该代码运行完毕返回一个包含三个成分的列表,其中:
$ErrorCode 是反映指令是否成功执行的错误码,0 表示成功;
$Data 是返回的数据,为数据框格式;
$Code 是数据对应的 WindCode 代码。

范例程序 3-12:从万得获取分钟数据

```
library(WindR)
w.start(showmenu=F)  # 启动 WindR, 参数 showmenu=F 设定不显示导航界面
data<-w.wsi("600000.SH", "open,high,low,close,volume,amt", "2016-01-01 09:00:00",
            "2017-12-31 16:00:00", "BarSize=1")
    # 获取 2016~2017 年浦发银行开盘价、最高价、最低价、收盘价、成交量、成交额的分钟数据~参数 "BarSize=1"
    将分钟周期设定为 1 分钟(默认值), 此外还可以取 3、5、10、15、30、60 等值。用户可以用 w.menu('wsi')
    显示导航界面, 帮助创建命令
head(data$Data,3)
            DATETIME  close  amount
1 2016-01-04 09:25:00  18.28 1668964
2 2016-01-04 09:30:00  18.21 6255142
3 2016-01-04 09:31:00  18.19 4237699
```

4. 使用 w.wst 获取日内 tick 数据

如范例程序 3-13 所示,**w.wst()** 函数可以用于获取指定证券的日内 tick 数据(只能获取最近 7 个工作日的数据)。代码格式如下:

w.wst(品种代码,指标,开始时间,结束时间,可选参数)

该代码运行完毕返回一个包含三个成分的列表,其中:
$ErrorCode 是反映指令是否成功执行的错误码,0 表示成功;
$Data 是返回的数据,为 data.frame 格式;
$Code 是数据对应的 WindCode 代码。

范例程序 3-13:从万得获取日内 tick 数据

```
library(WindR)
w.start(showmenu=F)  # 启动 WindR, 参数 showmenu=F 设定不显示导航界面
data<-w.wst("IF00.CFE", "last,volume,amt,bid1,bsize1,ask1,asize1", Sys.Date()-20,
            Sys.Date())
    # 获取最近 7 个工作日沪深 300 股指期货当月合约最新价、成交量、成交额、bid1 价、bid1 量、ask1 价、
    ask1 量的 tick 数据, 用户可以用 w.menu('wst') 显示导航界面, 帮助创建命令
```

```
head(data$Data,3)
           DATETIME   last volume   amount   bid1 bsize1 ask1 asize1
1 2017-12-26 07:06:15 4049.2      0        0    0.0      0    0      0
2 2017-12-26 09:29:00 4052.4     36 43765920 4052.2      2 4055      1
3 2017-12-26 09:30:00 4052.4     37 44981640 4052.2      4 4054      1
```

5. 使用 w.wset 获取板块指数等成分数据

如范例程序 3-14 所示，**w.wset()** 命令可以用于获取数据集信息，包括板块成分、指数成分、ETF 申赎成分信息、分级基金明细、融资标的、融券标的、融资融券担保品、回购担保品、停牌股票、复牌股票、分红送转等。参数设置为起止日期、板块名称等。指令格式如下：

```
w.wset(数据集名称，可选参数)
```

该代码运行完毕返回一个包含三个成分的列表，其中：
$ErrorCode 是反映指令是否成功执行的错误码，0 表示成功；
$Data 是返回的数据，为数据框格式；
$Time 是数据获取指令的执行时间信息。

范例程序 3-14：从万得获取沪深 300 成分股权重数据

```
library(WindR)
w.start(showmenu=F)     # 启动 WindR，参数 showmenu=F 设定不显示导航界面
data<-w.wset('indexconstituent','date=2018-01-05;windcode=000300.SH')
 # 获取 2018 年 1 月 5 日沪深 300 指数的成分股权重信息。数据集众多，可选参数又各不相同，建议直接执行
   w.menu('wset')，在导航界面引导下建数据获取指令
head(data$Data,3)
  CODE date wind_code sec_name i_weight
1    1 43105 000001.SZ  平安银行   0.9884
2    2 43105 000002.SZ    万科A    1.3303
3    3 43105 000008.SZ  神州高铁   0.1246
```

6. 使用 w.edb 获取宏观经济数据

如范例程序 3-15 所示，**w.edb()** 函数可以用于获取宏观经济数据，包括中国宏观经济、全球宏观经济、行业经济数据、商品数据、利率数据。参数设置为起止日期、无交易数据处理等。指令格式如下：

```
data<- w.edb(宏观数据名称，日期参数)
```

该代码运行完毕返回一个包含三个成分的列表，其中：
$ErrorCode 是反映指令是否成功执行的错误码，0 表示成功；
$Data 是返回的数据，为数据框格式；
$Time 是数据获取指令的执行时间信息。

范例程序 3-15：从万得获取宏观经济数据

```
library(WindR)
w.start(showmenu=F)     # 启动 WindR，参数 showmenu=F 设定不显示导航界面
data<-w.edb('M5567876','1978-01-01')
 # 获取 1978 年以来的中国 GDP 季度数据（现价）。建议直接执行 w.menu('edb')，在导航界面引导下建数
   据获取指令
tail(data$Data,3)
       DATETIME    CLOSE
X101 2017-03-31 180682.7
```

```
X102  2017-06-30  200807.2
X103  2017-09-30  211798.1
```

3.3 数据库访问

除了读取数据文件，R 配备了与多种数据库互动的包，从 MySQL、SQL 到大数据数据库 Hadoop、Spark 等，一应俱全。读数据文件就是把整个文件放入内存，在此基础上再来处理其中的数据条目。数据库的操作则不同。大型数据库需要服务器驱动，我们要先安装相关数据库服务器软件，再用 R 的包去连接数据库获取数据。请注意这里的关键用词，是链接而不是载入。大数据相关问题，关键的就是数据库连接技术与数据传输，这一点搞定之后，就可以使用 R 的数据分析功能。

通过 DBI 接口或 ODBC 接口连接数据库，是 R 访问数据库的两个基本途径。本节重点以 MySQL 5.7 为例介绍 R 访问数据库并与数据库读取数据的基本方法。

3.3.1 使用 DBI 接口

通过数据库接口（DataBase Interface，DBI），R 可以使用原生数据库驱动或 JDBC（Java Database Connectivity，Java 数据库连接）[①]驱动连接数据库。R 中必须安装并加载相应 DBI 包才能使用原生数据库驱动访问相应的数据库。几个常见数据库对应的 R 的 DBI 包如表 3-4 所示。

表 3-4　常见数据库对应的 R 中的 DBI 包

数据库	MySQL	SQLite	Oracle	PostgreSQL	带 JDBC 驱动的数据库
R 中的包	RMySQL	RSQLite	ROracle	RPostgreSQL	RJDBC

RMySQL 包可充当 R 与 MySQL 的接口，通过这个接口 R 可实现与数据库的数据交换。接下来我们具体介绍该包的安装配置及其简单的使用方法。

1. 安装及设置

搭建这个接口相对比较烦琐，需要按照如下步骤操作。

第 1 步，安装 MySQL。

MySQL 可以从其官方网站[②]下载。MySQL 有多个组件，除了 MySQL Server 之外，MySQL Workbench、MySQL Shell 也要安装。安装过程中的相关参数通常保留默认设置不变即可，不过数据库连接密码需要自己设置并要记牢，R 连接数据库的相关函数中设置密码参数时会用到该密码。

默认的安装目录为 C:\Program Files\MySQL\MySQL Server 5.7，并且在系统隐藏的文件夹 C:/ProgramData/ 中生成 MySQL 文件夹及其下属文件及相关文件。

第 2 步，安装 Rtools。

Rtools 下载地址为 http://cran.r-project.org/。必须根据 R 的版本号选择对应版本的 Rtools 并安装。

[①] JDBC 接口是在 DBI 接口基础上实现的。R 的 RJDBC 包使我们可以通过 JDBC 接口来读写数据库。该包的工作需要预先设置好 Java 环境，并找到对应数据库的 JDBC 驱动，本书不赘述。

[②] https://dev.mysql.com/downloads/windows/。

第 3 步，设置环境变量。

按照"控制面板"→"系统和安全"→"系统"→"高级系统设置"→"环境变量"的顺序打开环境变量设置窗口。检查"系统变量"中的"Path"变量的参数设置，若无 R、Rtools 和 MySQL 的相关按照路径，则需要添加。默认按照路径的情况下，"Path"中应该有如下路径参数：

```
C:\Program Files\R\R-3.4.2\bin\x64
C:\Program Files\R\R-3.4.2
C:\Rtools\bin
C:\Rtools\mingw_64\bin
C:\Program Files\MySQL\MySQL Server 5.7
```

第 4 步，修改数据库配置文件。

为使用方便，我们通常要自己设置数据库的存放路径，比如拟设为 D:/MySQL/Data/。可以通过修改 MySQL 的配置文件 my.ini 进行相应设置，该文件位于 C:/ProgramData/MySQL/MySQL Server 5.7 中。用记事本打开 my.ini 后，写入如下两行：

```
basedir = "C:/ProgramData/MySQL/MySQL Server 5.7/Data"
datadir = D:/MySQL/Data/
```

参数 basedir 用于设置 MySQL 系统程序的数据库路径，默认安装情况下可以这样设置。

参数 datadir 用于设置是用户自己放置数据库的路径。若路径中含有空格，则需要用双引号括起来。

需要注意的是，需要将 C:/ProgramData/MySQL/MySQL Server 5.7/Data 下的文件及文件夹拷贝到上述自设的目录 D:/MySQL/Data 下，否则会导致 MySQL 服务器无法启动。

第 5 步，安装 RMySQL 包。

可以在 R 的控制台执行命令

```
install.packages("RMySQL")
```

或者在 RStudio 右下方的窗口依次选择 Packages → Install，然后键入 RMySQL 即可。

2. 与数据库的连接与读取

我们提供一个范例数据库 sakila.zip。解压缩后，将文件夹 sakila 保存到 D:\MySQL\Data\ 中，之后就可以通过 RMySQL 包的 **dbConnect()** 函数访问该数据库。

假设 MySQL 数据库密码为 *mykey*，R 中执行以下程序代码，测试连接并练习一些基本的数据库操作。如范例程序 3-16 所示。

范例程序 3-16：通过 RMySQL 包实现与 MySQL 数据库的连接

```
library(RMySQL)
con <- dbConnect(MySQL(), host="127.0.0.1", port=3306, user="root", password="mykey",
                 dbname = "sakila")
  # 将连接信息赋值给 con，MySQL 服务器主机地址 host 及端口 port 设置的参数是服务器安装时的默认值，
    用户名 user 也是原先设置的默认值，如果不是在本机上测试而是连接某个 MySQL 服务器读取数据，应根据
    实际情况设置这些参数
summary(con)
  # 查看数据库连接信息，如要查看更多连接信息，可添加参数 verbose=TRUE
<MySQLConnection:0,0>
  User:    root
  Host:    127.0.0.1
  Dbname:  sakila
  Connection type: 127.0.0.1 via TCP/IP
```

```
Results:
dbListTables(con)                    # 查看数据库的表，结果显示无数据表
character(0)
dbWriteTable(con, 'mtcars', mtcars[1:5,], overwrite=T)
    # 在数据库中新建 mtcars 数据表，并将 R 自带的 mtcars 数据集的前 5 条记录以覆盖的方式存入该表
dbReadTable(con, 'mtcars')           # 读取并显示数据库中的数据表 mtcars
                    mpg cyl disp  hp drat    wt  qsec vs am gear carb
Mazda RX4          21.0   6  160 110 3.90 2.620 16.46  0  1    4    4
Mazda RX4 Wag      21.0   6  160 110 3.90 2.875 17.02  0  1    4    4
Datsun 710         22.8   4  108  93 3.85 2.320 18.61  1  1    4    1
Hornet 4 Drive     21.4   6  258 110 3.08 3.215 19.44  1  0    3    1
Hornet Sportabout  18.7   8  360 175 3.15 3.440 17.02  0  0    3    2
dbWriteTable(con, 'mtcars', mtcars[6:10,], append=T)
    # 将 R 自带数据集 mtcars 中的 6~10 条记录添加到数据库中的 mtcars 数据表中
dbWriteTable(con, 'mtcars', mtcars[1:10,], row.names=F, overwrite=T)
    # 将 R 自带数据集 mtcars 中的前 10 条记录以覆盖的方式存入 mtcars 数据表，参数 row.names=F 控制不
      插入 row.names 字段
dbReadTable(con,'mtcars')            # 读取并显示数据库中的数据表 mtcars
    mpg cyl  disp  hp drat    wt  qsec vs am gear carb
1  21.0   6 160.0 110 3.90 2.620 16.46  0  1    4    4
2  21.0   6 160.0 110 3.90 2.875 17.02  0  1    4    4
3  22.8   4 108.0  93 3.85 2.320 18.61  1  1    4    1
4  21.4   6 258.0 110 3.08 3.215 19.44  1  0    3    1
5  18.7   8 360.0 175 3.15 3.440 17.02  0  0    3    2
6  18.1   6 225.0 105 2.76 3.460 20.22  1  0    3    1
7  14.3   8 360.0 245 3.21 3.570 15.84  0  0    3    4
8  24.4   4 146.7  62 3.69 3.190 20.00  1  0    4    2
9  22.8   4 140.8  95 3.92 3.150 22.90  1  0    4    2
10 19.2   6 167.6 123 3.92 3.440 18.30  1  0    4    4
dbWriteTable(con,'iris',iris[1:5,],row.names=F,overwrite=T)
    # 将 R 自带数据集 iris 中的前 5 条记录以覆盖的方式存入 iris 数据表，不插入 row.names 字段
dbReadTable(con,'iris')              # 读取并显示数据库中的数据表 iris
  Sepal.Length Sepal.Width Petal.Length Petal.Width Species
1          5.1         3.5          1.4         0.2  setosa
2          4.9         3.0          1.4         0.2  setosa
3          4.7         3.2          1.3         0.2  setosa
4          4.6         3.1          1.5         0.2  setosa
5          5.0         3.6          1.4         0.2  setosa
dbListFields(con,'iris')             # 查看表 iris 的字段
"Sepal.Length" "Sepal.Width"  "Petal.Length" "Petal.Width"  "Species"
dbSendQuery(con,'insert into iris values (5.4, 3.9, 1.7, 0.4,"setosa")')
    # 将 5.4, 3.9, 1.7, 0.4,"setosa" 作为记录添加到 iris 数据表中
dbReadTable(con,'iris')              # 读取并显示数据库中的数据表 iris
  Sepal.Length Sepal.Width Petal.Length Petal.Width Species
1          5.1         3.5          1.4         0.2  setosa
2          4.9         3.0          1.4         0.2  setosa
3          4.7         3.2          1.3         0.2  setosa
4          4.6         3.1          1.5         0.2  setosa
5          5.0         3.6          1.4         0.2  setosa
6          5.4         3.9          1.7         0.4  setosa
dbListTables(con)                    # 查看数据库中存在的数据表
[1] "iris"     "mtcars"
dbRemoveTable(con,'mtcars')          # 从数据库中删除数据表 mtcars
dbRemoveTable(con,'iris')            # 从数据库中删除数据表 iris
dbDisconnect(con)                    # 断开数据库连接
```

dbConnect() 内的参数就是在安装与启动 MySQL 时所填写的一些内容，部分信息在 MySQL 启动页面上就能看到。

数据库的知识很重要，和大数据息息相关。读者有了 SQL 的一些基础知识后，再来学 RMySQL 就会比较容易。

3.3.2 使用 ODBC 接口

ODBC（Open DataBase Conectivity，开放式数据库连接）为各种程序连接数据库提供了标准接口。R 中的 `RODBC` 包提供了 R 与数据库连接的功能。要通过 ODBC 访问数据库，还要进行一系列的基础配置工作。下面还是以 MySQL 为例进行说明。

1. 相关设置

首先要保证所用计算机上已经安装好 MySQL 的 ODBC 驱动。之后，在 Windows 中按照"控制面板"→"系统和安全"→"管理工具"的顺序操作，最后选择" ODBC 数据源（64 位）"（根据安装 MySQL ODBC 驱动的版本选择），如图 3-7 所示。双击鼠标左键，弹出 ODBC 数据源管理程序，如图 3-8 所示。点击该窗口右侧的"添加（D）..."按钮，弹出如图 3-9 所示的数据源驱动程序选择窗口。

图 3-7　管理工具设置 ODBC 数据源

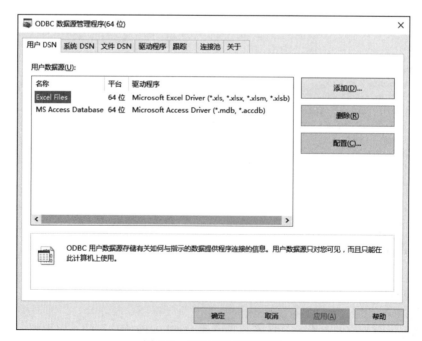

图 3-8　ODBC 数据源管理

图 3-9 选择数据源驱动程序

ODBC Driver 有两种驱动：MySQL ODBC 5.3 ANSI Driver 和 MySQL ODBC 5.3 Unicode Driver，其中后者提供了更多字符集的支持。因此，建议选择 MySQL ODBC 5.3 Unicode Driver 进行后续设置。设置窗口如图 3-10 所示。

其中数据源名称（Data Source Name，DSN），可随意设置，比如设为 MySQLODBC；Description 可填可不填，TCP/IP Server 是要连接的 MySQL 数据库 IP 地址，如果数据库在当前计算机上，可填写 localhost，Port 的默认端口号是 3306，User 和 Password 是登录 MySQL 的账号和密码，Database 是需要连接 MySQL 中的那个数据库，可点击旁边的下拉按钮选择。设置完成后，可以点击 Test 按钮验证是否成功。如果出现"Connection Successful"的信息，说明数据源连接配置成功。

接下来，就可以在 R 中通过 RODBC 包实现与数据库之间的双向通信。

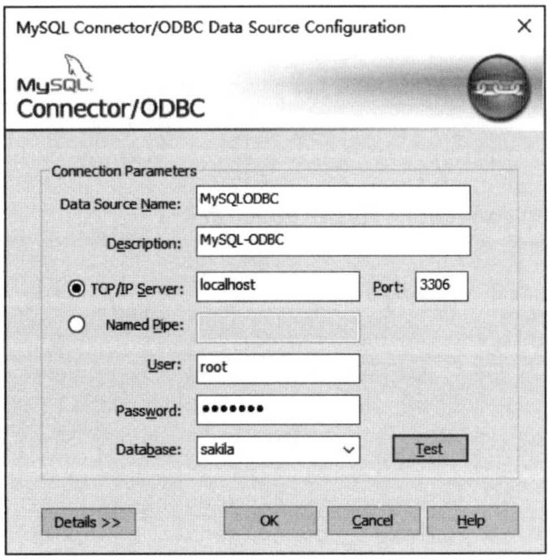

图 3-10 数据源参数设置

2. 与数据库的连接与读取

上述基础工作完成之后，通过 RODBC 包中的 **odbcConnect()** 函数就可以实现与数据库的连接。一些常用的函数及其说明如表 3-5 所示，具体操作可通过范例程序 3-17 学习。

表 3-5　RODBC 包中常用的函数及其说明

名称	说明
odbcConnect(*dsn*,uid="",pwd="")	建立与数据源名称为 *dsn* 的 ODBC 数据库的连接
sqlFetch(*channel*,*sqltable*)	通过连接 *channel* 读取 ODBC 数据库的表 *sqltable* 到一个数据框中
sqlQuery(*channel*,*query*)	通过连接 *channel* 向 ODBC 数据库提交一个查询条件 *query* 并返回结果
sqlSave(*channel*,*mydf*,tablename=*sqtable*, append=FALSE)	将数据框 *mydf* 写入或更新 (append=TRUE) 到 ODBC 数据库的表 *sqltable* 中
sqlDrop(*channel*,*sqtable*)	删除 ODBC 数据库中的表 *sqltable*
close(*channel*)	关闭连接 *channel*

范例程序 3-17：通过 RODBC 包实现与 MySQL 数据库的通信

```
library(RODBC)
link <- odbcConnect("MySQLODBC","root","mykey")
    # 将连接信息赋值给 link，第 1 个参数是图 3-10 中设置的数据源名称，第 2 个参数是数据库的用户名，第 3
      个参数是登录密码
link    # 查看连接信息。通过 odbcGetInfo(link) 指令可以查看更多连接信息
RODBC Connection 1
Details:
  case=tolower
  DSN=MySQLODBC
  UID=root
  PWD=******
sqlSave(link,mtcars,"carsdata",append=FALSE)
    # 将 R 自带数据集 mtcars 的数据存入数据库中名为 carsdata 的表中
mydata1 <- sqlFetch(link,"carsdata")    # 从 carsdata 的表中提取数据赋值给 mydata
head(mydata1)
                   mpg cyl disp  hp drat    wt  qsec vs am gear carb
Mazda RX4         21.0   6  160 110 3.90 2.620 16.46  0  1    4    4
Mazda RX4 Wag     21.0   6  160 110 3.90 2.875 17.02  0  1    4    4
Datsun 710        22.8   4  108  93 3.85 2.320 18.61  1  1    4    1
Hornet 4 Drive    21.4   6  258 110 3.08 3.215 19.44  1  0    3    1
Hornet Sportabout 18.7   8  360 175 3.15 3.440 17.02  0  0    3    2
Valiant           18.1   6  225 105 2.76 3.460 20.22  1  0    3    1
mydata2 <- sqlQuery(link,"select * from carsdata")
    # 从数据库中的 carsdata 表中查询提取所有数据
head(mydata2)
           rownames  mpg cyl disp  hp drat    wt  qsec vs am gear carb
1         Mazda RX4 21.0   6  160 110 3.90 2.620 16.46  0  1    4    4
2     Mazda RX4 Wag 21.0   6  160 110 3.90 2.875 17.02  0  1    4    4
3        Datsun 710 22.8   4  108  93 3.85 2.320 18.61  1  1    4    1
4    Hornet 4 Drive 21.4   6  258 110 3.08 3.215 19.44  1  0    3    1
5 Hornet Sportabout 18.7   8  360 175 3.15 3.440 17.02  0  0    3    2
6           Valiant 18.1   6  225 105 2.76 3.460 20.22  1  0    3    1
sqlQuery(link,"select vs,am,avg(mpg) from carsdata group by vs,am")
    # 从数据库中的 carsdata 表中查询提取 vs、am 以及据 vs 和 am 分组的 mpg 的均值 avg(mpg)
  vs am avg(mpg)
1  0  0 15.05000
```

```
2   0   1 19.75000
3   1   0 20.74286
4   1   1 28.37143
sqlDrop(link,"carsdata")        # 从数据库中删除 carsdata 数据表
odbcClose(link)                 # 关闭数据库连接
```

本节重点讲解了 R 如何与数据库进行连接以进行数据交换。万事俱备，只欠东风。要更充分地利用数据库获取数据，我们还要好好学习一下 SQL 语言。

3.4 数据处理常用函数

有了数据之后，往往需要整理并进行初步的统计分析。本节介绍几个常用的数据处理函数。

3.4.1 数据切割函数 split()

若数据集比较庞大，有时候我们需要按照某些条件来切割数据，在这种情况下，split() 函数就可以派上用场了。例如，MASS 包里的 Cars93 数据集，收集了 1993 年美国在售的 93 种汽车的制造商、型号、生产地、价格、每加仑米数等共 27 个方面的信息。如果要根据汽车的出产地（Origin）把汽车在城市中每加仑米数（MPG.city）提取出来，可使用范例程序 3-18。

范例程序 3-18：利用 split() 函数切割数据

```
data(Cars93, package="MASS")    # 加载 MASS 包内的数据集 Cars93
head(Cars93)                    # 结果略，Cars93 这个数据集比较庞大，共 27 个变量，93 个观察值
split(Cars93$MPG.city, Cars93$Origin)
  # 按 Origin 项切割 MPG.city 数据
$USA
 [1] 22 19 16 19 16 16 25 25 19 21 18 15 17 17 20 23 20 29 23 22 17 21 18 29
[25] 20 31 23 22 22 24 15 21 18 17 18 23 19 24 23 18 19 23 31 23 19 19 19 28
$`non-USA`
 [1] 25 18 20 19 22 46 30 24 42 24 29 22 26 20 17 18 18 29 28 26 18 17 20 19
[25] 29 18 29 24 17 21 20 33 25 23 39 32 25 22 18 25 17 21 18 21 20
```

练习

请利用对象操作的相关功能，计算上例的 $USA 和 $non-USA 的平均数。(提示：out=split(Cars93$MPG.city, Cars93$Origin); out$USA)

3.4.2 批量处理函数 apply() 家族

Excel 表格中我们有时会执行按行加总或按列加总之类的操作。R 的数据表就相当于一个有行列的 Excel 工作表，当需要进行类似 Excel 中的按行或按列计算时，apply() 族函数是非常有效率的工具。

1. apply()

apply() 是针对数据框或矩阵型态的数值数据的计算函数，其基本使用格式如下：

```
apply( 数据，方向参数，函数 )
```

其中，方向参数为 1 是按行计算，为 2 则是按列计算。如范例程序 3-19 所示。

其中的函数可以是 R 的内建函数（如 median、sum 等）；也可以自行定义自定义函数。在 `apply()` 中使用自定义函数如范例程序 3-20 所示。

范例程序 3-19：使用 `apply()` 函数对数据集按行或按列进行计算

```
Returns=read.csv("eMarkets.csv")              # eMarkets.csv 中有 9 个市场的收益率数据。
tail(Returns,3)                               # 共 9 个变量，781 个观察值
          DATE     China      India     Brazil     Russia  Indonisia  Columbia       Peru     Egypt Philippine
779 12/27/2012 0.4582414 -0.887111420 -1.027207  0.9396630 -0.03389292 0.82002945 0.6623237  1.649865722 -0.6771835
780 12/28/2012 0.4676034  0.952056148  1.063573 -0.3781191  1.02836892 0.05823245 -0.2853075 -0.005199635  0.4730917
781 12/31/2012 0.3034802  0.009703587 -0.156337 -0.4178900  0.00000000 0.01839276  0.5853965 -1.815820623  0.0000000
Returns.rm=apply(Returns[,-1],1,mean)         # 计算每行的平均数
tail(Returns.rm,3)
[1]  0.2116365  0.3749221 -0.1636750
apply(Returns[,-1],2,sd)                      # 计算每列（变量）的标准偏差
    China     India    Brazil    Russia Indonisia  Columbia      Peru     Egypt Philippine
 1.331200  1.348841  1.640457  1.881563  1.450888  1.154586  1.697528  1.660234   1.192073
```

范例程序 3-20：在 `apply()` 中使用自定义函数对数据集进行计算

```
# 计算每列的收益率和标准偏差相除的值
apply(Returns[,-1], 2, function(x) {mean(x)/sd(x)})
       China         India        Brazil       Russia   Indonisia    Columbia        Peru        Egypt  Philippine
 0.004430398 -0.012011979 -0.023362144  0.001758100  0.028153762  0.054901826  0.022185877 -0.015833186  0.059127700
# 计算每列有多少期收益率为正
apply(Returns[,-1], 2, function(x) {length(x[x>0])})
    China     India    Brazil    Russia Indonisia  Columbia      Peru     Egypt Philippine
      378       380       375       397       401       415       403       385        417
```

2. `lapply()`

`lapply()` 中的 l 是指 list（列表），`lapply()` 是针对列表数据的计算函数。具体用法如范例程序 3-21 所示。

范例程序 3-21：运用 `lapply()` 函数对列表数据进行计算

```
# 产生列表数据对象 scores
S1=as.integer(rnorm(45,70,15))
S2=as.integer(rnorm(52,70,25))
S3=as.integer(rnorm(38,70,20))
S4=as.integer(rnorm(41,70,25))
scores=list(S1=S1,S2=S2,S3=S3,S4=S4)
# 对列表数据对象进行相应计算
lapply(scores, mean)  # 计算列表中每个成分的均值
$S1
[1] 68.08889
$S2
[1] 71
$S3
[1] 68.73684
$S4
[1] 72.7561
lapply(scores, sd)
lapply(scores, range)
lapply(scores, length)
lapply(scores, t.test)
```

3. `sapply()`

`sapply()` 中的 s 是指 simply（简化）。我们可以将范例程序 3-21 中的 `lapply()` 函

数替换为相应的 `sapply()` 函数，看一下执行结果的差异。

对比范例程序 3-22 和范例程序 3-21 中的结果，可以发现 `lapply()` 函数的结果以列表形式存储，而 `sapply()` 函数的结果简化为向量形态。

此外，使用 `sapply()` 还可以非常便捷地计算变量间的相关系数。如范例程序 3-22 所示。

范例程序 3-22：`sapply()` 函数的运用

```
sapply(scores, mean)
       S1       S2       S3       S4
67.11111 71.32692 72.71053 70.85366
y=Returns[,2]   # 取范例程序 3-19 中 Returns 的第 2 列数据
sapply(Returns[,-1], cor, y)
    China     India    Brazil    Russia Indonisia Columbia      Peru     Egypt Philippine
1.0000000 0.5063852 0.3421741 0.4349667 0.6003137 0.2817501 0.1563615 0.1196523 0.4377411
```

4. `tapply()`

`tapply()` 中的 t 是指 table（表），`tapply()` 的功能和 Excel 的数据透视表很接近。如范例程序 3-23 所示。

范例程序 3-23：`tapply()` 函数的运用

```
SSE= read.csv("SSE.csv")
head(SSE,3)
       DATE  CO_ID   Name  returns marketReturns
1 2001/1/2 600000 浦发银行   0.8193        1.2672
2 2001/1/3 600000 浦发银行  -0.4780        0.9337
3 2001/1/4 600000 浦发银行  -0.8165       -0.3975
tmp0=tapply(SSE[,5], SSE$Name, mean)
tmp0
      白云机场     包钢股份     宝钢股份     东风汽车     华电国际     华能国际     华夏银行     民生银行     浦发银行
  0.031063028  0.009462456  0.009568038  0.012214795  0.058325890  0.017592327  0.022925573  0.011397503  0.002446705
      日照港       山东钢铁     上港集团     上海电力     上海机场     首创股份     皖通高速     武钢股份     中国国贸
  0.024267721  0.057499750  0.036458434  0.047607349  0.008960084  0.006947645  0.037007472  0.008174885  0.014009582
    中海发展     中原高速
  0.023811765  0.021146718
tmp0=data.frame(tmp0)
colnames(tmp0)="avgReturns"
head(tmp0,3)
         avgReturns
白云机场 0.031063028
包钢股份 0.009462456
宝钢股份 0.009568038
```

`by()` 函数具有与 `tapply()` 类似的功能，大家可以比较执行结果的差异。

```
by(SSE[,4:5], SSE$Name, summary)
```

此外，熟练运用 `apply()` 族函数，可以简化很多传统的循环运算。我们以 20 家上市公司股票收益率与市场收益率的回归为例，通过范例程序 3-24 对比了传统的计算方法和运用 `apply()` 族函数简化的方法。

范例程序 3-24：`apply()` 族函数用于简化循环运算

```
# 传统循环
crossID=unique(SSE$CO_ID)
result=NULL
for (j in 1:length(crossID))
```

```
{
mydat=subset(SSE,CO_ID==crossID[j])
output=with(mydat, lm(returns~marketReturns)$coef)
result=rbind(result,output)
}
row.names(result)=unique(SSE$Name)
head(result,3)
         (Intercept) marketReturns
浦发银行   0.06926838   1.1175589
白云机场   0.02582850   0.7434504
武钢股份   0.06028912   0.9556286

# 用于aply()简化上面的循环
SSE.reg=by(SSE, SSE$Name, function(x) lm(returns~marketReturns, data = x))
lapply(SSE.reg,summary)      # 回归结果概要中仅列出白云机场的结果，其他略
$ 白云机场
Call:
lm(formula = returns ~ marketReturns, data = x)
Residuals:
    Min      1Q  Median      3Q     Max
-10.304  -0.877  -0.079   0.778  45.511
Coefficients:
              Estimate Std. Error t value Pr(>|t|)
(Intercept)    0.02583    0.04559   0.567    0.571
marketReturns  0.74345    0.02397  31.013   <2e-16 ***
---
Signif. codes:  0 '***' 0.001 '**' 0.01 '*' 0.05 '.' 0.1 ' ' 1
Residual standard error: 2.069 on 2059 degrees of freedom
Multiple R-squared:  0.3184,    Adjusted R-squared:  0.3181
F-statistic: 961.8 on 1 and 2059 DF,  p-value: < 2.2e-16
lapply(SSE.reg,confint)      # 回归系数置信区间，仅列出白云机场的结果，其他略
$ 白云机场
                    2.5 %     97.5 %
(Intercept)   -0.06357345 0.1152305
marketReturns  0.69643737 0.7904635
t(sapply(SSE.reg, coef))     # 回归系数表
         (Intercept) marketReturns
白云机场   0.02582850   0.7434504
包钢股份   0.06087772   0.8531825
宝钢股份   0.03789015   0.8240583
t(sapply(SSE.reg, function(x) {summary(x)$coef}))   # 回归系数及统计量
              [,1]       [,2]       [,3]       [,4]      [,5]     [,6]     [,7]         [,8]
白云机场 0.02582850 0.7434504 0.04558727 0.02397260 0.5665726 31.01251 0.5710663 1.319305e-173
包钢股份 0.06087772 0.8531825 0.04290997 0.02319228 1.4187312 36.78735 0.1560994 4.019764e-238
宝钢股份 0.03789015 0.8240583 0.03420188 0.01862535 1.1078380 44.24390 0.2680343 3.571798e-319
```

3.5 数据的基本统计分析

整理完数据之后，往往需要对数据进行一些基本的统计分析，例如描述性统计、正态性检验等。fBasics包提供了大量的统计函数用于探索数据特别是财经数据的基本性质。本节主要结合fBasics包介绍一些基本统计分析的方法。

3.5.1 描述性统计

如范例程序3-25所示，fBasic包中对数据进行描述统计的函数是**basicStats()**，相

对于 R 内建的 `summary()` 函数，该函数能够提供更丰富的信息。该函数的代码格式为：

```
basicStats(x, ci)
```

其中 x 为数据集，ci 为置信水平（默认值为 0.95）。

范例程序 3-25：对数据进行描述性统计

```
options(digits=6)        # 设置6位小数
library(fBasics)
load("bank_wage.RData")
head(bank_wage,3)
   wage education wage_begin gender minority   job_category
1 57000       15      27000   Male      No       Management
2 40200       16      18750   Male      No   Administrative
3 21450       12      12000 Female      No   Administrative
attach(bank_wage)        # 将加载数据集
dat=cbind(log(wage), education, log(wage_begin))  # 构建新的数据集 dat
colnames(dat)=c("log(wage)", "education", "log(wage0)")
basicStats(dat)          # fBasics 包的函数查看 dat 数据集的描述统计量
             log.wage.    education   log.wage0.
nobs        474.000000   474.000000   474.000000
NAs           0.000000     0.000000     0.000000
Minimum       9.664596     8.000000     9.104900
Maximum      11.813030    21.000000    11.289532
1. Quartile  10.085809    12.000000     9.432470
3. Quartile  10.516969    15.000000     9.769385
Mean         10.356793    13.491561     9.669405
Median       10.270728    12.000000     9.615805
Sum        4909.119819  6395.000000  4583.297879
SE Mean       0.018250     0.132505     0.016207
LCL Mean     10.320931    13.231189     9.637559
UCL Mean     10.392654    13.751933     9.701250
Variance      0.157874     8.322339     0.124497
Stdev         0.397334     2.884846     0.352841
Skewness      0.994876    -0.113386     1.267926
Kurtosis      0.647194    -0.286531     1.740765
summary(dat)             # 上述结果可以与 R 内建的描述统计量函数的结果比较一下
   log(wage)          education       log(wage0)
 Min.   : 9.66     Min.   : 8.0     Min.   : 9.10
 1st Qu.:10.09     1st Qu.:12.0     1st Qu.: 9.43
 Median :10.27     Median :12.0     Median : 9.62
 Mean   :10.36     Mean   :13.5     Mean   : 9.67
 3rd Qu.:10.52     3rd Qu.:15.0     3rd Qu.: 9.77
 Max.   :11.81     Max.   :21.0     Max.   :11.29
```

显示结果中的 `LCL mean` 和 `UCL mean` 是在 0.95 的置信水平下计算的变量均值的下界和上界。如果读者需要其他水平，例如 0.9，可以改为 `basicStats(dat, 0.9)`。

3.5.2 相关性检验

`correlationTest()` 函数用于检验两组数据是否相关，原假设是两组数据的相关系数为 0（即不相关）。使用格式如下：

```
correlationTest(x, y, method, title, description)
```

其中 method 参数设定检验方法，参数值有三个可选项："pearson" "kendall" 和 "spearman"。需要注意的是，检验是针对 x 和 y 两组数据而不是一整个数据矩阵进行的。

title 和 description 参数分别用于设定输出结果的标题和描述信息，取值为字符串，若无特殊要求可以省略这两个参数，按函数的默认值显示。

correlationTest() 函数具体使用方法如范例程序 3-26 所示。

范例程序 3-26：检验两组数据的相关系数是否显著异于 0

```
y=dat[,1]
x=dat[,2]
correlationTest(x, y, method = c("pearson"))   # 执行 Pearson 相关系数检验
Title:
 Pearson's Correlation Test
Test Results:
  PARAMETER:
    Degrees of Freedom: 472
  SAMPLE ESTIMATES:
    Correlation: 0.6967
  STATISTIC:
    t: 21.1021
  P VALUE:
    Alternative Two-Sided: < 2.2e-16
    Alternative       Less: 1
    Alternative    Greater: < 2.2e-16
  CONFIDENCE INTERVAL:
    Two-Sided: 0.6473, 0.7403
         Less: -1, 0.7337
      Greater: 0.6557, 1
```

结果显示两组数据的 Pearson 相关系数为 0.696 7，相关系数为 0 的原假设的 T 统计量是 21.1，该统计量的 p 值接近于 0，因此可以拒绝不相关的原假设。结果表明这两组数据显著相关。

大家可以用 Pearson 之外的另外两个方法检验相关系数的显著性，比较结果是否有明显冲突。

3.5.3 分布特征检验

1. 分布参数检验

常用的主要有两个：用于检验分布位置参数的 locationTest() 函数和用于检验分布方差参数的 varianceTest() 函数。

locationTest() 函数检验的是两个样本的分布位置参数是否不同，使用格式如下：

```
locationTest(x, y, method, title, description)
```

method 参数用于设定检验方法，有两个设定值（"t" 和 "kw2"）供选择："t" 检验两笔数据"平均数相等"的原假设；"kw2" 是检验两组数据"中位数相等"的原假设的 Kruskal-Wallis 秩和检验。title 和 description 参数分别设定输出结果的标题和描述信息，若无特殊要求可以省略这两个参数。

varianceTest() 函数检验的是两个样本的方差参数是否不同，使用格式如下：

```
varianceTest(x, y, method, title, description)
```

title 和 description 参数与 locationTest() 函数一样，若无要求可以省略这两个参数；method 参数是用来设定检验方法的，有三个参数值（"varf" "bartlett" 和 "fligner"）

供选择，分别以 F 统计量、Bartlett 统计量和 Fligner-Killeen 统计量来检验样本 x、y 方差相等的原假设。其中 Bartlett 统计量只适用于正态分布。Levenet 统计量对样本是否是正态分布不敏感，是 bartlett 统计量的一个很好的替代，不过 `varianceTest()` 函数中并没有提供该方法。

上述两个函数的使用方法如范例程序 3-27 所示。

范例程序 3-27：分布位置参数和方差参数的检验

```
locationTest(x, y, method = c("kw2"), title = NULL, description = NULL)
  # 执行 Kruskal-Wallis rank sum test 检验两组数据中位数是否相等
Title:
 Kruskal-Wallis Two Sample Test
Test Results:
  PARAMETER:
    x Observations: 474
    y Observations: 474
  SAMPLE ESTIMATES:
    Mean of x: 13.4916
    Mean of y: 10.3568
    Var  of x: 8.3223
    Var  of y: 0.1579
  STATISTIC:
    KW chi-squared: 432.5756
  P VALUE:
    < 2.2e-16
varianceTest(x, y, method = c("varf"),title = NULL, description = NULL)
  # 执行 F 统计量检验 x,y "方差相等"
Title: F Test of Variances
Test Results:
  PARAMETER:
    Hypothesized Ratio: 1
    Numerator   df: 473
    Denumerator df: 473
  SAMPLE ESTIMATES:
    Ratio of Variances: 52.7149
  STATISTIC:
    F: 52.7149
  P VALUE:
    Alternative Two-Sided: < 2.2e-16
    Alternative     Less: 1
    Alternative     Greater: < 2.2e-16
  CONFIDENCE INTERVAL:
    Two-Sided: 44.0111, 63.14
        Less: 0, 61.3326
     Greater: 45.3081, Inf
```

分布位置参数的 Kruskal-Wallis 检验中，输出结果最下方的 STATISTIC 和 p 值分别是 Kruskal-Wallis 统计量和相应的 p 值。结果显示 Kruskal-Wallis 统计量为 432.456，p 值接近于 0，因此拒绝"中位数相等"的原假设。结果表明两组数据的中位数显著不同。大家可以练习用 T 统计量来检验，看看结果是否和 Kruskal-Wallis 检验有明显冲突。

分布方差参数的 F 检验中，F 统计量为 52.71，p 值接近于 0。因此，也拒绝"方差相等"的原假设。结果表明两组数据的方差显著不同。

2. 正态性检验

正态性的检验在统计上是一个重要主题。在这方面，fBasics 包的功能也比较丰富，包内

有多个函数，提供了多个统计量的计算来进行数据分布的正态性检验。[⊖]

其中最为通用的是 `normalTest()` 函数，其使用格式如下：

```
normalTest(x, method, na.rm=FALSE)
```

其中 `method` 参数设定检验方法，有四个参数值（`"da"` `"ks"` `"jb"` 和 `"sw"`）可选（默认参数值 `"ks"`）。`"ks"` 意为 Kolmogorov-Smirnov 单样本检验，`"sw"` 意为 Shapiro-Wilk 检验，`"jb"` 意为 Jarque-Bera 检验，`"da"` 意为 D'Agostino 检验。这些检验的原假设是数据 x 符合正态分布。

`na.rm` 参数是设定对数据集中缺失值的处理方式，取值为逻辑值 TRUE 或者 FALSE，默认值为 FALSE，即缺失值不移除。

`normalTest()` 函数的使用如范例程序 3-28 所示。

范例程序 3-28：正态性检验

```
normalTest(x, method = c("jb"), na.rm = FALSE)   # 执行 Jarque-Bera 正态性检验
Title: Jarque - Bera Normality Test
Test Results:
  STATISTIC:
    X-squared: 2.514
  P VALUE:
    Asymptotic p Value: 0.2845
```

Jarque–Bera 正态性检验结果显示，平方值 2.514，p 值 0.28，因此不能拒绝正态分布的原假设数据。结果表明数据 x 符合正态分布。

需注意的是分布检验是一个相当敏感的问题，很难有一个方法能准确地判断出实际数据的分布性质。所有的检验统计量都是在理论上用抽样来评估型一或型二误差，但是在真实的世界，这些检验结果解读和使用必须要非常小心。

读者可以练习使用 Jarque–Bera 之外的其他三个方法检验正态性，并比较结果是否有明显冲突。

[⊖] `nortest` 包内有更多的检验统计量，感兴趣的读者可以参考该包的说明文档。

第4章
Chapter 4

R 的绘图工具

R 强大的绘图功能一直为业界津津乐道，但本章不对此一一列举，读者若想具体了解，可在 R 中输入 demo(graphics) 或者 demo(persp) 来稍作尝试。

R 中可用于绘图的包和函数众多，有些相当高级，比如 ggplot2，对此进行专门介绍的书籍也有很多。因本书重点不在数据的视觉化，故仅对经济与金融计量研究中常用的一些绘图工具进行简要介绍。

4.1 数据分布特征的视觉化

在开始介绍 R 的绘图分析功能之前，我们先加载数据，并对数据进行基本的分析处理，如范例程序 4-1 所示。

范例程序 4-1：数据加载及基本处理

```
library(AER)
    # 载入包 AER, 如果要移除包, 以释放内存, 用 detach("package:AER")
data("CPS1985")
    # 读取包内数据 CPS1985, 此为 AER 内置数据, 为 1985 年美国普查数据
rownames(CPS1985 = Null)            # 去除行名。若不使用本行代码, head() 的显示, 结果会稍有
                                      不同, 读者可自行比较
head(CPS1985, 3)                    # 看一看数据前 3 条记录
    wage education experience age ethnicity region gender
1   5.10      8           21  35  hispanic  other  female
2   4.95      9           42  57      cauc  other  female
3   6.67     12            1  19      cauc  other    male
    occupation       sector union married
1       worker manufacturing    no     yes
2       worker manufacturing    no     yes
3       worker manufacturing    no      no
attach(CPS1985)   # 将数据正式加载使用, 如果后面不要再用这笔数据, 则执行 detach()
```

```
summary(wage)       # 工资变量统计信息摘要
   Min. 1st Qu.  Median    Mean 3rd Qu.     Max.
  1.000   5.250   7.780   9.024  11.250  44.500
mean(wage)          # 工资变量平均数
[1] 9.024064
median(wage)        # 工资变量中位数
[1] 7.78
var(wage)           # 工资变量方差
[1] 26.41032
sd(wage)            # 工资变量标准偏差
[1] 5.139097
cor(log(wage), education)      # log(wage) 和 education 的相关系数
[1] 0.3803983
cor(log(wage), education, method = "spearman")
  # log(wage) 和 education 的相关系数，以 spearman 方法计算
[1] 0.3813425
xtabs(~ gender + occupation)  # 字符串变量交叉表
        occupation
gender   worker technical services office sales management
  male      126        53       34     21    21         34
  female     30        52       49     76    17         21
tapply(log(wage), gender, mean)  # 将 log(wage) 依照 gender 分组计算平均数
    male   female
2.165286 1.934037
```

上面的代码可获取数据（包括数值数据和字符串数据的基本统计信息）。如果要进行更多的统计分析，请参考第 5 章介绍的 fBasics 包。

数据到手之后，我们需要知道数据的分布情况，通常采用分布图对数据的分布情况进行可视化。常用的数据分布图有直方图（又称质量分布图）和核密度估计（kernel density estimation）图 2 种，它们在 R 中的实现如范例程序 4-2 所示。

范例程序 4-2：直方图和密度图

```
hist(wage, freq = FALSE)         # 画工资 wage 的直方图
hist(log(wage), freq = FALSE)    # 画工资 log(wage) 的直方图
lines(density(log(wage)), col = 4)
  # 用 lines() 可以在上一个图中增加概率密度图，实现双图重叠显示
plot(density(log(wage)))         # 单独画核密度估计图
qqnorm(log(wage))                # 正态分布图
qqline(log(wage))                # 在上一个图框内，增加表示正态分布的直线
```

上文的四个图，如图 4-1 所示。

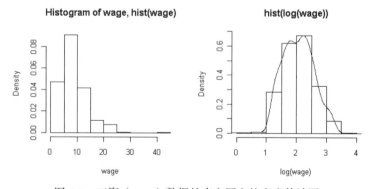

图 4-1　工资（wage）数据的直方图和核密度估计图

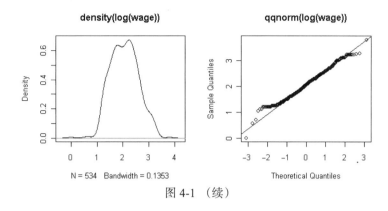

图 4-1 （续）

接下来，上面的数据集有许多文本型（或称为字符串，string）数据，当描述这类数据的分布情况时，R 中的实现方法与前文介绍的稍有不同。如范例程序 4-3 所示。

范例程序 4-3：文本型数据的直方图和圆饼图

```
summary(occupation)         # 字符串变量职业 (occupation) 的统计信息摘要
 worker   technical    services     office    sales management
    156         105          83         97       38         55
tab = table(occupation)     # 查看职业变量的表格化信息，且将之存成对象 tab
show(tab)                   # 显示 tab 的内容，也可以用 print()，或直接用 tab
occupation
    worker   technical    services     office    sales management
       156         105          83         97       38         55
prop.table(tab)             # 获取各种职业占比的比率表
occupation
    worker   technical    services     office    sales management
0.29213483  0.19662921  0.15543071  0.18164794  0.07116105  0.10299625
barplot(tab)                # 用 tab 计算直方图，如图 4-2 所示
pie(tab)                    # 用 tab 计算圆饼图，如图 4-3 所示
```

第 5 步的 **barplot(**tab**)** 结果如图 4-2 所示。

第 6 步的 **pie(**tab**)** 结果如图 4-3 所示。

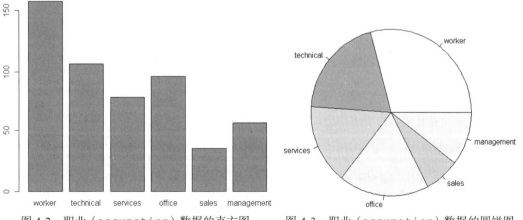

图 4-2 职业（occupation）数据的直方图　　图 4-3 职业（occupation）数据的圆饼图

我们发现 occupation 的第 2 项 "technica" 和第 6 项 "management" 两个英文单词太长，为了显示方便，我们可以执行如下指令，将它们改为 "techn" 和 "mgmt"。

```
levels(CPS1985$occupation)[c(2, 6)] = c("techn", "mgmt")
```

4.2 基础绘图函数 plot()

`plot()` 是 R 中最基础、最常用的绘图函数之一，接下来我们由常用的绘图参数入手开始简要介绍 `plot()` 的使用。

4.2.1 常用的图形参数

R 绘制的图形元素的大小、样式、颜色等外观特征都是由图形参数控制的。想用 `plot()` 函数绘制出期望效果的图形，也要对绘图参数进行适当设置。绘图参数的设置可以直接在 `plot()` 函数中进行，更一般的方法是通过 `par()` 函数进行。

通过范例程序 4-2，我们应该已经初步见识了 `par()` 的功能。绘图语句前后分别使用 `opar=par(no.readonly=T)` 和 `par(opar)` 也是比较常规的做法。

par 本身就是 "参数" (parameter) 的意思。`par()` 函数中有许多参数项，常用的参数项如表 4-1 所示。更多的参数及参数值的设置细节可通过指令 `help(par)` 查阅。

表 4-1 par() 的常用参数项

参数	说明
axes	是否绘制坐标轴
bg	背景颜色
cex	文字或符号的大小
col	颜色
las	坐标轴标签的方向
lty, lwd	线型和线宽
main, sub	标题和副标题
mar	边距大小
mfcol, mfrow	数组定义多个图形的布局
pch	数据符号类型
type	类型
xlab, ylab	坐标轴标签
xlim, ylim	坐标轴取值范围
xlog, ylog, log	对数标度

我们会陆续看到函数内很多参数的设定，这里先择要介绍如下。

1. 符号参数

`pch`：pch 是 plotting character 的缩写，用于控制散点的样式。它最常见的取值为 1~25 (后续所有参数的更多参数值及其含义请查阅帮助)，与形状的对应关系如图 4-4 所示 (按范例程序 4-4 绘制)。

`cex`：字形大小倍数。1 表示系统默认大小，0.5 表示缩小一半。

`col`：颜色。1 表示黑色，2 表示红色，3 表示绿色，4 表示蓝色，5 表示浅蓝，6 表示粉红。除了控制散点的颜色，该参数也控制线条的颜色。

范例程序 4-4：绘图参数 pch 的演示

```
win.graph(width=4.875, height=2.5,pointsize=8)      # 设定绘图面板大小
plot(1:5, 1:5, xlim=c(0.8,5), ylim=c(0.8,5.2), type="n", xaxt="n", yaxt="n",
     ann=FALSE)
index <- 1:25
start <- 0
for (i in 1:5) {
  for (j in 5:1) {
    start <- start + 1
    points(x=i, y =j, pch=index[start], col="red", bg="red")
                                                    # 若无 bg 参数，21~25 为空心形状
    text(x=i, y=j, labels=index[start], pos=2, offset=1)
  }
}
```

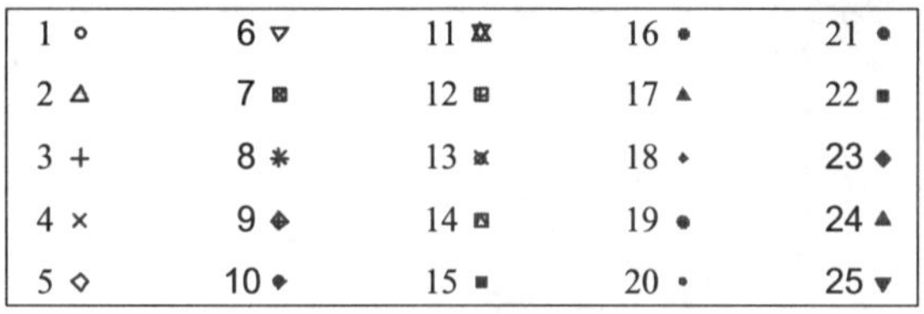

1 ○	6 ▽	11 ⊠	16 •	21 •
2 △	7 □	12 ⊡	17 ▲	22 ■
3 +	8 ∗	13 ⋈	18 ♦	23 ◆
4 ×	9 ◇	14 ⊠	19 ●	24 ▲
5 ◇	10 ⊕	15 ■	20 •	25 ▼

图 4-4 pch 参数值及其对应形状

2. 线条参数

lty：线条种类。1 表示实线，其余为各种虚线，更多细节请用 help() 查阅。
lwd：线宽倍数。1 表示标准线宽，2 表示标准线宽的两倍。
col：颜色（同上）。

3. 坐标轴参数

xlim：x 轴的取值范围，使用 xlim=c(a, b) 的形式进行设定；若 a > b，x 轴反向。
ylim：y 轴的取值范围，使用 ylim=c(c, d) 的形式进行设定；若 c > d，y 轴反向。
xaxs：设为 "i" 意为由数据决定取值 x 轴取值范围；设为 "r" 则增加 4% 的取值范围。yaxs 同理。
cex.axis：轴说明文字的放大倍数。
cex.labels：轴标签文字的放大倍数。
mgp：轴标题、轴标签和轴线的边界线，内置 mgp=c(3, 1, 0)。

4. 绘图面板参数

mar：以 c(bottom, left, top, right) 的形式设定内边界，c() 内放数值。
oma：以 c(bottom, left, top, right) 的形式设定外边界，c() 内放数值。
mfrow=c(r, c)：把接下来要绘制的多个图形放在 r×c 的绘图面板中。需要在 par() 内使用。例如，par(mfrow=c(3, 2)) 可以把随后绘制的 6 个图排成 3 行，每行 2 个。如范例程序 4-5 所示。

范例程序 4-5：绘图函数 plot ()

```
plot(gender ~ occupation, data = CPS1985)
   # 两个字符串数据画的图（图 4-5）
plot(log(wage) ~ gender, data = CPS1985)
   # 一个数值数据对一个字符串数据画的图（图 4-6）
```

```
plot(log(wage) ~ education, data = CPS1985)
# 两个数值数据画的图（图 4-7）
```

`plot()` 是二维图，所以，如果用 `plot(A~B)` 输入，则第一个 A 是 y 轴，B 是 x 轴。如果用 `plot(A, B)` 输入，则第一个 A 是 x 轴，B 是 y 轴。

在范例程序 4-5 的第 1 行代码中，性别 gender 是字符串，有两个取值；职业 occupation 也是字符串，有六个取值。`plot()` 会自动画出马赛克（mosaic）图（见图 4-5）。

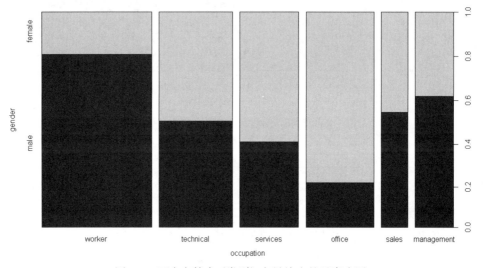

图 4-5　两个字符串（类别）变量绘出的马赛克图

在图 4-5 中，x 轴上的六个柱状图，宽度均不同。worker 最宽，表示六种职业中，从事 worker 职业的人数最多；从黑灰两部分的比例来看，其中的男性（male）也最多。这样的图形，有助于分析以字符串数据表示的受薪人特征。

在范例程序 4-5 的第 2 行代码中，y 轴的变量是数值数据 `log(wage)`，`plot()` 会自动以箱线图绘制，如图 4-6 所示。

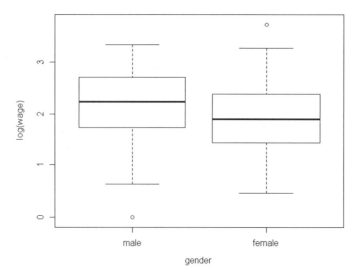

图 4-6　一个数值型变量和一个字符串型变量绘出的箱线图

最后，在范例程序 4-5 的第 3 行代码中，y 轴和 x 轴的变量都是连续型数值数据，所以 `plot()` 会自动以简单散点图绘制（见图 4-7）。

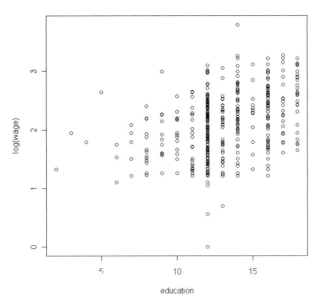

图 4-7　两个数值型变量绘出的散点图

由于数据上的特性，图 4-7 这个散点图无法增加数据的"边际密度刻度"。范例程序 4-6 使用另一个数据集，绘出带有数据密度的图形，如图 4-8 所示。对照图 4-7 与图 4-8，我们会发现差异何在。

范例程序 4-6：具有数据密度刻度的散点图

```
data("Journals", package="AER")      # 读取包内数据Journals
head(Journal)                         # 查看数据与变量名称
                                                      title
APEL                         Asian-Pacific Economic Literature
SAJoEH               South African Journal of Economic History
CE                                   Computational Economics
MEPiTE MOCT-MOST Economic Policy in Transitional Economics
JoSE                              Journal of Socio-Economics
LabEc                                       Labour Economics
                publisher society price pages charpp citations
APEL            Blackwell      no    123   440   3822       21
SAJoEH So Afr ec history assn  no     20   309   1782       22
CE                Kluwer       no    443   567   2924       22
MEPiTE            Kluwer       no    276   520   3234       22
JoSE             Elsevier      no    295   791   3024       24
LabEc            Elsevier      no    344   609   2967       24
       foundingyear subs       field
APEL        1986    14       General
SAJoEH      1986    59   Economic History
CE          1987    17       Specialized
MEPiTE      1991     2       Area Studies
JoSE        1972    96   Interdisciplinary
LabEc       1994    15         Labor
Journals$citeprice = Journals$price/Journals$citations   # 定义新变量
```

```
attach(Journals)          # 将 Journal 正式载入, Attach 数据之后, 变量就无须再用 $ 联结
plot(log(subs), log(citeprice))
# 绘制 x 轴为 log(sub), y 轴为 log(citeprice) 的散点图, 如图 4-8 所示
rug(log(subs))            # 在 x 轴增加表示数据边际密度的刻度
rug(log(citeprice), side = 2)
# 在 y 轴增加表示数据边际密度的刻度, side 参数设定数据边际密度刻度出现的方位, 顺时针转动, 设为 1 代
表底部 (即 x 轴) 顺时针转动, 设为 2 代表左侧 (即 y 轴), 设为 3 代表顶端, 设为 4 代表右侧
detach("package:AER")     # 从内存中移除 AER 包
```

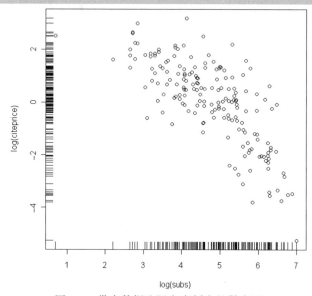

图 4-8　带有数据边际密度刻度的散点图

4.2.2　文本和线条的添加

我们再看另一种形式的数据，TwinDeficit.csv 文件内是 21 个国家或地区（country names 列）2011 年第 3 季度的经常账户赤字（current account deficit 列）和财政赤字（discal deficit 列）与国内生产总值的比率，部分数据如表 4-2 所示。

表 4-2　TwinDeficit 数据

国家或地区	经常账户赤字 / GDP 的比率（%）	财政赤字 /GDP 的比率（%）
Austria	2.9	-3.6
Belgium	1.4	-3.8
France	-2.5	-5.8
Germany	5	-1.7
Greece	-9.6	-9.1
Italy	-3.7	-3.7
Netherlands	7.3	-3.8
Spain	-3.8	-6.5
South Korea	2.4	1.5
USA	-3.2	-9.1
China	4	-1.8
Japan	2.3	-8.3
UK	-1.9	-8.8
Canada	-2.9	-4
India	-3.2	-4.7

这笔数据也被称为双赤字数据。如果我们想看一看哪些国家或地区的双赤字最为严重，那么我们可以画出双赤字数据的散点图。为方便查看，我们需要给数据点打上标签，并在坐标原点画出横纵坐标轴。具体代码如范例程序4-7所示。

范例程序4-7：用text()和abline()添加文本和线条

```
data=read.csv("TwinDeficit.csv", header=T)    # 读取数据
dat=data[,2:3]                                # 将数据的数值部分存为dat
rownames(dat) = data$countryNames
#将原始数据的字符串列，定义成新数据的行名
plot(dat,xlim = c(-10,16.5), ylim=c(-10,3), pch=7, xlab="Current Account Deficit",
    ylab="Fiscal Deficit")                    # 画出散点图，如图4-9所示
text(dat, labels = row.names(dat), pos=1, cex=0.8, offset=0.1)
#将数据的名称显示在图形框内
abline(h=0, v=0)                              # 画出y轴 (h=0) 和 x轴 (v=0)
```

通过第4行的`plot()`代码，我们可以将数据画上去，但是图上没有显示国家或地区名称，所以对于数据的讲解不是很好，所以我们可以使用第5行代码将文字加上去。此处我们要注意，`text()`的文字功能只能将文字添加在框内，而在框外添加文字需要直接在`plot()`内处理。通过使用第6行代码将图画成4个象限，我分析几个国家或地区的双赤字状况就变得很容易了。如图4-9所示，希腊（Greece）的双赤字状况是最严重的。

图4-9适合散布程度很大的数据。如果数据太集中，文字会拥挤、重叠（图中Germany和China就部分重叠了），不适合以这种方式显示。因为双赤字的数据有正负意义，所以图上划分了四个象限。

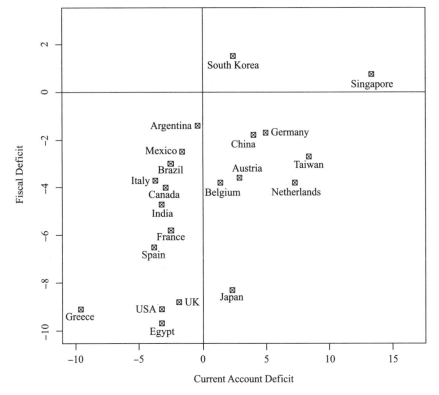

图4-9 双赤字的散点图

4.3 多笔数据的视觉呈现

研究中经常要分析多个变量之间的关系,在这种情况下,对多笔数据进行视觉化呈现会有助于我们的分析。

4.3.1 绘制散点图矩阵

散点图矩阵可以让我们同时看到多个变量两两之间的关系,是探索分析识别数据模式、变量关系很好的方法。我们采用范例程序 3-1 中提及的数据(重新整理后存为 bankwage.RData)演示介绍成对的散点图矩阵,如范例程序 4-8 所示。

范例程序 4-8:用 pairs() 函数绘制散点图矩阵

```
load("bankwage.RData")                          # 读取数据
attach(bankwage)                                # 正式加载数据
names(bankwage)                                 # 观察数据变量名称
[1] "wage"     "edu"     "wage0"    "gender"    "minority" "job"
head(bankwage,3)                                # 看看数据前 3 条记录
   wage edu wage0 gender minority       job
1 57000  15 27000   Male       No Management
2 40200  16 18750   Male       No Administrative
3 21450  12 12000 Female       No Administrative
tail(bankwage,3)                                # 看看数据后 3 条记录
     wage edu wage0 gender minority       job
472 39150  15 15750   Male       No Administrative
473 21450  12 12750 Female       No Administrative
474 29400  12 14250 Female       No Administrative
wage_current=log(wage)                          # 重新定义 wage_current 为 log(wage)
wage_entry=log(wage0)                           # 重新定义 wage_entry 为 log(wage0)
w=cbind(wage_current, wage_entry, edu)          # 把数据并成矩阵
pairs(w)                                        # 绘制矩阵散点图,如图 4-10 所示
```

散点图矩阵也可以用 plot() 画,但需要将范例程序 4-8 中的矩阵 w 转成数据框。例如,下面两条代码生成的图,和图 4-10 是一样的。

```
plot(as.data.frame(w)))
```

或

```
plot(~wage_current + wage_entry + edu)
```

需要注意的是,plot(y~ x1 + x2) 画的是两个图,相当于 plot(y~x1) 和 plot(y~x2) 各画了一张。要使用这种画法,我们必须先设置绘图面板布局,否则只能看到最后一个图,也可以通过 windows() 函数先行进行参数设定,但作者不建议这样做。

接下来我们介绍一种升级版的散点图矩阵,如图 4-11 所示。这种图形除了可以呈现出散点分布情况之外,还会提供更多的信息,绘制方法如范例程序 4-9 所示。

范例程序 4-9:scatterplotMatrix() 函数绘制散点图矩阵

```
library(car)
  # 载入 car 包。这个包内有函数 scatterplotMatrix(),可以绘制我们需要的图
bankwage=cbind(bankwage, wage_current=log(wage), wage_entry=log(wage0))
  # 将 wage_current 和 wage_entry 并入原数据 bankwage
```

```
scatterplotMatrix(~ wage_current+wage_entry+edu,
            regLine = list(method=lm, lty=1, lwd=2),
            smooth=list(smoother=loessLine, spread=TRUE,
                        lty.smooth=1, lwd.smooth=2.5,
                        lty.spread=3, lwd.spread=2,
                        col.smooth="black" , col.spread="red"),
            diagonal=list(method="histogram", breaks="FD"),
            data=bankwage)
# scatterplotMatrix() 函数绘图，如图 4-11 所示
```

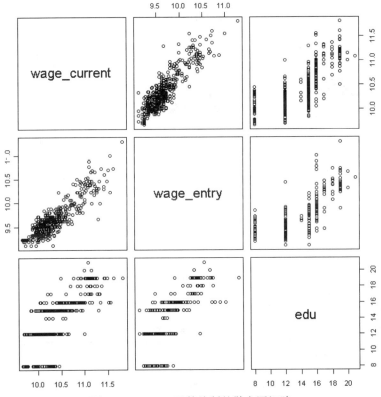

图 4-10　pairs() 函数绘制的散点图矩阵

练习

利用 help() 查一查 scatterplotMatrix() 内的参数选项，将主对角线的直方图显示，改为核密度（kernel density）图。（提示：通过改变参数 diagonal 的设定实现。）

4.3.2　多笔数据之间的比较

如果要对两笔数据或多笔数据的分布情况进行比较，Q-Q 图、柱状图、星形图等都是非常好的选择。

1. Q-Q 图

沿用之前范例程序 4-8 中的数据，我们尝试比较员工薪酬上是否存在性别差异，所用代码如范例程序 4-10 所示。

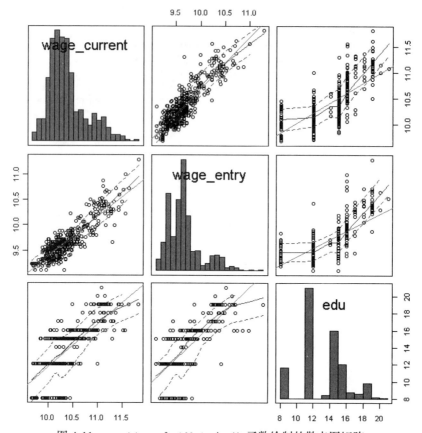

图 4-11 scatterplotMatrix() 函数绘制的散点图矩阵

范例程序 4-10：用 qqplot() 绘制两组数据的 Q-Q 图

```
mwage = subset(bankwage, gender == "Male")$wage_current
    # 从 bankwage 数据集内选取 gender 是 "Male" 的子集，再从中选取 wage_current 存为 mwage
fwage = subset(bankwage, gender == "Female")$wage_current
    # 从 bankwage 数据集内选取 gender 是 "Female" 的子集，再从中选取 wage_current 存为 fwage
qqplot(mwage, fwage, xlim = range(wage_current), ylim = range(wage_current),xaxs=
    "i", yaxs = "i", xlab = "Male workers'wage", ylab = "Female workers'wage")
abline(0, 1)         # 在 Q-Q 图内增加 45°线，如图 4-12 所示
```

范例程序 4-10 画出的图就是图 4-12，qqplot() 可以比较男女薪酬的差异分布。45° 线是均等线，表示男性薪酬和女性薪酬相等。如图 4-12 所示，薪酬分布倾向男性，说明薪酬上存在性别差异。但我们不能就此下结论说在薪酬上存在性别歧视，这个结论还需控制同样的工作分类才能得出。

2. 柱状图

接下来，我们用国际上 13 个交易市场的市价总值（capitalization）数据来做一些视觉分析。原始数据如表 4-3 所示。

表 4-3 国际上 13 个交易市场的市价总值数据   （单位：100 万美元）

	2003 年	2004 年	2005 年	2006 年	2007 年	2008 年
Euronext US	1 328	12 707	3 632	15 421	15 650	9 208
TSX Group	888	1 177	1 482	1 700	2 186	1 033

（续）

	2003 年	2004 年	2005 年	2006 年	2007 年	2008 年
Australian SE	585	776	804	1 095	1 298	683
Bombay SE	278	386	553	818	1 819	647
China Hong Kong SE	714	861	1 054	1 714	2 654	1 328
NSE India	252	363	515	774	1 660	600
China Shanghai SE	360	314	286	917	3 694	1 425
Tokyo SE	2 953	3 557	4 572	4 614	4 330	3 115
BME Spanish SE	726	940	959	1 322	1 781	948
Deutsche Boerse	1 079	1 194	1 221	1 637	2 105	1 110
London SE	2 460	2 865	3 058	3 794	3 851	1 868
Euronext EU	2 076	2 441	2 706	3 712	4 222	2 101
SIX SE	727	826	935	1 212	1 271	857

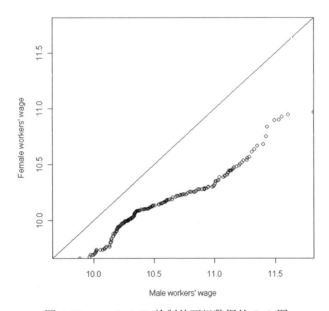

图 4-12　qqplot() 绘制的两组数据的 Q-Q 图

为比较多个市场市价总值 2003~2008 年的差别情况，我们采用柱状图来呈现数据，如范例程序 4-11 所示。

范例程序 4-11：用 barplot() 绘制多个市场市价总值的柱状图

```
load(Cap.RData)                              # 加载数据
par(mfrow=c(2,1))                            # 设定绘图面板布局为 2×1
barplot(t(Cap)/1e+06, beside = T, las=2,ylab="Capitalization")
   # 画柱状图。如图 4-13 上半部分所示
title(main = "Major Stock Markets")          # 设置上图的主标题
mtext(side = 3, "2003 - 2008")               # 设置上图的次标题
barplot(Cap/1e+06, beside = TRUE, ylab="Capitalization")
   # 画柱状图。如图 4-13 下半部分所示
par(mfrow=c(1,1))                            # 还原绘图面板设置
```

图 4-13 上下两个子图的差别在于 x 轴，这和数据的格式很有很大关系。我们在画图时，可能需要对数据做转置，以更好地实现视觉呈现的目的。

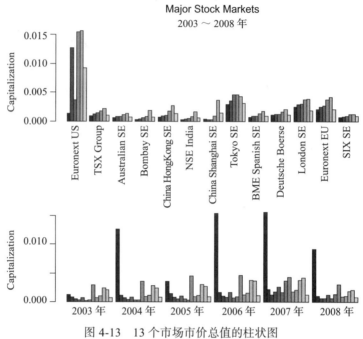

图 4-13　13 个市场市价总值的柱状图

3. 星形图

接下来我们通过范例程序 4-12 来介绍星形图，星形图对于 13 个市场市价总值差异的比较相当有帮助。

范例程序 4-12：用 stars() 绘制多个市场市价总值的星形图

```
palette(rainbow(13, s = 0.6, v = 0.75))
        # 定义色盘。因为有 13 个市场，所以我们定义 13 种颜色。
stars(t(log(Cap)), draw.segments = TRUE, ncol = 3, nrow = 2,
key.loc = c(4.6,       -0.5), mar = c(15, 0, 0, 0))    # 绘制星形图，如图 4-14 所示
mtext(side = 3, line = 2.2, text = "Growth and Decline of Major Stock Markets",
cex =        1.5, font = 2)                            # 设置主标题
abline(h = 0.9)                                        # 在 y=0.9 处画水平线
```

图 4-14 这种星形图的绘制原理是：先将一个圆分成 13 个扇形，对应 13 个市场；以各市场历年市价总值中的最大值为分母，各年的市价总值为分子来确定扇形的面积，最大值所在的年份对应的就是一片完整的扇形。几乎所有的市场在 2007 年都是最大值，所以图 4-14 中的 2007 年的图形几乎是一个完整的圆形，只是东京证券交易所（Tokyo SE）对应的扇形缺了一小块。根据原始数据，东京证券交易所市价总值的最大值出现在 2006。所以，2006 年对应于东京证券交易所交易所的扇形就是完整的一叶。从图中还可以看到，2008 所有的市场几乎都因为次贷危机而大幅萎缩。

4.3.3　变量相关性的视觉化

分析数值数据时，变量之间的相关性是一项重点。传统做法是计算相关系数，构建相关

系数的对称矩阵。corrgram() 函数用图形及其组合将相关系数矩阵可视化[4]。我们可以通过图形色彩、形状等特征轻松地判断相关性是正是负，甚至相关系数是否显著。

我们先用 R 中自带的汽车数据集 auto 来演示，如范例程序 4-13 所示。

范例程序 4-13：相关性绘图函数 corrgram()

```
library(corrgram)
    # 载入 corrgram 包。如需移除，执行 detach("package:corrgram")
data(auto)              # 加载 auto 数据集
head(auto,3)            # 查看数据长相
      Model Origin Price MPG Rep78 Rep77 Hroom Rseat Trunk Weight Length Turn Displa Gratio
1 AMC Concord      A    4099  22    3     2   2.5  27.5   11   2930    186   40   121   3.58
2 AMC Pacer        A    4749  17    3     1   3.0  25.5   11   3350    173   40   258   2.53
3 AMC Spirit       A    3799  22   NA    NA   3.0  18.5   12   2640    168   35   121   3.08
vars_name = setdiff(colnames(auto), c("Model", "Origin"))
    # 截取列名：截取除 Model 和 Origin 外的全部（因为前两列是字符串）
low=panel.conf
    # 定义此矩阵图形的下三角显示方法。此处选椭圆。选项有 5 个：panel.pts、panel.pie、panel.shade、
      panel.ellipse 和 panel.conf
up=panel.pie
    # 定义此矩阵图形的上三角形显示方法。此处选圆形，选项如上
txt=panel.txt           # 或 NULL
    # 定义此矩阵图形的主对角线是否显示文字。可选项有 2 个：panel.txt 和 NULL
diag=NULL               # 或 panel.minmax
    # 定义此矩阵图形的主对角线是否其他信息。可选项有 2 个：panel.minmax 和 NULL.
corrgram(auto[, vars_name], lower.panel=low, upper.panel=up, text.panel=txt, diag.
        panel=diag, order=TRUE, main="Auto data (PC order)")
    # 绘图。如图 4-15 所示。
```

上面程序中，第 5～7 行是绘制这类图形的 3 个区块显示条件的参数设定。

corregram() 函数的代码格式如下：

```
corrgram(data, lower.panel=low, upper.panel=up, text.panel=txt,
        diag.panel=diag, order=TRUE, main="Auto data (PC order)")
```

其中部分参数讲解如下。

lower.panel：设定图形矩阵的下三角形显示方法。

upper.panel：设定图形矩阵的上三角形显示方法。

以上两个参数设定的可选值有 5 个：panel.pts、panel.pie、panel.shade、panel.ellipse 和 panel.conf。要了解每个选项的具体含义的好方法就是直接试一下。

text.panel：设置图形矩阵的主对角线是否显示文字。有 panel.txt 和 NULL 两个可选参数值。

diag.panel：设置图形矩阵的主对角线是否显示其他信息。可选参数值：NULL 和 panel.minmax（数据中的最大值和最小值）。

order：设定是否要将主对角线显示的数据重排。若设为 TRUE 或 "PCA"，则基于 PCA 重排；若设为 "OLO"，则依照 optimal leaf ordering 排序；若设为 NULL 或 order 参数缺省，则按字母顺序排列。

练习

试着改变范例程序 4-13 行 8 的选项，利用 help() 解释 panel.minmax 的意义为何。

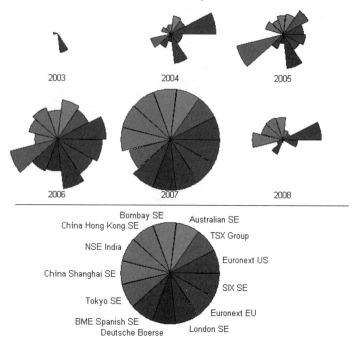

图 4-14　stars() 绘制的 13 个市场规模比较的星形图

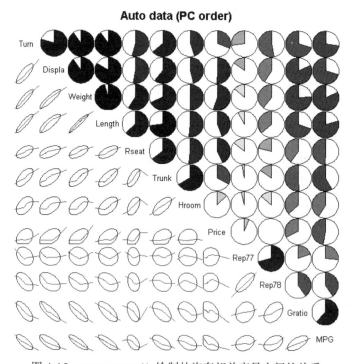

图 4-15　corrgram() 绘制的汽车相关变量之间的关系

练习

改变范例程序 4-13 第 5、6 行，看看如何画出图 4-16。

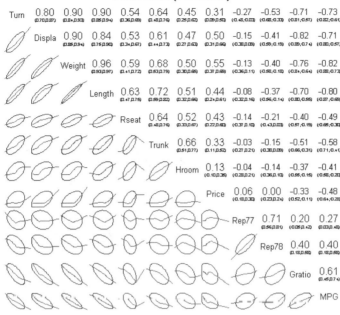

图 4-16 corrgram() 练习所绘图形

范例程序 4-14 使用了 4 个国家的股票市场指数和债券市场指数收益率数据，来展示国际金融市场之间的关系。

范例程序 4-14：国际金融市场间的相关性绘图

```
dat=read.csv("returns_week.csv", header=TRUE)
   # 加载数据 auto。这是收益率数据
names(dat)                    # 查看各列的名称
[1] "Dates"       "Bond_Brazil"  "Bond_China"   "Bond_Mexico"  "Bond_Russia"
[6] "Stock_Brazil" "Stock_China"  "Stock_Mexico" "Stock_Russia"
vars_name = setdiff(colnames(dat), c("Dates"))
   # 截取列名：除 Dates 外其余都要。因为第 Dates 列是日期格式
dataz=dat[,vars_name]         # 截取数据。事先知道数据的列数，可以用 dataz=dat[,2:9]
low=panel.conf
   # 定义此矩阵图形的下三角形显示方法。此处选椭圆。选项有 5 个：panel.pts、panel.pie、panel.shade、
     panel.ellipse 和 panel.conf
up=panel.pie
   # 定义此矩阵图形的上三角形显示方法。此处选圆形。选项如上
txt=panel.txt
   # 定义此矩阵图形的主对角线是否显示文字。选项有：panel.txt 和 NULL
diag=NULL   #panel.minmax
   # 定义此矩阵图形的主对角线是否其他信息。选项有：panel.minmax 和 NULL
corrgram(dataz, lower.panel=low, upper.panel=up,
         text.panel=txt,diag.panel=diag)
   # 绘图，如图 4-17 所示
```

由图 4-17 可以判读出来，除了墨西哥（Mexico）股市外，中国的债券市场收益率和其他 6 个市场的收益率都是负相关的。

练习

载入 returns47.RData，截取后面 15 个市场的数据，用上述方法绘图。因为这笔数据是

时间序列，时间序列的时间戳必须先移除。做法是先将加载数据转成矩阵（使用 as.matrix()），再跳过第一列即可。

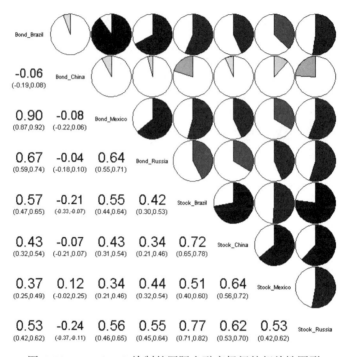

图 4-17　corrglam() 绘制的国际金融市场间的相关性图形

扩展包 **fAsset** 内也有专门用于资产间相关性绘图的函数，既可以将相关系数矩阵视觉化，还可以绘制相关系数显著性检验的结果。我们沿用范例程序 4-11 中 13 个市场市价总值的数据，通过范例程序 4-15 进行简要介绍。

范例程序 4-15：运用 fAsset 包视觉化资产的相关性

```
library(fAssets)                      # 载入 fAsset 包
rownames(Cap) = abbreviate(rownames(Cap), 6)
  # 将 13 个股市名称，缩减为 6 个字母
rho=cor(t(Cap),method="pearson", use = "everything",)
  # 计算 13 个股市的相关系数矩阵。method 参数用于设置相关系数的计算方法，有 "pearson"、"kendall" 和
    "spearman" 3 个可选项
round(rho, digits=4)                  # 用 round() 将小数显示为 4 位，结果略
assetsCorImagePlot(t(Cap), use = "pearson")
  # 将相关系数绘图，如图 4-18 所示。use 参数用于设置相关系数的计算方法，有 "pearson"、"kendall" 和
    "spearman" 3 个可选项
assetsCorTestPlot(t(Cap),  use = "pearson")
  # 将相关系数执行显著性检验并绘图，如图 4-19 所示
```

cor() 函数内的 use 参数有 "everything" "all.obs" "complete.obs" "na.or.complete" 和 "pairwise.complete.obs" 这 5 个可选项，对应 5 种处理缺值的方法。

因为第 3、4 步计算出的 Pearson 相关系数呈现的视觉效果不理想，我们就利用 **fAsset** 包内的相关函数来显示，如图 4-18 与图 4-19 所示。

图 4-18 用颜色来区别相关程度，绿色表示相关系数较低。

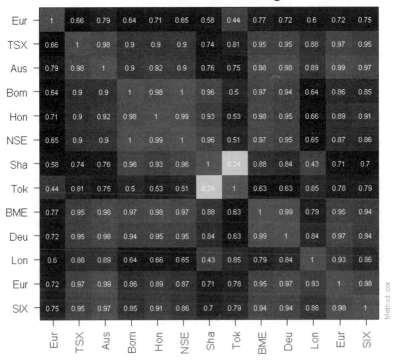

图 4-18　用 fAsset 包绘制的相关系数矩阵图

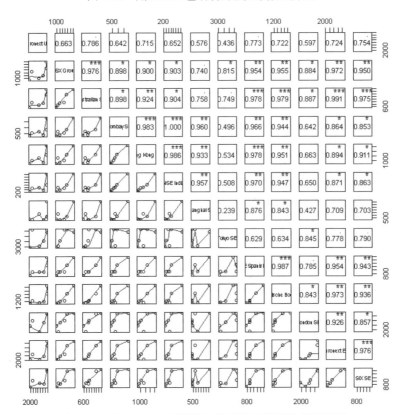

图 4-19　用 fAsset 包绘制的相关系数显著性检验结果图

4.4 多因素分析与栅格图

我们在研究中通常要面对多个变量、多种因素，在这种情况下使用传统的绘图函数往往要进行烦琐的参数设定才能输出理想的绘图效果。R 中的 `lattice` 包是绘制栅格图的专用扩展包，该包提供的绘图函数在多变量绘图等方面具有很多优势，比如可以比较方便地一次画出多笔数据的图形，可以轻松地设定多图绘图面板的布局等。`lattice` 包内的常用绘图函数及其与传统绘图函数的对应关系如表 4-4 所示。接下来我们重点介绍 `lattice` 包内的部分绘图函数。

表 4-4 `lattice` 包内的常用绘图函数与传统绘图函数的对应关系

`lattice` 函数	描述	相似的传统函数
`barchart()`	柱状图	`barplot()`
`bwplot()`	箱线图	`boxplot()`
`densityplot()`	条件核密度图；平滑的密度估计	`plot.density`
`dotplot()`	点状图，连续变量对分类变量	`dotchart`
`histogram()`	直方图	`hist()`
`qqmath()`	Q—Q 图，数据集对理论分布	`qqnorm()`
`stripplot()`	条带图，一维散点图	`stripchart()`
`qq()`	Q—Q 图，数据集对数据集	`qqplot()`
`xyplot()`	散点图	`plot()`
`levelplot()`	层次图	`image()`
`contourplot()`	等高线图	`contour()`
`cloud()`	3D 散点图	-
`wireframe()`	3D 曲面图	`persp()`
`splom()`	散点图矩阵	`pairs()`
`parallel()`	平行坐标图	-

资料来源：Murrell, P. *R Graphics*. Boca Raton, FL: CRC Press, 2011: 124。

4.4.1 点状图和柱状图

下面我们采用世界上 9 大经济区域 2007~2010 年这 4 年的经常账户余额与 GDP 的比率数据进行视觉呈现演示，原始数据为 4 行 9 列（外加行名）的矩阵表。

1. 使用 R 自带函数 dotchart() 绘制点状图

为突出 `lattice` 包中的绘图函数与传统绘图函数的区别，我们首先使用 R 自带的 dotchart() 函数来呈现数据。如范例程序 4-16 所示。

范例程序 4-16：用 dotcart() 函数绘制点状图

```
load("CurrentAccount.RData")          # 加载数据
head(CurrentAccount)                   # 查看数据全貌
     Major Advanced Economies Euro Area Newly Industrialized Asian Economies
2007                     -1.3       0.1                                  7.2
2008                     -1.3      -1.4                                  5.1
2009                     -0.8      -0.6                                  8.0
2010                     -1.0      -0.6                                  7.1
     Central and Eastern Europe Commonwealth of Independent States Developing Asia
2007                       -8.1                                4.2             6.9
2008                       -7.9                                4.9             5.9
```

```
2009                              -2.8                          2.5          4.1
2010                              -4.3                          3.8          3.3
      Latin America and the Caribbean Middle East and North Africa Sub-Saharan Africa
2007                               0.4                         14.4          1.3
2008                              -0.7                         14.9          0.0
2009                               0.6                          2.4         -2.4
2010                              -1.2                          6.5         -2.4
CA=CurrentAccount
    # 将CurrentAccount中数据存到CA中。这样较为简洁
dotchart(t(CA), xlim = c(-10, 18), cex = 0.6)
    # 将原数据转置，绘制点状图，如图4-20所示
title(main = "Current Account/GDP of the World", cex.main=0.8)
    # 添加图形主标题
```

需要注意的是，使用 dotchart() 绘制图形时，最好从 Excel 文件加载数据，如果用 .txt 这类文本文件，含有空格的字符串可能会被拆成多列，造成数据混乱。

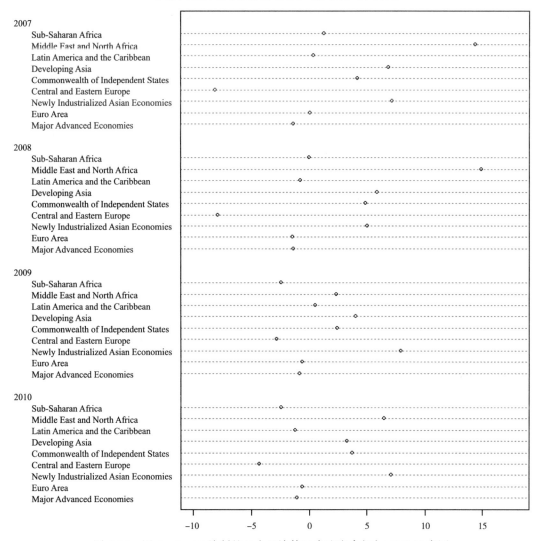

图 4-20　用 dotchart() 绘制的 9 大经济体经常账户余额与 GDP 比率图

练习

将上面第 4 步的转置去除，比较结果。

```
dotchart(CA, xlim = c(0, 100), cex = 0.6)
```

2. 使用 lattice 包绘制点状图和柱状图

dotchart() 是 R 内置的制图法，包 **lattice** 有 dotplot() 和 barchart()，能够对数据做出进一步的视觉呈现。dotplot() 是画出克利夫兰（Cleveland）点图，不是一般统计学书上所称的点状图。通常的点状图，可以用 epicalc 包去画。范例程序 4-17 演示了 **lattice** 包内的 dotplot() 和 barchart()。

范例程序 4-17：用 dotplot() 和 barchart() 绘图

```
library(lattice)                    # 载入 lattice 包
dotplot(CA, groups = F)             # dotplot() 绘图，如图 4-21 所示
dotplot(CA, groups = F, layout = c(3, 3), aspect = 0.5, origin = 0, type = c("p", "h"),
    main = "Current Account/GDP of the World, 2007-2010", xlab = "Rate (%)")
    # dotplot() 绘图，如图 4-22 所示
barchart(CA, groups = FALSE, layout = c(3, 3), aspect = 0.5, reference = FALSE,
    main = "Current Account/GDP of the World, 2007-2010", xlab = "Rate (%)")
    # barchart() 绘图，如图 4-23 所示
dotplot(CA, type = "o", auto.key = list(lines = F, space = "left"),
    main = "Current Account/GDP of the World, 2007-2010", xlab = "Rate (%)")
    # dotplot() 绘图，如图 4-24 所示
```

第 2 条代码是最简单的，生成的是图 4-21。第 3 条代码上增加了一些参数设置，其中 aspect 参数控制高／宽比，origin 参数控制图 4-22 中横线的起点，type 参数控制图形元素的类型，参数值 "p" 和 "h" 将图形元素设为图 4-22 中的点和横线。

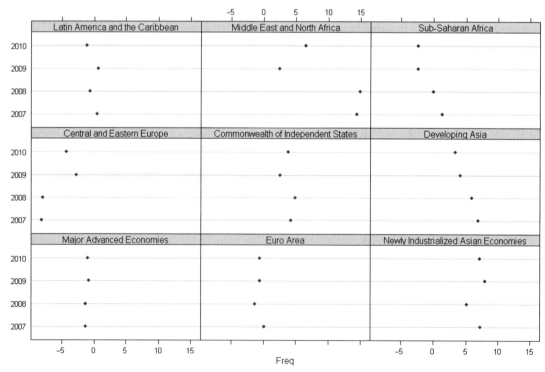

图 4-21　用 dotplot() 绘制的 9 大经济体经常账户余额与 GDP 比率图

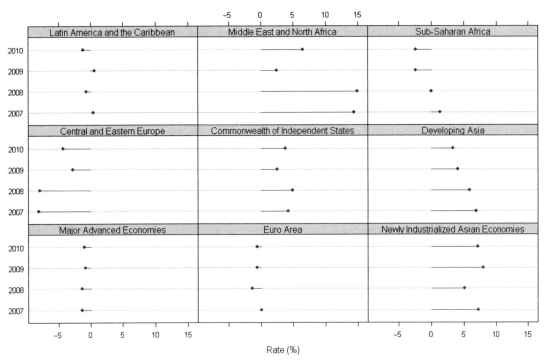

图 4-22 使用更多参数设置的 dotplot() 绘图

第 4 条代码画出的是图 4-23 所示的柱状图,相当于把图 4-22 中的点、线换成了柱形图案。

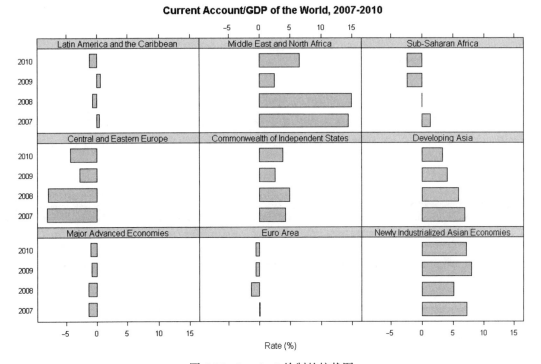

图 4-23 barplot() 绘制的柱状图

第 5 条代码在 dotplot() 中采用另一种参数设置方法，其中的 type 参数与 plot() 中的 type 参数相同，用于控制线型；auto.key 参数中的 lines = F 控制图例中不出现线条，space="left" 控制图形出现在左边。绘出的图形如图 4-24 所示，由此可以看出各经济体经常账户余额 / GDP 比率的趋势。但是，因为经济体过多，且波动过大，这种呈现方式不是很适合。

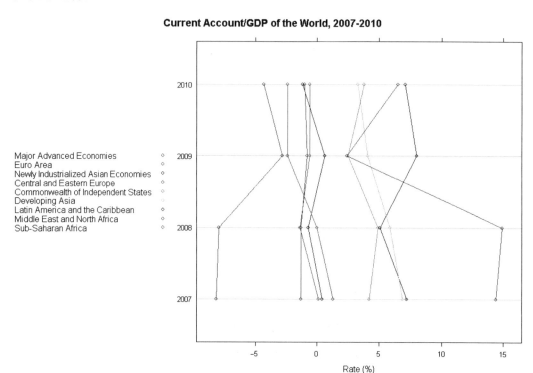

图 4-24　另一组参数设置下的 dotplot() 绘图

练习

利用 R 自带的 VADeaths 数据集（可利用指令 data(VADeaths) 载入数据），进行上述分析比较。VADeaths 数据集是美国弗吉尼亚州保险死亡人数（每千人）分布数据数据，数据结构如表 4-5 所示。不同类型人群中死亡人数的年龄段分布情况如图 4-25（本章所附代码的电子文档中有绘制该图的程序）所示。

表 4-5　VADeaths 数据集　　　　　　　　　（单位：1 000 人）

年龄（岁）	农村男性	农村女性	城市男性	城市女性
50～54	11.7	8.7	15.4	8.4
55～59	18.1	11.7	24.3	13.6
60～64	26.9	20.3	37.0	19.3
65～69	41.0	30.9	54.6	35.1
70～74	66.0	54.3	71.1	50.0

4.4.2　直方图和密度图

接下来我们沿用本章开篇所用的 CPS1985 数据集，使用 lattice 包对数据的分布情况进行视觉化呈现。如范例程序 4-18 所示。

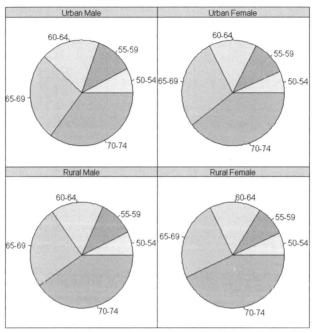

图 4-25　不同类型人群中死亡人数的年龄段分布圆饼图

范例程序 4-18：使用 lattice 包绘制直方图和密度图

```
library(lattice)                                    # 载入 lattice 包
data(CPS1985,package="AER")                         # 读取包 AER 内的数据集 CPS1985
head(CPS1985)                                       # 查看数据。结果略
names(CPS1985)                                      # 查看数据变量名称
 [1] "wage"       "education"  "experience" "age"        "ethnicity"  "region"
 [7] "gender"     "occupation" "sector"     "union"      "married"
attach(CPS1985)                                     # 正式加载数据
histogram( ~ log(wage) | factor(occupation))        # 绘制直方图，如图 4-26 所示
densityplot(~ log(wage)| factor(occupation), plot.points = FALSE, ref = TRUE)
  # 绘制密度图，如图 4-27 所示
densityplot(~ log(wage), groups = occupation, plot.points = FALSE, ref = TRUE,
            auto.key = list(columns = 3, space = "top",
            title = "Density by Occupations"))
  # 换一组参数设置绘制密度图，如图 4-28 所示
```

　　图 4-26 是第 6 条代码生成的各职业类型的员工薪酬（对数值）直方图矩阵。histogram() 函数中的"~ log(wage) | factor(occupation)"表示做基于 occupation 因子的条件分布（直方图）。因为原始数据中 occupation 本来就是因子类型，所以 factor() 函数也可以不用。

　　图 4-27 是第 6 条代码生成的各职业类型的人员薪酬（对数值）密度图矩阵。densityplot() 函数的使用与 histogram() 大同小异。其中的参数"plot.points=FALSE"控制不绘制数据点；"ref=TRUE"控制绘制纵坐标零值处的水平参考线。

　　图 4-28 是第 7 条代码生成的密度图。请注意 occupation 变量前面没有用前两条代码中所用的符号"|"，而是通过 groups 参数来设定，这种做法导致 6 个密度图重叠在了一起。

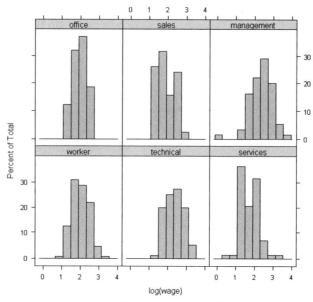

图 4-26　各职业类型的员工薪酬直方图

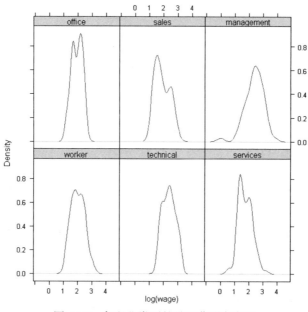

图 4-27　各职业类型的员工薪酬密度图

顺便介绍一下前面绘制的这些图形的合并问题。这类多维图形（图形矩阵）无法使用之前常用的 par(mfrow=c(m,n)) 这样的方法去合并，但是可以使用 **lattice** 包 plot.trellis（可简写为 plot）函数进行合并，具体操作方法如范例程序 4-19 所示。

范例程序 4-19：含有图形矩阵的图形的合并处理

```
tp1=histogram(~ log(wage)| factor(occupation))
  # 以职业为因子，绘制 log(wage) 的直方图，将图形对象存入 tp1
tp2=densityplot(~ log(wage), groups = occupation, plot.points = FALSE,
        auto.key = list(columns = 3, space = "top",
        title = "Density by Occupations"))
```

```
# 按职业分组，绘制 log(wage) 的密度图，将图形对象存入 tp2
plot(tp1, split = c(1, 1, 1, 2))
    # 绘图，如图 4-29 上半部分所示
plot(tp2, split = c(1, 2, 1, 2), newpage = FALSE)
    # 绘图，如图 4-29 下半部分所示
```

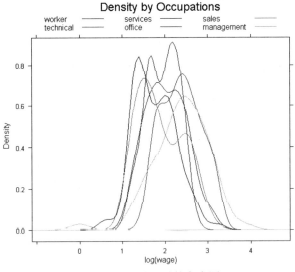

图 4-28　重叠显示的密度图

最后两行代码中 plot() 的 split 参数设置是图形合并的关键，参数值是包含 4 个整数的向量 c(x, y, nx, ny)，前面 2 个数值控制图形在后面 2 个数值界定的多图布局的绘图区中的位置。以 c(1, 2, 1, 2) 为例，这样的 split 参数值设置意思是控制图形出现在 1 列第 2 行（向量中第 3、4 个数）的绘图区域的第 1 列第 2 行（向量中第 1、2 个数）的位置，如图 4-29 所示。

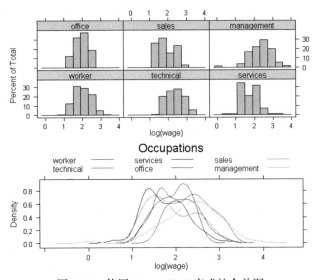

图 4-29　使用 plot.trellis() 完成的合并图

4.4.3　散点图和箱线图

接下来，我们还是沿用前面的 CPS1985 数据集，演示使用 **lattice** 包如何以职业

(occupation)为因子绘制六大类职业的员工薪酬(wage)与工作经验(experience)关系的散点图。如范例程序 4-20 所示。

范例程序 4-20：使用 lattice() 绘制散点图和箱线图

```
xyplot(log(wage)~experience| occupation)        # 绘制散点图，如图 4-30 所示
xyplot(log(wage)~experience| occupation, groups=gender,
       pch=c(1,18), col=c("black","red"),
       key=list(title="Grouping by Gender", space="top", columns=2,
                text=list(levels(gender)), cex.title=1.2,
                points=list(pch=c(1,18), col=c("black","red"))))
    # 以性别 gender 为分组变量，绘制散点图，如图 4-31 所示
xyplot(log(wage)~experience| occupation*gender,
       auto.key = list(columns = 2, space = "top", title = "Grouping by Gender"))
    # 各职业内按性别分别绘制散点图，如图 4-32 所示
bwplot(log(wage)~ethnicity|gender)              # 绘制箱线图，如图 4-33 所示
```

其中，xyplot() 和 bwplot() 都是 **lattice** 包中的绘图函数。

图 4-30 是第 1 条代码画出的以职业为因子的格栅式多维度图形，会显示成 6 格，这样便于我们比较工作、薪酬和经验的关系。

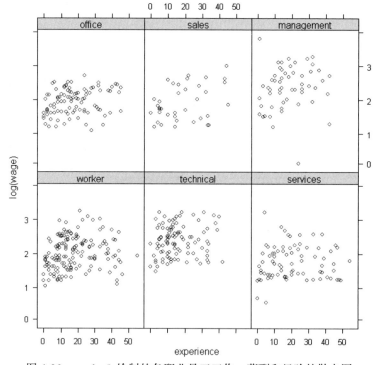

图 4-30　xyplot() 绘制的各职业员工工作、薪酬和经验的散点图

接下来，我们再进一步通过第 2 条代码按性别分组，探索各类职业的员工薪酬与工作经验的关系，绘制出来的图形如图 4-31 所示。图中将不同性别的数据点用形状和颜色来区分，男性为空心黑色圆圈，女性为实心红色。从图中可以发现，从事办公室（office）工作的人中，女性相对较多且薪酬与经验没有正相关关系；服务业（services）的工作薪酬与工作经验的数据点较为分散、没有形状，表明该行业薪酬与工作经验之间没有明显相关关系。大家可以将图 4-30 与图 4-31 进行对比，观察两图差别所在。

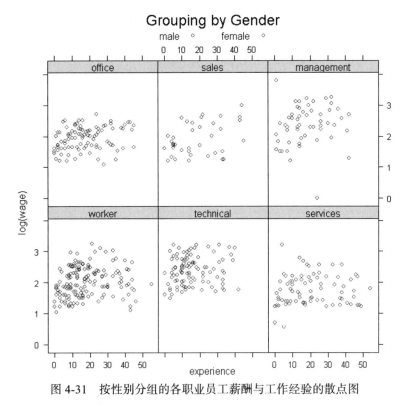

图 4-31　按性别分组的各职业员工薪酬与工作经验的散点图

图 4-31 是把不同性别的数据点在一个图中用点的形状和颜色加以区分，如果我们想将同一个职业的男、女两个群体分开绘图，则可使用第 3 条代码，如图 4-32 所示。

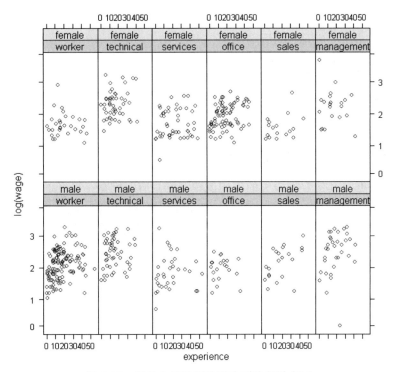

图 4-32　职业内按性别分组分别绘制散点图

如果单个数值变量对字符串变量的分析，可以用箱线图或柱状图。第 4 条代码以多维度箱线图为例进行了演示，如图 4-33 所示。

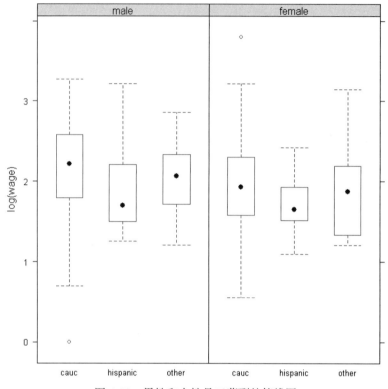

图 4-33　男性和女性员工薪酬的箱线图

4.5　时间序列图形的绘制

在金融数据而言，使用最广泛的应该是时间序列数据。对时间序列数据的处理上，**xts** 包比较常用，本节主要以 **xts** 包及其补充包 **xtsExtra** 为例演示时间序列数据的绘图方法。

4.5.1　坐标轴时间刻度的标注处理

时间序列数据与其他数据最大的不同就在于它具有时间戳，做图的时候，最好要将时间刻度一起呈现出来。常规做法是将时间放在 x 轴，并进行相应标注处理。在范例程序 4-21 中，我们加载了一笔市场指数的日度数据，演示如何将时间维度呈现在图形中。

范例程序 4-21：坐标轴时间刻度的标注处理

```
library(xts)
temp=read.csv("Index.csv")                        # 读入数据
head(temp,3)
       Date    Open    High     Low   Close   Volume
1 2006-07-21 6396.70 6423.52 6373.59 6420.01 65507400
2 2006-07-24 6316.83 6363.68 6308.72 6359.63 57905600
3 2006-07-25 6433.32 6435.83 6390.99 6390.99 72001900
y=temp[,2]                                        # 取出开盘价
```

```
plot(y,type = "l",col="blue",ylab = "open")        # 绘图，如图 4-34 所示
grid()                                              # 为上述图形增加网格线。如不需要，可省略
dat=as.xts(temp[,-1], as.Date(temp[,1]))           # 将数据转换为 xts 类时间序列形式
plot(dat[,1],type = "l",col="blue",yax.loc = "left", main="")
                                                    # 绘图，如图 4-35 所示
Sys.setlocale(category = "LC_ALL", locale = "English_United States.1252")
plot(dat[,1],type = "l",col="blue",yax.loc = "left", main="",
     format.labels='%Y-%m-%d')                     # 绘图，如图 4-36 所示
```

范例程序 4-21 中，3 条 plot 代码绘制的都是时间序列图，这些图之间主要的差别在于 x 轴的刻度。在第 1 条代码中，plot 使用的数据只是一个向量，所以图 4-34 的 x 轴无时间刻度；在第 2 条代码中，plot 使用的数据是 xts 类的数据，所，图 4-35 有时间刻度；第 3 条的 plot 代码与第 2 条并无太大差异，但上一行代码通过 Sys.setlocale() 函数将 R 的字体环境改为英文，plot() 中的参数 format.labels 参数将 x 轴无时间刻度标签改为 "年 – 月 – 日" 的显示格式，如图 4-36 所示。

绘图时，如果感觉 x 轴刻度标签中文和数字混排显示太乱，就可以在绘图前执行这一行代码来避免这种情况。如要关闭字体环境设置，只需要执行一下不含任何参数的 Sys.setlocale() 函数即可，R 重启后也会重新将字体环境设定为操作系统语系。

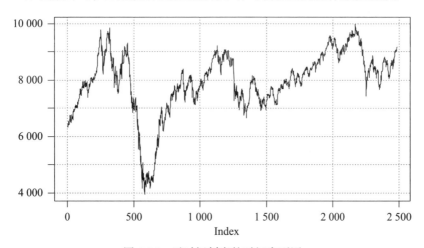

图 4-34 无时间刻度的时间序列图

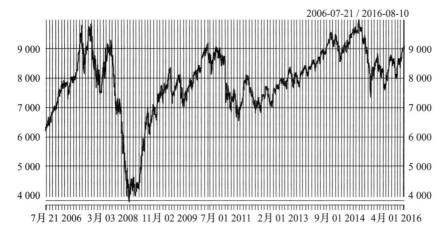

图 4-35 带有时间刻度的时间序列图

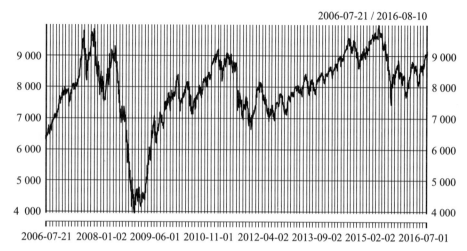

图 4-36　时间刻度标签为 "yyyy-mm-dd" 格式的时间序列图形

4.5.2　双坐标时间序列图形的绘制

当需要将两列时间序列数据画在同一张图上进行对比分析时，可以使用 **xts** 包中的 plot.xts() 函数直接画图，并显示相应图例，也可以使用 R 自带的 ts.plot() 时间序列绘图函数。但是当两列时间序列的数量级差距过大或单位不同时，这些函数就不太容易处理。在这种情况下，我们可以使用 plotrix 包中的 twoord.plot() 函数来绘制双坐标图形。

twoord.plot() 函数的代码格式如下：

```
twoord.plot(lx, ly, rx, ry, data=NULL, main="", xlim=NULL,
            lylim=NULL, rylim=NULL, mar=c(5,4,4,4), lcol=1, rcol=2, xlab="",
            lytickpos=NA, ylab="",...)
```

其中的参数说明如下。

lx、ly、rx、ry：分别指定左、右两个坐标轴对应的两个变量。这些变量必须都是连续型数值变量。

data：指定用于绘制双轴图形的数据集。

main：设定图形的主标题。

xlim：设定横坐标轴的取值范围。

lylim,rylim：设定左右纵坐标的取值范围。

mar：设置图形边距，默认值为（5，4，4，4）。

lcol,rcol：设置左右坐标轴的颜色，可以起到图例的作用。

xlab：设置横坐标轴标签。

lytickpos：设置左坐标轴刻度标签的位置。

我们沿用范例程序 4-21 中生成的 xts 类型的数据对象 dat 及数据框类型的数据对象 temp，为演示方便，部分进行相应技术处理。范例程序 4-22 演示了如何将多笔数据画在一个绘图面板中，如何实现双坐标绘图。

范例程序 4-22：多笔数据同图比较及双坐标绘图

```
N=length(index(dat))
DD=dat[,1:4]-matrix(c(rep(0,N),rep(1000,N),rep(2000,N),rep(3000,N)),ncol=4)
```

```
# 为避免后续画图曲线太过重叠不易分别，故将第 2~4 列的数据进行了缩减处理，存为 DD
plot(DD[,1:4], lty=1:4, main="", format.labels='%Y-%m-%d')# 绘图，如图 4-37 所示
addLegend("bottomright", legend.names=names(DD), lty=1:4)  # 添加图例
library(plotrix)                                            # 加载 plotrix 包，用于双坐标绘图
time=as.Date(temp[,1]); Close=temp[,5]; Volume=temp[,6]    # 取时间、收盘价和成交量数据
twoord.plot(time, Close, time, Volume, xlab="time", ylab="Close",
            rylab="Volume", type=c("l","h"),
            xtickpos=as.numeric(time), xticklab=as.character(time))
# 画收盘价和交易量的双坐标图，如图 4-38 所示
```

第 3 条代码中的 plot() 是 xts 包中 plot.xts() 函数。该条代码将开盘价、最高价、最低价、收盘价（为避免 4 条曲线重叠，对原始数据进行了调整）4 笔数据呈现在同一个绘图面板中，便于比较。如图 4-37 所示。

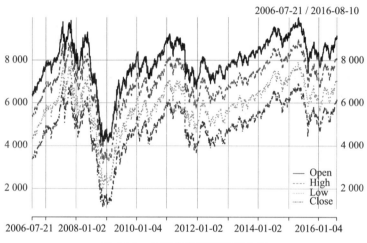

图 4-37　绘制多条时间序列曲线

收盘价与交易量是不同的单位，无法在同一个坐标系画出。为此，我们使用了 plotrix 包中的 twoord.plot() 函数。需要注意的是，twoord.plot 无法直接使用 xts 类的数据对象，所以范例程序 4-22 的倒数第 2 条代码在原来数据框类数据对象的基础上取出日期、收盘价和成交量数据，并将日期值转为 Date 型日期数据。最后一条代码画出如图 4-38 所示的双坐标图。

4.5.3　时间序列绘图面板布局设置

下面的内容主要关于如何使用 xtsExtra 包来实现时间序列的可视化。该包没有发布到 CRAN 上，而是需要使用者从 R-Forge 下载，在 R 中可以直接运行如下代码下载安装：

```
install.packages("xtsExtra", repos="http://R-Forge.R-project.org")
```

我们通过范例程序 4-23 演示多笔时间序列数据时绘图面板如何设置。

范例程序 4-23：多变量时间序列数据绘图的布局设置

```
library(xtsExtra)
plot(dat[,1:2], main="", yax.loc = "left")  # 画出前两列时间序列，如图 4-39 所示
plot(dat, layout.screens = matrix(c(1,1,1,1,2,3,4,4), ncol = 2, byrow=TRUE),
     yax.loc = "left")                        # 自定义面板布局绘图，如图 4-40 所示
plot(DD[,1:4], screens=1:2, lty=c(1,1,2,2), col=c(2,2,1,4),
     auto.legend=TRUE, legend.loc="bottomleft", main="")
```

```
# 双屏幕显示, 如图 4-41 所示
plot(DD[,c(1:4,3:4)], lty=1:6
    layout.screens=matrix(c(1,1,1,1,2,2,3,4,5,6), ncol=2, byrow=TRUE),
    yax.loc ="left", auto.legend=TRUE, legend.loc="bottomleft", main="")
# 多屏幕分组显示, 如图 4-42 所示
```

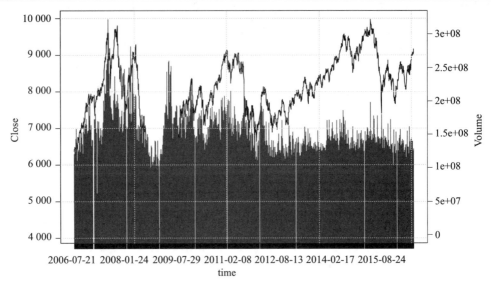

图 4-38 时间序列数据的双坐标图

第 1 条 plot 指令除了指定要绘制图形的数据及图形无标题外无其他参数, R 自动将绘图面板配置为 2×1 的样式 (如图 4-39 所示)。它可以绘制多笔数据, 每笔数据与图形的每一行相对应, 可见 xtsExtra 包中的 plot() 函数会根据数据自动进行相关图形参数的调整, 使用相当简易。

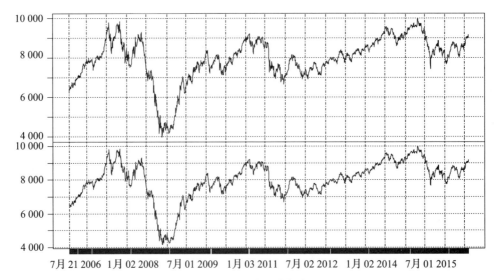

图 4-39 收益率的时间序列

第 2 条 plot 指令绘制出的图形为图 4-40, 这是我们自定义绘图面板布局的例子。其中的参数 layout.screens 的值是 4×2 的矩阵, 表示绘图面板使用 4×2 布局; 矩阵第 1 行

和第 2 行都是 (1, 1) 表示第 1 个图放在前 2 行的整个绘图面板上，矩阵第 3 行是 (2, 3) 表示第 2 个图和第 3 个图分别放在第 3 行第 1 列和第 2 列的两个绘图面板上，矩阵第 4 行是 (4, 4) 表示第 4 个图放在第 4 行的整个绘图面板上。

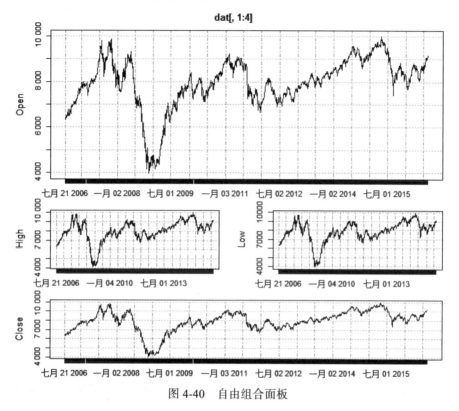

图 4-40　自由组合面板

第 3 条 plot 指令绘制出的图形是图 4-41。其中的参数 screens 设定为使用两屏呈现时间序列数据，数据在上下两个屏中依次呈现：第 1 列数据呈现在上方屏中，第 2 列数据呈现在下方屏中；接着第 3 列数据再呈现在上方屏中，第 4 列数据呈现在下方屏中。

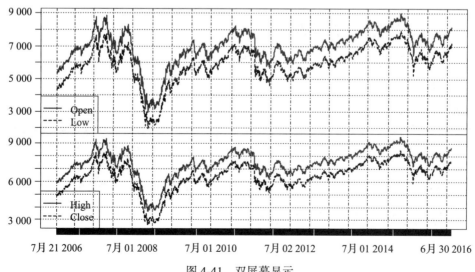

图 4-41　双屏幕显示

第 4 条 plot 指令进行了更为复杂的布局设置。layout.screens 的值是 5×2 的矩阵，表示绘图面板使用 5×2 布局。矩阵前 2 行元素均为 1，表明第 1 个图形占据整整 2 行的空间；矩阵第 3 行是两个 2，表明第 2 个图占据绘图面板的整个第 3 行；矩阵第 4 行是 3、4 两个数，表明第 3 个图和第 4 个图分居绘图面板第 4 行左、右两边；矩阵第 5 行是 5、6 两个数，表明第 5 个图和第 6 个图分居绘图面板第 5 行左、右两边（见图 4-42）。

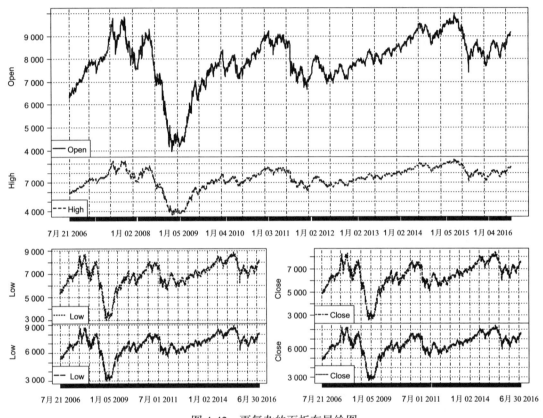

图 4-42　更复杂的面板布局绘图

4.5.4　时间序列图形中的事件标注

在时间序列数据研究中，经常需要对数据进行事件（event）分析。范例程序 4-24 演示了如何标记事件时点及事件时段。

范例程序 4-24：事件的标注

```
plot(dat[,1], events=list(time=c("2008-07-01","2009-07-01"), label="bad days"),
    blocks=list(start.time="2008-7-1",end.time="2009-7-1",
                col=c("lightblue1","lightgreen")))
# 标记事件及时间区段，如图 4-43 所示
head(dat['2008-07-01/2009-07-01'])         # 查看事件区间内的前 6 条数据（结果略）
```

4.5.5　时间序列数据分布图的绘制

时间序列数据可以直接用于绘制直方图和概率密度图。范例程序 4-25 以 xts 类和 timeSeries 类的时间序列数据为例，演示如何绘制直方图，输出的图形如图 4-44 所示。

范例程序 4-25：绘制时间序列数据的直方图

```
hist(dat[,5], main="Histogram Plot of Volume")    # 画成交量数据的直方图，如图 4-44 左图所示
load("index_stock.RData")                          # 读入数据。TimeSeries 类数据对象
attach(index_stock)                                # 正式载入
y=index_stock[,5]
hist(y, probability = TRUE, main = "Histogram Plot of index returns")
    # 画直方图，如图 4-44a 所示。读者可以比较 probability=TRUE 和 probability=FALSE 的差异。另外，
      也可以在 hist() 内设定颜色，例如：hist(y, col = 2)；没有 "col=" 时，直方图的柱子里面是空的
curve(dnorm(x), min(y), max(y), add = TRUE, lwd = 2)
    # 添加核密度估计曲线，如图 4-44b 所示
```

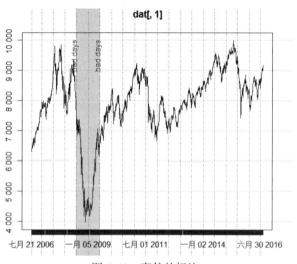

图 4-43　事件的标注

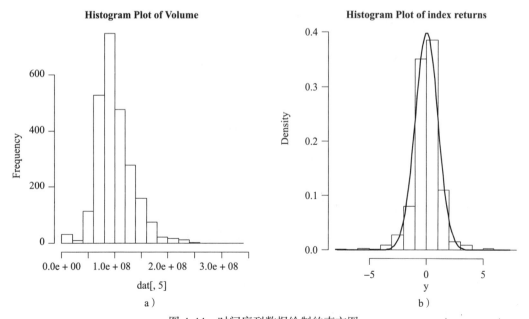

图 4-44　时间序列数据绘制的直方图

沿用上例中的数据，范例程序 4-26 演示了其他几种常见数据分布图形（见图 4-45）的绘制。

范例程序 4-26：绘制时间序列数据的分布图

```
par(mfrow=c(2,2), mar=c(4,4,2,2)+0.1, mgp=c(2.5,1,0))
plot(density(y), main = "Kernel Density Estimate")
       # 画这笔数据的核密度估计图，如图 4-45a 所示
qqnorm(y, pch =19)
       # 画这笔数据的分位数正态图，如图 4-45b 所示
qqnorm(y, pch =19); qqline(y)
       # qqline()是在 Q-Q 图中画一条表示正态分布的直线。qqline()无法单独使用，它的前面必须有其他绘图
       函数打开图形绘制面板。读者可以试一试单独使用 qqline()的结果，如图 4-45c 所示
boxplot(y, col = "green", main = "Box-Plot")           # 画箱线图，如图 4-45d 所示
par(opar)
```

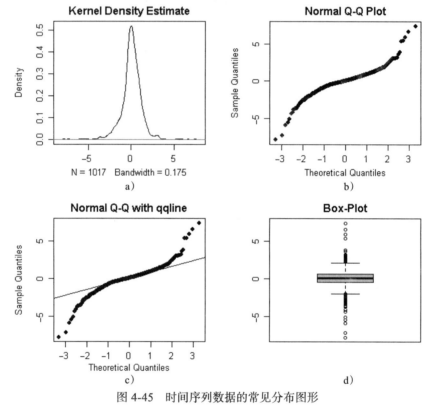

图 4-45 时间序列数据的常见分布图形

上述这些对单笔数据分布性质进行可视化的函数，并不限于时间序列数据，也适用于一般的数据。

4.5.6 技术分析图形的绘制工具

`quantmod` 包除了可以下载外，也具有很强的绘图功能，使用者能够非常方便地进行技术分析相关图线的绘制，如范例程序 4-27 所示。

范例程序 4-27：使用 quantmod 包绘制技术分析相关图形

```
library(quantmod)
getSymbols("MSFT",from="2018-01-01")                   # 下载数据
barChart(MSFT)                                         # 绘制柱状图，结果略
candleChart(MSFT, multi.col=TRUE, theme="white")
       # 绘制 K 线图。图形类型也可通过 tpye 参数从 "auto" "candlesticks" "matchsticks" "bars" 和 "line"
       中任选，结果略
```

```
chartSeries(MSFT, TA=NULL )                              # 绘制不含交易量的K线图,结果略
chartSeries(MSFT, up.col="white", dn.col="blue")         # 绘制MSFT的基本技术分析图,
                                                         # 结果略
chartSeries(MSFT, theme="white"); addMACD()              # 承上,添加MACD线,结果略
chartSeries(MSFT, theme="white"); addBBands()            # 承上,绘制添加布林通道线,
                                                         # 结果略
  # 这些图形需要比较多的颜色显示,请读者自行绘制显示。如需要换频率再画,可以用to.weekly(MSFT)或
  # to.monthly(MSFT)等
MSFT.week=to.weekly(MSFT)                                # 将数据由日度换频为周度
chartSeries(MSFT.week, up.col="white", dn.col="blue")    # 结果略
```

价量上下对称是基本图,要添加技术指标,使用借助添加技术指标的函数来实现。quantmod 包内可以绘制的技术分析图,几乎涵盖了所有常见的技术分析指标,表4-6中列出了19种常用的技术分析图形的绘制代码。

表4-6 quantmod包中19种常用的技术分析图形的绘制代码

序号	代码	说明
1	chartSeries(MSFT, TA=NULL);	不含交易量的基本技术分析图
2	chartSeries(MSFT, TA=NULL);addVo()	带有交易量的基本技术分析图
3	chartSeries(MSFT)	同上
4	chartSeries(MSFT); addADX()	在基本图形上添加平均趋向指标(ADX)
5	chartSeries(MSFT); addBBands()	添加布林通道线
6	chartSeries(MSFT); addCCI()	添加商品通道指标(CCI)
7	chartSeries(MSFT); addExpiry()	添加表示期权或期货合约期满的竖条
8	chartSeries(MSFT); addROC()	添加交易量变动率指标(ROC)
9	chartSeries(MSFT); addRSI()	添加相对强弱指标(RSI)
10	chartSeries(MSFT); addSAR()	添加抛物线停损反向指标(SAR)
11	chartSeries(MSFT); addSMI()	添加随机动量指标(SMI)
12	chartSeries(MSFT); addWPR()	添加威廉百分比率指标(WPR)
13	chartSeries(MSFT); addSMA()	添加SMA移动平均线
14	chartSeries(MSFT); addEMA()	添加EMA移动平均线
15	chartSeries(MSFT); addWMA()	添加DEMA移动平均线
16	chartSeries(MSFT); addDEMA()	添加EVMA移动平均线
17	chartSeries(MSFT); addEVWMA()	添加EVWMA移动平均线
18	chartSeries(MSFT); addZLEMA()	添加ZLEMA移动平均线
19	chartSeries(MSFT); addMACD()	添加MACD指标

另外还有一个方法,是在绘图函数内通过TA参数进行设定设定,如下:

```
chartSeries(MSFT, TA="addVo();addSMA()")
```

4.6 三维立体图形的绘制

三维立体图形(3D图)的绘制是R的一个特色,R中有很多扩展包(如 car、plot3D、misc3d 等)都可用于绘制3D图。

范例程序 4-28 承接范例程序 4-8 中数据加载和处理的代码，以 **car** 包中 scatter3d() 函数为例进行简单介绍。

范例程序 4-28：3D 立体绘图函数 scatter3d()

```
Library(car)
scatter3d(edu, wage_current, wage_entry, fit="linear", residuals=TRUE,
          bg="white", axis.scales=TRUE, grid=TRUE, ellipsoid=FALSE)
    # 画 3D 立体图，如图 4-46 所示
```

范例程序 4-28 画出的 3D 如图 4-46 所示，可以用鼠标拖动 3D 图形进行任意旋转，该图是其中一个角度的截图。**scatter3d()** 内的参数及其设定请查阅帮助文档，此处不展开。

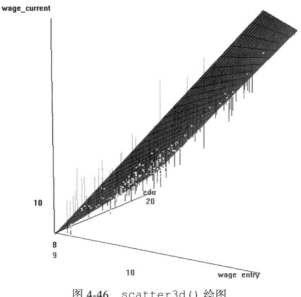

图 4-46　scatter3d() 绘图

练习

请将 fit 参数由 "linear" 改成 "quadratic" 或 "smooth"；再把 ellipsoid 参数由 FALSE 改成 TRUE，看看画出的图如何。

除了 scatter3D() 之外，R 基本的 3D 绘图函数，至少还有三个：image()、contour() 和 persp()。image() 和等高线图 contour() 类似，都是在二维上呈现 3D 信息。另外，包 **misc3d** 提供的 parametric3d() 也是 3D 绘图函数。因为 3D 绘图的数学性质很强，所以不同的 3D 绘图函数的特性往往差别很大。在范例程序 4-29 中，我们只介绍 persp() 和 image() 的特性，其余的留给读者自行探索。

范例程序 4-29：其他 3D 绘图函数——persp() 和 image()

```
myf = function(x, y) {sin(x) + cos(y)}
    # 定义函数 myf=sin(x)+cos(x)
x = y = seq(0, 2 * pi, len = 25)          # 设定 x、y 两轴
z = outer(x, y, myf)                       # 定义 z 轴
persp(x, y, z, theta = 45, phi = 45, shade = 0.2)
    # 用 persp() 画图，如图 4-47 所示
x = y = seq(-4 * pi, 4 * pi, length = 27)   # 定义两轴
```

```
r = sqrt(outer(x^2, y^2, "+")))            # 定义参数 r
z = cos(r^2) * exp(-r/6)                    # 定义 z 轴
image(z, axes=FALSE, main="Math can be beautiful ...", xlab=expression(cos(r^2)*e^{-r/6}))
  # 用 image() 函数画图，如图 4-48 所示
```

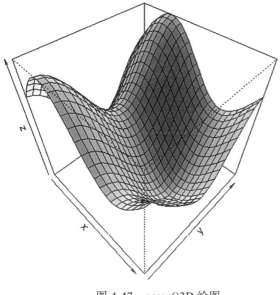

图 4-47　persp()3D 绘图　　　　　　　图 4-48　image()3D 绘图

4.7　地图相关图形的绘制

我们用美国 50 个州 2005 年的收入分配不均等指数，来说明另一种数据呈现的方式，如范例程序 4-30 所示。下面所用的数据来自 Frank（2008）[5]。其中的 6 个收入分配不均等指数，除泰尔熵指数（Theil entropy index）之外，均介于 0~1 之间，数值越大代表收入分配越不平均。

范例程序 4-30：收入不均等指数数据的整理及点状图绘制

```
library(lattice)                            # 载入包 lattice
ineq50=read.csv("ineq50.csv", header=F)     # 读取数据，原始数据字段没有名称
names(ineq50)=c("ATKIN05","GINI","RMEANDEV","THEIL","TOP1","TOP10")
  # 设置列名
attach(ineq50)                              # 正式加载数据
vn=colnames(ineq50)                         # 将列名定义为变量 vn
j=4                                         # 选取字段数据索引。此处选第 4 列（为泰尔熵指数）
index=ineq50[,vn[j]]                        # 按上一步给定的索引从数据集中选取数据
data=data.frame(name = state.name, region = state.region, y=index)
  # 建立数据框
name=state.name                             # 将州名称存为 name
region=state.region                         # 将州所属区域存为 region
dotplot(reorder(name, index)~index, ineq50, main=c("Inequality Index"), xlab=vn[j])
  # 绘图，如图 4-49 所示
```

上述程序绘制的图如图 4-49 所示，y 轴会自动排序。由此可知，康涅狄格州的收入分配最不平均，西弗吉尼亚州则最好。

由图 4-49 我们也发现，泰尔熵指数约在 0.9 处有可分为两群，因此我们就用 shingle()

函数来进一步画图。如范例程序 4-31 所示。

范例程序 4-31：借助 shingle() 函数实现切段绘图

```
b=0.9           # 参数设定分割点为 0.9
cuts =shingle(index, intervals = rbind(c(0, b),c(b, 2)))
    # shingle() 处理信息，并将信息存成 cuts
dotplot(reorder(name, index) ~ index| cuts , ineq, strip = FALSE, layout = c(2, 1),
        levels.fos = 1:50, scales = list(x = "free"), between = list(x = 0.5),
        xlab = "Theil income inequality index",
        par.settings = list(layout.widths = list(panel = c(2, 1))))
    # 以 cuts 为因子绘图，如图 4-50 所示
```

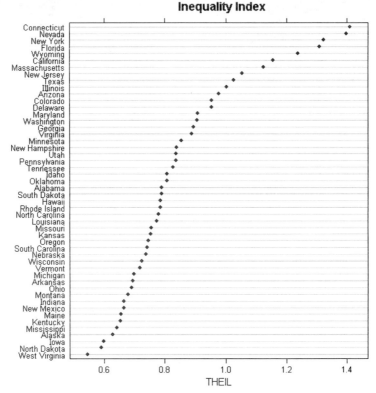

图 4-49　收入不均等指数的点状图

上面程序画出的图如图 4-50 所示。

再进一步，如范例程序 4-32 所示，我们想将上述信息依照各州所属的地理区域来呈现数据，如图 4-51 所示。

范例程序 4-32：按地理区域呈现收入不均等指数数据

```
ineq50$region=with(ineq50, reorder(region, index, median))
    # 将 ineq50 数据依照 region（四大区域）分，再将 region 按 index 的中位数排序。排序的 region 存为
      ineq50 内的 region 列
ineq50$name=with(ineq50, reorder(reorder(name, index), as.numeric(region)))
    # 原理同上。将排序后的州名存为 ineq 内的 name 列
dotplot(name~ index | region, ineq50, strip = F, strip.left = T, layout = c(1, 4),
        scales = list(y = list(relation = "free")), xlab = vn[j])
    # dotplot() 画图，如图 4-51 所示
```

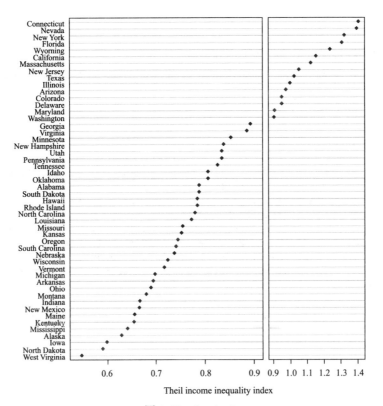

图 4-50　dotplot()

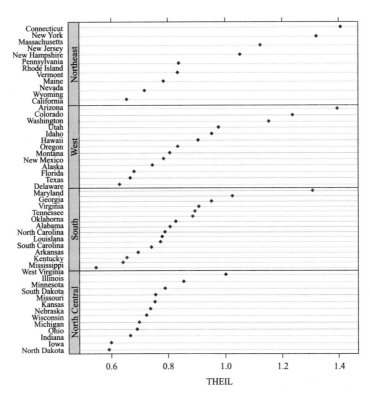

图 4-51　按地理区块呈现收入不均等数据

最后，我们通过范例程序 4-33 将各州数据呈现在美国地图上。

范例程序 4-33：在地图上呈现收入不均等指数

```
state.info = data.frame(name=state.name, long=state.center$x, lat = state.center$y,
                        y=index)
# 将州名称、经度、纬度和不均等指数数据合并成一个数据框
library(maps)             # 载入 map 包
state.map = map("state", plot=FALSE, fill = FALSE)
# 调用美国地图
cloud(index ~ long + lat, state.info, subset = !(name %in% c("Alaska", "Hawaii")),
      panel.3d.cloud = function(...) {panel.3dmap(...) panel.3dscatter(...) },
      type="h", scales=list(draw=FALSE), zoom=1.1,
      xlim=state.map$range[1:2], ylim = state.map$range[3:4],
      xlab = NULL, ylab = NULL, zlab = NULL,
      aspect = c(diff(state.map$range[3:4]) / diff(state.map$range[1:2]), 0.3),
      panel.aspect = 0.75, lwd = 2, screen = list(z = 30, x = -60),
      par.settings = list(axis.line = list(col = "transparent"),
                          box.3d = list(col = "transparent", alpha = 0)))
# 在地图上呈现数据，如图 4-52 所示
```

第 4 步 cloud() 画出图，如图 4-52 所示，收入分配较不平均的州多集中在美国的东部和西部。

地图绘制较为复杂，需要很多经纬度信息，有兴趣绘制地图的读者，可以研读学习 map 包内的秘籍。

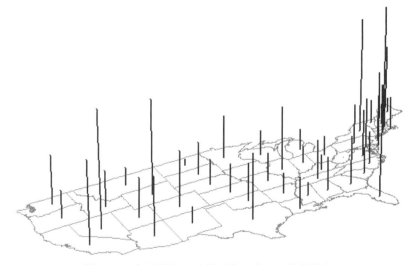

图 4-52　在地图上显示美国收入分配不均等数据

4.8　函数曲线的绘制

绘制函数曲线的常用函数是 curve()。和其他的画图函数不同的是，curve() 内是一个函数表达式，而不是数据。

范例程序 4-34：用 curve() 绘制函数曲线

```
curve(abs(x^2-2^x+2),-2.5, 2.5)
```

```
# 画函数 |x² - 2ˣ + 2|，x轴定义域为 -2.5 ~ 2.5
curve(dnorm(x,0,1)*20, -2.5, 2.5, lty=2, add=T)
# 画标准正态分布函数 dnorm()，x 轴定义域同上。Lty=2 设定线型为虚线；add=T 表示将本条曲线添加到上
  一条绘图指令所绘图形中，add=F 则表示新开绘图面板绘图，如图 4-53 所示
```

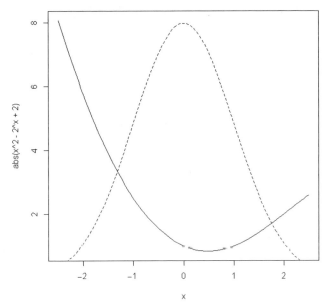

图 4-53　curve() 绘制的 $|x^2 - 2^x + 2|$ 和正态分布函数的曲线

curve() 的绘图功能是专门针对函数的，所以，幂函数、指数函数、对数函数和三角函数等，都可以绘制出来。

练习

请利用 curve() 画逻辑增长函数（logistic growth function）$f(x) = \dfrac{50}{1 + 3e^{-1.5x}}$ 的图形，其中 x 由 0 到 8。

提示

```
logis=function(x)  50/(1+3*exp(-1.5*x))
curve(logis, 0, 8)
```

4.9　图形的外部存储

如果想将 R 绘制的图形存为外部文件，通常的做法是通过图形窗口左上角的菜单来执行，如图 4-54 所示。

另外一种方式是通过 R 代码来保存，这种情况下会直接存档，不会打开图形窗口。R 提供的图形输出有许多格式，常见输出格式对应的 R 函数有 postscript()、pdf()、jpeg()、png()、bmp()、tiff() 等。

使用代码保存的方法很简单。假设我们要将数据 x 的直方图 hist(x) 存成 tiff 格式的文件，文件名为 myhist.tiff，操作如下：

```
tiff("myhist.tiff")      # 绘图设备参数设定
hist(x)                  # 绘制图形
dev.off()                # 关闭外部图形存储设备
```

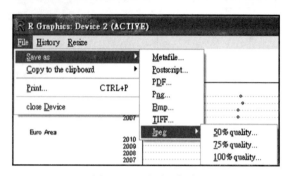

图 4-54　图形的保存

也就是在拟保存图形的绘图指令前后，各执行一行代码就可以，相当简单。不管使用哪种格式保存，画完后一定要执行第 3 步将该存储方式（device）关闭。

需要强调的是，上述方法只能用于存储二维图形。3D 图的存储相当烦琐，感兴趣的读者可自行探索，本书不对此展开阐述。

第5章
Chapter 5

概率与统计分析原理

数据分析的方法一般有两大类：一为统计学，二为数据挖掘。本书重点在于以统计为基础的经济计量方法。

在学习数据统计分析之前，先要具体认识数据分析的统计原则。统计学是为了分析数据，所以，先有数据的观念。本章不谈概率统计的细节，从数据的两个观念开始：样本和总体。

样本和总体是统计分析的核心观念。实际所收集的数据，不论量有多大，都称为样本，一个样本内记录的数据，称为观察值。例如，一间教室内有 50 个学生，教室是样本，学生就是观察值。这种关系，利用代数的名词，样本可以视为一个集合（set），样本内的观察值则是集合内的元素。一般我们会用下面的方式表示一个集合：

$$\{X \mid x_1, x_2, \cdots\}$$

样本从哪里来的？这不是一个脑筋急转弯的问题，这是一个科学研究方法论的问题。所搜集的数据不管多大，终究不是"所有"的数据。所以，样本也意味着它只是部分数据。科学研究面对分析的对象，认为样本是由一个默认的总体产生来的。总体就是种种理论上的概率分布，总体的性质，就是这些分布函数的性质。

然后透过对样本的研究，推论总体的性质，这也就称为抽样。举例，某大学校园所有的学生为总体，已知总体中男生和女生的比率为 6∶4。如果我们不能知道总体性别比率，要如何推论这个比率？就是用抽样。

随机抽一次 100 个学生，记录男女生比率为 4∶6，这个数字和总体相差太大，两者差距称为偏误（bias）。要降低偏误，有两个方法：

第一，就要多抽几次，例如抽 100 次；

第二，抽多一点观察值，例如抽 1 000 人。

这样，计算 100 次记录的男女比率的平均数，这个平均数理论上会和总体的真实值很接近,因此,抽样偏误(sampling bias)就会大大降低。

上例,我们假设总体的男女比率已知,但这在实际中是不可能的,所以,统计学的研究,提出了种种理论函数,透过假设来描述总体。概率学研究这些总体的性质,就是概率分布与随机过程;统计学则是从分析抽样,推论其总体,就是估计和检验。

以"样本-总体"为基础的分析,类似"人类-上帝",在学习统计数据分析时,需牢牢记住。除此,统计学另一支发展,不从总体建立出发,称为非参数统计(Nonparametric Statistics)。本章将对上述内容进行简单介绍。

5.1 统计分析原理

数据分析的核心是为了预测,预测之前,要先恰当地描述数据,才能追踪数据的性质。我们先解释何谓"描述"一笔数据。

假设我们有一笔代号 X 的数据,把它想象成 Excel 的 A 列,有 1 000 笔观察值。令 X 的平均数是 μ,描述这笔数据的一个方法,就是先把它写成:

$$X = \mu + e$$

也就说,数据可以由两部分组成:平均数 μ 和剩余 e。数据分析的终极目的是预测,如果我们可以用平均数来描述这笔数据,那么平均数就有了更专业的名称:样本期望值。因为我们期待 1 000 笔观察值都绕着平均数随机变动,一个好的期望值,剩余的 e 就是随机散布于期望值的两端。把 X 的数据画成分布图图 5-1,y 轴的刻度是对应 x 轴数字的次数,例如 250 就是说数据中平均数 μ 附近 55～60 的区间,数据个数约有 250 个。所以,这也称为次数分布。因为是真正的数据样本,图 5-1 被称为样本直方图。

另一个看法是从预测误差 e 看:$e = X - \mu$。如图 5-2 所示,直方图可以协助我们对自己数据的分布状况有一个基本的了解,例如,最多的数字靠中间,最少的数值在两端。

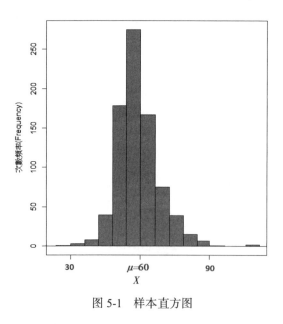

图 5-1 样本直方图

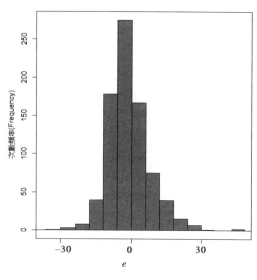

图 5-2 预测误差 e 的样本直方图

不论是哪 1 种图,概率可以看成是样本直方图背后的 1 个理论模型。例如,我们可以把样本直方图想象成是"由一个总体所生出来的",如图 5-3 的标准正态分布图。理论上的正态分布是一个数学公式,所以可以呈现出连续且平滑的形状。例如,正态分布的公式如下:

$$f(x) = \frac{1}{\sigma\sqrt{2\pi}} e^{-\frac{(x-\mu)^2}{2\sigma^2}} \tag{5-1}$$

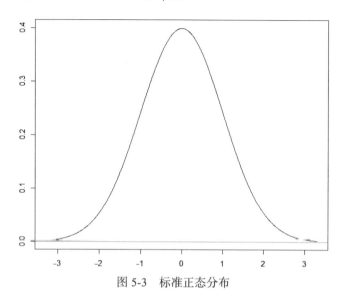

图 5-3 标准正态分布

概率就是一种透过数学公式描述样本分布的学问,一旦能够确认样本是总体的一个投影,这个公式所内涵的数学性质,就可以用来建立样本的预测。

对数据适配概率分布,最好的做法就是去画预测误差,所以,需要先产生期望值,然后计算样本数据和期望值的差距 (e)。也就是说,我们要先估计期望值。基本估计的有"两种参数"——期望值和方差;"两类形态"——样本和条件,下文对此进行了详细阐述。

5.1.1 估计原理

统计分析的对象是数据,基础是两件事:估计和检验。我们就分别解释这两件事。估计就是应用方法从数据计算出特定参数,检验就是用一个统计量,检验所计算的参数是否具备我们期待的统计性质,例如,显著性。估计和检验两者息息相关。

具体来说,第一阶段,我们要从数据之中计算样本期望值和样本方差;进阶阶段,我们要计算条件期望值和条件方差。依循传统,用 Y 表示被解释变量,这个统计项目可以列一个 2×2 的表,如表 5-1 所示。

表 5-1 样本和条件的期望值和方差

	期望值	方差
样本 (sample)	$\mu = E(Y)$	$\sigma^2 = E(Y-\mu)^2$
条件 (conditional)	$\mu_{Y|X} = E(Y|X)$	$\sigma^2_{Y|X} = E((Y-\mu)^2|X)$

样本期望值和样本方差的定义,用方程式来说明,一个样本 Y 可以如下表示:

$$Y = \mu + e$$

也就是样本期望值(μ)和残差(e)的加总。这样可以知道,样本期望值是一个固定

数,或称常数。条件期望值则是说,期望值是否会随其他变量连动?用英文表示,就是"conditional on other variables"。$E(Y|X)$ 毕竟只是一个符号,想要进行实务上的估计,必须假设它的函数关系。例如,假设 Y 和 X 之间的关系是线性的。最简单也是最重要的函数模型,就是线性模型:

$$E(Y|X) = a + bX \tag{5-2}$$

套入数据时,就必须把期望值符号 E 拿掉,再补上误差:

$$Y = a + bX + e \tag{5-3}$$

这样做,是因为一般都假设残差的期望值是 0。对于以这样表示的条件期望值,必须估计参数 a 和 b。

统计上有三个常用的估计方法:最小二乘法、极大似然估计法和矩估计法。统计上的估计方法就这么多,都是基于这三个提出的框架,由这三个修改扩充而来的。例如,广义矩估计 GMM 就是将矩估计法一般化,两阶段最小二乘法(2-Stage LS)是在 LS 框架下,修改为两阶段引入工具变量。如果还要说有其他的,就是数值演算方法(numerical methods)。例如,拔靴法(bootstrapping)和贝叶斯统计方法(bayesian method)。但是,数值方法,也会搭配三种基本架构进行演算。

5.1.2 检验原理

我们以如下回归方程的估计为例展开说明:

$$Y = c - \beta_1 X_1 + \beta_2 x_2 + \beta_3 x_3 + \beta_4 x_4 + e \tag{5-4}$$

其中,被解释变量为 Y,解释变量 X_1、X_2、X_3 和 X_4。

估计完之后,一定是检验某个特定的原假设,我们以计算机产生的回归结果报表为例,如表 5-2 所示。

表 5-2 回归结果报表

变量(Variable)	系数(Coefficient)	标准差(Std. Error)	t 值(t-Statistic)	P 值(Prob.)
截距项(Constant)	1.740 592	0.122 648	14.191 76	0.000 0
X_1	−1.923 351	0.134 289	−14.322 45	0.000 0
X_2	0.080 352	0.150 364	0.534 381	0.593 2
X_3	0.331 608	0.186 346	1.779 535	0.075 5
X_4	1.312 026	0.676 490	1.939 463	0.052 8
R^2(R-squared)	0.260 821	Akaike info criterion(AIC)		2.402 585
调整 R^2(Adjusted R-squared)	0.257 521	Schwarz criterion(SC)		2.429 242
对数似然值(Log likelihood)	−1 077.365	Durbin-Watson stat(DW)		1.685 408
F 统计量(F-statistic)	79.038 78	Prob(F-statistic)(F 统计量的 p 值)		0.000 000

由这个报表第 2 列的系数值,估计的方程式可写为:

$$Y = 1.74 − 1.92 \cdot X_1 + 0.08 \cdot X_2 + 0.33 \cdot X_3 + 1.31 \cdot X_4$$

第 4 栏的 t-Statistic 是 t 值,对于 β_1 统计量检验的原假设 H_0 和备择假设 Ha、t 值如下:

$$H_0: \beta_1 = 0 \quad H_a: \beta_1 \neq 0$$

$$t - Statistic = \frac{\beta_1 - 0}{\text{Std. Err}} = \frac{-1.923\,351}{0.134} = -14.322$$

因为原假设 H_0 是对 0 做检验，所以该检验也被称为显著性检验。t 检验的原理是这样：把原假设相减放在分子，标准差放在分母，相除之后，如果拒绝原假设，则这个相除之后的统计量会大到足以拒绝原假设。是否大到足以拒绝原假设，就由这个统计量的 p 值，也就是表中最右栏的 p 值来判断：如果 p 值小于基准的 5%，则我们可以拒绝原假设，也就是说这个参数 β_1 显著异于 0。以这个例子而言，p 值很小，所以估计的参数值 -1.923 351 是显著的。

这张报表是标准的回归估计结果，所有的软件都会这样产生。但是，如果要检验参数 β_1 是不是特定的数字，就不能参考报表的 p 值了。

如果我们要检验的问题如下：

$$H_0: p \text{ 值} = -2 \quad H_a: \beta_1 \neq -2$$

$$t - Statistic = \frac{\beta_1 - (-2)}{\text{Std. Err}} = \frac{0.07}{0.134} \approx 0.55$$

这样的检验，就不能看报表后面的 p 值。翻阅统计书后面检验表，5% 显著水平的临界值大约是 1.92，也就是说，要拒绝原假设的 t 值不是正的数字大于 1.92，就是负的数字小于 -1.92。上面计算出的 t 值约为 0.55，就是说，这个原假设是被接受的。也就是说，-1.925 这个参数的置信区间，也包含了 -2 这个数字。

其次就是 F 检验。报表下半部有一个 F 统计量和这个统计量的 p 值，该检验其实是一个联合检验，原假设和备择假设如下：

$$H_0: \beta_1 = \beta_2 = \beta_3 = \beta_4 = 0$$
$$H_a: H_0 \text{ 不成立}$$

F 统计量的建构，和 t 统计量不一样。它的分子是原假设为真的时候，估计一个只有截距的回归，计算经自由度修正的"残差平方和"；分母则是以报表估计结果，计算经自由度修正的"残差平方和"。两个结果相除，如果原假设是错的，则原假设为真的模型所产生的方差会很大。

5.2 函数原理和数据分析

虽然数字函数的应用和基本观念，在介绍概率时就应该介绍了，但是，从数据分析的角度，在着重估计数据的统计这章介绍，应该更合适。因为统计的一些实际范例，都脱不了这个框架。基础在于函数和极限的观念。函数的定义域和值域也是数的集合，所以要建立极限的观念，必须先从实数的观念着手。本节简单复习一下实数、函数的观念。

5.2.1 函数

有了数的基本观念后，我们可以进一步认识函数。函数是指两个以上的集合间的对应关系。为方便起见，令这两个集合一个为 X，一个为 Y。这两个集合内的元素，均是由实数所构成。利用简单的符号，函数可表示如下：

$$f: X \to Y$$

口语上，我们可说成 X 集合里的数字，透过 f 的转换（或运算），变成 Y 集合里的数字。因此，函数 f 事实上定义了一个"运算"，而这个运算，将 X 变成 Y。例如：$y = 2x$，是说所有的 x 乘上 2 倍，变成 y。在数学上，我们写成 $y = f(x)$，读成"y 是 x 的函数"。在这个表示下，y 受 x 所决定，故我们称 y 为"因变量"，x 为自行定义，故称 x 为"自变量"。以数学语言来说，我们称 x 是 y 的定义域，y 是 x 的值域。

5.2.2 函数对问题的思考：经验研究第一步

函数 $y = f(x)$ 这样的形式表示出了两个变量的量化对应关系，在财务、经济、管理的学科扮演了一个理性思考的角色，也就是理论的建构。对于一个做思考或研究的人，他观察的现象或问题就是 y，好比苹果从树上落下，根据现有理论或逻辑分析，心中臆测的答案就是 x，而两者之间如何建立相互关系就是函数的运算。

表 5-3 对应类型的前三个是比较倾向数学形式的称呼，后面则是从事问题思考时，常常利用的逻辑架构。事实上，就整个财经学科所谓的理论，就是解释：问题 y 受哪些因素 x 影响（或决定）。例如，了解资产报酬率受哪些因素所决定，就是资产定价理论；资产报酬率是 y，哪些因素就是 x。了解消费变化受哪些因素所决定，就是消费理论；消费变化是 y，哪些因素就是 x。

表 5-3 对应类型

类型	y	x
1	因变量	自变量
2	依赖变量	独立变量
3	内生变量	外生变量
4	果	因
5	被解释变量	解释变量
6	产出	投入

学者研究的成果，可写成以函数表示的理论，例如，消费理论的持久收入假说认为消费由持久收入所决定，可以表示成：

$$消费 = f(持久收入)$$

资本资产定价，认为权益报酬率由风险因子所决定，可以表示成：

$$权益报酬率 = f(风险因子)$$

学校课程里面所学习的各种知识，多是在讲解 x 的内容。学术研究的成果，则告诉我们为什么持久收入会影响消费？如何影响；风险因子有哪些？如何决定报酬率等。同时也提供真实世界的数据给予某种程度的佐证，这些都牵涉到 f 的运算方式。

所以，学习利用函数型态对掌握问题的形式，是开始训练理性思维的第一步。

5.2.3 再进一步

望文生义，期望值的意义就是说观察者期望他所观察的随机现象，有一个收敛或集中的位置，只要掌握这个数字，就能掌握数据的特征，也可以说，对于所观察对象的变动，会有比较高的预测能力。期望值也称为数学期望值，简单地说，期望值就是用概率去加权计算的平均随机变量。例如，某餐厅观察客人给的小费（随机变量）的样本空间：给 100 元的概率是 0.6，给 150 元的概率是 0.3，给 250 元的概率是 0.1。因此，小费的期望值为：

$$\frac{6}{10} \times 100 + \frac{3}{10} \times 150 + \frac{1}{10} \times 250 = 60 + 45 + 25 = 130$$

如果不看概率加权，直接计算样本平均数：

$$\frac{100 + 150 + 250}{3} = \frac{200}{3} \approx 166.66$$

两者有着还不算小的误差。所以如何估计正确的期望值，就需要进一步的研究。因此，如果随机变量是由一个概率分布在背后控制所产生的数据，忽略这个分布的概率性质对于预测是很危险的。用数学方程式来表示，

离散随机变量 Y，概率密度函数 $f(y)$，则其期望值：

$$\mu = \sum_{y \in S} y_i f(y_i) \tag{5-5}$$

连续随机变量 Y，概率密度函数 $f(y)$，则其期望值：

$$\mu = \int y f(y) \, dy \tag{5-6}$$

另外，数据的第二个性质就是衡量样本观察值和期望值的差距程度有多大，这个差距，也称为偏移程度，或散布程度。每个样本和期望值相减，都可以得到一个差距数字，这些数字，有的高于期望值，有的低于期望值，有的和期望值很接近。如果直接把差距加起来算一个平均差距，会因为正负互相抵消，而低估了观察值的离散度。因此，把所有的差距平方消除正负，再加总算平均，可以得到一个衡量变异的平均值，称为方差，这个数字开根号就是标准差。

离散随机变量的方差：

$$\sigma^2 = \sum_{y \in S} (y_i - \mu)^2 f(y_i) \tag{5-7}$$

连续随机变量的方差：

$$\sigma^2 = \int (y - \mu)^2 f(y) \, dy \tag{5-8}$$

期望值和方差，是统计分析的核心。除此，数据分析还须要看数据的集中程度和集中的型态，测量的方法就是峰态和偏态。

5.3 R 的金融工具箱

本章为了节省篇幅，利用分类小节说明程序。在需要加注的程序代码后增加说明。读者最重要的是去实际执行一下，就能认识每个指令的功能。

5.3.1 时间序列特征的描述工具：fBasics 包

fBasics 包中有不少有关财务时间序列的功能，以及经过修饰的时间序列图，如范例程序 5-1 所示。读者可以执行一下来看出差异。

范例程序 5-1：fBasics 包中的常用绘图函数

```
temp=read.csv("TWII.csv")
dat=timeSeries::as.timeSeries(temp)
```

```r
P=dat[,"Close"]     # 取出收盘价
y=returns(P)        # 计算报酬率
### 时间序列绘图 Time Series Plots
library(fBasics)
returnPlot(P)       # 此函数会计算报酬率, 故输入价格数据 P
seriesPlot(y)
cumulatedPlot(y)
drawdownPlot(y)
### 时间序列相关结构绘图 Dependency
acfPlot(y, labels = TRUE)           # ACF plot
pacfPlot(y, labels = TRUE)          # PACF plot
lacfPlot(y, type = c("returns"))    # lagged ACF plot
lacfPlot(P, type = c("values"))     # lagged PACF plot
teffectPlot(y, deltas = seq(from = 0.2, to = 3, by = 0.2), lag.max = 10)
     # 泰勒效应 (Taylor effect) 画图
### 时间序列分布绘图 Distribution
boxPlot(y)
boxPercentilePlot(y)
histPlot(y)
densityPlot(y)
logDensityPlot(y)
### 时间序列分布的分位数图 Q-Q
qqnormPlot(y)   # 正态分布
qqnigPlot(y)    # NIG negative inverse Gaussian 分布
qqghtPlot(y)    # GHT generalized hyperbolic Student-t 分布
qqgldPlot(y)    # GLD generalized lambda 分布
```

5.3.2 财务分析工具: timeSeries 包

由 Rmetrias 开发的 timesSeries 是用于处理金融时间序列的专门工具包。除了可以将数据转换为 timeSeries 格式的 as.timeSeries() 函数外, 该包也有计算收益率以及绘制各种图形的很多函数。下面的范例使用范例程序 2-39 生成的数据集进行演示。

范例程序 5-2: timeSeries 包中的报酬率计算及绘图

```
### 子样本
subdata=window(dat1,"2015-01-01","2016-07-15")
head(subdata)
GMT
             Open     High      Low    Close     Volume
2015-01-05 9292.31  9292.31  9182.02  9274.11   81345300
2015-01-06 9209.93  9209.93  9043.44  9048.34  111239000
2015-01-07 9051.94  9108.66  9050.54  9080.09   96820200
2015-01-08 9154.03  9246.62  9154.03  9238.03  108488000
2015-01-09 9247.40  9284.57  9215.58  9215.58   98908300
2015-01-12 9198.02  9229.65  9178.30  9178.30   84290200
tail(subdata)
GMT
             Open     High      Low    Close     Volume
2016-07-07 8605.38  8653.70  8605.38  8640.91   63917100
2016-07-11 8728.23  8795.80  8728.23  8786.47   99362900
2016-07-12 8794.73  8841.46  8794.30  8841.46   98294800
2016-07-13 8847.04  8865.42  8800.17  8857.75   98433200
2016-07-14 8837.76  8877.31  8818.26  8866.36   84659200
2016-07-15 8857.15  8949.85  8857.15  8949.85  102657000
### 计算报酬率和绘图
y=returns(dat1[,"Close"])
```

```
plot(y)
hist(y)
plot(density(y))
```

此外，该包还有计算回撤及持续期的相关函数（见范例程序 5-3）。

范例程序 5-3：回撤（Drawdowns）及持续期（Durations）相关计算

```
### 回撤的视觉化呈现
dd1= drawdowns(y, main = "Drawdowns")
plot(dd1)
dd2 = drawdowns(returns(dat1[,c(1,4)]), main = "Drawdowns")
plot(dd2)
### 计算回撤的相关统计量
ddStats = drawdownsStats(y)
ddStats    # 显示结果略
### 计算持续期
head(durations(dat1, units = "days"))
           Duration
2006-07-21    NA
2006-07-24     3
2006-07-25     1
2006-07-26     1
2006-07-27     1
2006-07-28     1
head(durations(dat1, trim = TRUE, units = "days"))
           Duration
2006-07-24     3
2006-07-25     1
2006-07-26     1
2006-07-27     1
2006-07-28     1
2006-07-31     3
```

平滑数据是我们在处理时间序列数据的过程中经常遇到的任务。timeSeries 包在数据的平滑处理上功能强大，并提供了三种平滑方法，具体操作如范例程序 5-4 所示。

范例程序 5-4：timeSeries 包中的三种平滑（Smooth）方法

```
TWII.CLOSE = dat1[, "Close"]
head(TWII.CLOSE)
              Close
2006-07-21 6420.01
2006-07-24 6359.63
2006-07-25 6390.99
2006-07-26 6376.39
2006-07-27 6459.25
2006-07-28 6480.07
### 方法一：局部加权回归散点平滑法（Lowess）
TWII.LOWESS = smoothLowess(TWII.CLOSE, f = 0.1)
head(TWII.LOWESS)
              Close    lowess
2006-07-21 6420.01 6443.582
2006-07-24 6359.63 6453.433
2006-07-25 6390.99 6463.284
2006-07-26 6376.39 6473.136
2006-07-27 6459.25 6482.987
2006-07-28 6480.07 6492.838
plot(TWII.LOWESS, main="")
```

```
title(main = "Close - Lowess Smoothed")
### 方法二：样条函数法（Splines）
TWII.SPLINE = smoothSpline(TWII.CLOSE, spar = 0.4)
head(TWII.SPLINE)
             Close    spline
2006-07-21 6420.01 6392.783
2006-07-24 6359.63 6401.933
2006-07-25 6390.99 6411.099
2006-07-26 6376.39 6420.275
2006-07-27 6459.25 6429.455
2006-07-28 6480.07 6438.634
plot(TWII.SPLINE, main="")
title(main = "Close - Spline Smoothed")
### 方法三：弗里德曼的超级平滑器方法（Supsma）
TWII.SUPSMU = smoothSupsmu(TWII.CLOSE)
head(TWII.SUPSMU)
             Close    supsmu
2006-07-21 6420.01 6367.548
2006-07-24 6359.63 6378.335
2006-07-25 6390.99 6389.122
2006-07-26 6376.39 6399.909
2006-07-27 6459.25 6410.696
2006-07-28 6480.07 6421.483
plot(TWII.SUPSMU, main="")
title(main = "Close - Supsmu Smoothed")
```

timeSeries 包中还提供了很多函数，可以比较方便地计算一些常用的价格指标。范例程序 5-5 中演示了对三种常用函数的使用。

范例程序 5-5：部分价格指标的计算

```
### 滚动统计量（Rolling statistics）
x=rollStats(TWII.CLOSE, k=4, FUN=mean, na.pad=FALSE, align=c("center"))
                        # align 参数有 3 种可选值 "center""left" 和 "right"
tail(x)
           Close_RSTATS
2016-07-29     9033.897
2016-08-01     9043.972
2016-08-02     9033.923
2016-08-03     9054.298
2016-08-04     9089.057
2016-08-05     9124.925
tail(TWII.CLOSE)
             Close
2016-08-03 9001.71
2016-08-04 9024.71
2016-08-05 9040.51
2016-08-08 9150.26
2016-08-09 9140.75
2016-08-10 9168.18
### 计算 Open/Close 的中间报价
IBM=as.timeSeries(read.csv("IBM.csv"))
head(IBM)
           IBM.OPEN IBM.HIGH IBM.LOW IBM.CLOSE IBM.VOLUME IBM.ADJ.CLOSE
2007-01-03    97.18    98.40   96.26     97.27    9196800      80.51796
2007-01-04    97.25    98.79   96.88     98.31   10524500      81.37885
2007-01-05    97.60    97.95   96.91     97.42    7221300      80.64213
2007-01-08    98.50    99.50   98.35     98.90   10340000      81.86724
```

```
2007-01-09        99.08        100.33        99.07        100.07        11108200        82.83574
2007-01-10        98.50         99.05        97.93         98.89         8744800        81.85896
X.MID = midquotes(IBM, which = c("IBM.CLOSE", "IBM.OPEN"))
colnames(X.MID) = "X.MID"
X.MID     # 显示结果略
### 计算 Open/Close 价差
X.SPREAD = spreads(IBM, which = c("IBM.CLOSE", "IBM.OPEN"))
colnames(X.SPREAD) = "X.SPREAD"
X.SPREAD  # 显示结果略
```

5.3.3 投资风险与报酬的分析工具：fAssets 包

fAssets 包也是一个功能强大的处理金融时间序列数据的专业包，特别适合描述资产特征，可以非常方便地计算投资组合的收益、风险等，并能够用简单明了的图形将资产组合的各种特征可视化。范例程序 5-6 演示了运用 fAssets 包的相关函数呈现了资产的风险－收益特征及其资产的相关性。

范例程序 5-6：fAssets 包

```
dat=read.csv("dailyReturns20.csv")    # 载入 20 个市场指数的日收盘价
assetReturns=as.timeSeries(dat)
ID=sample(colnames(assetReturns),6)    # 随机取 6 个市场的名称
dataz=assetReturns[,ID]                # 取出这 6 个市场的收盘价
### 统制风险—收益图
library(fAssets)
assetsRiskReturnPlot(dataz)
assetsNIGFitPlot(dataz,title = "", description = "")
assetsNIGShapeTrianglePlot(dataz)
### 统制资产配对及相关性的图形
assetsPairsPlot(dataz)
assetsCorgramPlot(dataz,method = c("pie"))
assetsCorgramPlot(dataz,method = c("shade"))
assetsCorTestPlot(dataz)
assetsCorImagePlot(dataz, abbreviate = 5, use = c("pearson"))
assetsCorImagePlot(dataz, abbreviate = 5,use = c("kendall"))
assetsCorImagePlot(dataz, abbreviate = 5, use = c("spearman"))
```

5.3.4 投资绩效的分析工具：PerformanceAnalytics 包

PerformanceAnalytics 包有许多比较投资绩效的指标，例如夏普值和调整峰态偏态后的夏普值。PerformanceAnalytics 包使用的时间序列对象是 xts 格式，所以如果数据不是这种格式，使用该包时必须要进行格式转换，如范例程序 5-7 与范例程序 5-8 所示。

范例程序 5-7：数据建立与 xts 转换

```
dat0=read.csv("dailyPrice20.csv")      # 载入 20 个市场指数的日收盘价
dat=xts::as.xts(dat0[,-1], as.Date(dat0[,1]))
head(dat)         # 显示结果略
ID=sample(colnames(dat),1);ID          # 随机取一个市场的名称
[1] "BFX"
y0=dat[,ID]       # 取出这个市场的收盘价
y1=xts::as.xts(diff(log(y0)))          # 以对数差分法计算报酬率
y=na.omit(y1)     # 移除缺值
head(y)
                          BFX
2001-01-03 -0.0008847347
```

```
2001-01-04 -0.0042564737
2001-01-05 -0.0004411875
2001-01-08 -0.0060977855
2001-01-09  0.0019478978
2001-01-10 -0.0069785185
```

范例程序 5-8：绩效函数

```
library(PerformanceAnalytics)
table.AnnualizedReturns(y)              # 年化报酬率制表
                              BFX
Annualized Return          -0.0261
Annualized Std Dev          0.2054
Annualized Sharpe (Rf=0%)  -0.1272
SharpeRatio(y,Rf=0)                     # 夏普值
                                  BFX
StdDev Sharpe (Rf=0%, p=95%): -0.0016450104
VaR Sharpe (Rf=0%, p=95%):    -0.0010682066
ES Sharpe (Rf=0%, p=95%):     -0.0006783501
sr1=SharpeRatio(y,Rf=0, FUN="StdDev")   # 依照标准偏差当风险
sr2=SharpeRatio(y,Rf=0, FUN="VaR")      # 依照涉险值 VaR 当风险
sr3=SharpeRatio(y,Rf=0, FUN="ES")   # 依照涉险值 CVaR(Expected Shortfall)当风险
AdjustedSharpeRatio(y, Rf=0)
  # 调整夏普值 Adjusted Sharpe Ratio by skewness and kuotosis
 [1] -0.02714322
BurkeRatio(y, Rf=0)                     # 以下为更多指标
[1] -0.02742135
OmegaSharpeRatio(y, Rf=0)
[1] -0.00479248
CalmarRatio(y)
                    BFX
Calmar Ratio -0.03629511
SterlingRatio(y)
                                  BFX
Sterling Ratio (Excess = 10%) -0.03186856
SkewnessKurtosisRatio(y, Rf=0)
[1] -0.00451413
 BernardoLedoitRatio(y, Rf=0)
[1] 0.9952508
KellyRatio(y, Rf=0)
                   BFX
Kelly Ratio -0.06356641
PainRatio(y, Rf=0)
                  BFX
Pain Index -0.05974496
ProspectRatio(y, MAR=quantile(y,0.75)) # MAR=Minimum acceptance returns
75%
-0.4326728
```

本章所介绍的各种方法，读者在查看执行结果后就会一清二楚。为节省篇幅，图形略。

第6章
Chapter6

线性模型

6.1 基础线性回归原理：最小二乘法

假设我们有两笔数据，分别为 x 和 y，其散点图如图 6-1 所示。

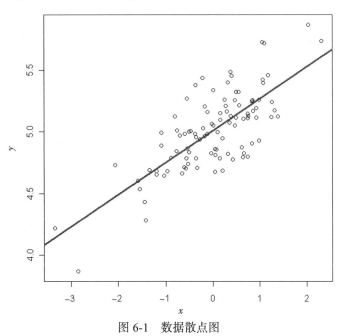

图 6-1　数据散点图

从图上可以知道两者之间的关系为正相关，因此，我们可以用尺在差不多的地方画一条正斜率的直线，如图 6-1 所示。图 6-1 的直线，称为适配线，散点的样本和这条线的距离称为残差或剩余。这条直线的方程可以写成如下形式：

$$y = a + bx + \varepsilon \tag{6-1}$$

右边的 $a + bx$ 也称为 y 的期望值 $E(y)$，通常写成 $\hat{y}$，ε 则为残差项。另一个理解式（6-1）的方式是认为随机变量 y 可以被分割为三份：截距 a，x 的线性组合 bx 和残差 ε。

回归分析第一件工作就是"估计"：用数理方法估计出这一条线的截距和斜率（统称参数或系数），而不是用目测。对于线性关系的估计，最好的方法就是最小二乘法，这个方法求解参数的目标为：使残差平方和为最小。

一个标准的线性回归可以用矩阵的形式表示如下：

$$y = x\beta + \varepsilon \tag{6-2}$$

上式中 y 为样本数为 n 个数据的被解释变量（或称为 n 维向量），X 是解释变量，假设有 k 个，故 X 为 $n \times k$ 的独立变量矩阵 X；循上可知 β 为 k 维的系数向量（或称为参数向量）。ε 为残差项，也就是变量 y 的变异，即不被 $X\beta$ 解释的剩余部分。

令 b 代表 β 的样本估计式，则满足下式的解即为回归系数：

$$\min_{\beta}(y - X\beta)'(y - X'\beta) \tag{6-3}$$

上述目标函数，即是"残差的平方和"，以偏微分解出最适值如下：

$$b = (X'X)^{-1}X'y$$

这个估计式的协方差矩阵的公式为：

$$\text{Cov}(b) = s^2(X'X)^{-1} \tag{6-4}$$

上式中 $s^2 = \dfrac{\varepsilon'\varepsilon}{n-k}$，且 $\hat{\varepsilon} = y - Xb$。如果是多元回归，则第 j 个系数的方差为：

$$\text{Var}(b_j) = \dfrac{1}{1 - R_j^2} \times \dfrac{s^2}{\sum_{j}(x_{ij} - \bar{x}_j)^2}$$

因为有 k 的系数，所以协方差矩阵 $\text{Cov}(b)$ 为 $k \times k$ 方阵，如下：

$$\text{Cov}(b) = \begin{bmatrix} \sigma_{11} & \sigma_{21} & \cdots & \sigma_{k1} \\ \sigma_{12} & \sigma_{22} & \cdots & \sigma_{k2} \\ \vdots & \vdots & & \vdots \\ \sigma_{1k} & \sigma_{2k} & \cdots & \sigma_{kk} \end{bmatrix}$$

上式中，主对角线的 k 个数值，就是系数自己的方差，取根号后，就是标准差，可以用来检验个别参数的性质，如是否显著异于 0。

副对角线就是交叉成分 σ_{ij}，为参数间的协方差。可以用来进行参数间的关系、相关性等联合检验。后续会继续说明。

下面补充一个相关的理论问题：如果已知变量与变量之间是线性关系，且满足一般的基本假设（例如残差无自相关，解释变量 x 和残差不相关等等），则最小二乘法（LS）的估计结果，具有 BLUE（best linear unbiasedness estimator）的性质。基本假设虽然有残差为正态分布的条件，但是线性模型实际上不需要分布假设，非线性模型才需要分布假设。后面非线性模型部分会简单说明这个估计问题。

6.2 单变量线性回归

接下来，我们采用美国加利福尼亚州某银行的员工薪酬的横截面数据（第 3 章和第 4 章中都曾用过）来演示说明单变量线性回归。数据中共有 6 个变量，说明如下：

变量名称	wage	edu	wage0	gender	minority	job
变量含义	目前薪酬	工作前受教育年数	起薪	性别	是否为少数族裔	工作种类

我们先通过范例程序 6-1 加载数据（bankwage.Rdata），并做快速浏览。

范例程序 6-1：加载数据且快速浏览

```
load("bankwage.Rdata")     # 加载数据
names(bankwage)            # 查看数据变量名称
[1] "wage"     "edu"      "wage0"    "gender"   "minority" "job"
head(bankwage)             # 查看前 6 行数据
   wage edu wage0 gender minority        job
1 57000  15 27000   Male       No Management
2 40200  16 18750   Male       No Administrative
3 21450  12 12000 Female       No Administrative
4 21900   8 13200 Female       No Administrative
5 45000  15 21000   Male       No Administrative
6 32100  15 13500   Male       No Administrative
tail(bankwage)             # 查看后 6 行数据
     wage edu wage0 gender minority        job
469 25200  15 13950 Female       No Administrative
470 26250  12 15750   Male      Yes Administrative
471 26400  15 15750   Male      Yes Administrative
472 39150  15 15750   Male       No Administrative
473 21450  12 12750 Female       No Administrative
474 29400  12 14250 Female       No Administrative
```

随后，我们执行单变量线性回归：

$$\log(wage) = a + b_1 \cdot edu \qquad (6\text{-}5)$$

这个回归可以评估"教育水平"对薪酬的影响，依照人力资本的想法，这个应该是正相关，以反映出教育的价值。然而，如范例程序 6-2 所示，我们还可以看一看这两个变量间有多相关，彼此对对方的影响有多大。

范例程序 6-2：线性回归

```
attach(bankwage)                # 正式加载数据
bw_lm1v=lm(log(wage) ~ edu)     # 线性回归
summary(bw_lm1v)                # 回归结果摘要
Call:
lm(formula = log(wage) ~ edu)
Residuals:
     Min       1Q   Median       3Q      Max
-0.66260 -0.19303 -0.03559  0.16538  0.95223
Coefficients:
            Estimate Std. Error t value Pr(>|t|)
(Intercept) 9.062102   0.062738   144.4   <2e-16 ***
edu         0.095963   0.004548    21.1   <2e-16 ***
---
Signif. codes:  0 '***' 0.001 '**' 0.01 '*' 0.05 '.' 0.1 ' ' 1
Residual standard error: 0.2853 on 472 degrees of freedom
Multiple R-squared:  0.4854, Adjusted R-squared:  0.4844
F-statistic: 445.3 on 1 and 472 DF,  p-value: < 2.2e-16
confint(bw_lm1v, level=0.9)  # 回归系数为 90% 时的置信区间
                    5 %        95 %
(Intercept) 8.95870461   9.1654987
edu         0.08846828   0.1034578
```

执行 lm() 有一个特殊状况：如果要将数据所有的变量都放进去，则：

```
lm(log(wage) ~ data=CPS1985)
```

如果解释变量很多，上面这个功能就很有用。

summary() 和 **confint()** 是两个处理回归后对象（bw_lm1v）的原生函数（genetic functions），详细的原生函数后面会列表说明。

由以上结果，我们发现两者是正相关，估计出系数为 0.096，由 p 值，可知其非常显著，因为薪酬是对数数据，所以，这个数字的解释如下，平均而言：劳动者之间教育年数相差 1 个单位时，教育年数多 1 个单位劳工 i 的薪酬，比低一单位的劳工 j 的薪酬要高出 9.6% 单位。

因为薪酬是对数数据，而且这笔数据不是时间序列。所以在解释薪酬的变动时，要强调样本间差异的百分比率，而不是增长率。如果是时间序列，则可以用具有时间趋势意味的增长率来解释。

如果觉得小数点显示非 0 位数太多，要改成 4 个非 0 数字，可以执行 **options**(dig-its=4) 修改。

代码 **confint**(bw_lm1v, level=0.9) 是求回归系数 90% 的置信区间。

回归系数为 b 的置信区间定义为：

$$b \pm t_{\frac{1}{2}\alpha, df} \cdot \hat{s}_b \tag{6-6}$$

式中 $t_{\frac{1}{2}\alpha, df}$ 为特定信任水平之下的临界值；$\hat{s}_b$ 为回归系数的标准差。

这个置信区间，将 $\alpha = 10\%$ 分成两半在两端。利用这些信息，我们可以绘出 intercept 和 edu 两个系数的信任椭圆，范例程序 6-3 说明了如何绘制系数的信任椭圆。

范例程序 6-3：系数的信任椭圆

```
library(ellipse)      # 载入包 ellipse 以画出椭圆
plot(ellipse(bw_lm1v,c(1,2)),t ype="l")
   # 利用前述回归的第 1 个、第 2 个系数当作椭圆圆心，如图 6-2 所示
points(coef(bw_lm1v)[1], coef(bw_lm1v)[2], pch=13)   # 将这 2 个系数标在上面图文框
abline(v=confint(bw_lm1v)[1,], lty=2)
   # 用第 1 个系数的置信区间的两个值，画两条垂直线 (vertical line)
abline(h=confint(bw_lm1v)[2,], lty=2)
   # 用第 2 个系数的置信区间的两个值，画两条水平线 (horizontal line)
```

范例程序 6-3 执行结果如图 6-2 所示，图中的椭圆面积内，没有坐标（0，0），且是狭长型负相关。可知两个系数的相关性都非常显著。

回归结果对象 bw_lm1v 内有很多其他信息，用 **summary()** 并不能全部提取出来。这是因为 R 是用列表形式存储处理信息。要进一步去看，可以把 **summary()** 再存成一个对象，如范例程序 6-4 所示。

范例程序 6-4：回归结果对象内容进阶截取

```
names(bw_lm1v)                    # 查看回归对象有哪些内容
 [1] "coefficients"    "residuals"       "effects"
 [4] "rank"            "fitted.values"   "assign"
 [7] "qr"              "df.residual"     "xlevels"
[10] "call"            "terms"           "model"
bw_lm1v$coef                      # 提取回归系数向量
(Intercept)          edu
 9.06210165  0.09596304
beta=as.matrix(bw_lm1v$coef)      # 将回归系数向量转成矩阵
stat_lm1v=summary(bw_lm1v)        # 将摘要存成新名称 stat_lm1v
names(stat_lm1v)                  # 看看对象 stat_lm1v 内有哪些东西
```

```
[1] "call"           "terms"          "residuals"
[4] "coefficients"   "aliased"        "sigma"
[7] "df"             "r.squared"      "adj.r.squared"
[10] "fstatistic"    "cov.unscaled"
library(lmtest)                    # 载入包 lmtest
write.csv(coeftest(bw_lm1v), file = "Table1.csv")
# 将回归估计的系数和检验结果，存成 csv 格式的表格文件 Table1.csv
```

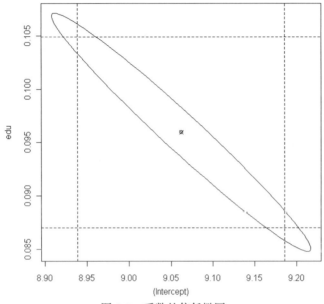

图 6-2　系数的信任椭圆

第 6 步和第 7 步的目的在于做完回归后将结果做成表格形式。控制台的估计结果不是表格，如果要将估计系数、标准差等信息建表，编辑工作会很麻烦，一旦是多元回归，就会更麻烦。包 **lmtest** 有一个函数 **coeftest()**，将回归后的对象放进去，会重建估计结果。第 7 步将估计系数输出成 Table1.csv，这样我们就比较轻松了。

练习

利用 help() 看一看第 4 步和第 5 步的对象要如何使用，并叫出回归系数的相关系数。

当我们在 R 执行完线性回归 lm() 后，且也将回归结果存成对象，如上例存成 bw_lm1v，R 对这个对象的回归后统计分析相当多，我们称之为原生函数，如表 6-1 所示。

表 6-1　原生函数

函数	说明
print()	将信息显示于屏幕
summary()	信息摘要
coef()	系数信息
residuals()	回归残差
fitted()	回归适配值信息
anova()	方差分析
predict()	回归预测
plot()	绘图
confint()	回归系数的置信区间

（续）

函数	说明
deviance()	计算模型的 SSE
vcov()	协方差矩阵
logLik()	对数似然函数值
AIC()	AIC 值
BIC()	BIC 值

接下来，范例程序 6-5 与范例程序 6-6 就是对表 6-1 所列的原生函数的使用介绍。

范例程序 6-5：回归后诊断（1）

```
plot(edu, log(wage))    # This is the same as plot(log(wage)~education)，如图 6-3 所示
abline(bw_lm1v)          # 用回归系数以斜截式画直线
AIC(bw_lm1v)             # 回归结果的 AIC 值
[1] 160.2177
BIC(bw_lm1v)             # 回归结果的 BIC 值
[1] 172.7014
cbind(AIC(bw_lm1v), BIC(bw_lm1v))   # 将 AIC 和 BIC 水平（左右）合并
         [,1]     [,2]
[1,] 160.2177 172.7014
rbind(AIC(bw_lm1v), BIC(bw_lm1v))   # 将 AIC 和 BIC 垂直（上下）合并
         [,1]
[1,] 160.2177
[2,] 172.7014
anova(bw_lm1v)            # ANOVA 分析
Analysis of Variance Table
Response: log(wage)
          Df  Sum Sq  Mean Sq  F value    Pr(>F)
edu        1  36.251   36.251    445.3  < 2.2e-16 ***
Residuals 472  38.424    0.081
```

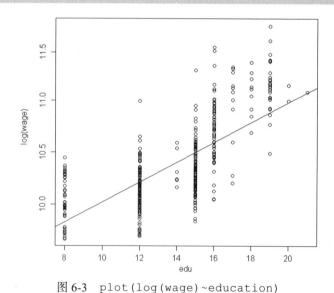

图 6-3　plot(log(wage)~education)

范例程序 6-6：回归后诊断（2）：回归残差诊断图

```
par(mfrow=c(2,2))    # 将图形框分割成 2×2 四格的窗口
```

```
plot(bw_lm1v)          # 回归残差诊断图 (Regression diagnosis plot), 如图 6-4 所示
par(mfrow=c(1,1))      # 将图形框还原成 1×1 单元格的窗口
```

R 对 `lm()` 函数的对象, 绘制的残差诊断图有 6 个, 内置有 4 个, 如图 6-4 所示。

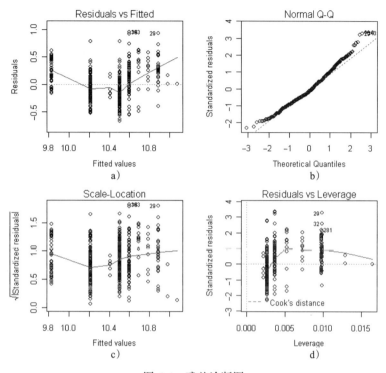

图 6-4　残差诊断图

图 6-4a 为残差与拟合图, 红线接近水平线表示残差分布接近 i.i.d (独立同分布); 图 6-4b 为正态分布的 Q-Q 图, 接近 45°线表示残差接近正态分布, 凸、凹、凸-凹、凹-凸分别表示与正态分布相比出现左偏、右偏、重尾和轻尾; 图 6-4c 为位置尺度图, 标准化残差开方与拟合值的残差图, 红线接近水平线表示不存在异方差; 图 6-4d 为残差与杠杆图, 即 cook 统计量的残差图, 会标出异常值的编号。图 6-4d 的诊断图中的 "Cook's distance", 公式如下:

$$D_i^2 = \frac{(\hat{y} - \hat{y}_i)'(\hat{y} - \hat{y}_i)}{k\hat{\sigma}^2} \qquad (6-7)$$

其中, k 为解释变量个数。Cook's distance 计算了每一个样本点的信息, 图内的标号: 29, 32, 281 是依照 Cook's distance 判断出来的离群样本。如果原始数据的列名称有字符串, 例如人名或地名, 则这里会直接显示文字。

练习

对于图 6-4, 如果想要看全部 6 个图, 则可用 `plot(bw_lm1v, which = 1:6)`。请调整图文框参图数, 把 6 个诊断图画在一页。看看能不能解释其他两个图所含的信息。

练习

`influence.measures()` 这个函数, 用在回归对象 bw_lm1v 时, 会自动判断出异常值, 请试一试范例程序 6-7, 再用 `summary()` 将这个函数处理后的对象显示出来。

范例程序 6-7：回归预期与图形分析

```
bw_pred=predict(bw_lm1v, interval="confidence")
    # 使用预期函数 predict()，计算预期值的置信区间。
plot(log(wage) ~edu)                                    # 绘制数据散点图，如图 6-5 所示
abline(bw_lm1v)                                         # 绘制适配线，这就是预期的均线
lines(bw_pred[,2] ~edu, lwd=0.1, lty=4, col=2)          # 以虚线画上面的线
lines(bw_pred[,3] ~edu, lwd=0.1, lty=4, col=2)          # 以虚线画下面的线
legend("topleft", c("regression line", "low", "upper"), lty=c(1,4,4), lwd=0.1,
    bty="n")                                            # 在图文框内，加上 3 条线的文字说明
```

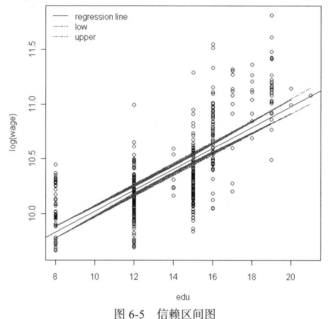

图 6-5　信赖区间图

估计完毕，接下来是检验参数的特定关系。例如，如果某理论认为教育对薪酬增长率的影响是 10%，则我们可以进行如范例程序 6-8 所示的检验。

范例程序 6-8：假设检验

```
library(lmtest)                                 # 载入假设检验包 lmtest
library(car)                                    # 载入假设检验包 car
linearHypothesis(bw_lm1v, "edu=0.1")            # 检验原假设 H₀：b₁=0.1
Linear hypothesis test
Hypothesis:
edu = 0.1
Model 1: restricted model
Model 2: log(wage) ~ edu
  Res.Df    RSS Df Sum of Sq      F Pr(>F)
1    473 38.488
2    472 38.424  1  0.064153 0.7881 0.3751
```

6.3 多元连续变量线性回归

6.3.1 两个不同的解释变量

我们在单变量线性回归方程式（6-5）的基础上增加一个变量 *wage*0（员工起薪），通过范例程序 6-9 执行如下多元回归。

$$\log(wage) = a + b_1 \cdot edu + b_2 \cdot \log(wage0) \tag{6-8}$$

范例程序 6-9：多元回归

```
bw_lm2v1=lm(log(wage) ~ edu+log(wage0))      # 执行回归
summary(bw_lm2v1)                             # 结果摘要
Coefficients:
             Estimate Std. Error t value Pr(>|t|)
(Intercept) 1.646916   0.274598   5.998 3.99e-09 ***
edu         0.023122   0.003894   5.938 5.59e-09 ***
log(wage0)  0.868505   0.031835  27.282  < 2e-16 ***

Residual standard error: 0.1778 on 471 degrees of freedom
Multiple R-squared:  0.8006, Adjusted R-squared:  0.7997
F-statistic: 945.4 on 2 and 471 DF,  p-value: < 2.2e-1
anova(bw_lm1v, bw_lm2v1)                      # anova 比较单变量和双变量
Analysis of Variance Table
Model 1: log(wage) ~ edu
Model 2: log(wage) ~ edu + log(wage0)
  Res.Df    RSS Df Sum of Sq      F    Pr(>F)
1    472 38.424
2    471 14.892  1    23.532 744.29 < 2.2e-16 ***
linearHypothesis(bw_lm2v1, "edu-log(wage0)=0")  # 线性假设检验 H₀: b₁= b₂
Linear hypothesis test
Hypothesis:
edu - log(wage0) = 0

Model 1: restricted model
Model 2: log(wage) ~ edu + log(wage0)
  Res.Df    RSS Df Sum of Sq      F    Pr(>F)
1    472 33.744
2    471 14.892  1    18.852 596.26 < 2.2e-16 ***
```

练习

执行 `anova(bw_lm3v)`，比较与 `anova(bw_lm1v, bw_lm3v)` 的差异。

6.3.2　多项式回归：解释变量的幂次方

我们经常会遇到变量间多种多样的非线性关系。偏离线性关系的一个最简单的情况，就是解释变量的幂次进入回归。如果是平方，就有 U 形的二次曲线。我们在单变量线性回归方程式（6-5）的基础上增加 edu 的二次方项，通过范例程序 6-10 执行如下非线性回归：

$$\log(wage) = a + b_1 \cdot edu + b_2 \cdot edu^2 \tag{6-9}$$

范例程序 6-10：多项式回归

```
bw_lm2v2=lm(log(wage) ~ edu+I(edu^2))    # 执行二次回归
summary(bw_lm2v2, corr =TRUE)             # 结果 corr=T 会计算估计系数的相关性
Coefficients:
             Estimate  Std. Error  t value  Pr(>|t|)
(Intercept) 11.132436   0.189092   58.873   < 2e-16 ***
edu         -0.230009   0.028742   -8.002  9.58e-15 ***
I(edu^2)     0.012229   0.001068   11.454   < 2e-16 ***
Residual standard error: 0.2526 on 471 degrees of freedom
Multiple R-squared: 0.5975,    Adjusted R-squared: 0.5958
F-statistic: 349.7 on 2 and 471 DF, p-value: < 2.2e-16

Correlation of Coefficients:
```

```
              (Intercept)    edu
edu           -0.99
I(edu^2)      0.96          -0.99
```

在 `lm()` 内，要处理同样一个解释变量的平方，例如多项式回归的做法，直接平方是不行的，例如，`lm(log(wage) ~ edu+edu^2)`，是不行的。必须用隔离函数 `I()` 才能发挥作用。

我们看最后系数的相关系数，edu 和 edu^2 两个解释变量系数的相关系数高达 0.99：这意味着一个系数大，另一个就会小。为了处理这样的问题，我们可以用正交多项式回归，函数 `poly(edu, 2)` 可以取代解释变量的输入。

练习

执行 `lm(log(wage) ~poly(edu, 2))`，将结果用 `summary()` 看一看，比较和上述结果差异有多大。

6.4 因子和交互效果

6.4.1 因子回归

因子变量是说这笔数据不是连续的数值型变量，而是表示性别的类型变量或非 0 即 1 这样的虚拟变量。如果原始数据就是字符串，那 R 会自动辨认其为因子。如果是数值，则需要用 `factor()` 函数转换。

我们通过范例程序 6-11 执行如下含有因子变量的多元回归：

$$\log(wage) = a + b_1 \cdot edu + b_2 \cdot \log(wage0) + b_3 \cdot gender \quad (6\text{-}10)$$

gender 变量是非"Male"即"Female"的文字，如范例程序 6-11 所示。

范例程序 6-11：含具有因子变量的多元回归

```
bw_lm3v=lm(log(wage) ~ edu+log(wage0)+gender)    # 执行回归
summary(bw_lm3v)                                  # 结果摘要
Coefficients:
             Estimate Std. Error t value Pr(>|t|)
(Intercept) 1.932281   0.307832    6.277 7.85e-10 ***
edu         0.023378   0.003883    6.021 3.50e-09 ***
log(wage0)  0.836406   0.035468   23.582  < 2e-16 ***
genderMale  0.039600   0.019551    2.025   0.0434 *

Residual standard error: 0.1772 on 470 degrees of freedom
Multiple R-squared:  0.8023, Adjusted R-squared:  0.801
F-statistic: 635.8 on 3 and 470 DF,  p-value: < 2.2e-16
waldtest(bw_lm3v, .~. -log(wage0))               # Wald test H_0: b_2=0
Wald test
Model 1: log(wage) ~ edu + log(wage0) + gender
Model 2: log(wage) ~ edu + gender
  Res.Df Df      F    Pr(>F)
1    470
2    471 -1 556.12 < 2.2e-16 ***
linearHypothesis(bw_lm3v, "log(wage0)=0")        # 线性假设检验 H_0: b_2=0
Linear hypothesis test
Hypothesis:
log(wage0) = 0
```

```
Model 1: restricted model
Model 2: log(wage) ~ edu + log(wage0) + gender
  Res.Df    RSS Df Sum of Sq      F    Pr(>F)
1    471 32.231
2    470 14.763  1    17.468 556.12 < 2.2e-16 ***
```

练习

请根据上例，增加因子 job，并执行相关检验。

6.4.2 交互效果

很多时候自变量之间有交互影响，进行回归的时候必须要考虑这种交互影响。比如，一个人的性别可能会影响其受教育年限，我们在回归方程式（6-10）的基础上考虑了性别与受教育年限。范例程序 6-12 演示了如何执行如下回归：

$$\log(wage) = a + b_1 \cdot edu + b_2 \cdot \log(wage0) + b_3 \cdot gender + b_4 \cdot (education \times gender) \quad (6\text{-}11)$$

范例程序 6-12：含有单个交互项的多元回归

```
bw_lm4v=lm(log(wage) ~ edu+log(wage0)+gender+gender*edu)
summary(bw_lm4v)
Coefficients:
                Estimate Std. Error t value Pr(>|t|)
(Intercept)     1.885367   0.332427   5.672 2.48e-08 ***
edu             0.024805   0.005433   4.565 6.38e-06 ***
log(wage0)      0.839500   0.036441  23.037  < 2e-16 ***
genderMale      0.071119   0.086097   0.826    0.409
edu:genderMale -0.002471   0.006573  -0.376    0.707
Residual standard error: 0.1774 on 469 degrees of freedom
Multiple R-squared:  0.8024,  Adjusted R-squared:  0.8007
F-statistic:   476 on 4 and 469 DF,  p-value: < 2.2e-16
```

第 1 步的其他输入方法如下：

```
bw_lm4v=lm(log(wage) ~ edu + log(wage0) + gender + gender:edu)
bw_lm4v=lm(log(wage) ~ edu + log(wage0) + gender + gender/edu)
bw_lm4v=lm(log(wage) ~ edu+log(wage0)+(gender+edu)^2)
```

其中第 3 种做法，在多个变量的交叉互动下，相当好用。

指令 (gender + edu)^2 就包含了个别变量和变量交互项共三项。因此，自变量 edu 省略也可以。例如，下面这个输入法和上面三个都一样。

```
lm(log(wage) ~ log(wage0)+(gender+edu)^2)
```

唯一会受影响的是估计结果的参数排序，R 会自动处理重复问题，相当方便。

范例程序 6-13 演示了执行下面含有多个交互项的多元回归的操作：

$$\begin{aligned}\log(wage) = &\ a + b_1 \cdot edu + b_2 \cdot \log(wage0) + b_3 \cdot gender + b_4 \cdot minority \\ &+ b_5 \cdot (edu \times gender) + b_6 \cdot (edu \times Minority) + b_7 \cdot (minority \times gender)\end{aligned} \quad (6\text{-}12)$$

由此可见，R 在含有多个交互项的回归处理上相当简便。

范例程序 6-13：含有多个交互项的多元回归

```
bw_lm5v=lm(log(wage) ~ log(wage0)+ (edu+gender+minority)^2)   # 执行线性回归
```

```
summary(bw_lm5v)                                          # 回归结果摘要
Coefficients:
                          Estimate Std. Error t value
(Intercept)               2.173917   0.339770   6.398
log(wage0)                0.804249   0.037496  21.449
edu                       0.029143   0.005551   5.250
genderMale                0.044760   0.090223   0.496
minorityYes               0.222798   0.102574   2.172
edu:genderMale           -0.000342   0.006709  -0.051
edu:minorityYes          -0.021623   0.007903  -2.736
genderMale:minorityYes    0.022999   0.041332   0.556
                          Pr(>|t|)
(Intercept)               3.83e-10 ***
log(wage0)                 < 2e-16 ***
edu                       2.32e-07 ***
genderMale                 0.62006
minorityYes                0.03035 *
edu:genderMale             0.95937
edu:minorityYes            0.00645 **
genderMale:minorityYes     0.57817
Residual standard error: 0.1757 on 466 degrees of freedom
Multiple R-squared:  0.8074, Adjusted R-squared:  0.8045
F-statistic:   279 on 7 and 466 DF,  p-value: < 2.2e-16
```

练习

执行下述回归。

```
lm(log(wage) ~ edu + log(wage0) + gender + (edu+gender+minority)^3)
```

请比较和平方的差异，并解释参数意义。

6.4.3 考虑异方差的稳健协方差

当残差存在异方差现象时，LS 家族的估计方程的方差就不再正确，一般的情况会过度膨胀 t 统计量，而使得所估计的系数都很显著。遇到这类问题，我们则选取考虑异方差形式的稳健协方差。OLS 往往假设残差为同方差，所以，估计的协方差矩阵为：

$$\hat{\sigma}^2(X'X)^{-1}$$

但是，考虑异方差和序列相关的一般形式则为：

$$(X'X)^{-1}X'\Omega X(X'X)^{-1}$$

式中　$\Omega = diag(\pmb{\omega}_1, \pmb{\omega}_2, \pmb{\omega}_3, \cdots \pmb{\omega}_N)$。

$\pmb{\omega}$ 矩阵是由残差所估计的协方差矩阵，它是一个方阵，和系数对应的方差 Ω 则是它的主对角线成分。R 中的 $\pmb{\omega}$ 矩阵有 5 种可选形式：

$$\text{Constant：} \omega_i = \hat{\sigma}^2$$

$$\pmb{HC_0}: \omega_i = \hat{\varepsilon}_i^2$$

$$\pmb{HC_1}: \omega_i = \frac{N}{N-k}\hat{\varepsilon}_i^2$$

$$\pmb{HC_2}: \omega_i = \frac{\hat{\varepsilon}_i^2}{1-h_{ii}}$$

$$HC_3: \omega_i = \frac{\hat{\varepsilon}_i^2}{(1-h_{ii})^2}$$

$$HC_4: \omega_i = \frac{\hat{\varepsilon}_i^2}{(1-h_{ii})_i^\delta}$$

k 是解释变量的个数，h_{ii} 为 ω 矩阵主对角线成分，$\bar{h}$ 为其平均值。

HC_0 是传统计量文献上的 White（1980）提出的异方差—稳健协方差矩阵[6]，$HC_1 \sim HC_3$ 则是近来被建议提升小样本表现的协方差矩阵。HC_4 则对影响力较大的观测值（influential observations）给予特别权重。

在 R 中，`sandwich` 包可以用于处理异方差和序列相关的稳健协方差。

稳健协方差的考虑不会改变所估系数的值，只会修正协方差。R 中做稳健协方差估计非常简单，只需要将 `lm` 的回归对象用 `vcovHC` 处理即可重新计算协方差矩阵。如范例程序 6-14 所示。

范例程序 6-14：稳健协方差估计

```
bw_lm2v1=lm(log(wage) ~ edu+log(wage0))    # 估计模型，并将回归对象存成 bw_lm2v1
library(sandwich)                           # 载入检验包 sandwich
white=vcovHC(bw_lm2v1, type="HC4")          # vcovHC() 计算稳健协方差
library(lmtest)                             # 载入检验包 lmtest
coeftest(bw_lm2v1,vcov= white)
# 计算 robust standard error 的 t 检验。这 1 步如果省略 vcov= 这 1 个命令，则是原先的估计系
  数及相关信息。
t test of coefficients:
             Estimate Std. Error t value  Pr(>|t|)
(Intercept) 1.6469157 0.2826205  5.8273 1.046e-08 ***
edu         0.0231223 0.0036122  6.4012 3.731e-10 ***
log(wage0)  0.8685045 0.0322073 26.9661 < 2.2e-16 ***
```

`vcovHC` 函数中的 `type` 参数用于设定 ω 矩阵的类型，可选值为 "HC0" "HC1" "HC2" "HC3" 和 "HC4" 这 5 个，细节如前所述。

6.5 回归诊断检验

6.5.1 异方差检验

古典回归假设回归残差是同方差的，同方差回归的概念上是：假设回归数据的样本有 500 个，任意取 n 个样本计算的样本方差，均相等。如果数据没有考虑异方差的性质，OLS 的估计往往会过度显著。因此，检验残差是否具有异质性就相当重要。文献上对于异方差的检验有许多，时间序列数据的称 ARCH，我们就不在这里谈。如范例程序 6-15 所示，我们简要介绍两种：布罗施－帕甘检验（Breusch-Pagan）和戈德菲尔德－匡特检验（Goldfeld-Quandt）。

Goldfeld-Quandt 检验，先估计 k 个变量的回归式：

$$Y_i = a + bX_i + u_i \tag{6-13}$$

Goldfeld-Quandt 检验的原假设为数据是同方差。要检验此原假设，假设方差 σ_i^2 和数据 X_i 正相关。

σ^2 为常数。如果上式为真，则当 X 的值越大，则其方差越大。Goldfeld-Quandt 则设计如下检验程序：

第1步，将原始数据依照 X 由小到大排序。

第2步，将中间 c 个样本移除，留下两端两群数据，这两群样本数皆相等。

第3步，对这两群数据适配原 LS 回归。

第4步，令第1群的残差平方和为 RSS_1，自由度 = $\dfrac{n-c}{2} - k$；第2群为 RSS_2，自由度 = $\dfrac{n-c}{2} - k$。

依 Goldfeld-Quandt 计算：

$$\lambda = \frac{\dfrac{RSS_2}{df}}{\dfrac{RSS_1}{df}} = \frac{RSS_2}{RSS_1} \tag{6-14}$$

式中 df 为自由度。

如果原假设是正确的，这两群数据的回归方差会几乎相等。在正态分布假设下，λ 会是 F 分布。

Goldfeld-Quandt 检验需要挑一个解释变量来排序，因此，挑哪一个来排序的结果就很关键。依 Breusch-Pagan 检验，对所有的解释变量搜集信息。假设某三个变量回归。

第1步，$Y_i = a + b_1 X_{1i} + b_2 X_{2i} + b_3 X_{3i} + e_i$。

第2步，$e_i^2 = c + d_1 X_{1i} + d_2 X_{2i} + d_3 X_{3i} + \varepsilon_i$。

第3步，检验同方差 H_0: $d_1 = d_2 = d_3 = 0$。

第3步的统计量为 $\dfrac{1}{2}(ESS) \sim \chi^2_{m-1}$，m 是第2步解释变量的个数，ESS 是第2步回归残差的平方和。

范例程序 6-15：异方差检验

```
gqtest(bw_lm2v1, order.by=~edu)        # 执行 Goldfeld-Quandt 检验，以 education 排序
Goldfeld-Quandt test
data:  bw_lm2v1
GQ = 1.8187, df1 = 234, df2 = 234, p-value =
2.857e-06
alternative hypothesis: variance increases from segment 1 to 2
bptest(bw_lm2v1)                       # 执行 Breusch-Pagan 检验
studentized Breusch-Pagan test
data:  bw_lm2v1
BP = 9.4318, df = 2, p-value = 0.008952
```

练习

执行用其他变量排序的 Goldfeld-Quandt 检验，并比较结果。

6.5.2 回归函数形式判定

回归方程式如果函数形式设定错误，如何判定？文献上有许多检验方法。Ramsey（1969）[7] 的 RESET 检验是较早提出来的一种。假设某双变量回归：

第1步，执行回归：

$$Y_i = a + b_1 X_{1i} + b_2 X_{2i} + e_i \tag{6-15}$$

令回归适配值为 $\hat{Y}_i$，且相关系数为 R_A^2。

第 2 步，执行回归：

$$Y_i = a + b_1 X_{1i} + b_2 X_{2i} + b_3 \hat{Y}_i^2 + b_4 \hat{Y}_i^3 + v_i \quad (6\text{-}16)$$

相关系数为 R_B^2。

第 3 步：

$$F = \frac{R_B^2 - R_A^2}{1 - R_A^2} \times \frac{\text{第 1 步的自由度}}{\text{第 2 步新增的解释变量个数}} \quad (6\text{-}17)$$

如果 F 值大于 0.05 的临界值，则拒绝了模型函数设定形式是完整的假设。这个检验一般称为 RESET。使用这个统计量时，必须对被解释变量和残差的关系，做一些观察。如果有曲度性（curvilinear）关系，则可以用 RESET 检验适配关系。

Rainbow 检验则和 RESET 类似，且使用了 Goldfeld-Quandt 的排序方法来做非线性检验。Harvey and Collier（1977）[8] 提出的统计量是检验递归残差（Recursive residuals），一般视为 CUSUM 检验的延伸：渐近上，如果模型的函数设定是正确的，则递归残差的平均数为 0。这些检验的技术层次，我们就不细说，直接看 R 如何执行就可以，如范例程序 6-16 所示。

范例程序 6-16：函数形式检验

```
resettest(bw_lm2v1)                    # 执行 RESET 检验
RESET test
data:  bw_lm2v1
RESET = 2.8852, df1 = 2, df2 = 469, p-value = 0.05684
raintest(bw_lm2v1, order.by=~edu)      # 执行 Rainbow 检验
Rainbow test
data:  bw_lm2v1
Rain = 1.3046, df1 = 237, df2 = 234, p-value = 0.02098
harvtest(bw_lm2v1)                     # 执行 Harvey-Collier 检验
Harvey-Collier test
data:  bw_lm2v1
HC = 5.2451, df = 470, p-value = 2.367e-07
```

包 lmtest 有一些基本的统计量，如果需要更多，读者可以参考包 fRegression 内所附带的回归后检验。另外，时间序列残差性质的检验（如 ARCH 检验），则在时间序列专题分析部分的第 9 章再详细说明。

6.6 简单时间序列回归：dynlm()

如果我们要运行时间序列数据的线性回归，如 $Y_t = a + b_0 X_t$，如果残差没有序列相关修正问题时，这个回归基本上可以用 lm() 处理。但是，如果我们的回归方程式有滞后期，如下：

$$Y_t = a + b_0 X_t + b_1 X_{t-1} + b_2 X_{t-2} \quad (6\text{-}18)$$

则 lm() 就会有一些麻烦，因为滞后的数据会出现缺值，所以，必须另外处理。如范例程序 6-17 所示。

范例程序 6-17：含滞后期的中国经济增长率自回归

```
load("china3v.RData")
china3v=read.csv("china3v.csv", header=T)   # 读取我国总体数据
dataz=as.data.frame(china3v)                # 将数据设定为数据框
attach(dataz)        # 加载数据
names(dataz)         # 检查变量名称：储蓄率、投资率和经济增长率
```

```
[1] "Saving"    "Investment" "Growth"
dd=ts(Growth, start=c(1962,1), freq=4)    # 定义经济增长率 Growth 为 dd，并设置时间
dd_dat = ts.intersect(dd, dd1 = lag(dd, k = -1),dd4 = lag(dd, k = -4))
    # 用时间序列交集函数 ts.intersect()，把储蓄率、滞后 1 期和滞后 4 期的数据取交集，这样就不会有缺值
lm_ch=lm(dd ~ dd1 + dd4, data = dd_dat)    # 对数据执行 lm() 回归
summary(lm_ch)                              # 并将结果汇总出来
Coefficients:
             Estimate Std. Error t value Pr(>|t|)
(Intercept)  0.020824   0.004312   4.829 2.82e-06 ***
dd1          0.842932   0.048173  17.498  < 2e-16 ***
dd4         -0.129412   0.048167  -2.687  0.00786 **
Residual standard error: 0.02546 on 189 degrees of freedom
Multiple R-squared:  0.6338, Adjusted R-squared:  0.6299
F-statistic: 163.5 on 2 and 189 DF,  p-value: < 2.2e-16
plot(lm_ch$resid)                           # 绘制残差图，如图 6-6 所示
```

再看最后第 9 步的绘制残差图，如图 6-6 所示。

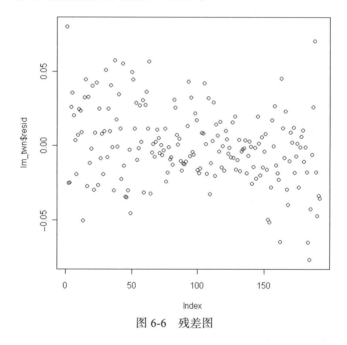

图 6-6 残差图

我们发现，这个残差图没有时间刻度，虽然第 5 步就设置了时间，但是 `lm()` 回归后，这些附上去的时间性质都会消失。

使用包 `dynlm` 可以将上面程序的第 6、7 步省略为一步，而且会保留时间序列的刻度，如范例程序 6-18 所示。

范例程序 6-18：动态线性归模型

```
library(dynlm)                              # 载入包 dynlm
dynlm_ch=dynlm(dd ~ L(dd) + L(dd, 4))       # 对数据执行 dynlm() 回归
summary(dynlm_ch)                           # 并将结果汇总出来
plot(dynlm_ch$resid)                        # 绘制残差图
```

我们再看如图 6-7 的残差，时间刻度没有因为回归消失，而是直接以时间序列的绘图方式将散点连接起来。所以 `dynlm()` 是一个很好用的时间序列回归函数。

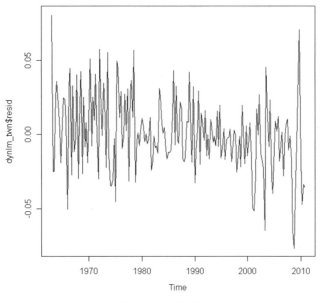

图 6-7 残差图

6.7 共线性检验

多元回归模型的解释变量有多个,当解释变量之间彼此有强烈线性相关时,我们称为共线性问题。当线性重合存在时,解释变量之间的正交性质就会受到影响,最极端的情况就是产生奇异问题(singularity),此时,估计出来的系数不稳定,也非唯一。检验共线性的方法有以下几种:

1)计算解释变量之间成对的相关系数矩阵。

2)将解释变量之间互相回归,如果有很高的 R^2,则多重共线性就存在。

3)令 X 代表解释变量矩阵,计算矩阵 $X^T X$ 的特征值(eigenvalues),将特征值从大到小排序后,特征值相对偏小的变量会有线性重合问题。假设最大特征值为 λ_1,最小特征值为 λ_p,统计学者建构了一个条件数(condition number),如下:

$$\sqrt{\frac{\lambda_1}{\lambda_p}}$$

这个数字若大于 30,则会被视为是够大,也就是矩阵会出现奇异问题。

4)当线性重合存在时,所估计参数的方差会过于庞大,可由式(6-18)得出:

$$\text{Var}(b_j) = \frac{1}{1-R_j^2} \frac{s^2}{\sum_j (x_{ij} - \bar{x}_j)^2} \qquad (6-19)$$

第 j 个自变量与其他自变量回归的偏相关系数接近 1 时,第 1 项分母会趋向 0,所以此方差会膨胀。因此,统计学者定义方差扩大因子(variance inflation factor,VIF)如下:

$$\text{VIF}_j = \frac{1}{1-R_j^2} \qquad (6-20)$$

VIF 越大,线性重合的问题越严重。R 计算 VIF 有包 **DAAG** 和包 **faraway**,都称为 **vif()**。**faraway** 必须先设定 **model.matrix** 再剔除截距项,较为烦琐。本书建议使用 **DAAG**,较

为简便。如范例程序 6-19 所示。

范例程序 6-19：VIF 检验

```
library(DAAG)     # 载入包 DAAG
data("CPS1985", package="AER")    # 从包 AER 加载其数据 CPS1985
head(CPS1985)     # 看一看 CPS1985 的前 6 笔数据，确认前 4 列是数值，其余是字符串
   wage education experience age ethnicity region gender
1  5.10         8         21  35  hispanic  other female
2  4.95         9         42  57      cauc  other female
3  6.67        12          1  19      cauc  other   male
4  4.00        12          4  22      cauc  other   male
5  7.50        12         17  35      cauc  other   male
6 13.07        13          9  28      cauc  other   male
  occupation        sector union married
1     worker manufacturing    no     yes
2     worker manufacturing    no     yes
3     worker manufacturing    no      no
4     worker         other    no      no
5     worker         other    no     yes
6     worker         other   yes      no
g=lm(wage ~ education + experience + age, data=CPS1985)
  # 执行变量线性回归，并将回归后结果存入对象 g
summary(g)    # 回归结果
Coefficients:
             Estimate   Std. Error   t value   Pr(>|t|)
(Intercept) -4.76987      7.04271    -0.677      0.499
education    0.94833      1.15524     0.821      0.412
experience   0.12756      1.15571     0.110      0.912
age         -0.02241      1.15475    -0.019      0.985
Residual standard error: 4.604 on 530 degrees of freedom
Multiple R-squared: 0.202,    Adjusted R-squared: 0.1975
F-statistic: 44.73 on 3 and 530 DF,  p-value: < 2.2e-16
vif(g)    # 计算 3 个解释变量的 vif() 值
education   experience         age
 229.5738    5147.9190   4611.4008
```

若 VIF < 10 的解释变量可以接受，所以在实务上，我们会逐次剔除 VIF 大于 10 的解释变量。这 3 个解释变量的 VIF 值都相当庞大，以 education 为例，解释如下。

$\sqrt{229.5738} = 15.152$，我们这样认为：教育目前的标准差（1.155），比无线性重合时高出 15 倍多。再查看其余两个，我们发现所有解释变量之间都有极大的 VIF，所以，这个线性回归的估计和检验均不可靠。

克服线性重合的方法是依照理论剔除多余的解释变量，或利用岭回归（ridge regression）的方法，R 有 **lm.ridge()** 可以处理，或工具变量方法，本章我们不进行详述。

第7章 Chapter 7

线性模型的扩展

7.1 广义线性模型

数量金融研究中，使用时间序列方法的最多，使用广义线性模型的并不太多。本章主要针对广义线性模型（generalized linear models，GLM）的概念，配合使用 GUI 接口 R Commander 来讲解。

讲解过程中，我们主要使用范例数据文件 vote.csv 中的数据广义线性模型。这个文件的数据结构及其说明如表 7-1 所示，表中是 2 000 位美国公民投票行为的数据。数据分析人员想要是知道哪些因素影响了投票行为。

表 7-1 vote.csv 的数据结构及其说明

vote	race	age	educate	income
1	white	60	14	3.345 8
0	white	51	10	1.856 1
0	white	24	12	0.630 4
1	white	38	8	3.418 3
1	white	25	12	2.785 2
1	white	67	12	2.386 6
0	white	40	12	4.285 7
1	white	56	10	9.320 5
1	white	32	12	3.879 7
1	white	75	16	2.703 1
1	white	46	15	11.230 7
1	white	52	12	8.669 6
0	white	22	12	1.744 3
0	white	60	12	0.225 3

变量说明：
vote：是否投票：1 表示有去投票；0 表示没有去投票
race：肤色族别：white 表示白人；others 表示其他人群
age：年龄大小
educate：受教育年数
income：年收入（万美元）

上面这笔数据的 Y 为 vote 变量，其值为 $\{0, 1\}$，所以一般也称为选择变量。这是研究决策科学常遇到的数据，$\{0, 1\}$ 分别代表决策者二分的行为，而研究人员想知道什么因素决定了特定行为的发生。因为 $\{0, 1\}$ 区间的特性，期望值可以解读为概率。

和上一章的线性模型不同，称为线性模型的被解释变量（或 Y），数据是连续数据，也就是实数：正数、负数和小数都可以。本章要研究的 Y 是 $\{0, 1\}$，因此线性模型不适宜适配这样的数据，因为线性适配线是一条直线，直线的延长会超过 $\{0, 1\}$ 这个界，如图 7-1 所示：向右方看，要预测高收入的行为概率，就会大于 1；往左方看，低收入的概率就会是负的。虽然，线性概率模型预测大体上还可以，但是对于双尾极端状况，就会出现预测问题。

鉴于这种问题，用概率分布的累积概率密度去适配这样的数据，应该比较好，如图 7-2 所示。

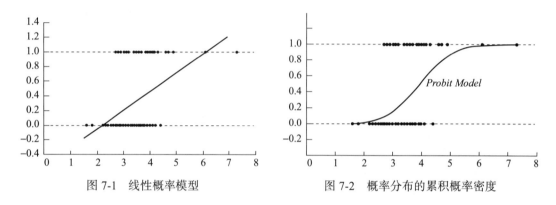

图 7-1　线性概率模型　　　　　　　图 7-2　概率分布的累积概率密度

probit 回归利用标准正态分布的累积概率密度函数 $\Phi(z)$，估计 $Y = 1$ 这个事件，即 $z = \beta_0 + \beta_1 X$，如下：

$$prob(Y = 1|X) = \Phi(\beta_0 + \beta_1 X) \tag{7-1}$$

Φ 是正态分布的累积密度函数，$z = \beta_0 = \beta_1 X$ 被称为 probit 模型的 "z-值" 或 "z-指标"。

范例：

假设 $\beta_0 = -2$，$\beta_1 = 3$，$x = 0.4$，则有：

$$prob(Y = 1|X = 0.4) = \Phi(-2 + 3 \times 0.4) = \Phi(-0.8)$$

$prob(Y = 1|X = 0.4)$ 等于标准正态分布图 $z(-0.8)$ 左边的面积。

如图 7-3 所示，查表就可以知道概率是多少。当然计算机就会直接帮我们计算。

对于二元选择的 Y，probit 还有一个双胞胎 logit，两者产生的期望概率大体上是一样的。logit 函数不链接正态分布，定义如下：

$$F(\beta_0 + \beta_1 X) = \frac{1}{1 + e^{-(\beta_0 + \beta_1 X)}} \tag{7-2}$$

因为 probit 适配一个概率密度函数，在以前计算很慢，所以开发了 logit 函数。这个时代计算器的演算能力，都没问题。我们其实不必太严格区分两者。如这里所介绍的，GLM 的估计原理，需要一个链接函数（linking function）来完成，把 z 和概率函数链接。要链接哪一个概率密度函数，就要看 Y 的型态是如何。当 Y 是测量程度，例如，{不满意，普通，满意，很满意}这样的行为时，就不是二元选择（binary choice），而是有序选择（ordered choice），

就要编成 {0, 1, 2, 3}，我们就需要用有序选择模型；如果 Y 是"计数"型，好比某时某地的旅游人数，链接函数就是将这种"随机变量的条件期望值"和"概率密度函数"链接的函数，一般"计数"型是泊松函数，所以就是和泊松函数链接。

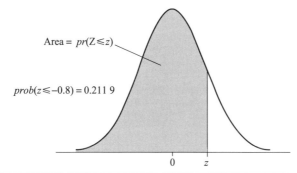

图 7-3 标准正态分布概率

因为概率函数是非线性，所以，这一部分也称为非线性模型。然而，广义线性的线性，指的是线性链接函数。综合来说，GLM 有三个重要特征：残差结构、线性关系、链接函数。

首先，残差结构，在线性模型往往用正态去处理。但是，这一章的数据则不是正态，被解释变量的特征，会出现高度的偏态、峰态、上下界被限制在一定的区间，以及期望值不可为负。所以，残差结构往往用随机变量的家族一词表示。例如，二项式、泊松、GAMMA 等。

其次，解释变量和被解释变量之间，是一个线性关系。

最后，链接函数就是由线性关系产生 Y 的期望值，与真正的 Y 观察值链接起来的函数。基本上，就是一个转换。线性期望值可能是一个负的值，但是，真正的观察值却必须在 0 和 1 之间，因此，就需要再转换一次，让它更接近 Y 所描述的现象。这就是链接函数的功能。

接下来，我们通过 R Commander 来学习三种型态的 Y。

7.1.1 二元变量的广义线性模型

本节的范例数据文件用上面的 vote.csv。我们先研究投票、收入和教育水平的关系。也就说，我们适配 GLM 于以下三个变量的方程式：

$$\text{vote} = a + b_1 \cdot age + b_2 \cdot income + b_3 \cdot educate \tag{7-3}$$

我们先绘制投票与否和收入的线性关系。图 7-4 指出很明显的线性问题，而且这笔数据的线性适配还比较严重。

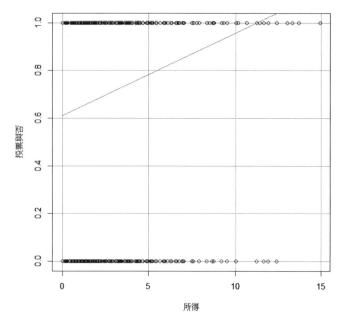

图 7-4　投票行为与收入的线性概率模型

1. 估计

我们现在就估计 GLM 的 probit/logit 模型，在如图 7-5 所示的窗口选择 GLM，GLM 窗口和 LM 很像。

图 7-5　R Commander

如图 7-6 所示，窗口选单下半部左边的 family 是随机变量 Y 的格式，我们的 Y 数据是二元，所以选 binomial；右边是链接的概率函数，选 probit 即可。下半部即是估计结果，这个结果，只能由符号正负来解读概率的增减，不能解释成概率增减幅度。例如，三个参数的 p 值都很显著，所以，以 Income 为例，我们可以从正相关解释：收入越高，投票的概率越高。不能解释成：收入增加 1 单位，投票概率增加 0.183。

接下来，我们必须观察由模型产生的概率期望值。R Commander 没有内置指令，我们在 Commander 上半的程序窗口中，因为对象是 GLM.1，所以输入命令 fitted（GLM.1），如图 7-7 所示。但是，fitted（GLM.1）产生的概率格式不是数据框 data.frame，所以，没办法显示在像 vote 的位置。因此，我们利用如图 7-8 所示的方法，做数据框转换。

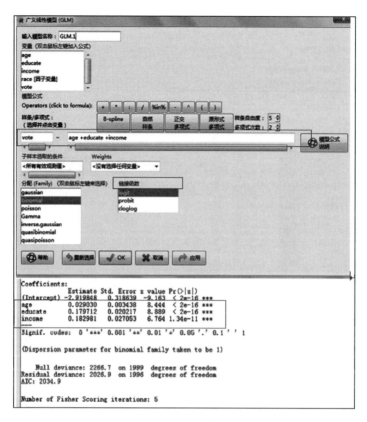

图 7-6　GLM 估计

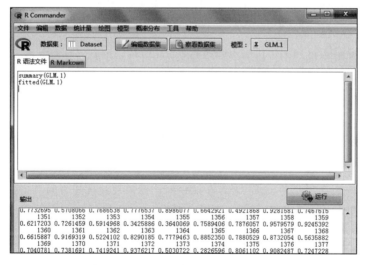

图 7-7　fitted（GLM.1）产生预期概率

如图 7-8 所示，在窗口中利用指令 `as.data.frame()`，就会将图 7-7 窗口中产生的概率，转换成数据框，显示在数据集中。

`fitted(`GLM.1`)` 的另一个相同指令是 `predict(`GLM.1, type="response"`)`，两个指令产生一样的结果。

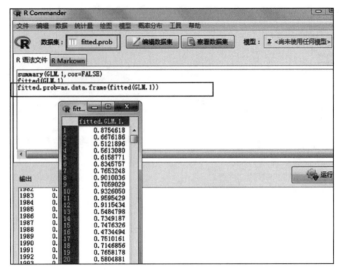

图 7-8 数据框转换

2. 适配检验

线性模型的适配度,有一个 R^2;广义线性模型的适配度,其中一个则是 McFadden R^2,定义如下:

McFadden R^2 =1-(residual.deviance/null.deviance)

在语法窗口,输入 1 -(GLM.1$deviance/GLM.1$null.deviance) 就可以。或者,根据图 7-6 下方两个值,计算得:1 -(2 026.9/2 266.7)= 0.106。

另外,估计结果传回一个 AIC,这个指标越小越好。例如,-200 比 -150 好。

3. 优势比(Odds Ratio)

在二元模型的概率模型中,每一个期望值都是一个 $Y = 1$ 时的概率测量,也就是"事件发生"的概率 p。这样的特征,同时也有事件没发生概率 $1 - p$,两者相除,就是所谓的优势比率:

$$\text{odds ratio} = \frac{p}{1 - p} \quad (7\text{-}4)$$

利用图 7-8 所示操作计算的概率期望值,就可以得出结果了。

练习

这笔数据有一个类别变量 race:白人与非白人。请依照线性模型的做法,增加这个变量,看看种族类别是否与投票行为有关?

4. Over-dispersion 和参数标准差修正

在 GLM 的架构下,理论上残差的最适表现就是卡方分布。但是,实际上会出现较大的残差变异,这就称为 Over-dispersion。如果我们模型的解释变量都是正确的,但是出现了这种状况,可能的原因是数值刻度没有适当转换,或者函数的结构形式不正确。处理这种问题的方法,就是先计算 Over-dispersion 数值,就是残差平方和除以自由度,也就是模型的方差。再用这个数值去修正原来的估计结果。如图 7-6 所示,估计对象名称是 GLM.1,分子是 **sum**(residuals(GLM.1)^2),分母自由度是 GLM.1$df.res,故我们定义 Over-dispersion 参数如下:

$$OD = \text{sum}(\text{residuals}(GLM.1)\wedge 2)/GLM.1\$df.res \quad (7\text{-}5)$$

其实这个数字在输出表中已经有了，就是最下方 residual deviance 2 026.9，自由度是 1 996。

计算成功之后，我们重新执行：

summary(GLM.1, dispersion=OD**)**

如图 7-9 所示。

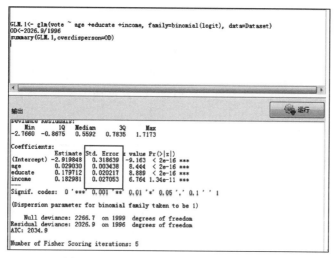

图 7-9　基于 Over-dispersion 的参数修正

比较图 7-6 和图 7-9，标准偏差变得比较保守。这也就是线性模型中所称的稳健协方差。

7.1.2　多元排序变量的广义线性模型

本节的范例数据文件用 danger.csv。这笔数据的被解释变量 Y 是 *danger*，它的测度是从 1 到 5，数据衡量了动物的危险程度：1 为最不危险，5 为最危险。这类的数据格式，也常见于满意度的调查数据。我们想要从这笔数据中知道动物的危险程度和其他三个变量的关系，即 *Body*、*Brain* 和 *Sleep*。*Body* 衡量了动物的体形，*Brain* 衡量了动物的脑容量，*Sleep* 则衡量动物的嗜睡程度，如表 7-2 所示。

表 7-2　danger.csv 数据变量

Danger	Body	Brain	Sleep
3	6 654	5 712	3.3
3	1	6.6	8.3
1	3.385	44.5	12.5
3	0.92	5.7	16.5
4	2 547	4 603	3.9
4	10.55	179.5	9.8
1	0.023	0.3	19.7
4	160	169	6.2
1	3.3	25.6	14.5

Danger	Body	Brain	Sleep
1	52.16	440	9.7
4	0.425	6.4	12.5
5	465	423	3.9
2	0.55	2.4	10.3
5	187.1	419	3.1

如图 7-10 所示，我们发现要点选有序回归时，选项呈现灰白色，而不是黑色，这表示这笔数据中 Y（或 danger）的格式不符合这个函数的要求。这是因为，在 R 内，danger 的数据必须是因子（factor）。虽然 1～5 是数值，但是必须转换成无法加减乘除的因子，才能适配模型。

图 7-10 有序回归模型

转换的方法如图 7-11 所示，以此来启动如图 7-12 所示的转换函数。

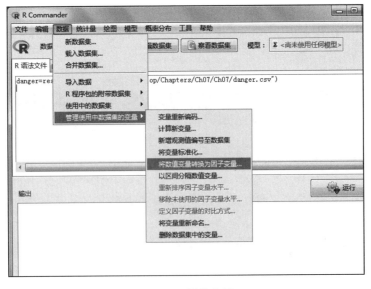

图 7-11 转换变量

转换的方法如图 7-12 所示的对话窗口，左边选择要转换的变量，右边选项可以按照我建议的去做。如果依照内定"指定层次名称"，你就必须输入五个与数字对应的文字，这其实有一点麻烦，而右下方是新变量名称，可以自行给名称。

结果会在原数据中的暂存盘中写入一笔新数据，如图 7-13 所示。

接下来，我们就能顺利由有序回归选项进入回归窗口，如图 7-14 所示，这个窗口提供的选项与第 6 章的线性模型和前一节的内容几乎相同，唯有一点差异在最下方，此处只有两个转换概率的计算方法，不像二元变量有一大家族可以选。

图 7-12　转换因子变量的对话窗口

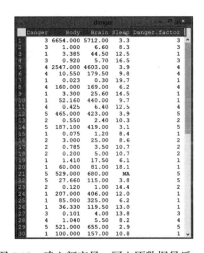

图 7-13　建立新变量，写入原数据最后一栏

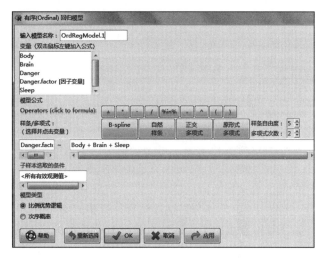

图 7-14　有序回归选单

图 7-15 的估计结果，可以如下解读。

次序概率回归模型估计结果，指出只有 *sleep* 的系数是显著的，-0.33 的值指出越嗜睡的动物，危险性越低。脑容量和危险性之间也是负相关，但是在统计上负相关程度相当不显著。

图 7-14 中最下方的选项，有两个测量概率的选项：Proportional-odds ratios 和次序概率。两者只是转换概率函数的设计，这些设计都不是多余的，是要处理数据端点测量概率时发生的特殊问题，各有优缺点。

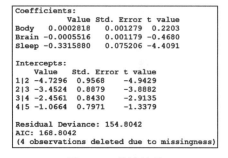

图 7-15　估计结果

练习

图 7-14 最下方的选项，选次序概率，比较参数估计的结果和用 `fitted()` 计算的概率期望值。

7.1.3　计数型变量的泊松广义线性模型

本节的范例数据文件用 countStrike.csv，这笔数据想要研究罢工次数的影响因素。这笔数据变量的说明如表 7-3 所示。

表 7-3　countStrike.csv

NUMB_strike	FEB	IP
5	0	1.517
4	1	0.997
6	0	0.117
16	0	0.473
5	0	1.277
8	0	1.138
8	0	0.424
9	0	−0.687
10	0	−0.023
10	0	0.791
7	0	2.538
1	0	2.939
6	0	3.927
5	1	3.71
6	0	4.186

变量说明：
NUMB_strike：罢工次数
FEB：=1，发生在二月；=0，发生在其他月份
IP：以工业生产指数变动率计算的经济成长

估计这种随机变量，模型是泊松模型，链接函数有 3 个，如图 7-16 所示。3 个链接函数（identify、log、sqrt）是指将线性模式下产生的被解释变量的期望值进行概率转换时用的函数。选择不同的链接函数，结果会有些许差异，但是增减方向不变。

图 7-16 下半部分是估计结果，说明范例如下。

2 月份发生罢工次数的次数比其他月份的平均次数要少；经济增长率较高，平均罢工次数也较高。

图 7-16　poisson GLM

练习

用 `fitted()` 比较 3 个链接函数预测的平均罢工次数，差异如何。

练习

请计算 Over-dispersion，并修正原估计结果。

7.1.4 多元选择变量的广义线性模型

7.1.1 节的问题是二元选择，行为者的选择是二中选一，非此即彼。一个更普遍的情况是行为者是从多个选项中选择一个。例如，表 7-4 是健康保险数据集文件 mlogit.csv 中的数据示例。

表 7-4 健康保险数据集文件 mlogit.csv 中的数据示例

patient_ID	insure	age	sex	white	ppd0	ppd1	ppd2	ppd	site	变量说明：
3 292	Indemnity	74	Female	Yes	0	0	0	0	2	Insure 是我们的被解释变量，有三项
3 685	Prepaid	28	Female	Yes	1	1	1	1	2	indemnity：保险损害赔偿
5 097	Indemnity	38	Female	Yes	0	0	0	0	1	prepaid：预付计划，如维护健康组织（health maintenance organization, HMO）的计划，预付一笔费用，就可以永久免费看病
6 369	Prepaid	24	Female	No	1	1	1	1	3	
9 194	Prepaid	30	Female	Yes	1	1	1	1	2	
11 492	Prepaid	39	Female	Yes	1	1	1	1	2	
14 636	Uninsure	63	Female	No	0	0	0	0	3	
15 102	Prepaid	70	Female	Yes	1	1	1	1	1	Uninsure：没有保险
20 043	Prepaid	77	Male	Yes	1	1	1	1	3	Sex：性别
24 444	Prepaid	38	Male	No	1	1	1	1	3	White：是否为白人
24 907	Prepaid	60	Female	Yes	1	0	0	1	1	ppd0：prepaid at baseline
25 169	Prepaid	42	Male	No	1	1	1	1	3	
25 969	Prepaid	35	Female	No	1	1	1	1	3	
28 343	Prepaid	41	Female	No	1	1	1	1	3	ppd1：prepaid at year 1
32 400	Prepaid	39	Female	Yes	1	1	1	1	3	ppd2：prepaid at year 2
32 969	Prepaid	47	Male	No	1	1	1	1	3	
34 110	Prepaid	49	Female	Yes	1	1	1	1	1	
34 739	Prepaid	39	Female	Yes	1	1	1	1	3	

这笔数据用来研究病人对于方案的选择和人口因素的关连。类似数据研究的问题，教育方面可应用于调查大学生毕业后的选择：硕士、就业、留学。执行 multinominal *logit/probit*，如图 7-17 所示，进入选项。

最后是如图 7-18 所示的窗口，我们适配年龄、性别和种族 3 个变量。这估计方法，会将 3 个被解释变量中的一个，视为比较基准（base），R 里面是自动取字母排在前面的，即 indemnity。比较基准就是和其他两个比较的。所以，解读这结果必须小心。

图 7-18 的下半部显示了估计结果，R 对结果的输出，是依照估计项目分成三部分：Coefficients（系数）、Std. Errors（标准误）和 Value/SE（显著性检验统计量）。以系数为例，解读如下。

图 7-17　多元逻辑模型

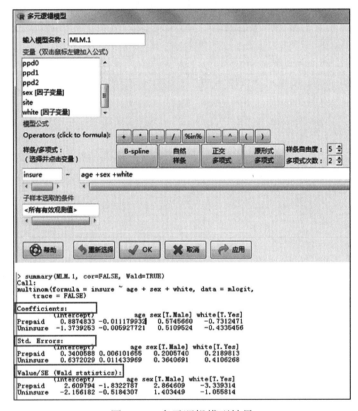

图 7-18　多元逻辑模型结果

截距代表了 3 个变量的观察值是 0 时的概率，计算方式，在 Commander 窗口，执行两行语句。

```
cc=c(0, 0.8874833, -1.3739253)
exp(cc)/sum(exp(cc))
```

利用 Commander 窗口执行，非常简易，如图 7-19 所示。

第 1 行定义 3 个数值：0 就是 base 项，也就是 indemnity；另外两个就是 2 个选项的截距参数。第 2 行计算个别概率，按"运行"按钮，得到下面结果：

```
exp(cc)/sum(exp(cc))
[1] 0.27158265    0.65967667    0.06874068
```

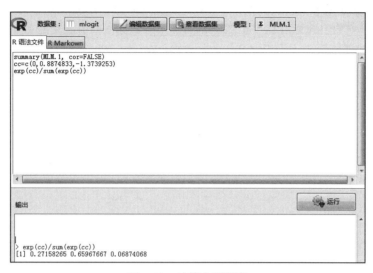

图 7-19　计算个别概率

当 3 个变量的观察值是 0 时（女性且非白人），个人选择 indemnity 的概率是 0.27，选择 prepaid 的概率是 0.659 7，选择不保险的概率是 0.069。

斜率代表了 log-odds 概率，测量了一个人从 baseline 的选择，过渡到 prepaid 或 uninsured 的概率。例如，age 斜率 − 0.011 2，

```
cc=c(0, -0.011179932, -0.005927721)
exp(cc)/sum(exp(cc))
[1] 0.3352361 0.3315091 0.3332548
```

三者概率类似：意思是说，年龄增加 1 岁，从 baseline 的选择，过渡到 prepaid 的概率是 0.331 509 1。

7.2　稳健统计量

7.2.1　稳健回归简介

第 6 章介绍过异质性协方差导致协方差不稳健，解决方案是采取稳健修正的协方差（robust covariance）来取计算标准偏差。现在我们将介绍数据分布的异质性所导致的回归条件期望值估计的不稳健，也就是回归系数不稳健的问题。

根据 Gauss-Markov 定理，最小二乘法（LS）是线性模型的最佳无偏估计式（BLUE）。但是，LS 的估计结果对于样本观察值的异常状况是相当敏感的，例如，异常值（outliers）的存在或出现，会对现行的回归产生极大影响。用两个图说明如下。图 7-20 所示的 x - y 是一个显著正相关，适配地相当好，R^2 用肉眼看约有 0.9。如图 7-21 所示，这是一个出现异常值的状况，椭圆是图 7-21 的散布数据，本应是代表正相关的直线，此时表示负相关，R^2 变成 0.07，且 x - y 之间的关系变得不显著。

异常值的存在会对 LS 有这么大的影响，是因为 LS 的中心是平均数（mean），它会找一条让偏离平均值的残差平方和最小的那条直线。所以，遇到这种状况，我们就说 LS 产生的条件期望值（系数）不够稳健（Less Robust）。稳健回归是一些避开异常值的统计方法，例如，不再盯住平均数，改而盯住中位数。目前常用的稳健回归有三个稳健估计法：M- 估计法（Huber，1973）[9]、S- 估计法（Rousseeuw and Yohai，1984）[10]和 MM- 估计法（Yohai 1987）[11]。

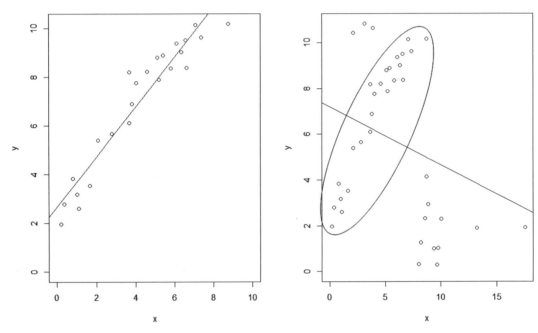

图 7-20　无异常值情况下的 x-y 拟合关系　　图 7-21　有异常值情况下的 x-y 拟合关系

三者强调各有不同：
1）M- 估计法强调"被解释变量"的离群散布，也就是有较大的残差项。
2）S- 估计法强调"解释变量"的离群散布，S- 法是一个密集度很高的计算过程。
3）MM- 估计法是上述两种方法的综合，处理了两种离群散布。MM- 法先用 S- 法估计，然后用 S- 估计的系数，作为 M- 法演算的起始值。

这三种估计方法的技术文件很庞大，有兴趣的读者可以参考相关教材。整体上，就是一个 lm() 的架构，只是演算时需逐步修正异常值的影响。R 里面有两个包 robustbase 和 robust。我们简单呈现一个使用 robustbase 包的范例，因为和 lm() 一样，故细节省略，读者可以自行操作。robustbase 包的稳健回归函数是 lmrob()，上面三种估计法只要设定好 method= 参数即可。估计之后的处理方法和 lm() 都完全一样，包括预测都是沿用 predict()，如下所示：

```
library(robustbase)
myData=read.csv("IS_CA.csv")
lmrob_M=lmrob(INVEST~SAVING, data=myData, method="M")
summary(lmrob_M)
lmrob_M$coef
summary(lmrob_M)$coef
```

```
confint(lmrob_M, level=0.9)

lmrob_S=lmrob(INVEST~SAVING, data=myData, method="S")
summary(lmrob_S)
lmrob_S$coef
summary(lmrob_S)$coef
confint(lmrob_S, level=0.9)

lmrob_MM=lmrob(INVEST~SAVING, data=myData, method="MM")
summary(lmrob_MM)
lmrob_MM$coef
summary(lmrob_MM)$coef
confint(lmrob_MM, level=0.9)
```

这三种方法的结果都是找出一组系数和一个方程式，因为在问题设定之时，异常值可以看作相对稀少的意外，例如，某一天的危机震荡。但是，如果数据整体在最高或最低都有大量的数据，这样的情况，就是两个尾端有特殊的性质。例如，涉险值（value-at-risk，VaR）和极值理论。

读者可以执行本书所附的程序，显示在屏幕就一目了然稳健统计工具的意义。我们把重心放在计量经济方法的重点——分位数回归。

7.2.2 分位数回归

分位数回归（regression quantile）是由 Koenker and Bassett（1978）[12]提出，之后经过多年的淬炼，如今已经是一个重要的经济计量方法。分位数回归方法的发展，都由 Koenker（2005）一书[13]汇总。由上面对稳健统计的讲解，Koenker 的分位数回归是另一种修正异质问题的方法，由数据的分位数去观察整体。7.2.1 节的问题是少量的异常值造成整体的不稳健，现在要看的是整体的分位数倾向，几个分位数就估计几个方程式，和前一节略有不同。

已知线性模式：

$$Y = \beta X + e \tag{7-6}$$

令 $Q_e(\tau)$ 是残差 e 的第 τ 个分位数，$Q_y(\tau|X)$ 是 y 的第 τ 个依 X 的条件分位数。
一个简单的分位数回归可以写成如下函数：

$$Q_y(\tau|X) = \beta X + Q_e(\tau) \tag{7-7}$$

参数 β 的解来自极小化以下函数：

$$\begin{aligned} Q(\tau) &= \operatorname*{argmin}_{\zeta} \left\{ \sum_{i:\, Y_i \geq \zeta} \tau \,|Y_i - \zeta| + \sum_{i:\, Y_i < \zeta} (1-\tau) \,|Y_i - \zeta| \right\} \\ &= \operatorname*{argmin}_{\zeta} \left\{ \sum_i \rho(\tau)(Y_i - \zeta) \right\} \end{aligned} \tag{7-8}$$

$\rho_\tau(u) = u[\tau - \mathbf{I}(u<0)]$ 也称为检测函数（check function），用来非对称地对正负数值加权。数学上的综合表示如下：

$$\hat{\beta}(\tau) = \operatorname*{argmin}_{\beta(\tau)} \left\{ \sum_i \rho_\tau(Y_i - X_i' \beta(\tau)) \right\} \tag{7-9}$$

因此，解系数就是一个线性规划的过程，文献上很多算法，有兴趣的读者可参考 Koenker（2005）一书[13]。

范例程序 7-1：分位数回归

```
library(quantreg)
### A: 估计
# Case 1. 单分位数，内建是中位数 0.5
out1 = rq(INVEST~SAVING, data=myData)
summary(out1)$coeff
    # 这个指令输出的是信赖区间，需要有类似 t 统计量和 p 值，就在函数内设定 covariance=T，如下:
summary(out1,covariance=T)$coeff
# Case 2. 估计多个分位数
out2 = rq(INVEST~SAVING, data=myData, tau=1:3/4)
out2$tau
B1=summary(out2)[[1]]
B2=summary(out2)[[2]]
B3=summary(out2)[[3]]
# Case 3. 子样本
out3 = rq(INVEST~SAVING, data=myData, subset=Group=="Advanced Economies")
### B: ANOVA Goodness-of-fit 配适检验
gf0 = rq(INVEST~SAVING-1,data=myData)
gf1 = rq(INVEST~SAVING,data=myData)
anova(gf0,gf1)              # ANOVA 也照用，和线性模式完全一样
### C: 分位数系数绘图，执行多个分位数估计，再绘制比较图
fm=rq(INVEST~SAVING,data=myData, tau=1:9/10)
plot(fm)                    # 如图 7-22 所示
plot(fm, parm = 2, mar = c(5.1, 4.1, 2.1, 2.1),
main = "", xlab = "tau",ylab = "coefficients",
cex = 1, pch = 19)          # 如图 7-23 所示
```

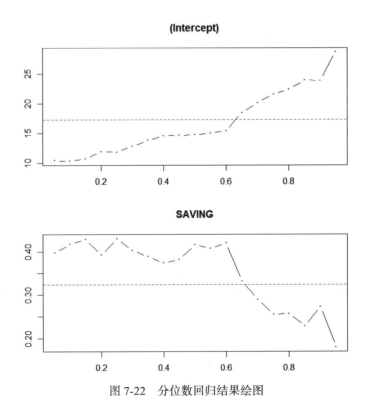

图 7-22 分位数回归结果绘图

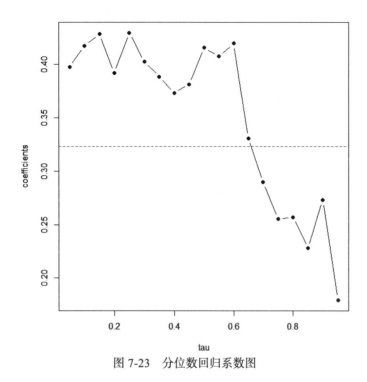

图 7-23　分位数回归系数图

综合来说，分位数回归不是估计一个可以代表整体数据的稳健方程式，而是在"多个分位数区位中，观察整体的状况"。有一些文章把分位数回归讲成部分样本回归，其实是不准确的。

第二部分 PART2

单变量时间序列分析

第8章

时间序列的平稳性 I（0）和 I（1）

8.1 时间序列性质

标准的时间序列数据如图 8-1 所示，是我国人均 GDP 的数据。一般而言，时间序列有三种成分：

1）趋势成分：主要是长期的信息。
2）循环成分：循环效果为时间序列的周期变化，季节性包含在内。
3）随机波动：移除上述两种成分后剩下的随机干扰项。

1990 年 1 月 1 日～ 2010 年 1 月 1 日我国人均 GDP 对数的时间序列及其三个成分图，如图 8-1 所示。

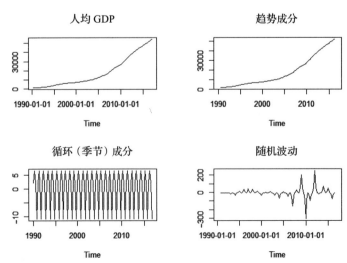

图 8-1　时间序列图

8.2 单笔时间序列性质

8.2.1 自相关、偏自相关和序列相关检验

自相关函数 ACF 和偏自相关函数 PACF 是两个事先看一看时间序列跨期相关性程度的统计量，这两个统计量的检验，一般都是用图形验视。两者之间的差别，可以由以下定义与回归式看出：

$$\text{ACF}(\tau_k): Y_t = a + \tau_k Y_{t-k} + e_t \rightarrow \tau_k = (Y'_{t-k} Y_{t-k})^{-1} Y'_{t-k} Y_t \quad (8-1)$$

$$\text{PACF}(\phi_k): Y_t = a + \tau_1 Y_{t-1} + \varphi_2 Y_{t-2} + \varphi_3 Y_{t-3} + \cdots + \varphi_k Y_{t-k} \cdots + e_t \quad (8-2)$$

由上面两个回归方程式得出，ACF 和 PACF 其实就是两个自回归的特定系数。ACF 衡量的两个关系，一旦跨 2 期以上，就会有数据重叠的问题，因此，PACF 用的方法就是将中间增加连续滞后期，以计算净相关。R 中的操作如范例程序 8-1 所示。

范例程序 8-1：自相关与偏自相关的检验

```
acf(y , main="ACF of index returns")        # 画 acf, 如图 8-2 上半部所示
pacf(y , main="PACF of index returns")      # 画 pacf, 如图 8-2 下半部所示
```

R 计算 ACF 和 PACF 时，内置的滞后期是 30，如果需要增加或减少，只需要在函数内增加一个参数 lag=，如下：

```
acf(y , main="ACF of index returns", lag=40)
```

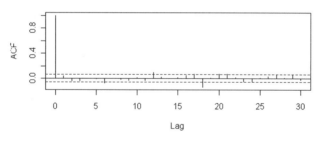

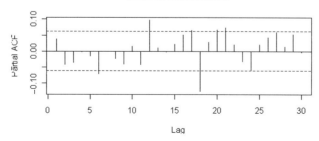

图 8-2 自相关与偏自相关检验图

8.2.2 时间序列性质提取和趋势预测

总体经济数据往往需要利用滤波器（filter）取出长期趋势，并将季节性成分移除。线性滤波器的意义在于从原始数据中取出长期趋势成分，移除季节性成分和波动变异。有了长期

趋势，就可以进行长期均衡的经济预测。

一个基本且相当重要的线性滤波器方法是有限移动平均法：

$$\hat{y}_t = \sum_{j=-r}^{s} a_j y_{t+j} \quad t = r+1, \cdots, n-s \tag{8-3}$$

如果 r = s，则这个移动平均即为对称滤波器。R 内置的函数 `filter()`，就具有有限移动平均法这样的功能。但是，`filter()` 还有自回归的功能。滤波器函数 `filter()` 的使用如范例程序 8-2 所示。

范例程序 8-2：使用 filter()

```
library(AER)                                              # 载入包 AER
load("china3v.RData")                                     # 读取数据
attach(china3v)                                           # 加载数据：china3v 有 3 笔
vname=c("saving-GDP ratio", "investment-GDP ratio", "Economic growth")
  # 定义变量字符串名称
k=1                                                       # 选定数据变量字段，此处选第一栏储蓄率
y=ts(china3v[,k], start=c(1961,1),freq=4)                 # 将选定变量赋予时间序列框架
show(y)                                                   # Show 数据出来看一看
plot(y, ylab="", main=vname[k])                           # 画储蓄率的时间序列数据，如图 8-3 所示
f= filter(y, c(1/2, rep(1, 11), 1/2)/12)
  # 用 filter() 计算趋势 (trend)，内置有限移动平均法，如果要用 AR，则在内增加设定 method="recursive" 即可
lines(f, col = 2)                                         # 在前面 plot() 函数绘制的图中添加趋势
                                                          # 线，如图 8-3 所示
```

另一个可以生成出类似对称线性滤波器的函数是 `rollapply()`。这个函数名中的 roll 意同 moving。`rollapply()` 的使用方法如范例程序 8-3 所示。

范例程序 8-3：使用 rollapply()

```
rlp_mean=rollapply(y, 12, mean)    # 每 12 个季度算一个平均数，依次滚动 (rolling) 计算
plot.ts(rlp_mean)                  # 绘图，如图 8-4 上半部所示
rlp_sd=rollapply(y, 12, sd)        # 每 12 个季度算一个标准偏差，依次滚动计算
plot.ts(rlp_sd)                    # 绘图，如图 8-4 下半部所示
```

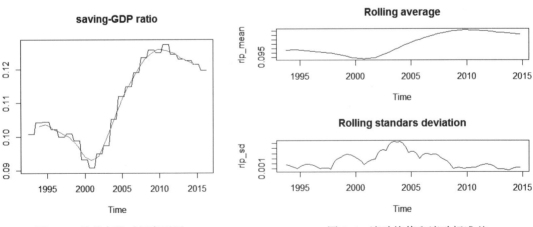

图 8-3　储蓄率的时间序列图　　　　　图 8-4　滚动均值和滚动标准差

上面两个滤波器方法，是对趋势做处理，如果我们需要更精细的数据提取，例如，若要提取时间序列中的趋势、季节成分和随机波动三种成分，就必须使用两个滤波器：`decompose()` 和 `stl()`。这两个滤波器的使用如范例程序 8-4 所示。

范例程序 8-4：使用 decompose() 和 stl()

```
dd_dec=decompose(y)                # 用 decompose() 提取 y 的 3 种成分
plot(dd_dec)                       # 绘图
dd_stl = stl(y, s.window = 13)     # 用 stl() 提取 y 的 3 种成分
plot(dd_stl)                       # 绘图，如图 8-5 所示
```

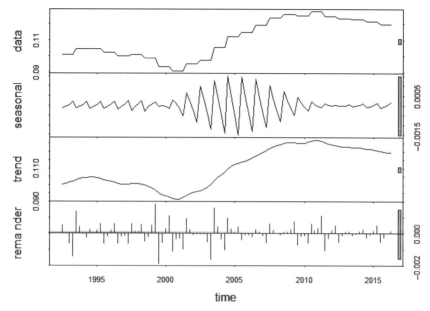

图 8-5　stl() 提取的三个成分

练习

请用 **names(dd_stl)** 察看 dd_stl 内涵的对象名称，请单独取出季节成分绘图（提示：dd_stl$time.series[,"seasonal "]）。同法，从 dd_dec 单独取出季节成分绘图（提示：dd_dec$seasonal）。将两个图放置在一个图文框中，比较差异。

另外，还有一种滤波的方法称为指数平滑法，运用了传统指数平滑的预测方法，这种方法使用了递归加权，用滞后观察值来预测未来的时间序列趋势。一个一般化的滤波器就是 Holt-Winters 滤波器。Holt-Winters 滤波器的原理如下：时间序列的滤波是利用可加季节成分（additive seasonal component），平滑的方法则使用令观察值预测误差极小的参数。下面范例程序 8-5 介绍如何用趋势预测未来：用 2004 年 1 月 1 日以前的数据做观察值，再用 **HoltWinters()** 函数滤波这笔数据，然后用 **predict()** 根据滤波出来的数据来预测未来 6 年 (2005 年第一季度～2010 年第四季度) 的趋势。

范例程序 8-5：Holt-Winters 滤波器

```
dd_past = window(y, end = c(2004, 4))         # 定义观察值使用 2004 年第四季度以前的数据
dd_hw = HoltWinters(dd_past)                  # HoltWinters () 函数滤波这笔数据
dd_pred = predict(dd_hw, n.ahead =24)         # 用经 HoltWinters 滤波后的数据预测未来
plot(dd_hw, dd_pred, ylim = range(y))         # 绘图，如图 8-6 所示
lines(y)                                      # 加线，如图 8-6 所示
```

如图 8-6 所示，垂直虚线分隔了 2004 年前后。我们发现，2008 年因为次贷危机的冲击，预测误差相当大，而且预测的未来期数太多，预测效果也不好。

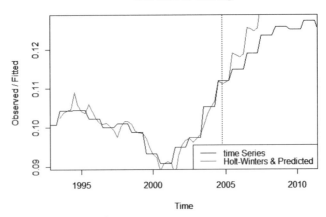

图 8-6　Holt-Winters Filter

练习

利用上面的程序代码，调整 `window(y, end = c(2004, 4))` 内的时间，并同步改变预测期数，看一看表现如何。

最后，我们介绍包 **mFilter**，其使用方法如范例程序 8-6 所示，这是一个专业滤波经济数据的包，内有 5 种文献常用的滤波器：Hodrick-Prescott、Baxter-King、Christiano-Fitzgerald、Butterworth filter 和 Trigonometric regression。

范例程序 8-6：使用 mFilter()

```
library(mFilter)                                  # 载入包 mFilter
y.hp = mFilter(y,filter="HP")                     # Hodrick-Prescott filter
y.bk = mFilter(y, filter="BK")                    # Baxter-King filter
y.cf = mFilter(y, filter="CF")                    # Christiano-Fitzgerald filter
y.bw = mFilter(y, filter="BW")                    # Butterworth filter
y.tr = mFilter(y, filter="TR")                    # Trigonometric regression filter
plot(y, main="saving-GDP Ratio & Estimated Trend", col=1, ylab="")
                                                  # 画出原始数据
lines(y.hp$trend, col=2)                          # 加线：Hodrick-Prescott 趋势
lines(y.bk$trend, col=3)                          # 加线：Baxter-King 趋势
lines(y.cf$trend, col=4)                          # 加线：Christiano-Fitzgerald filter 趋势
lines(y.bw$trend, col=5)                          # 加线：Butterworth filter 趋势
lines(y.tr$trend, col=6)                          # 加线：Trigonometric regression 趋势
legend("topleft", legend=c("time Series", "HP", "BK", "CF", "BW", "TR"), col=1:6,
       lty=rep(1,6), ncol=2)                      # 加框内文字说明，legend() 是图形的说明方块，置于上面的
                                                  # 图文框内
```

`mFilter()` 取出的 5 个趋势如图 8-7 所示，其中，Butterworth 的误差最大。

练习

利用上面的 mFilter 的程序代码，单独取出循环成分和季节性成分，同样绘图看一看。[⊖]

8.2.3　时间序列独立同分布性质检验

时间序列独立同分布（independently, identically, distributed，i.i.d.）是一个相当有用的检验。例如，当我们想知道某时间序列是否有非 0 的趋势或成分，就可以用这个来检验。在财

⊖ 提示：使用 `names()` 检查列表内的对象，例如 `names(y.hp)`。

务上，这可以确认某笔资产报酬率的残差是否还有未知的风险溢酬。用BDS[14,15]检验时间序列是否为 i.i.d.，关键是 ε 条件。

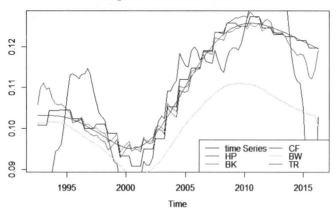

图 8-7 mFilter() 取出的 5 个趋势

BDS 的原假设：

H_0：所检验的数据是 i.i.d. 的。

ε 条件：令 ε 代表成对样本间的距离，如果这笔数据是真的 i.i.d.，则任何成对的样本点之间的距离小于 ε 的概率将不大于一个固定常数。成对样本如下：

$$\{\{X_s, X_t\}, \{X_{s+1}, X_{t+1}\}, \{X_{s+2}, X_{t+2}\}, \cdots, \{X_{s+m-1}, X_{t+m-1}\}\}$$

其中，m 为嵌入维数（embedding dimension），也就是连续样本点的数量。

令满足 ε 条件的成对样本点的联合概率为 $c_m(\varepsilon)$，如果数据是 i.i.d. 的，则 $c_m(\varepsilon) = c_1^m(\varepsilon)$，即

$$c_{m,n}(\varepsilon) = \frac{2}{(n-m+1)(n-m)} \sum_{s=1}^{n-m+1} \sum_{t=s+1}^{n-m+1} \prod_{j=0}^{m-1} I_\varepsilon(X_{s+j}, X_{t+j}) \tag{8-4}$$

$$I_\varepsilon(x,y) = \begin{cases} 1 & \text{if } |x-y| \leq \varepsilon \\ 0 & \text{otherwise} \end{cases} \tag{8-5}$$

$c_{m,n}$ 常被称为相关性积分（correlation integrals），以下定义及性质可用于构建检验时间序列 i.i.d. 的特性：

$$b_{m,n}(\varepsilon) = c_{m,n}(\varepsilon) - c_{1,n-m+1}(\varepsilon)^m \tag{8-6}$$

分布假设：$\sqrt{n-m+1} \dfrac{b_{m,n}(\varepsilon)}{\sigma_{m,n}(\varepsilon)} \rightarrow N(0,1)$ \tag{8-7}

$$\sigma_{m,n}^2(\varepsilon) = 4\left(k^m + 2\sum_{j=1}^{m-1} k^{m-j} c_1^{2j} + (m-1)^2 c_1^{2m} - m^2 k c_1^{2m-2}\right) \tag{8-8}$$

$$k_n(\varepsilon) = \frac{2}{n(n-1)(n-2)} \sum_{t=1}^{n} \sum_{s=t+1}^{n} \sum_{r=s+1}^{n} (I_\varepsilon(X_t, X_s) I_\varepsilon(X_s, X_r) + I_\varepsilon(X_t, X_r) I_\varepsilon(X_r, X_s) + I_\varepsilon(X_s, X_t) I_\varepsilon(X_t, X_r)) \tag{8-9}$$

统计量函数 **bds.test()** 的完整内容如下：

```
bds.test(x, m = 3, eps = seq(0.5 * sd(x), 2 * sd(x), length = 4), trace = FALSE)
```

参数说明（不是所有参数都要进行设定）：

x：拟检验的时间序列数据。

m: 嵌入维数，'2', ..., 'm'，默认值为 3。

eps: ε 条件。默认为由 x 标准偏差所表示。

trace: 逻辑字符串，指明是否需要追踪特定信息。

为了能显示这个统计量的检验表现，我们用虚拟抽样数据来实操。如范例程序 8-7 所示。

使用 bds.test() 函数进行独立同分布检验的操作方法。

范例程序 8-7：BDS 独立分布检验

```
library(tseries)          # 载入包 tseries
x1=rnorm(1000)            # 从标准正态分布抽取 1 000 个样本，定义为 x1，此为 i.i.d. 样本
bds.test(x1)              # 执行 BDS i.i.d. 检验
Embedding dimension =  2 3
Epsilon for close points =  0.4923 0.9846 1.4769 1.9692
Standard Normal =
            [ 0.4923 ] [ 0.9846 ] [ 1.4769 ] [ 1.9692 ]
    [ 2 ]    1.1154      0.3505    -0.1107    -0.3330
    [ 3 ]    0.4175     -0.4949    -0.7578    -0.7643
p-value =
            [ 0.4923 ] [ 0.9846 ] [ 1.4769 ] [ 1.9692 ]
    [ 2 ]    0.2647      0.7260     0.9118     0.7391
    [ 3 ]    0.6763      0.6207     0.4486     0.4447
x2=c(rnorm(500),runif(500))
    # 从标准正态分布和均匀分布各抽取 500 个样本，定义为 x2，因为是从两个不同的分布中抽样，故此为
      非同分布（identical）样本
bds.test(x2)              # 执行 BDS i.i.d. 检验
Embedding dimension =  2 3
Epsilon for close points =  0.3890 0.7781 1.1671 1.5562
Standard Normal =
            [ 0.389 ] [ 0.7781 ] [ 1.1671 ] [ 1.5562 ]
    [ 2 ]   15.3579     13.8960    8.3973     4.7689
    [ 3 ]   28.7731     19.5975   11.4124     6.8427
p-value =
            [ 0.389 ] [ 0.7781 ] [ 1.1671 ] [ 1.5562 ]
    [ 2 ]        0           0          0          0
    [ 3 ]        0           0          0          0
```

上述第 3 行的检验结果从最后的 p 值可以看出，BDS 接受了 x1 为 i.i.d. 的原假设。

上述第 5 行的检验结果从最后的 p 值可以看出，BDS 极显著地拒绝了 x2 为 i.i.d. 的原假设。

8.2.4 方差比检验

方差比可以检验时间序列是否为随机漫步过程，或称为鞅（Martingale）过程。

假设一个已知时间序列数据 $\{Y_t\} = (Y_0, Y_1, Y_2, \cdots, Y_T)$ 满足条件：

$$\Delta Y_t = \mu + \varepsilon_t$$

μ 为漂移项（drift）。随机漫步的基本性质是其变化不可预测，也就是残差为 i.i.d.。因此，对任意 t，我们要检验 $E(\varepsilon_t) = 0$ 及 $E(\varepsilon_t \varepsilon_{t-j}) = 0, j > 0$。

基本的统计量必须定义一阶差分的平均数和 q 阶差分的方差，如下：

$$\hat{\mu} = \frac{1}{T} \sum_{t=1}^{T} (Y_t - Y_{t-1}) \qquad (8\text{-}10)$$

$$\hat{\sigma}^2(q) = \frac{1}{Tq} \sum_{t=1}^{T} (Y_t - Y_{t-q} - q\hat{\mu})^2 \qquad (8\text{-}11)$$

对应的方差比统计量：

$$VR(q) = \hat{\sigma}^2(q) / \hat{\sigma}^2(1) \tag{8-12}$$

检验方差比的统计量相当多，而且根据数据的各种性质，如异质性，所设计的统计量相当多。R 中的 vrtest 包内有几乎所有主要的统计量，因为许多统计量的分布没有办法收敛到标准的分布，所以临界值的计算就需要依赖模拟方法。使用 vrtest 包进行方差比检验的方法如范例程序 8-8 所示。

范例程序 8-8：方差比检验（Variance ratio tests）

```
library(vrtest)                    # 载入包 vrtest
data(exrates)                      # 读取汇率数据，内有多笔汇率周数据
y = exrates$ca                     # 从汇率数据中取出加拿大兑美元汇率
nob = length(y)                    # 定义样本数
r = log(y[2:nob])-log(y[1:(nob-1)])   # 计算汇率变动率
q = c(2, 5, 10)                    # 定义方差比检验的期数
VR.plot(r, q)                      # 计算传统 VR 检验并绘图，如图 8-8 所示
Wald(r, q)                         # 计算 VR 检验的 Wald 统计量 χ2
$Holding.Period
[1]  2  5 10
$Wald.stat
[1] 8.737062
$Critical.Values_10_5_1_percent
[1]  6.251389   7.814728  11.344867
Lo.Mac(r, q)                       # 计算 Lo-MacKinlay 方差比统计量 [16]
Chow.Denning(r, q)                 # 计算 Chow-Denning 方差比统计量 [17]
Boot.test(r, q, nboot=500, wild="Normal")
  # 模拟 Lo-MacKinlay 和 Chow-Denning 的临界值
```

VR.plot(r, q) 绘出的图如图 8-8 所示。这个图画的是传统方差比值。

由图形看出，$k = 4$ 之后，就接受汇率为鞅过程原假设了。

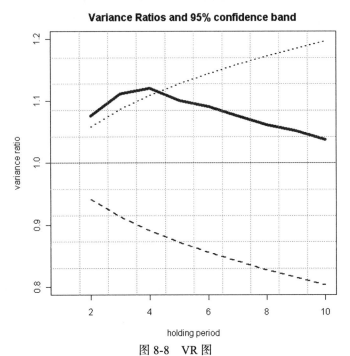

图 8-8　VR 图

另外，读者可能会想到 BDS 可以做这个检验吗？例如，都是做 i.i.d. 检验，因此，把上

面程序中的加拿大汇率变动率的数据，套入 BDS 检验，这样的结论可以吗？答案是不行。因为，方差比原假设的数据生成过程是随机漫步，因此在原假设之下，我们可以做出鞅过程的结论。

Wald(r, q) 是联合检验，所以只有一个统计量。下方则有三个水平显著的临界值。因此，这三个持有期的方差比是随机漫步的结果，是有一点不确定。

练习

读者请执行其他行程序代码，将 Lo-MacKinlay 方差比统计量和 Chow-Denning 方差比统计量计算出来，并模拟出临界值，比较结果。

8.3 ARMA 过程

8.3.1 一般 ARMA 模式

先定义滞后运算符 L 如下：

$$L^n Y_t = Y_{t-n}$$
$$(1-L)Y_t = Y_t - Y_{t-1} = \Delta Y_t \tag{8-13}$$

已知 $y_t = \bar{y} + u_t$，AR(p) 和 MA(q) 的结构如下：

$$\text{AR}(p) \quad \begin{aligned} u_t &= \rho_1 u_{t-1} + \rho_2 u_{t-2} + \cdots + \rho_p u_{t-p} + \varepsilon_t \\ &\Leftrightarrow (1 - \rho_1 L - \rho_2 L^2 - \cdots - \rho_p L^p) u_t = \varepsilon_t \end{aligned}$$

$$\text{A}(q) \quad \begin{aligned} u_t &= \varepsilon_t + \theta_1 \varepsilon_{t-1} + \theta_2 \varepsilon_{t-2} + \cdots + \theta_q \varepsilon_{t-q} \\ &\Leftrightarrow u_t = (1 - \theta_1 L - \theta_2 L^2 - \cdots - \theta_q L^q) \varepsilon_t \end{aligned}$$

合并的 ARMA(p, q) 如下：

$$y_t = \bar{y} + u_t$$
$$\rho(L) u_t = \theta(L) \varepsilon_t$$
$$\Leftrightarrow (1 - \rho_1 L - \rho_2 L^2 - \cdots - \rho_p L^p) u_t = (1 + \theta_1 L + \theta_2 L^2 + \cdots + \theta_q L^q) \varepsilon_t$$
$$\Leftrightarrow (1 - \rho_1 L - \rho_2 L^2 - \cdots - \rho_p L^p)(y_t - \bar{y}) = (1 + \theta_1 L + \theta_2 L^2 + \cdots + \theta_q L^q) \varepsilon_t$$
$$y_t = c + \rho_1 y_{t-1} + \rho_2 y_{t-2} + \cdots + \rho_p y_{t-p} + \varepsilon_t + \theta_1 \varepsilon_{t-1} + \theta_2 \varepsilon_{t-2} + \cdots + \theta_q \varepsilon_{t-q}$$

8.3.2 季节 ARMA

已知一个时间序列数据：

$$y_t = \bar{y} + u_t \tag{8-14}$$

1. 季节 AR（Seasonal AR）

假设一个 AR(2)，如下：

$$u_t = \rho_1 u_{t-1} + \rho_2 u_{t-2} + \varepsilon_t$$
$$\Rightarrow (1 - \rho_1 L - \rho_2 L^2) u_t = \varepsilon_t$$

增加季节 AR，也就是 SAR(4)：

$$(1 - \rho_1 L - \rho_2 L^2)(1 - \lambda L^4) u_t = \varepsilon_t$$
$$\Rightarrow u_t = \rho_1 u_{t-1} + \rho_2 u_{t-2} + \lambda u_{t-4} - \lambda \rho_1 u_{t-5} - \lambda \rho_2 u_{t-6} + \varepsilon_t$$

2. 季节 MA (Seasonal MA)

假设一个 MA(2), 如下:
$$u_t = \varepsilon_t + \theta_1 \varepsilon_{t-1} + \theta_2 \varepsilon_{t-2}$$
$$\Leftrightarrow u_t = (1 - \theta_1 L - \theta_2 L^2)\varepsilon_t$$

增加季节 MA, 也就是 SMA(4):
$$u_t = (1 + \theta_1 L + \theta_2 L^2)(1 + \delta L^4)\varepsilon_t$$
$$\Rightarrow u_t = \varepsilon_t + \theta_1 \varepsilon_{t-1} + \theta_2 \varepsilon_{t-2} + \delta \varepsilon_{t-4} + \delta \theta_1 \varepsilon_{t-5} + \delta \theta_2 \varepsilon_{t-6}$$

假设一个 ARMA(2, 2):
$$u_t = \rho_1 u_{t-1} + \rho_2 u_{t-2} + \theta_1 \varepsilon_{t-1} + \theta_2 \varepsilon_{t-2} + \varepsilon_t$$

$AR(2): u_t = \rho_1 u_{t-1} + \rho_2 u_{t-2} + \varepsilon_t$ $\quad\quad MA(2): u_t = \varepsilon_t + \theta_1 \varepsilon_{t-1} + \theta_2 \varepsilon_{t-2}$

$\Rightarrow (1 - \rho_1 L - \rho_2 L^2) u_t = \varepsilon_t$ $\quad\quad \Leftrightarrow u_t = (1 - \theta_1 L - \theta_2 L^2)\varepsilon_t$

读者可以自行练习季节 ARMA (Seasonal ARMA) 的展开。

一个一般化的模型被称为 ARIMA(p, d, q), d 是指差分次数。如果数据有非平稳性质, 且要适配一个最佳时间序列模型时, 往往需要先差分以求平稳, 再适配 ARMA 结构。我们将在最后一节详述这个问题。ARIMA (p, d, q) 框架下, 若 $d = 0$, 即为 ARMA (p, q)。在 R 中, ARMA 模型的估计也是在 ARIMA 框架下操作, 使用一般化的 arima() 函数, 设置 order 参数 (p, d, q) 中的 d 为 0 即可。范例程序 8-9 以我国的经济增长率数据为例, 演示了 ARMA 模型的实做。

范例程序 8-9: ARIMA 模型的估计

```
y.arima= arima(y, order = c(1,0,1))        # 将数据 y 适配 ARIMA(1,0,1)
summary(y.arima)                            # 上述模型的估计结果
tsdiag(y.arima)                             # 对前述模型的估计结果诊断后画出诊断图, 如图 8-9 所示
print(Box.test(y.arima$residuals, lag=12, type="Ljung-Box"))
    # 残差的 Box-Ljung 检验
Box-Ljung test
data:  y.arima$residuals
X-squared = 63.449, df = 12, p-value = 5.27e-09
print(Box.test(y.arima$residuals^2, lag=12, type="Ljung-Box"))
    # 残差平方的 Box-Ljung 检验, 可检验残差是否有 ARCH
Box-Ljung test
data:  y.arima$residuals^2
X-squared = 68.646, df = 12, p-value = 5.735e-10
```

R 内置的 `arima()` 功能强大, 具体代码格式如下:

```
arima(y, xreg = NULL, include.mean = TRUE, order = c(p, d, q),
      seasonal = list(order = c(P, D, Q), period = NA),
      method = c("CSS-ML", "ML", "CSS"))
```

其中的参数及其设置说明如下。

xreg: 设定外生变量或解释变量。若为缺省值则代表无任何外生变量。

include.mean: 设定截距项。若设为 TRUE 表示有截距, 设为 FALSE 则表示无截距项。

order: 设定 ARIMA 的阶次。

seasonal: 设定季节 ARIMA 的阶次。

method: 设定模型估计方法。有三个可选项 "CSS-ML""ML" 和 "CSS", 后者表示累积方差 (cumulative sum of squares)。若不进行特别选取, 则模型内置为 CSS-ML。

练习

试对上述回归适配季节 `arma(1,1)` 进行修正，并比较结果。

练习

试对上述回归以其他方法估计，并比较结果

第 3 步的残差诊断图，如图 8-9 所示。

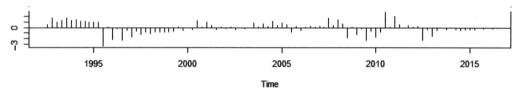
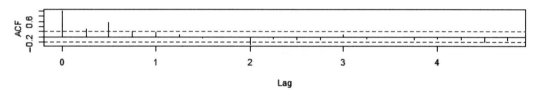
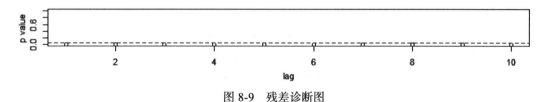

图 8-9　残差诊断图

`Box.test()` 函数的内容如下，所使用的统计量有两类：Box-Pierce 和 Ljung-Box。

`Box.test(x, lag = 1, type = c("Box-Pierce", "Ljung-Box"), fitdf = 0)`

8.4　序列相关的检验与修正

8.4.1　序列相关的检验

已知时间序列回归：

$$y_t = x_t'\beta + u_t$$

若残差 u_t 具有如下一阶自相关，也就是残差是 AR(1)：

$$u_t = \rho u_{t-1} + \varepsilon_t$$

若 u_t 具有如下 p 阶自相关，也就是残差是 AR(p)：

$$u_t = \rho_1 u_{t-1} + \rho_2 u_{t-2} + \cdots + \rho_p u_{t-p} + \varepsilon_t$$

当残差项具有序列相关，或称 AR 结构时，原估计的结果，不论是系数，或协方差矩阵都不再是最好的。因此，需要修正。

如范例程序 8-10 所示,先适配一个线性回归(或任何时间序列回归都可以):$y = a + bX$;估计完后,残差序列相关检测有三个方法。

方法 1:Durbin Watson 检验。

$$y_t = a + \sum_{k=1}^{n} b_k x_k + u_t$$
$$u_t = \rho u_{t-1} + \varepsilon_t$$
$$H_0 : \rho = 0$$

原假设 H_0 是 "残差无一阶序列相关"。若 $DW = 2$,接受原假设;若 $2 < DW < 4$,残差有负序列相关;若 $DW < 2$ 残差有正序列相关。

方法 2:Breusch-Godfrey 检验。

$$y_t = a + \sum_{j=1}^{n} b_j x_j + u_t$$
$$u_t = \rho_1 u_{t-1} + \rho_2 u_{t-2} + \cdots + \rho_k u_{t-k} + \varepsilon_t$$
$$H_0 : \rho_1 = \rho_2 = \cdots = \rho_k = 0$$

原假设 H_0 是 "残差无 k 阶序列相关"。

方法 3:Q 检验。

$$ACF(\tau_k):$$
$$u_t = a + \tau_k u_{t-k} + e_t$$
$$\tau_k = (u'_{t-k} u_{t-k})^{-1} u'_{t-k} u_t$$
$$Q_{LB} = T(T+2) \sum_{j=1}^{k} \frac{\tau_j^2}{T-j}$$

原假设 H_0 是 "残差无 k 阶序列相关"。

这个检验也就是著名的 Ljung-Box 检验,所以在 Q 下标 LB。

R 中的 `lmtest` 包可用于序列相关检验,具体方法如范例程序 8-10 所示。

范例程序 8-10:使用 lmtest 包进行序列相关检验

```
library(lmtest)              # 载入包 lmtest,此包具有多种统计量
x=data[,1]
 # 定义自变量 x,data[,1] 为数据中的储蓄率。因为 Durbin-Watson 和 Breusch- Godfrey 检
   验必需要有回归式或回归对象
reg1=lm(y~x)                 # 执行线性回归 y=a+bx,并将回归结果存于列表 reg1
dwtest(reg1)                 # 对回归残差执行 Durbin-Watson 1 阶序列相关检验
Durbin-Watson test
data:  reg1
DW = 0.03322, p-value < 2.2e-16
alternative hypothesis: true autocorrelation is greater than 0
bgtest(reg1,order=4)         # 对回归残差执行 Breusch-Godfrey 4 阶序列相关检验
Breusch-Godfrey test for serial correlation of order up to 4
data:  reg1
LM test = 94.906, df = 4, p-value < 2.2e-16
 Box.test(reg1$residuals, lag=4,type="Ljung-Box")
Box-Ljung test
data:  reg1$residuals
X-squared = 314.07, df = 4, p-value < 2.2e-16
 # 对回归残差执行 Ljung-Box 4 阶序列相关检验,Box.test() 这个 R 内置的检验函数,只需直接将残
   差输入,而不是对象 reg1
```

练习
用上述 bgtest() 函数通过缩写一个循环结构来实现 1～6 阶的序列相关检验。

练习
用上述 Box.test() 执行其他检验类型检验，比如 type="Box-Pierce"，并比较结果。

8.4.2 序列相关的修正

当我们知道原模型有序列相关，假设是二阶，修正做法即回到原回归，增加适配 ARMA（2, 0），对原回归残差做二阶序列相关修正，再进行 *Ljung-Box* 检验，可知一阶序列相关已经修正，读者可以自行检验，看看这样操作之后，高阶序列相关是否消失。如范例程序 8-11 所示。

范例程序 8-11：使用 arima() 函数对序列相关进行修正

```
reg2=arima(y, xreg=x, include.mean = TRUE, order=c(2,0,0))
 # 执行 y=a+bx 回归，并对残差做二阶序列相关修正
print(reg2)   # 显示回归结果
Coefficients:
         ar1       ar2    intercept      x
      1.7940   -0.8252      0.0918   0.5319
s.e.  0.0554    0.0558      0.0450   0.3481
Box.test(residuals(reg2), lag=1,type="Ljung-Box")
 # 对上述回归的残差执行序列相关检验
  Box-Ljung test
data:  residuals(reg2)
X-squared = 0.030881, df = 2, p-value = 0.9847
```

arima() 可以对回归残差做非常广泛的序列相关修正，下面我们列出常用的设定。

```
arima(y, xreg = x, include.mean = TRUE, order = c(p, 0, q),
         seasonal = list(order = c(s, 0, t), period = NA),
         method = c("CSS-ML", "ML", "CSS"))
```

xreg、*include.mean*、*method* 等参数的设定如前所述。

order 设定 ARIMA 阶次，因为只对残差做 ARMA，故中间数字保持为 0。

seasonal 设定对残差做季节 ARMA 修正的阶次，同上，中间数字保持为 0。

练习
试对上述回归 arma(1,1) 修正，并比较结果。

8.5 时间序列预测

8.5.1 基本概念

时间序列有两种基本的预测方法：

1）动态预测：适配动态回归方程就可以执行动态预测，如 AR 模型。动态预测是用被解释预测值的滞后期，从预测样本的第一期，计算多步预测。

2）静态预测：适配静态回归式就可以执行静态预测。静态预测利用被解释变量真实值的滞后期，从预测样本第一期，计算向前一步预测（one-step ahead forecasts）。

两种估计的做法：样本内预测和样本外预测。顾名思义，样本内是计算样本期望值，样

本外则以一段现有样本为估计期，估计期以外为样本外预测。

8.5.2 预测表现评估

一个好的预测，当然是预测误差越小越好，所以除了方法 4 的锡尔不均等系数（theil inequality coefficient），四个预测表现评估方法都是建立在误差较小的基础上。具体操作如范例程序 8-12 所示。

方法 1 均方根误差 RMSE（root mean square error）。

$$\sqrt{\sum_{t=T+1}^{T+h} \frac{(\hat{y}_t - y_t)^2}{h+1}} \tag{8-15}$$

RMSE 可以分解成以下三部分：

$$\sum \frac{(\hat{y}_t - y_t)^2}{h} = \left(\frac{\sum \hat{y}_t}{h} - \bar{y}\right)^2 + (s_{\hat{y}} - s_y)^2 + 2(1-r)s_{\hat{y}}s_y$$

$$1 = \frac{\left(\frac{\sum \hat{y}_t}{h} - \bar{y}\right)^2}{\sum \frac{(\hat{y}_t - y_t)^2}{h}} + \frac{(s_{\hat{y}} - s_y)^2}{\sum \frac{(\hat{y}_t - y_t)^2}{h}} + \frac{2(1-r)s_{\hat{y}}s_y}{\sum \frac{(\hat{y}_t - y_t)^2}{h}}$$

其中，

$$\frac{\left(\frac{\sum \hat{y}_t}{h} - \bar{y}\right)^2}{\sum \frac{(\hat{y}_t - y_t)^2}{h}}$$ 为偏差率；$$\frac{(s_{\hat{y}} - s_y)^2}{\sum \frac{(\hat{y}_t - y_t)^2}{h}}$$ 为方差率；$$\frac{2(1-r)s_{\hat{y}}s_y}{\sum \frac{(\hat{y}_t - y_t)^2}{h}}$$ 为协变率。

RMSE 的三个成分相加起来的结果是 1，解读如下：

偏差率（bias proportion）的结果告诉我们，预测值和真实值的差距有多远。

方差率（variance proportion）的结果告诉我们，预测的变化有多少来自真正数据的变化。

协变率（covariance proportion）的结果衡量了剩余的非系统性预测误差。

以 RMSE 来做出一个好的预测，前两项的值必须很小，从而使得大多数的预测误差均集中于第 3 项——协变率。

方法 2 平均绝对误差 (mean absolute error，MAE)。

$$\sum_{t=T+1}^{T+h} \frac{|\hat{y}_t - y_t|}{h+1} \tag{8-16}$$

方法 3 平均绝对百分比误差 (mean absolute percentage error，MAPE)。

$$\sum_{t=T+1}^{T+h} \frac{\left|\frac{\hat{y}_t - y_t}{y_t}\right|}{h+1} \tag{8-17}$$

方法 4 锡尔不均等系数（theil inequality coefficient，TIC）。

$$\frac{\sqrt{\sum_{t=T+1}^{T+h} \frac{(\hat{y}_t - y_t)^2}{h+1}}}{\sqrt{\sum_{t=T+1}^{T+h} \frac{\hat{y}_t^2}{h+1}} + \sqrt{\sum_{t=T+1}^{T+h} \frac{y_t^2}{h+1}}} \tag{8-18}$$

TIC 值介于 0 和 1 之间，0 代表完美预测。

预测分析需注意的误差来自两方面：系数不确定和残差不确定。模型的预测误差包含以上两种，而非线性模型和 PDL 模型忽略了系数不确定，只处理了残差不确定。

范例程序 8-12 是在 ARMA(2, 1) 基础上进行样本外预测的例子。

范例程序 8-12：arima() 和样本外预测 forecast()

```
yhat= arima(y, include.mean = TRUE, order=c(2,0,1))
    # 适配 ARMA(2,1)，将此结果存成列表 yhat，此步除了 "aic" 也可使用 "bic"
summary(yhat)    # 摘录前述的适配模型信息
          Length Class  Mode
coef         4   -none- numeric
sigma2       1   -none- numeric
var.coef    16   -none- numeric
mask         4   -none- logical
loglik       1   -none- numeric
aic          1   -none- numeric
arma         7   -none- numeric
residuals 1139   ts     numeric
call         4   -none- call
series       1   -none- character
code         1   -none- numeric
n.cond       1   -none- numeric
nobs         1   -none- numeric
model       10   -none- list
plot(forecast(yhat,h=20))     # 预测 20 期并绘图，如图 8-10 所示
```

前 2 行和上一个程序代码一样，第 3 行预测的结果如图 8-10 所示，此图将内置 0.8 和 0.95 置信区间的面积，以两种颜色呈现。

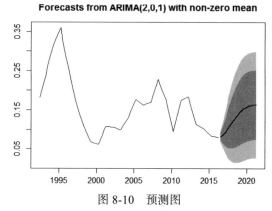

图 8-10　预测图

8.6　ARIMA 和季节 ARIMA 的自动配置

非平稳时间序列除了单根检验之外，ARIMA 中间的 I 是英文单词 integrated 的缩写，意为处理非平稳时间序列，基本上是差分的意思。如果要适配的数据有单位根，则我们可以设定 ARIMA(p, d, q) 内的 d = 1。按照 ARMA 的符号，ARIMA 的结构如下：

$$\rho(L)\,(1-L)^d u_t = \theta(L)\varepsilon_t$$

但是，最简单的决定 ARIMA(p, d, q) 各阶次的方法，就是使用 R 内的一个自动适配函数 **auto.arima()**。接下来范例程序 8-13 演示了如何使用 **auto.arima()** 函数来自动选择最适的 ARIMA 阶次。

范例程序 8-13：使用 auto.arima() 函数自动选择最优阶次

```
library(forecast)
    # 载入包 forecast。这个包有一个自动适配 ARIMA 阶次的算法 auto.arima()，这个算法所尝试的模
      型设定包括具季节结构的 ARIMA
yhat=auto.arima(y, ic="aic")
    # 自动适配 ARIMA(p,d,q)，且以 AIC 方法选择最佳结果，将此结果存成列表 yhat。此步除了 "aic"
      尚可使用 "bic"
summary(yhat)                          # 摘录前述的适配模型信息
Series: y
```

```
ARIMA(1,1,0)(0,0,2)[4]
Coefficients:
         ar1     sma1     sma2
      0.8585  -0.1260  -0.6157
s.e.  0.0547   0.0998   0.0900

sigma^2 estimated as 4.418e-05:  log likelihood=340.5
AIC=-673.01   AICc=-672.57   BIC=-662.79
Training set error measures:
                      ME        RMSE         MAE         MPE       MAPE
Training set -0.0003944495 0.006506944 0.003264006 -0.2785056 2.102825
                   MASE         ACF1
Training set 0.08772673 -0.0002145996
```

由上可知，`auto.arima()` 的功能很强大，输出结果中的 `ARIMA(1, 1, 0)(0, 0, 2)[4]` 中，第一个括号内的数字是标准 ARIMA 阶次，后面括号内的数字则是季节 `ARIMA()` 结构的阶次，依此，这个算法建议最佳模型 ARMA(1, 1, 0) 结合季节结构 `SARMA(0, 0, 2)`。最后的数字 [4] 代表季节频率。

`auto.arima()` 的内置常用设定参数如下。

```
auto.arima(y, xreg=NULL, d = NA, D = NA, max.p = 5, max.q = 5,
           max.P = 2, max.Q = 2, max.order = 5,
           start.p=2, start.q=2, start.P=1, start.Q=1,
           stationary = FALSE, ic = c("aic"),
           stepwise=TRUE, trace=FALSE,
           test=c("adf"), allowdrift=TRUE)
```

参数说明如下：

y: 被适配的时间序列。
xreg: 其他外生解释变量；NULL 为无此变量。
d: 差分阶次。
D: 季节差分阶次。
max.p: 最高 AR 阶次。
max.q: 最高 MA 阶次。
max.P: 最高 SAR 阶次（季节）。
max.Q: 最高 SMA 阶次（季节）。
ic: 内有三种模型的信息标准——"aic" "aicc" 和 "bic"。
test: 内有三种单位根检验——"kpss" "adf" 和 "pp"。
allowdrift: = TRUE 意为有截距；= FALSE 意为无截距。

8.7 非平稳时间序列及其单位根检验

我们称具有随机趋势的时间序列为非平稳时间序列，或此时间序列具有随机趋势。统计上利用检验时间序列的单位根，来推论数据是否具有非平稳性质。具有单位根的数据，在一阶差分后达到平稳，则以 I(1) 表示，意指 1 阶单整。对于具有单位根的数据，外在冲击将对其具持久性的影响，故会将此冲击累积起来。

图 8-11 为模拟的随机趋势，也就是一般所称的非平稳时间序列或称 I(1)，我们发现非平稳的性质在于有趋势，但是不是单调往上或向下，而是有随机变换的性质。

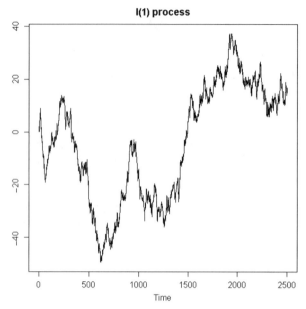

图 8-11　模拟随机趋势

令 t = 1，2，3，…，T，三个基本单位根计算过程如下：

模型 1、无截距、无确定趋势：$Y_t = \beta_1 Y_{t-1} + e_t$。

模型 2、有截距、无确定趋势：$Y_t = a_0 + \beta_1 Y_{t-1} + e_t$。

模型 3、有截距、有确定趋势：$Y_t = a_0 + \beta_0 t + \beta_1 Y_{t-1} + e_t$。

H_0：$\beta_1 = 1$

$Yt \sim I(1)$，或是有单位根。

因为非平稳数据的方差是随着 T 发散的，所以 AR（1）系数估计的渐近分布就不成立。因此，我们对单变量单位根检验的基本形式做差分处理。

1. Dickey-Fuller 检验

H_0：数列有单位根。

H_a：数列没有单位根。

ADF 回归式的三个模型如下所示：

$$\Delta Y_t = \beta_1 Y_{t-1} + \sum_{k=1}^{p} \delta_k \Delta Y_{t-k} + \xi_t$$

$$\Delta Y_t = \alpha_0 + \beta_1 Y_{t-1} + \sum_{k=1}^{p} \delta_k \Delta Y_{t-k} + \xi_t$$

$$\Delta Y_t = \alpha_0 + \beta_0 t + \beta_1 Y_{t-1} + \sum_{k=1}^{p} \delta_k \Delta Y_{t-k} + \xi_t$$

H_0：$\beta_1 = 0$

接下来，我们使用包 urca 内的单位根检验函数，来检验我国投资率是否非平稳。如范例程序 8-14 所示。

范例程序 8-14：ADF 单位根检验

```
library(urca)                                              # 载入包 urca
```

```
load("china3v.RData")                          # 读取我国总体经济数据
attach(china3v)                                # 将数据正式读入 R
names(china3v)                                 # 观看数据变量名称
[1] "Saving"     "Investment" "Growth"
data=ts(china3v, start=c(1992,3),freq=4)       # 建立时间框架
y=data[,3]                                     # 定义投资率为 y
y.df=ur.df(y, type=c("trend"), selectlags = "AIC")
    # ADF 检验 y 是否为非平稳
summary(y.df)                                  # ADF 检验结果摘录
Value of test-statistic is: -3.081 3.2845 4.7718
Critical values for test statistics:
       1pct  5pct 10pct
tau3  -4.04 -3.45 -3.15
phi2   6.50  4.88  4.16
phi3   8.73  6.49  5.47
plot(y.df)                                     # 绘图诊断残差, 如图 8-12 所示
```

第 8 行 ADF 检验结果中:

Value of test-statistic 所记录的三个统计量, 依序为 tau3, phi2 与 phi3:

tau3 检验 $\beta_1 = 0$;

phi2 检验 $\alpha_0 = 0, \beta_0 = 0, \beta_1 = 0$;

phi3 检验 $\beta_0 = 0, \beta_1 = 0$;

tau3 是典型的 t 检验; phi2 和 phi3 则是 F 检验。其对应临界值则在下半部。依照 5% 的临界值。

第 9 行对回归结果的残差诊断图, 如图 8-12 所示。

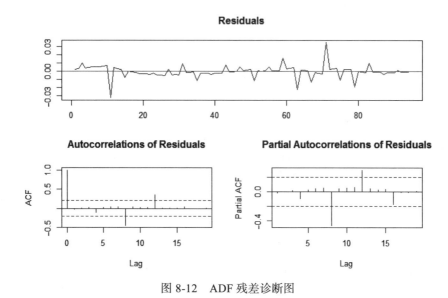

图 8-12　ADF 残差诊断图

由残差的 ACF 和 PACF 可以知道残差依然与序列相关, 其中的问题之一是滞后期的适配还不完整, 因此可以继续适配滞后期。

在 `urca` 包内, 对这个检验的内容如下:

```
ur.df(y, type = c("none", "drift", "trend"), lags = 1,
      selectlags = c("Fixed", "AIC", "BIC"))
```

2. Phillips-Perron 检验

Phillips and Perron[16]提出的单位根检验简称 PP 单位根检验，如范例程序 8-15 所示。这个统计量是利用无母数方法建构统计量，且允许了残差存在自相关和异方差。PP 考虑了两个回归的检验：

回归 1　　$y_t = \mu + \alpha y_{t-1} + \varepsilon_t$

检验的关键统计量是：$Z(\tau_{\hat{\alpha}}) = \dfrac{\hat{s}}{\hat{\sigma}_{Tl}} t_{\hat{\alpha}} - \dfrac{\hat{\lambda}' \hat{\sigma}_{Tl}}{\sqrt{m_{yy}}}$ 和 $Z(\hat{\alpha}) = T(\hat{\alpha} - 1) - \dfrac{\hat{\lambda}}{m_{yy}}$

另有一个辅助回统计量：$Z(\tau_{\hat{\mu}}) = \dfrac{\hat{s}}{\hat{\sigma}_{Tl}} t_{\hat{\mu}} - \dfrac{\hat{\lambda}' \hat{\sigma}_{Tl} m_y}{\sqrt{m_{yy}} \sqrt{m_{yy}}}$

回归 2　　$y_t = \mu + \beta\left(t - \dfrac{1}{2}T\right) + \alpha y_{t-1} + \varepsilon_t$

检验的关键统计量是：$Z(\tau_{\tilde{\alpha}}) = \dfrac{\tilde{s}}{\tilde{\sigma}_{Tl}} t_{\tilde{\alpha}} - \dfrac{\tilde{\lambda}' \tilde{\sigma}_{Tl}}{\sqrt{M}}$ 和 $Z(\tilde{\alpha}) = T(\tilde{\alpha} - 1) - \dfrac{\tilde{\lambda}}{M}$

另有两个辅助回统计量：

$Z(\tau_{\tilde{\mu}}) = \dfrac{\tilde{s}}{\tilde{\sigma}_{Tl}} t_{\tilde{\mu}} - \dfrac{\tilde{\lambda}' \tilde{\sigma}_{Tl} m_y}{\sqrt{M} \sqrt{M + m_y^2}}$ 和 $Z(\tau_{\tilde{\beta}}) = \dfrac{\tilde{s}}{\tilde{\sigma}_{Tl}} t_{\tilde{\beta}} - \dfrac{\tilde{\lambda}' \tilde{\sigma}_{Tl} (0.5 m_y - m_{ty}) \sqrt{12}}{\sqrt{M \overline{m}_{yy}}}$

上面两个回归的统计量，有过多需要定义的参数，因本书属性不再详述，有需要的读者请参考 Phillips and Perron（1988）[16]一文的说明。

范例程序 8-15 演示了如何进行 PP 单位根检验。

范例程序 8-15：PP 单位根检验

```
y.pp=ur.pp(y, type="Z-tau", model="trend", lags="long")    # 检验 y 是否为非平稳
summary(y.pp)                                              # 检验结果摘录
Value of test-statistic, type: Z-tau  is: -2.0732
          aux. Z statistics
Z-tau-mu           -1.1057
Z-tau-beta         -1.2404

Critical values for Z statistics:
                 1pct        5pct        10pct
critical values -4.056983 -3.457091 -3.154193
plot(y.pp)          # 绘图诊断残差，如图 8-13 所示
ur.pp(x, type = c("Z-tau","Z-alpha"), model = c("constant", "trend"), lags =
c("short", "long"),use.lag = NULL)
```

`type`："Z-tau" 是关键统计量第 1 个，"Z-alpha" 就是第 2 个。一般我们都使用 "Z-tau"。

`model`："constant" 时，就是回归 1；model="trend" 时，就是回归 2。

`lags`：是用来计算长期方差的滞后期数。选 "short" 则是 $4\left(\dfrac{T}{100}\right)^{0.25}$；"long" 则是 $12\left(\dfrac{T}{100}\right)^{0.25}$。一般都选 "long"。

第 3 行对回归结果的残差诊断图，如图 8-13 所示。

这个诊断图和 ADF 不同之处在于多了一个最上方的适配图。

3. Elliott-Rothenberg-Stock 检验

ADF 和 PP 的缺点在于如果某平稳时间序列，真正的 DGP 是 AR（1）且系数接近 1，这种情

况 ADF 和 PP 都无法区分很容易就接受 I(1) 的原假设，检验力弱的情况表露无遗。如范例程序 8-16 所示，ERS（Elliot, Rothenberg and Stock, 1996）[17]单位根检验改进了这一缺点。ERS 的特点是使用了 local-to-unit detrending 的数据处理方式，它有两个统计量：DF-GLS 和 Point-optimal。DF-GLS 是修正的 ADF，Point-optimal（PT）考虑了序列相关。ERS 表示的时间序列如图 8-13 所示。

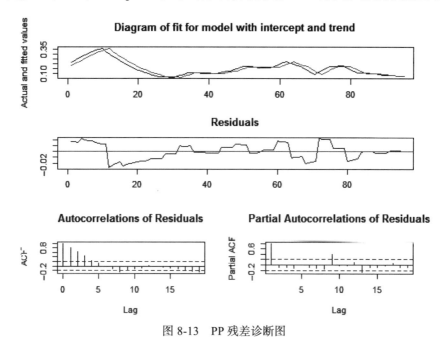

图 8-13　PP 残差诊断图

$$y_t = d_t + u_t$$
$$u_t = \alpha u_{t-1} + v_t$$

$d_t = \beta' z_t$ 代表了确定成分的线性组合，例如截距和确定趋势。v_t 为均数为 0 的平稳时间序列：

$$P_T = \frac{SSR(a = \bar{a}) - \bar{a}SSR(a = 1)}{\hat{\omega}^2} \tag{8-19}$$

SSR 是 y_a 对 Z_a 以 OLS 回归的残差平方和：

$$y_a = (y_1, y_2 - ay_1, y_3 - ay_2, \cdots, y_T - ay_{T-1})$$
$$Z_a = (Z_1, Z_2 - aZ_1, Z_3 - aZ_2, \cdots, Z_T - aZ_{T-1})$$

$\bar{a} = 1 + \dfrac{\bar{c}}{T}$，其中若是只有截距模型，则 $\bar{c} = -7$；若是截距加确定趋势，则 $\bar{c} = -13.5$。这两个值是由检验力函数的渐近性质得出的。

最后：

$$\hat{\omega} = \frac{\hat{\sigma}_v}{\left(1 - \sum_{i=1}^{p} \hat{\alpha}_i\right)^2} \tag{8-20}$$

$\hat{\sigma}_v$ 和 $\hat{\alpha}_i$ 来自以下方程的 OLS 回归：

$$\Delta y_t = \alpha_0 + \alpha_1 \Delta y_{t-1} + \cdots + \alpha_p \Delta y_{t-p} + v_t$$

DF-GLS 则是以下回归 $\alpha = 0$ 的 t 统计量：

$$\Delta y_t^d = \alpha y_{t-1}^d + \sum_{k=1}^{p} \delta_k \Delta y_{t-k}^d + \xi_t$$

上式中，$y_t^d = y_t - \hat{\beta} Z_t$。

范例程序 8-16 演示了如何进行 ERS 单位根检验。

范例程序 8-16：ERS 单位根检验

```
y.ers= ur.ers(y, type="DF-GLS", model="const", lag.max=4)   # 检验y是否为非平稳
summary(y.ers)                                               # 检验结果摘录
Value of test-statistic is: -2.2823
Critical values of DF-GLS are:
                 1pct   5pct   10pct
critical values  -2.59  -1.94  -1.62
ur.ers(y, type = c("DF-GLS", "P-test"), model = c("constant", "trend"), lag.max = 4)
```

4. Kwiatkowski, Phillips, Schmidt 和 Shin 检验

Kwiatkowski 等人[18]提出的方法简称 KPSS 单位根检验：

$$y_t = r_t + \beta_t + e_t$$
$$r_t = r_{t-1} + u_t \tag{8-21}$$

H_0：数列没有单位根；

H_a：数列有单位根。

实际做法是将欲检验的时间序列适配"截距"或"截距加趋势"模型，然后做 OLS 回归，得到残差项 ε_t：

$$S_t = \sum_{i=1}^{t} \hat{\varepsilon}_i, t = 1, 2, \cdots, T \tag{8-22}$$

然后这个统计量是：

$$LM = \frac{\sum_{t=1}^{T} S_t^2}{\hat{\sigma}_\varepsilon^2} \tag{8-23}$$

LM 的分母是由回归残差计算的方差，KPSS 建议用 Bartlett kernel $w(s, 1) = 1 - s/(1+1)$ 推算分母的长期方差。技术细节不详述，如范例程序 8-17 所示。

范例程序 8-17：KPSS 单位根检验

```
y.kpss = ur.kpss(y, type="mu", lags="short")    # KPSS检验y是否为平稳
summary(y.kpss)                                  # KPSS检验结果摘录
Test is of type: mu with 3 lags.
Value of test-statistic is: 0.6423
Critical value for a significance level of:
                10pct   5pct   2.5pct  1pct
critical values 0.347   0.463  0.574   0.739
ur.kpss(y, type = c("mu", "tau"), lags = c("short", "long", "nil"), use.lag = NULL)
```

`type:` = "mu" 代表 "level-stationary"； = "tau" 代表 "trend-stationary".

`lags:` = "short"/"long" 代表 Bartlett kernel 用来计算的滞后期数 l；= "nil" 则无。

`use.lag`：如果不用上述 lags 的选项，可以用这个指定 Bartlett kernel 的 lag 期数。

5. Zivot-Andrews 具结构变动点的单位根检验

Perron(1989)[19]首先指出未考虑结构变动，单位根检验会出现问题。Perron(1989)[19]的回归模型有以下三个，分别标字母 A、B、C 区分。

$$\Delta Y_t = \mu_A + \theta_A DU_t + \alpha_A t + d_A D(T_\tau)_t + \beta_A Y_{t-1} + \sum_{i=1}^{p} \delta_{A,i} \Delta Y_{t-i} + \xi_t$$

$$\Delta Y_t = \mu_B + \gamma_B DT_t^* + \alpha_B t + d_B D(T_\tau)_t + \beta_B Y_{t-1} + \sum_{i=1}^{p} \delta_{B,i} \Delta Y_{t-i} + \xi_t$$

$$\Delta Y_t = \mu_C + \theta_C DU_t + \alpha_C t + \gamma_C DT_t^* + \beta_C Y_{t-1} + d_C D(T_\tau)_t + \sum_{i=1}^{p} \delta_{C,i} \Delta Y_{t-i} + \xi_t$$

检验 $\beta_k = 0$，$k = A$、B、C 的统计量是 Student t 检验 $t_\beta(\lambda) = 0$，且这个统计量依赖于已知结构点的子样本占全样本的比例 $\lambda = \dfrac{T_\tau}{T}$。

但是，Zivot and Andrews（1992）[20]则指出 Perron（1989）[19]将结构变动时间视为已知，这会有数据挖掘的偏误问题，最好的方法是将结构变动点视为未知，将检验和时点估计一气呵成。Zivot and Andrews（1992）[20]则将 DU 和 DT 视为 λ 的函数，且需要内生估计。如下。

$$\Delta Y_t = \mu_A + \theta_A DU_t(\lambda) + \alpha_A t + \beta_A Y_{t-1} + \sum_{i=1}^{p} \delta_{A,i} \Delta Y_{t-i} + \xi_t$$

$$\Delta Y_t = \mu_B + \gamma_B DT_t^*(\lambda) + \alpha_B t + \beta_B Y_{t-1} + \sum_{i=1}^{p} \delta_{B,i} \Delta Y_{t-i} + \xi_t$$

$$\Delta Y_t = \mu_C + \theta_C DU_t(\lambda) + \gamma_C DT_t^*(\lambda) + \alpha_C t + \beta_C Y_{t-1} + \sum_{i=1}^{p} \delta_{C,i} \Delta Y_{t-i} + \xi_t$$

R 中 Zivot-Andrews 单位根检验的操作方法如范例程序 8-18 所示。

范例程序 8-18：Zivot and Andrews 单位根检验

```
y.za = ur.za(y, model="both", lag=NULL)      # Zivot and Andrews 检验 y 是否为平稳
summary(y.za)                                 # Zivot and Andrews 检验结果摘录
Teststatistic: -4.6701
Critical values: 0.01= -5.57 0.05= -5.00 0.1= -4.02
Potential break point at position: 12
plot(y.za)                                    # 绘图诊断结构点，如图 8-14 所示
ur.za(y, model = c("intercept", "trend", "both"), lag=NULL)
```

`model`：设定结构变迁出现的变量。可选截距或确定趋势，也可两个都有。

`lag`：ADF 滞后结构的最大期数，这个演算会逐一尝试取出最适合的滞后期数。

除了统计量和临界值之外，还有估计的结构转折点在何处。上例是出现在第 12 个样本中。程序第 3 行绘图诊断结构点，如图 8-14 所示，12 约是反弹点。

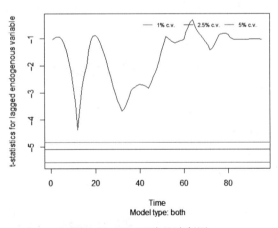

图 8-14　SPSS 残差诊断图

第9章

单变量 GARCH 模型

9.1 单变量 GARCH 原理

自回归条件异方差（autoregressive conditional heteroscedastic，ARCH）的概念是由诺贝尔经济学奖得主罗伯特·恩格尔（Robert F.Engle，1982）[21]提出的。因经常受到诸如产业、政策等外部冲击的不同程度的影响，金融时间序列的波动（方差）往往呈现随时间变动的趋势。ARCH 模型就是在以方差随时间变动为特征的条件异质性的基础上建立的模型。ARCH 模型中，在一定的区间内，随机误差项取决于过去已经实现的随机误差，而且随机误差发生较大（较小）变动之后，紧随其后的往往还是较大（较小）的随机误差变动。在 ARCH 模型的基础上，波勒斯列夫（Bollerslev，1986）[21]提出了广义自回归条件异方差模型（generalized ARCH，GARCH）。这一模型进一步认为，在一定时期内，误差项的方差不仅取决于误差项过去的方差，而且还取决于过去的误差项本身。

通过实际数据观察，我们也发现回归残差的平方与有集群的现象，残差的平方隐含序列相关。图 9-1 是根据仿真数据画出来的，上图是由标准正态分布抽样，下图则是由正态分布 GARCH 所建立的数据。GARCH 波动图呈现一个

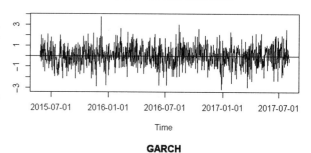

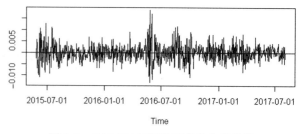

图 9-1 GARCH 与标准正态分布的比较

特征，就是当特别高或有产生低的波动发生时，会产生波动集群的现象。

一些实证研究也发现：影响股价收益率方差的冲击，也会影响市场风险溢酬。债券超额报酬的方差增加时，市场风险溢酬也随之增加。证券市场价格的波动程度驱动个别资产价格的波动程度，可预测的市场波动影响个别资产的收益率。美国股市的波动影响英国和日本股市的波动。某些资产价格的一阶差分虽具稳定性，但波动率有集群的现象。时间序列波动的衡量，一般是用标准偏差 σ。但是，时间序列的波动会出现如下特征：异质波动、尖峰、厚尾。

绝大多数资产价格的分布具有相当程度的尖峰性质，而且这种尖峰性质即使采用 E-GARCH 模型处理也依然丝毫未减。因而，假设残差为正态分布的 GARCH 族数据无法刻画金融数据的这种性质。一个处理的方法是改变残差分布的正态分布假设，Hsieh（1989）[23]和 Nelson（1991）[24]使用了广义误差分布（generalized error distribution，简称 GED）达到了这个目的。厚尾的性质隐含二阶方差的收敛性质。高频时间序列数据呈现厚尾特征，对于分析低频时间加总数据概率分布的稳定性及适当数据频率的选择有统计上的影响。厚尾特征的性质对于极值分布（extreme distribution）和风险评估也有统计意义。

9.1.1 标准 GARCH 模型

传统形式和 ARCH 形式的方差分别为：

传统形式：$\varepsilon_t \sim N(\mu, \sigma^2)$ （9-1）

ARCH 形式：$\varepsilon_t \sim N(\mu, \sigma_t^2)$ （9-2）

其整合起来解释，已知一笔报酬率的时间序列 y_t，它的 GARCH 的过程要用到以下两个程式：

均值方程：$y_t = m + \varepsilon_t$ （9-3）

方差方程：$\sigma_t^2 = \omega + \sum_{i=1}^{p} \alpha_i \varepsilon_{t-i}^2 + \sum_{j=1}^{q} \beta_j \sigma_{t-j}^2 + \xi_t$ （9-4）

式（9-4）一般被简记为 GARCH(p, q)。

如上所述，GARCH 模型有两个重点。其一是均值方程。指的就是简单的回归，目的在于产生预测误差 ε。也就是说，均值方程式可以为各种时间序列回归，例如，ARIMA 或 ARFIMA 等。R 对此处理得相当完备。其二是方差方程。不是回归式，因为没有被解释变量，也就是说，σ_t 不是数据，它必须"被产生"，方差方程式就是一个产生方差的方程式。

由此可见，GARCH 模型是一个无中生有的设计。正因为如此，传统的最小二乘回归（LS）都无法处理。估计的时候，必须使用极大似然估计法（maximum likelihood estimation，MLE）一点一点地进行推算。

广义点的 GARCH(p, q) 可以在方差方程式外加其他外生变量，如汇率变动：

$$\sigma_t^2 = \omega + \sum_{i=1}^{p} \alpha_i \varepsilon_{t-i}^2 + \sum_{j=1}^{q} \beta_j \sigma_{t-j}^2 + \sum_{k=1}^{k} \varphi_k z_k$$ （9-5）

其中，z_j 被归为其他外生变量导致的汇率变动。

上面提到的 GARCH 是对称 GARCH，或是标准 GARCH。不论形式如何，GARCH 家族的命名大都是依照方差方程，依照均值方程命名的，只有一个被称为 GARCH-in-Mean 的模型。此均值方程的形式如下：

$$y_t = m + \delta \sigma_t^2 + \varepsilon_t$$ （9-6）

即由方差方程式产生的方差被引入均值方程式。系数 δ 的正负显著性就是被非常有名的研究主题"非对称波动"和"风险报酬权衡关系"所关注的重点。

另外，在金融市场中，好消息（$\varepsilon_t > 0$）、坏消息（$\varepsilon_t < 0$）对条件方差有不同影响。接下来我们介绍非对称 GARCH 模型。

9.1.2 非对称 GARCH 模型

两个最基本的允许对波动非对称冲击的模型是 TGARCH（Threshold GARCH，GJR）和 EGARCH（Exponential GARCH）。此外，幂 GARCH（Power GARCH）和非对称成分 GARCH（Asymmetric Component GARCH）也比较常见。

1. TGARCH

TGARCH 模型的方差方程设定如下：

$$\sigma_t^2 = \varpi + \alpha\varepsilon_{t-1}^2 + \gamma(\varepsilon_{t-1}^2 \cdot I_{t-1}) + \beta\sigma_{t-1}^2 \tag{9-7}$$

其中，当 $\varepsilon_t > 0$ 时 $I_t = 1$，否则 $I_t = 0$。

γ 是识别非对称性的关键：

- 如果 $\gamma \neq 0$，则消息面影响是非对称的；
- 如果 $\gamma = 0$，则变成普通的 GARCH；
- 如果 $\gamma > 0$，则存在非对称杠杆效应。

一阶门限 TGARCH(p, q) 一般形式如下：

$$\sigma_t^2 = \varpi + \sum_{i=1}^{p}\alpha_i\varepsilon_{t-i}^2 + \gamma(\varepsilon_{t-1}^2 \cdot I_{t-1}) + \sum_{j=1}^{q}\beta_j\sigma_{t-j}^2 \tag{9-8}$$

$\gamma > 0$ 表示出现非对称杠杆效应：当 $\varepsilon < 0$ 时，$(\varepsilon_{t-1}^2 \cdot I_{t-1})$ 这一项就被保留。

$\gamma > 0$ 则意味着：$\varepsilon < 0$ 时，波动加大（ε_{t-1}^2 的系数由 α_1 增加到 $\alpha_1 + \gamma$）。

2. EGARCH

EGARCH 模型的方差方程设定如下：

$$\log\sigma_t^2 = \varpi + \alpha\left|\frac{\varepsilon_{t-1}}{\sigma_{t-1}}\right| + \gamma\left(\frac{\varepsilon_{t-1}}{\sigma_{t-1}}\right) + \beta\log\sigma_{t-1}^2 \tag{9-9}$$

该模型要点如下：

- 条件方差取对数，隐含杠杆效应是指数型，而不是二次式；
- 如果 $\gamma \neq 0$，则消息面影响是非对称的；
- 如果 $\gamma < 0$，则非对称杠杆效应存在。

$\gamma < 0$ 表示出现非对称杠杆效应：当 $\varepsilon < 0$ 时，$\frac{\varepsilon_{t-1}}{\sigma_{t-1}}$ 这一项为负。

$\gamma < 0$，负负得正，则波动加大（$\left|\frac{\varepsilon_{t-1}}{\sigma_{t-1}}\right|$ 的系数由 α 增加到 $\alpha + \gamma$）。

3. 幂 GARCH

EGARCH 模型的方差方程设定如下：

$$\sigma_t^\delta = \varpi + \sum_{i=1}^{p}\alpha_i(|\varepsilon_{t-i}| + \gamma_i\varepsilon_{t-i})^\delta + \sum_{j=1}^{q}\beta_j\sigma_{t-j}^\delta \tag{9-10}$$

该模型要点如下：

- 波动是标准差的幂次方；
- $\sigma > 0$；
- 当 $i = 1, \cdots, r$，$|\gamma_i| \leq 1$；当 $i > r$，$\gamma_i = 0$；

- $r \leqslant p$。

$\gamma_i \neq 0$ 表示出现非对称性：为简化过程，令 $\delta = 2$，当 $\varepsilon < 0, \gamma < 0$ 时，负负得正，波动加大（由 α_i 增加到 $\alpha_i(1 + |\gamma_i|^2)$）。

4. 非对称成分 GARCH

非对称指数 GARCH 模型是将成分模型加上 TGARCH 的非对称性部分如下：

$$q_t = w + \rho(q_{t-1} - w) + \varphi(\varepsilon_{t-1}^2 - \sigma_{t-1}^2) \qquad (9\text{-}11)$$

$$\sigma_t^2 = q_t + \alpha(\varepsilon_{t-1}^2 - q_{t-1}) + \gamma(\varepsilon_{t-1}^2 - q_{t-1})I_{t-1} + \beta(\sigma_{t-1}^2 - q_{t-1}) \qquad (9\text{-}12)$$

$\gamma > 0$ 隐含着条件方差方程中存在暂时性的杠杆效应。

9.3 中使用 `rugarch` 包的程序范例，会讲解如何设定这些多样化的条件。

9.2 单变量 GARCH 的简易操作

9.2.1 数据的 ARCH 效应检验

下面先以范例程序为例。范例程序 9-1 先适配中国指数收益率的回归，再对回归残差进行 ARCH 效应检验。

范例程序 9-1：ARCH 效应检验

```
load("index_stock.RData")              # 加载数据；
y = index_stock[,6]                    # 定义第 6 栏数据（中国指数报酬率）为 y
fit.ar1 = arima(y, order = c(1,0,0))   # 以 ar(1) 适配 y，并将适配结果存成 fit.ar1
library(MTS)                           # 载入包 MTS，该包内有检验 ARCH 效应的函数
archTest(fit.ar1$resid)                # 对适配结果的残差项 fit.ar1$resid 执行 Arch 检验
Q(m) of squared series(LM test):
Test statistic:  682.1235   p-value:  0
Rank-based Test:
Test statistic:  219.8319   p-value:  0
detach(package:MTS)                    # 从内存中卸载 MTS 包，请注意：前后不可以有空格
```

`archTest()` 函数使用格式如下：

`archTest(x, lags=10)`

若没有特别设定，滞后期默认为 10 期。

在第 3 步中，我们不一定适配何种模型，可能只有截距，或有外生解释变量的回归。最重要的是将回归对象存起来，再利用列表语法调用残差，例如，`fit.ar1$resid`。最后用 `archTest()` 检验一笔数据是否有 ARCH 效应，根据检验结果中 p 值，可以知道"无 ARCH 效应"的原假设备被显著地拒绝了。

其实，执行 ARCH 效应检验时，均值方程并不一定必要适配什么模型，范例程序 9-1 适配了 AR（1），因为 ARCH 效应不会因为线性的适配而消失。读者可以采用原始数据进行 `archTest()` 来比较检验结果。

练习

请将 `archTest()` 应用在原始数据，并比较和适配模型残差的检验结果差异大小。

练习

请用第 8 章介绍的 ARIMA 自动适配法进行操作，然后检验残差是否具有 ARCH 效应。

9.2.2 运用 `tseries` 包估计标准 GARCH

所谓的标准 GARCH 就是参数对称的方差方程式。范例程序 9-2 以 GARCH(2，1) 模型为例，演示如何运用 tseries 包来处理一个标准的 GARCH 模型。

范例程序 9-2：对 tseries 包中标准 GARCH(2,1) 模型的估计

```
library(tseries)           # 载入包 tseries
out=garch(y, order = c(2, 1))
  # 估计，将结果存入对象 out。order=c(q, p), p=ARCH order, q=GARCH order
summary(out)               # 将前面估计结果显示出来
Call:
garch(x = y, order = c(2, 1))
Model:
GARCH(2,1)
Residuals:
     Min        1Q    Median       3Q       Max
-3.41764  -0.51956   0.02855  0.63875   3.86647
Coefficient(s):
    Estimate  Std. Error  t value  Pr(>|t|)
a0 1.271e-02   5.281e-03    2.407  0.016100 *
a1 1.149e-01   3.293e-02    3.490  0.000484 ***
b1 8.761e-01   2.891e-01    3.031  0.002441 **
b2 2.358e-13   2.579e-01    0.000  1.000000
---
Signif. codes:  0 '***' 0.001 '**' 0.01 '*' 0.05 '.' 0.1 ' ' 1
Diagnostic Tests:
Jarque Bera Test
data: Residuals
X-squared = 39.931, df = 2, p-value = 2.134e-09
Box-Ljung test
data: Squared.Residuals
X-squared = 0.79815, df = 1, p-value = 0.3716
names(out)                 # 查一查 out 内有哪些东西
[1] "order"           "coef"       "n.likeli"    "n.used"    "residuals"
[6] "fitted.values"   "series"     "frequency"   "call"      "vcov"
tail(out$fitted,10)        # 看一看适配出的条件标准偏差的最后 10 条记录
             sigt        -sigt
[1008,]  0.5870628  -0.5870628
[1009,]  0.5763043  -0.5763043
[1010,]  0.5605981  -0.5605981
[1011,]  0.5369335  -0.5369335
[1012,]  0.5150978  -0.5150978
[1013,]  0.5575046  -0.5575046
[1014,]  0.6455729  -0.6455729
[1015,]  0.6524007  -0.6524007
[1016,]  0.6224508  -0.6224508
[1017,]  0.5957518  -0.5957518
plot(out)                  # 对前面模型适配估计的结果，进行绘图分析（见图 9-2）
```

在第 3 条代码 `sammary(out)` 的输出结果中，Jarque Bera Test 这个检验是对回归残差进行正态分布检验，其原假设是正态分布；Box - Ljung test 这个检验是对回归残差的平方进行序列相关检验，这个检验的结果可以确认数据是否还有 ARCH 效果，其原假设是无序列相关。

`names(out)` 可以查看 `garch()` 估计完之后，生成了哪些东西。根据下面显示，有 10 个对象。其中比较重要的是 `fitted.values`，这是计算出来的条件标准偏差 σ_t。要看数据，则必须使用 `out$fitted` 取出，我们可以用 `tail(out$fitted, 10)` 取出尾部 10 条记录看。

`plot(out)` 会画出许多图（见图 9-2）。

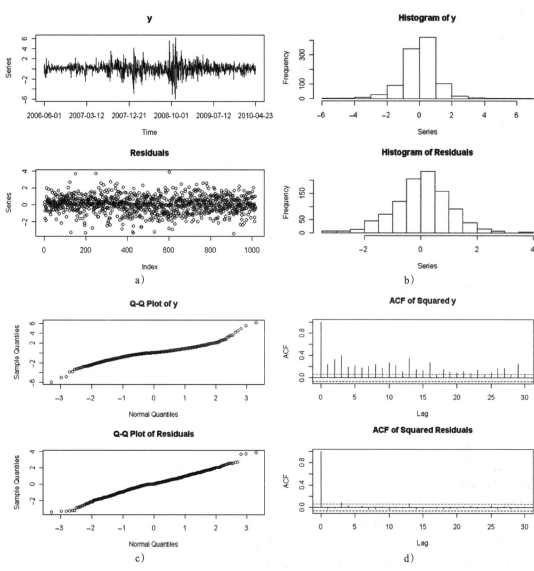

图 9-2 tseries 包的 GARCH 诊断图

练习

请将 σ_t 绘出时间序列图。利用第 3 章的检验函数，执行残差项的正态分布检验。

9.2.3 运用 `fGarch` 包估计标准 GARCH

tseries 包对于 GARCH 模型的处理相当简单。例如，分布模型上除了正态分布没有其他他分布可以选择；只能处理单变量 GARCH；均值方程无法自行设定，方差方程式也不允许加入其他外生变量。另外，GARCH 家族有许多变种模型，tseries 也不能处理。

fGarch 包是 Rmetics 推出的一个对金融时间序列模型异方差进行分析和建模的专用包，在 GARCH 模型处理上比 tseries 包灵活一些，比如除了正态分布模型之外还有多种共他分布模型可以选择，范例程序 9-3 演示了如何运用 fGarch 包对 GARCH(2，1) 模型进行处理。

范例程序 9-3：fGarch 包中的标准 GARCH(2, 1) 模型的估计

```
library(fGarch)                              # 载入包 fGarch
distribution=c("std")                        # 选择残差的概率分布, 此处 std 为 student t 分布
fit=garchFit(~ garch(2,1), data=y, cond.dist= distribution)
   # 估计。将结果存入对象 fit。garch(p, q), p=ARCH order, q=GARCH order
summary(fit)                                 # 将前面估计结果展示出来
Error Analysis:
        Estimate    Std. Error   t value  Pr(>|t|)
mu      0.076071    0.021676      3.510   0.000449 ***
omega   0.008948    0.005933      1.508   0.131471
alpha1  0.060532    0.038035      1.591   0.111499
alpha2  0.058582    0.047850      1.224   0.220847
beta1   0.879781    0.029877     29.447   < 2e-16 ***
shape   6.940648    1.603493      4.328   1.5e-05 ***
---
Signif. codes:  0 '***' 0.001 '**' 0.01 '*' 0.05 '.' 0.1 ' ' 1
Log Likelihood:
 -1298.244    normalized:  -1.276543
Standardised Residuals Tests:【注：标准化残差的检验】
                            Statistic
                                        p-Value
 Jarque-Bera Test   R    Chi^2   45.61896    1.24156e-10  【注：正态分布】
 Shapiro-Wilk Test  R    W       0.9889919   6.495727e-07 【注：正态分布】
 Ljung-Box Test     R    Q(10)   11.24491    0.3387581    【注：序列相关】
 Ljung-Box Test     R    Q(15)   29.43389    0.01413476   【注：序列相关】
 Ljung-Box Test     R    Q(20)   35.99697    0.01539372   【注：序列相关】
 Ljung-Box Test     R^2  Q(10)   13.81003    0.1818344    【注：序列相关】
 Ljung-Box Test     R^2  Q(15)   19.83774    0.1782458    【注：序列相关】
 Ljung-Box Test     R^2  Q(20)   24.33898    0.2278982    【注：序列相关】
 LM Arch Test       R    TR^2    13.49609    0.3340363    【注：ARCH】

Information Criterion Statistics:【4 个适配程度值】
     AIC       BIC      SIC      HQIC
 2.564885  2.593939  2.564816  2.575919
plot(fit)                                    # 对前面模型适配估计的结果, 进行绘图分析, 如图 9-3 所示
volatility(fit)                              # 提取条件标准偏差 σt
residuals(fit, standardize = FALSE))         # 提取残差
```

第 2 步的分布选项，除了正态分布之外，总共有 "norm" "snorm" "ged" "sged" "std" "sstd" "snig" 和 "QMLE" 这 8 种可以选择。

    "norm"——正态分布（Normal Distribution）；

    "snorm"——偏正态分布（Skewed Normal Distribution）；

    "ged"——广义误差分布（Generalized Error Distribution）；

    "sged"——偏广义正态分布（Skewed Generalized Error Distribution）；

    "std"——学生分布（Student Distribution）；

    "sstd"——偏学生分布（Skewed Student Distribution）；

    "nig"——正态逆高斯分布（Normal inverse Gaussian Distribution）；

    "QMLE"——准最大似然估计（Quasi-Maximum Likelihood Estimation）。[⊖]

    plot(fit) 这个指令执行后，R 控制台会出现交互式绘图框及 13 个选项，如下所示：

⊖ 这个选项假设了正态分布，但是使用稳健标准误差检验。Bollerslev 和 Wooldridge（1992）证明如果均值方程式和方差方程式是正确的设定，则 QMLE 估计值是一致（consistent）的且渐进于正态分布（asymptotically normal）。然而，在非对称分布时，QMLE 估计有效率损失（Bollerslev and Wooldridge（1992），p.166）。

```
Make a plot selection (or 0 to exit):
 1:    Time Series
 2:    Conditional SD
 3:    Series with 2 Conditional SD Superimposed
 4:    ACF of Observations
 5:    ACF of Squared Observations
 6:    Cross Correlation
 7:    Residuals
 8:    Conditional SDs
 9:    Standardized Residuals
10:    ACF of Standardized Residuals
11:    ACF of Squared Standardized Residuals
12:    Cross Correlation between r^2 and r
13:    QQ-Plot of Standardized Residuals
Selection:
```

Selection：后输入对应数字，即可显示相应图形。了解到这 13 个选项后，这一操作还有一个更加简单的做法。比如我们要画第 10 个选项，用 plot(fit, which=10) 即可。

如果要一次画出 13 个，可以使用下面指令：

```
par(mfrow=c(4, 4))           # 将图文框分割成 4×4=16 格
plot(fit, which="all")        # 绘所有的图
par(mfrow=c(1, 1))           # 将图文框恢复 1×1
```

其结果如图 9-3 所示。

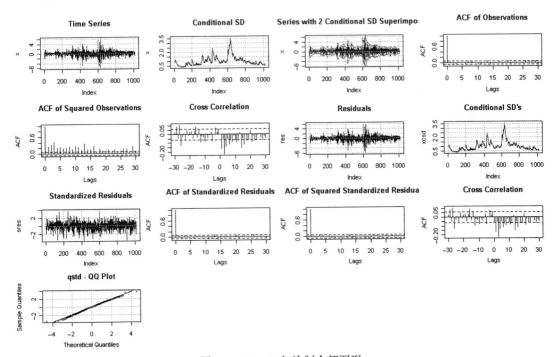

图 9-3　fGarch 包绘制全部图形

其实，我们往往不需要这么多图形。假如我们需要第一行的 4 个图，可使用如下代码：

```
par(mfrow=c(2,2))
plot(fit, which=1:4)
par(mfrow=c(1,1))
```

其结果如图 9-4 所示。

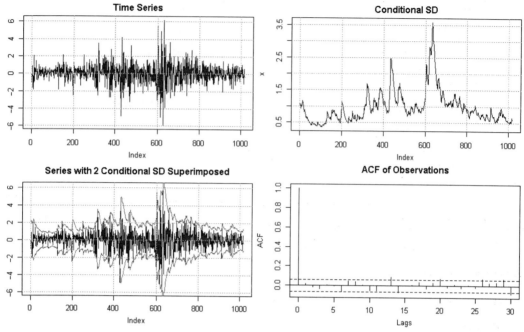

图 9-4　fGarch 包绘制前四个图形

假如我们需要第 1、2、5、6 这 4 个图，则使用如下代码：

```
par(mfrow=c(2,2))
plot(fit, which=c(1, 2, 5, 6))
par(mfrow=c(1,1))
```

其结果如图 9-5 所示。

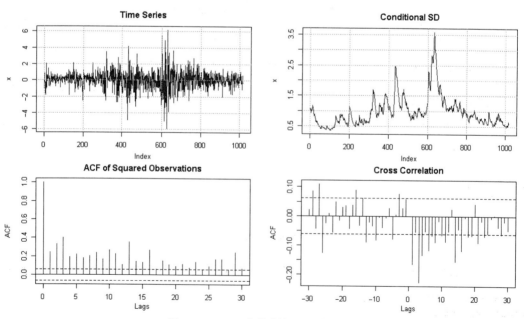

图 9-5　fGarch 包绘制任选四个图形

我们发现上面用两种画法时，R 显示图形矩阵时相当慢，这是因为 **fGarch** 内制绘图处理过程的问题。如果想节省时间，一个一个画要快一些。

```
par(mfrow=c(2,2))
plot(fit, which=1)
plot(fit, which=2)
plot(fit, which=5)
plot(fit, which=6)
par(mfrow=c(1,1))
```

最后，我们介绍如何进行时间序列的预测，范例程序 9-4 演示的是对收益率的预测。

范例程序 9-4：对收益率时间序列的预测

```
predict(fit, n.ahead = 50, mse="cond",  plot=TRUE, crit_val=2)
   # 生成预测值（见图 9-6）
```

主要参数解释如下：

n.head=50：样本外预测 50 期。

mse ="cond"：均方根误差 $=\sqrt{Et[x_{t+h}-E_t x_{t+h}]^2}$；若 **mse="uncond"**，则均方根误差 $=\sqrt{E[x_{t+h}-E_t x_{t+h}]^2}$。

crit_val=2：预测值置信区间为 ±2。

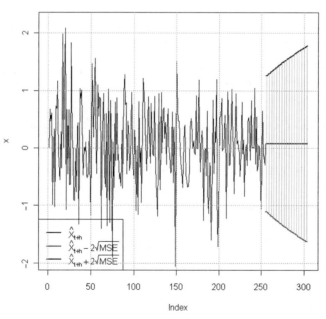

图 9-6 包 fGarch 绘制的预测图

如图 9-6 所示，右侧中间的线是预测值，下面的线是置信区间，由此可见这个样本的预测表现不好。

练习

取 Mexico 股市和债市指数收益率数据，适配完 GARCH(2,1) 后，将两笔数据的交叉相关（cross-correlation）图，放在一起比较解释差异。

练习

接上题，用 `volatility()` 取出两笔数据的条件标准偏差，绘图比较。

9.3 单变量 GARCH 的专业处理

9.3.1 rugarch 中 GARCH 模型的基本设定

fGarch 包虽然比 tseries 包具有更强大的功能，但还是不够灵活，比如无法选择回归形式（例如 ARMA）的均值方程，也无法选择非对称形式（如 e-GARCH）的方差方程[○]。

2011 年 R 的 CRAN 网页公布了一个新包 rugarch。虽然这个包也只能处理单变量 GARCH，但是其功能比上述两个包功能强大得多，而且对于应用于在险值的图形，也能一并导出。在财务经济分析上，十分便利。

范例程序 9-5 重点展示如果均值方程是 ARMA(1,1)，方差方程式是 GARCH(2,1)，要如何进行操作。rugarch 包只要设定均值方程、方差方程和分布模型的形式即可。

```
mean.spec：设定均值方程形式
var.spec：设定方差方程形式
dist.spec：设定分布模型
```

范例程序 9-5：rugarch 包中对 GARCH 模型的处理

```
library(rugarch)          # 载入包 rugarch
mean.spec=list(armaOrder=c(1,1), include.mean=T, archm=F, archpow=1, arfima=F,
               external.regressors = NULL)
  # 模型参数设定 1：设定均值方程形式，此处，我们适配 ARMA(1,1)
var.spec=list(model="sGARCH", garchOrder = c(2,1), submodel = NULL,
              external.regressors = NULL, variance.targeting = F)
  # 模型参数设定 2：设定方差方程式的结构，此处，我们估计标准 GARCH(2,1)
dist.spec=c("norm")       # 模型参数设定 3：设定分布模型，此处，选择正态分布
myspec=ugarchspec(mean.model=mean.spec, variance.model=var.spec,
                  distribution.model=dist.spec)
  # 将前述三个参数设定整合
out=ugarchfit(spec=myspec, data =y, solver.control = list(trace = 0))
  # 估计，将结果存入对象 out
show(out)                 # 将前面估计结果显示出来
Conditional Variance Dynamics
-----------------------------------
GARCH Model  : sGARCH(2,1)
Mean Model   : ARFIMA(1,0,1)（均值方程可设定的模型不止 ARMA）
Distribution : norm

Optimal Parameters
-----------------------------------
        Estimate   Std. Error   t value  Pr(>|t|)
mu      0.068673   0.023641     2.9049   0.003674
ar1    -0.804506   0.103194    -7.7961   0.000000
ma1     0.855487   0.088666     9.6484   0.000000
omega   0.018966   0.008448     2.2451   0.024759
alpha1  0.078466   0.034636     2.2654   0.023486
alpha2  0.068907   0.044623     1.5442   0.122539
beta1   0.838607   0.034025    24.6468   0.000000
```

○ fGarch 包也可以对均值方程的形式进行某些设定（如 ARMA 形式），但是整个操作过程比较烦琐。

```
Robust Standard Errors:（考虑异方差修正后的标准偏差）
        Estimate   Std. Error  t value  Pr(>|t|)
mu      0.068673   0.023283    2.9495   0.003183
ar1    -0.804506   0.083548   -9.6293   0.000000
ma1     0.855487   0.069056   12.3883   0.000000
omega   0.018966   0.012984    1.4607   0.144095
alpha1  0.078466   0.050562    1.5519   0.120690
alpha2  0.068907   0.056916    1.2107   0.226023
beta1   0.838607   0.049702   16.8727   0.000000
plot(out)              # 对前面模型适配估计的结果，进行绘图分析（图9-8）
```

根据 show (out) 首先显示的两组估计参数：第 1 组是最佳参数（optimal parameters）。第 2 组是稳健误差（robust errors）。两组的系数不会有差异，差异在于修正后标准偏差。一般我们都会以稳健误差这一组讨论，根据这些参数，模型方程式可写成如下形式：

$$y_t = 0.069 - 0.805 y_{t-1} + 0.855 \varepsilon_{t-1} + \varepsilon_t \tag{9-13}$$

$$\sigma_t^2 = 0.019 + 0.078 \varepsilon_{t-1}^2 + 0.069 \varepsilon_{t-2}^2 + 0.839 \sigma_{t-1}^2 \tag{9-14}$$

接下来显示出来的是诊断结果，我们就不再赘述。但是请读者仔细看一看，就会发现 rugarch 提供的估计后诊断相当完备。

```
LogLikelihood : -1311.955
Information Criteria（整体适配度）
------------------------------------
Akaike       2.5856
Bayes        2.6195
Shibata      2.5855
Hannan-Quinn 2.5984

Weighted Ljung-Box Test on Standardized Residuals（标准化残差的序列相关检验）
------------------------------------
                        statistic  p-value
Lag[1]                  0.04721    0.8280
Lag[2*(p+q)+(p+q)-1][5] 1.62049    0.9950
Lag[4*(p+q)+(p+q)-1][9] 3.17084    0.8631
d.o.f=2
H0 : No serial correlation

Weighted Ljung-Box Test on Standardized Squared Residuals（标准化方差的序列相关检验）
------------------------------------
                         statistic  p-value
Lag[1]                   0.02388    0.8772
Lag[2*(p+q)+(p+q)-1][8]  6.31488    0.2053
Lag[4*(p+q)+(p+q)-1][14] 9.77208    0.2161
d.o.f=3

Weighted ARCH LM Tests（残差的 ARCH 效果检验）
------------------------------------
            Statistic  Shape  Scale  P-Value
ARCH Lag[4] 0.6908     0.500  2.000  0.4059
ARCH Lag[6] 0.9493     1.461  1.711  0.7623
ARCH Lag[8] 3.3474     2.368  1.583  0.4806

Nyblom stability test（模型参数稳定性检验）
------------------------------------
Joint Statistic:  1.0894
```

```
Individual Statistics:
mu     0.2935
ar1    0.1578
ma1    0.1472
omega  0.3104
alpha1 0.1916
alpha2 0.2152
beta1  0.2062

Asymptotic Critical Values (10% 5% 1%)
Joint Statistic:          1.69 1.9 2.35
Individual Statistic:     0.35 0.47 0.75
```

模型参数稳定性检验（nyblom stability test）的原假设是参数是稳定的。依据 5% 显著程度的临界值，不论是联合检验（1.9）或个别检验（0.47），都接受参数是稳定的原假设。

```
Sign Bias Test(Engle and Ng(1993)的sign test)
-----------------------------------
                    t-value    prob sig
Sign Bias           2.0317   4.244e-02   **
Negative Sign Bias  0.4882   6.255e-01
Positive Sign Bias  1.7782   7.567e-02   *
Joint Effect       21.7873   7.223e-05   ***
```

符号偏误检验（sign bias test）统计量检验了标准化残差的平方的常数，对于冲击是否有正负残差的差异，根据下面的检验结果可知正负收益率对冲击有不同的反应，建议使用非对称形式的模型。

```
Adjusted Pearson Goodness-of-Fit Test:（Adj. Person 适配度检验）
-----------------------------------
   group statistic p-value(g-1)
1   20    50.67    0.0001044
2   30    58.72    0.0008881
3   40    66.70    0.0037504
4   50    73.41    0.0135355
```

调整皮尔森拟合优度检验（adjust pearson gordness-of-fit test）的基础是比较标准化残差的数据所呈现的分布和理论分布的差异。此处是正态分布。这个检验是依照 Palm 和 Vlaar（1997）[25] 的分群做法计算出的，根据结果的 p 值，原假设被显著地拒绝了，也就是这个模型适配正态分布不是很好，应该选择其他分布。

plot(out) 这个指令设定后，R 控制台会出现 12 个选项，如下：

```
Make a plot selection (or 0 to exit):
 1:   Series with 2 Conditional SD Superimposed
 2:   Series with 1% VaR Limits
 3:   Conditional SD (vs |returns|)
 4:   ACF of Observations
 5:   ACF of Squared Observations
 6:   ACF of Absolute Observations
 7:   Cross Correlation
 8:   Empirical Density of Standardized Residuals
 9:   QQ-Plot of Standardized Residuals
10:   ACF of Standardized Residuals
11:   ACF of Squared Standardized Residuals
12:   News-Impact Curve
Selection:
```

选择相应数字即可输出对应的图形。例如，选1会出现图9-7a，即中间是原始数据，上下标2单位条件标准偏差。选2会出现显著性水平 $\alpha = 1\%$ 下估计的在险值限额的涉险值区间，如图9-7b所示。选9会出现标准化残差的Q-Q图，如图9-7c所示。选12会出现信息冲击曲线，具有仿真讯息效果，如图9-7d所示。

选择0则可退出图形绘制。

通过绘图表现也可以看出，`rugarch`包的功能十分强大。

`plot(out,which="all")` 可以画出的所有图形，如图9-8所示。

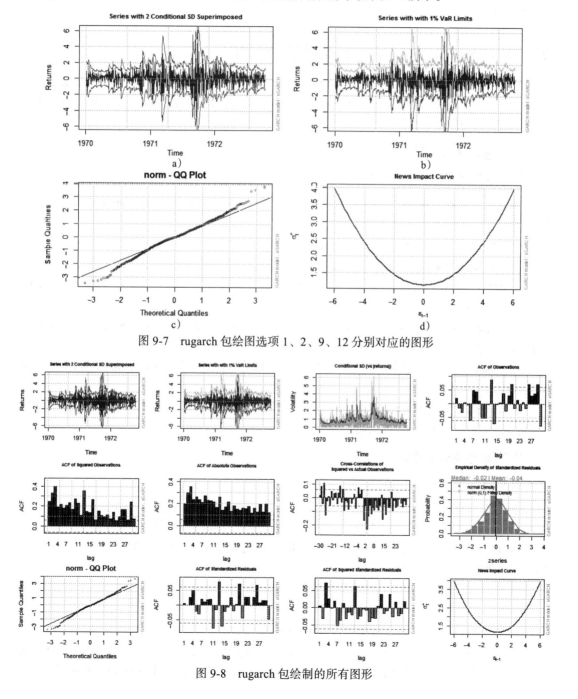

图9-7　rugarch包绘图选项1、2、9、12分别对应的图形

图9-8　rugarch包绘制的所有图形

练习

以 ARMA(0, 2) 适配均值方程，以 GARCH(3,2) 适配方差方程。比较条件分布 Student-t 和 GED 的估计结果。

练习

`sigma()` 和 `residuals()` 分别是两个函数，可以用来从对象中取出条件标准偏差 σ_t 和残差项，请对 Russia 股市和债市指数收益率，以 std 分布估计 GARCH(2, 1) 模型，取出 σ_t，将两个市场的 σ_t 绘于同一图中进行比较。

9.3.2　rugarch 中 GARCH 模型的高级设定

各式各样的 GARCH 模型，只需要修改前面范例程序的三个条件内的参数就可以。只要掌握了这三个条件的设定方法，GARCH 模型的计量处理就会得心应手。接下来我们详细说明这三个条件的设定方法。

1. 均值方程式的设定

均值方程式的设定语法如下：

```
mean.spec = list(armaOrder=c(1,1), include.mean=T, archm=F, archpow=1, arfima=F,
        external.regressors = NULL)
```

`armaOrder=c(1,1)`：均值方程适配 ARMA(1, 1)。

`include.mean=T`：均值方程适配模型有截距项。如果不需要截距项，则 `T` 改为 `F`。

`archm=F`：是否要适配 GARCH-in-mean，如果要，就改成 `T`；选 `T` 时就必须设定下面参数 `archpow=`。

`archpow=1`：这是 GARCH-M 选项，写 1 代表标准偏差。`archm=F` 时，这个参数没有作用。细节在 GARCH-M 模型处再进行说明。

`arfima=F`：均值方程是否适配 ARFIMA 结构的非整数差分（fractional difference）。如果要，改成 `T`。

`external.regressors=NULL`：均值方程有无其他外生变量。如果有，则输入和 y 一样长度的数据变量名称（可以用矩阵形式）。

2. 方差方程式的设定

方差方程式的设定语法如下：

```
var.spec = list(model = "sGARCH", garchOrder = c(1,1), submodel = NULL,
        external.regressors = NULL, variance.targeting = F )
```

`model="sGARCH"`：是内置标准 GARCH。其余尚有五种 `"iGARCH"` `"gjrGARCH"` `"eGARCH"` `"apGARCH"` 和 `"fGARCH"`。

熟悉 GARCH 模型的人，对前置字母应该相当熟悉。

`garchOrder = c(2,1)`：设定 2 阶 ARCH 和 1 阶 GARCH。此处和 tseries 相反。

`submodel = NULL`：是否要包含 submodel。

`external.regressors = NULL`：variance equation 有无其他外生变量。如果有，则输入和 y 一样长度的数据变量名称（可以用矩阵型态）。如果有，就称为 GARCH-in-CV。

`variance.targeting = F`：是否要包含 variance targeting。

3. 条件分布的设定

条件分布模型的设定语法如下：

```
dist.spec=c("norm")
```

除了正态分布之外，全部可用分布如下：
`"norm"`——正态分布。
`"snorm"`——偏正态分布。
`"ged"`——广义误差分布。
`"sged"`——偏广义正态分布。
`"std"`——学生分布。
`"sstd"`——偏学生分布。
`"nig"`——正态逆高斯分布。
`"jsu"`——约翰逊重新参数化的 SU 分布 (Johnson's reparameterized SU Distribution)。

`rugarch` 包的条件分布相当多，若需要对分布做进一步参数设定也可以。更进阶的模型还包括使用日内数据 Hansen 的 realized GARCH 模型等，因为较为进阶，本章就不介绍了。

4. iClick 包的统一处理

本书作者开发了一个包 iClick，内有 `iClick.GARCH` 功能，可以将 8 种概率分布的组合，依照均值方程式和方差方程式一次呈现，相当有利于比较，如范例程序 9-6 所示。

范例程序 9-6：iClick GARCH 使用演示

```
dat0=read.csv("wti.csv")              # 本行及下面 5 行是构建数据，不再赘述
head(dat0)
library(timeSeries)
dat1=as.timeSeries(dat0[,"Settle"],as.Date(dat0[,"Dates"]))
y=returns(dat1)*100
names(y)="y"
head(y)
detach(package:timeSeries)
library(iClick)                       # 载入包 iClick
meanEQ=list(AR=1,MA=0,  Exo=NULL,  autoFitArma=FALSE,  arfimaDiff=FALSE,
            archM=FALSE)
  # 设定均值方程式的条件
garchEQ=list(Type="sGARCH", P=1, Q=1, exo=NULL)
  # 设定方差方程式的条件
iClick.GARCH(y,meanEQ, garchEQ,  n.ahead=10)
  # 估计
```

第 8 行的均值方程式，参数设定说明如下：

如果有其他外生解释变量 X，则这样设定：`Exo=X`。

如果 `autoFitArma=TRUE`，则 ARMA 自动适配最佳阶次。

如果 `arfimaDiff=TRUE`，则采用 ARFIMA 差分。

如果 `archM=TRUE`，则估计 GARCH-in-mean。

第 9 行的方差方程式，参数设定说明如下：

Type 是 GARCH 模式选项，可以有 5 种选择："sGARCH""eGARCH""gjrGARCH""iGARCH""apGARCH"。

- P 是 ARCH 阶次。
- Q 是 GARCH 阶次。

估计结果后，会出现一个按钮面版，如图 9-9 所示，每一个分布都呈现出 6 个方格，最后六格是综合比较。每按一个键后，系统都会将估计结果整理呈现，同时在工作目录中储存为一个命令为 .csv 的表格文件。例如 Table of Coefficients 就是把 8 个概率分布整理成表格，其余皆同。

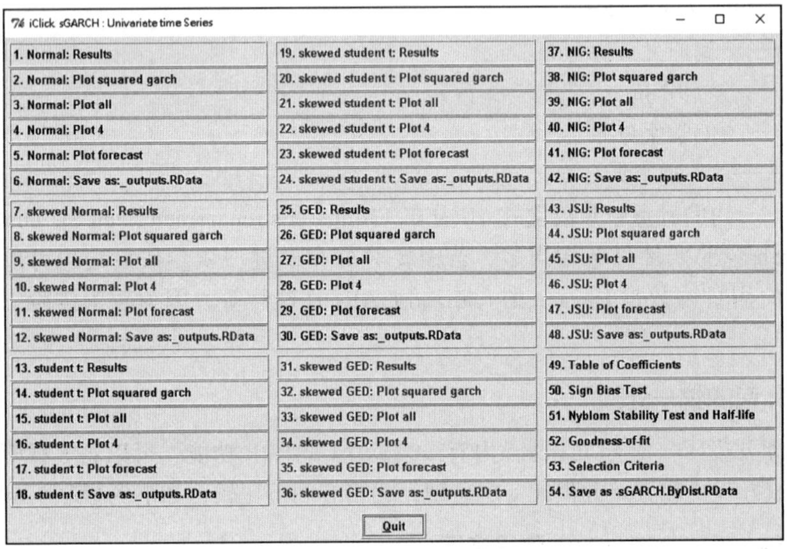

图 9-9　iClick.GARCH 的结果

第三部分
PART3

多变量时间序列分析

第10章 Chapter10

向量自回归和误差修正模型

10.1 平稳 VAR 多变量原理

VAR 全名是向量自回归模型（vector autoregression model，VAR 模型），由宏观计量经济学家 Sims(1980)[26] 提出。VAR 扩充了前面只能使用一个变量的自回归模型（也就是 AR 模型），允许多个变量并将所有变量都当成内生变量。多变量 VAR 模型与单变量 AR 模型最大的不同之处在于，VAR 模型考虑了体系内跨变量的动态行为，因此常用在多变量时间序列模型的分析上。传统的 VAR 模型是针对平稳变量设计的。

从方程形式上来看，VAR 模型有结构式（structural form）VAR 和简约式 VAR 两种。结构式 VAR 模型可以描述经济变量之间的结构关系，在方程右端可能出现其他的内生变量；简化式 VAR 模型中的每个内生变量都只被表示为其之前的值（前定变量）的线性函数。

VAR 模型的提出背景是研究者面临了这样一个问题：研究者想要估计方程式 $Y_t = a + bX_t + u_t$，但是却面临 $X_t = a + bY_t + u_t$ 的事实。也就是不能确定谁是解释变量，谁是被解释变量。例如收入与消费的关系，一个简单的基本形式可以写成 VAR(p) 表示 p 阶滞后期。

已知 $Y_t = a + bX_t + u_t$

令向量 $Z_t = [X_t, Y_t]$

则 VAR（1）可如下表示：

$$Z_t = \alpha + \beta Z_{t-1} + u_t \quad (10\text{-}1)$$

VAR（1）展开如下：

$$Y_t = \alpha_1 + \beta_{11} Y_{t-1} + \beta_{12} X_{t-1} + u_{1t}$$
$$X_t = \alpha_2 + \beta_{21} Y_{t-1} + \beta_{21} X_{t-1} + u_{2t}$$

矩阵式表示如下：

$$\begin{bmatrix} Y_t \\ X_t \end{bmatrix} = \begin{bmatrix} \alpha_1 \\ \alpha_2 \end{bmatrix} + \begin{bmatrix} \beta_{11} & \beta_{12} \\ \beta_{21} & \beta_{22} \end{bmatrix} \begin{bmatrix} Y_{t-1} \\ X_{t-1} \end{bmatrix} + \begin{bmatrix} u_{1t} \\ u_{2t} \end{bmatrix}$$

估计 $Z_t = \alpha + \beta Z_{t-1} + u_t$ 的参数 β, GLS 和 LS 的估计结果一致。所以, 在估计策略上, 可以用 LS 逐条分别估计, 也可以利用克罗内克积展开后, 用 LS 一次估计:

$$Y = (I_M \otimes X)\hat{\beta} + u$$
$$\hat{\beta} = I_M \otimes (X'X)^{-1}X'Y$$
（10-2）

常见的 VAR(p) 的理论性质为 Y_t-a-bX_t, 这个线性组合的稳定性如下:
VAR 系数矩阵 β 的多项式根 (polynomial roots) 均 >1, 或其特征值 <1, 是稳定的。
VAR 系数矩阵 β 的多项式根均 ≤ 1, 或其特征值 ≥ 1, 是不稳定的。
特征值和多项式根互为倒数, 算法如下:
（1）多项式根的算法: 令多项式根为 z, 解以下多项式。

$$\det\left(\begin{bmatrix} 1 & 0 \\ 0 & 1 \end{bmatrix} - \begin{bmatrix} \beta_{11} & \beta_{12} \\ \beta_{21} & \beta_{22} \end{bmatrix} z\right) = 1 - (\beta_{11} + \beta_{22})z + (\beta_{11} \cdot \beta_{22} - \beta_{21} \cdot \beta_{12})z^2 = 0 \quad (10-3)$$

（2）特征值的算法: 令特征值为1解如下行列式。

$$\det\left(\begin{bmatrix} \beta_{11} & \beta_{12} \\ \beta_{21} & \beta_{22} \end{bmatrix} - \lambda I\right) = \det\left(\begin{bmatrix} \beta_{11} & \beta_{12} \\ \beta_{21} & \beta_{22} \end{bmatrix} - \lambda \begin{bmatrix} 1 & 0 \\ 0 & 1 \end{bmatrix}\right) = 0$$

$$\Rightarrow \det\left(\begin{bmatrix} \beta_{11} - \lambda & \beta_{12} \\ \beta_{21} & \beta_{22} - \lambda \end{bmatrix}\right) = 0$$

VAR 估计完毕后, 可应用于格兰杰因果检验、脉冲 – 响应分析和方差分解。

10.2 R 包与 VAR 程序范例

我们用上市公司股票的价量关系当例子演示 VAR 模型的相关操作, R 的工具包是 vars。在拟合、估计模型之前, 我们先下载数据并进行相应整理, 如范例程序 10-1 所示。

范例程序 10-1: 下载并整理价量数据

```
library(quantmod)
    # 加载包 quantmod, 可以使用函数 getSymbols 从网络上下载 IBM 股票数据
IBM.dat=getSymbols("IBM",from="2015-01-01",to="2017-01-18",adjust= T,
                auto.assign = FALSE)
    # 下载 IBM 股票"开高低收量数据", 选定从 2015 年 1 月 1 日到 2017 年 1 月 18 日的数据, 时间段可以依照
      自己的需求修改。只要知道股票代码, 任何股票数据都可以用这个函数下载。下载后存成暂存文件 IBM.dat
head(IBM.dat)                              # 观察 IBM.dat 前 6 笔数据
           IBM.Open IBM.High  IBM.Low IBM.Close IBM.Volume IBM.Adjusted
2015-01-02 150.4750 152.3407 150.1858  151.1746    5525500     146.9847
2015-01-05 150.4377 150.4377 148.4974  148.7959    4880400     144.6719
2015-01-06 148.9452 149.2157 144.7474  145.5870    6146700     141.5519
2015-01-07 146.6411 146.6411 143.6840  144.6355    4701800     140.6268
2015-01-08 145.7456 148.3575 145.1019  147.7791    4236800     143.6833
2015-01-09 147.7791 149.5702 146.6877  148.4228    4484800     144.3091
tail(IBM.dat)                              # 观察 IBM.dat 后 6 笔数据
Return = diff(log(IBM.dat[, 4]))*100       # 用对数差分定义报酬率 Return
volume = log(IBM.dat[, 5])                 # 定义交易量 volume 为对数成交量
plot(Return, xlab = "dates", main = "Time series of IBM returns")
                                           # 画图 Return
plot(volume, xlab = "dates", main = "Time series of IBM volume")
                                           # 画图 volume
dat0=cbind(Return, volume)                 # 将价量数据合并为数据对象 dat0
head(dat0)                                 # 观察 dat0 的前 6 笔, 发现有缺值
```

```
              IBM.Close  IBM.Volume
2015-01-02          NA    15.52488
2015-01-05  -1.5860040    15.40074
2015-01-06  -2.1801915    15.63143
2015-01-07  -0.6557005    15.36346
2015-01-08   2.1502057    15.25932
2015-01-09   0.4346072    15.31620
dat=na.omit(dat0)                     # 移除缺值,建立新数据对象 dat
```

上面的范例程序,使用了包 quantmod 内的函数 `getSymbols` 来下载网络上的上市公司数据。这个函数相当好用,产生的时间序列是 xts 对象。所以,xts 的所有功能都可以使用。例如,如果要取 2016 年 6 月 1 日到 2016 年 12 月 31 日的部分数据,以 IBM.dat 为例,用这样的指令就可以:

```
IBM.dat["2016-06-01::2016-12-31", ]
```

我们要有观察数据的习惯,最简单的方法是使用 `head, tail` 和画图。另外,还可以使用 `summary` 观察数据的内容。画图时,我们会发现时间刻度很难看,如图 10-1 所示。要去除这种显示,只要执行下面这行指令就可以:

```
Sys.setlocale(category = "LC_ALL", locale = "English_United States.1252")
```

绘图时,若不想 x 轴出现中文,可以在程序一开始时,通过如下代码进行设定:

```
Sys.setlocale(category = "LC_ALL", locale = "English_United States.1252")
```

R 关闭后,就会取消该项设定,恢复操作系统语言环境。

这个指令是附在程序内的,执行一次即可,所以要在程序内将其放在最上列,用 # 框起来。

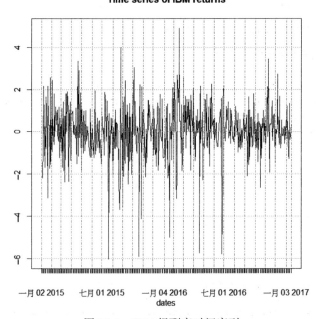

图 10-1　IBM 报酬率时间序列

执行后,再画一次图,如图 10-2 所示,x 轴就专业了许多。第 10 步,是观察合并价量数据,因为计算报酬率会少一笔数据,所以,要先移除缺值,不然后面的估计都会出问题。

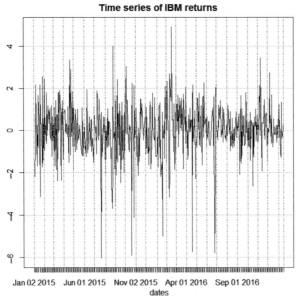

图 10-2 序列时间刻度修正语系

最后，我们执行 `head(dat)` 来观察数据，可以发现这个数据对象的列名和原来的一样。为了方便辨认数据的意义，我们最好改变列名称：

```
colnames(dat)=c("Ret","Vol")
```

准备好数据后，可以运用 VAR() 函数对构建的 VAR(p) 模型进行估计，具体如范例程序 10-2 所示。

范例程序 10-2：估计 VAR(p)

```
library(vars)     # 载入包 vars
out.var=VAR(dat, p=1, type="const", season=NULL, exogen=NULL, lag.max=NULL)
  # 估计 VAR(1)
options(digits=4)
  # 设定数字显示有意义的小数位数（注：这个函数和四舍五入不同，是对环境条件设定）
coef(out.var)     # 显示估计系数。
$Ret
         Estimate Std. Error t value Pr(>|t|)
Ret.l1  -0.007775    0.04472 -0.1739   0.8621
Vol.l1  -0.229346    0.14861 -1.5433   0.1234
const    3.501620    2.25438  1.5532   0.1210
$Vol
         Estimate Std. Error t value Pr(>|t|)
Ret.l1  -0.008462    0.01147 -0.7377 4.610e-01
Vol.l1   0.522858    0.03811 13.7182 1.141e-36
const    7.234971    0.57820 12.5130 1.644e-31
```

初步估计结果如上所示，其中默认的滞后期是 1。依照系数的结果，写成方程式如下：

$$R_t = 5.53 - 0.007 R_{t-1} - 0.23 V_{t-1}$$
$$V_t = 7.37 - 0.008 R_{t-1} + 0.52 V_{t-1}$$

矩阵形式如下：

$$\begin{bmatrix} R_t \\ V_t \end{bmatrix} = \begin{bmatrix} 3.53 \\ 7.23 \end{bmatrix} + \begin{bmatrix} -0.007 & -0.23 \\ -0.008 & 0.52 \end{bmatrix} \begin{bmatrix} R_{t-1} \\ V_{t-1} \end{bmatrix}$$

格兰杰因果关系检验的基本原理，可以这样表示，令一个 VAR（2）的系统如下：

$$Y_t = \alpha_1 + \beta_{11}Y_{t-1} + \beta_{12}X_{t-1} + \beta_{13}Y_{t-2} + \beta_{13}X_{t-2} + u_{1t}$$

$$X_t = \alpha_2 + \beta_{21}Y_{t-1} + \beta_{21}X_{t-1} + \beta_{23}Y_{t-2} + \beta_{23}X_{t-2} + u_{2t}$$

H_0：$\beta_{12}=\beta_{14}=0$（X 不是 Y 的格兰杰原因）

H_0：$\beta_{21}=\beta_{23}=0$（Y 不是 X 的格兰杰原因）

统计量是 Wald-statistic $\sim \chi^2$（2）。

根据上面的结果，将估计结果对象 out.var 置于检验执行函数 **causality()**，检验变量间的因果关系。如范例程序 10-3 所示。

范例程序 10-3：Granger 因果关系检验

```
causality(out.var, cause="Ret", boot=TRUE, boot.runs=5000)
    # 执行原假设为 "报酬率没有 Granger cause 交易量" 的检验
Granger causality H0: Ret do not Granger-cause Vol
data:  VAR object out.var
F-Test = 0.54, boot.runs = 5000, p-value = 0.4
causality(out.var, cause="Vol", boot=TRUE, boot.runs=5000)
    # 执行原假设为 "交易量没有 Granger cause 报酬率" 的检验
```

上述代码，估计时，执行了 5 000 次的自举（bootstrapping）来计算标准偏差。根据第 1 行代码的结果，p 值 = 0.4，所以原假设 H_0 是可以被接受的，即报酬率不是交易量的格兰杰原因。

读者可以执行另一组检验的结果，解读结果。

练习

把自举设定为 boot=FALSE，比较一下结果。

使用脉冲 – 响应分析来看收敛的状况。函数是 irf()，如范例程序 10-4 所示。

范例程序 10-4：脉冲 – 响应函数 irf()

```
output.irf=irf(out.var, impulse = "Vol", response = c("Ret", "Vol"),boot=TRUE,
boot.runs=1000)    # 执行来自 Vol（量）的冲击，报酬率和量的反应，把结果存成对象 output.irf
output.irf         # 把 output.irf 显示在屏幕看看。为节省篇幅，显示结果有删减
Impulse response coefficients
$Vol
            Ret          Vol
 [1,]  0.0000000    0.3273141
 [2,] -0.0757754    0.1711330
 [3,] -0.0390276    0.0901277
 [4,] -0.0205609    0.0474585
Lower Band, CI= 0.95
$Vol
            Ret          Vol
 [1,]  0.0000000    0.2985516
 [2,] -0.1788088    0.1358013
 [3,] -0.0871891    0.0571034
 [4,] -0.0484038    0.0240104
Upper Band, CI= 0.95
$Vol
            Ret          Vol
 [1,]  0.000e+00    0.346660
 [2,]  2.642e-04    0.188748
 [3,]  1.156e-03    0.109146
```

```
[4,]    7.796e-04    0.063003
plot(output.irf)           # 画出图形来，如图 10-3 所示
```

output.irf 显示在屏幕上的结果如下，分为两部分：

第 1 部分是反应系数，内置输出 10 期；

第 2 部分是反应系数的置信区间，分上界和下界。

如果想要效果比较好的统计诊断，还是需要用可视化绘图。脉冲–响应关系如图 10-3 所示。

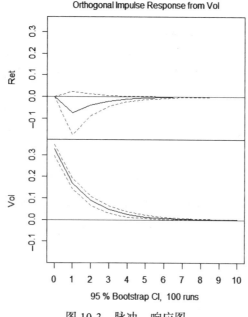

图 10-3　脉冲–响应图

此外，vars 可以执行三个很有用的检验。

（1）残差自相关检验：

```
serial.test(out.var, lags.pt = 16, type = "PT.adjusted")
```

（2）稳定性检验：

```
stability(out.var, type = "OLS-CUSUM")
```

（3）正态分布检验：

```
normality.test(out.var)
```

这些检验都很有用，因为当完成模型的估计后，为了观察估计的简约式 VAR(p) 能否充分代表变量的数据产生过程，我们通常会做模型诊断检验。最基本的检验是观察 VAR 模型的估计残差是否存在自相关。Portmanteau 与 Breusch-Godfrey 的 LM 检验是观察 VAR 模型的残差自相关的标准工具，两者检验的原假设均为估计残差无自相关。Portmanteau 检验的原假设 H_0 为 "所有残差的自相关系数为 0"，适用于高阶次的残差自相关检验。Breusch-Godfrey-LM 检验的原假设 H_0 为 "残差矩阵各阶自相关系数矩阵皆为 0"，适用于低阶次残差自相关检验。

正态检验的重要性在于：若数据呈正态分布，对于简约式 VAR(p) 的模型，用普通最小二乘法（OLS）进行有效估计的结果与广义最小二乘估计式（GLS estimator）相同。在数据为正态分布情况下，最小二乘估计式与极大似然估计式相同。因此最小二乘估计式为渐近正态分布，该估计式具有最小渐近协方差矩阵。在大样本下，个别系数可进行 t 检验，系数联合检验可利用 F 检验。

稳定性检验则是检验数据是否有结构变动。若读者有兴趣了解所有的参数设定，可以参考包附带的 PDF 档案，或者在 R 内执行 `help`，例如：

```
?stability 或 help(stability)
```

这样就可以把函数内的参数设定选项完整列出来。

最后，是在使用 VAR 的估计方法的情况下，滞后期如何能依照准则选出来。之前的估计都是人工设定 $p = 1$ 或 2。VAR 模型的最适滞后期数 p 的决定一般常用赤池信息准则（AIC）、汉南–奎因信息准则（HQ）、施瓦茨准则（SC）。但是，人工逐期地试很没有效率，能否使用像之前自动选择 ARIMA 时一样的做法呢？

这些问题很简单，在第一个范例程序中，VAR() 估计时，是给定最大滞后期数 lag.max 和准则 ic，就可进行前述准则的计算得出最适滞后期数 p。介绍的三种准则中，AIC 建议的 p 通常最大，SC 建议的 p 最小，HQ 建议的 p 则介于两者之间，如下所示：

```
VAR(dat, p=1, type="const", exogen=NULL, lag.max=20, ic="AIC")
```

只要 lag.max 有数字。前面的 $p = 1$ 就无用。后面的准则 ic 内置是 AIC，完整代码如下所示，择一即可。

```
ic = c("AIC", "HQ", "SC", "FPE")
```

另外，type 有四种设定：type = c("const", "trend", "both", "none")，依序为"只有截距""只有趋势""截距趋势皆有"及"截距趋势皆无"。

灵活使用这些设定，多数问题都可以解决。vars 包可以执行结构 **VAR(Structural VAR)**，功能很多。

10.3 VECM 的协整分析

承前，当回归的被解释变量 Y 是非平稳，解释变量 X 也是非平稳时，就会产生伪回归的问题。简单地说，伪回归就是指：两个（或以上）I(1) 变量之间的回归关系，因传统估计式（如 LS、MLE 等）和统计量（如 t、F、Wald 等）无法修正数据的非平稳性质，故方差无法得到渐近性的收敛，因而产生的伪回归的问题。

非平稳的时间序列也称为具有随机趋势，两个非平稳数据的回归关系，就隐含了判别两个随机趋势是否有共同的趋势，这就是称为协整。协整可以正式定义如下：

若两个（或以上）的 I(1) 变量之间的线性组合为 I(0)，则定义此变量间有协整。此线性组合则称为协整向量：

$$Y_t = \alpha + \beta X_t + e_t \rightarrow Y_t - \alpha - \beta X_t = e_t \approx I(0) \quad (10\text{-}4)$$

因此，协整向量就是回归参数：$[\alpha, \beta]$。找出此协整向量必须利用估计式来估计参数，因为估计式必须具备处理随机趋势造成的假性相关，因此，最常用的方法就是误差修正模型（error correction model）。因为协整的经济意义是长期均衡，所以，也有一些计量学者将 ECM 称为均衡修正机制（equilibrium correction mechanism）。

ECM 的基本形式（Engle and Granger，1987）[27] 说明如下。

传统的 $Y_t = \alpha + \beta X_t$ 回归，隐含了 X 是 Y 的条件期望值的情况，也就是说，从数据生成的角度来看，Y 是 X 产生的。但是，在非平稳时间序列中，因为两者都是由彼此独立的随机趋势所驱动，就无法说谁被谁产生。这就是前面说的假性相关。简单地说，公式采用 $X_t = \alpha + \beta Y_t$ 的方向也未尝不可。这问题也被称为内生性问题：鸡生蛋，还是蛋生鸡。

ECM 试图去解决这个问题：第一，令 $Z_t = [Y_t, X_t]$；第二，用类似 ADF 方法，展开向量 Z_t。

$$\Delta Z_t = A + \Phi Z_{t-1} + \sum_{i=1}^{p} \Omega_i \Delta Z_{t-i} \qquad (10\text{-}5)$$

以上例，VECM（2）展开如下：

$$\Delta Y_t = a_1 + \varphi_1(Y_{t-1} - \beta X_{t-1}) + \delta_{11}\Delta Y_{t-1} + \delta_{12}\Delta Y_{t-2} + \theta_{11}\Delta X_{t-1} + \delta_{12}\theta X_{t-2}$$

$$\Delta X_t = a_2 + \varphi_2(Y_{t-1} - \beta X_{t-1}) + \delta_{21}\Delta Y_{t-1} + \delta_{22}\Delta Y_{t-2} + \theta_{21}\Delta X_{t-1} + \delta_{22}\theta X_{t-2}$$

上式其实是一个 VAR 结构，增加了一个外生变量项，故也称为 VAR-ECM，简称 VECM（Vector ECM）。因为 $e_{t-1} = Y_{t-1} - \beta X_{t-1}$，所以误差修正项就是 $\varphi_1(Y_{t-1} - \beta X_{t-1})$，也称为动态调节，如果 X 和 Y 之间有长期均衡或协整，则 $\varphi_1(\varphi_2)$ 显著为负（正），且显著的水平，是 ADF 的 ± 临界值，不是正态分布的 ±1.92。解释如下：

方向 1：若 φ_1 显著为负，则意味若前一期的 Y_{t-1} 大于它的期望值 βX_{t-1}，也就是 $Y_{t-1} > \beta X_{t-1}$，那么，下一期的 Y 就会减少，也就是 $\Delta Y_t < 0$，即 $\varphi_1(Y_{t-1} - \beta X_{t-1})$ 的乘积为一个负 φ_1，乘上一个正的 $Y_{t-1} > \beta X_{t-1}$。

方向 2：若 φ_2 显著为正，则意味若前一期的 Y_{t-1} 大于它的期望值 βX_{t-1}，也就是 $Y_{t-1} > \beta X_{t-1}$，那么，下一期的 X 就会减少，也就是 $\Delta X_t > 0$，即 $\varphi_2(Y_{t-1} - \beta X_{t-1})$ 的乘积为一个正 φ_2，乘上一个正的 $Y_{t-1} > \beta X_{t-1}$。

在一个协整体系内，由误差衡量的短期失衡（$Y_{t-1} - \beta X_{t-1}$），长期均衡调节的方向不一定是两个，有时候是只在 Y 的方向调节，有时候只在 X 方向调节，双向调节就很稀少了。

R 做协整检验的包有多个，例如上一节的 urca 和 tsDyn 这个专门处理线性时间序列门限的包。我们先介绍 tsDyn。在开始之前，我们先准备基础数据，如范例程序 10-5 所示。

范例程序 10-5：数据准备

```
ID=c("GDX","GLD")                                    # 定义从网络下载的股票代码
library(quantmod)                                    # 载入包 quantmod
getSymbols(ID, from="2004-11-18", to=Sys.time(), adjust = T, auto.assign = TRUE)
  # 下载数据，如果下载成功，请忽略 4～7 这 4 个步骤。如果 Yahoo 在维护网站导致联机失败，就可以加载
    我们事先准备好的数据。这次加载，我设定下载到系统时间 Sys.time()
GDX0=read.csv("GDX.csv")                             # 读取数据
GLD0=read.csv("GLD.csv")                             # 同上
GDX=xts::as.xts(GDX0[,-1],as.Date(GDX0[,1]))         # 转换数据为时间序列
GLD=xts::as.xts(GLD0[,-1],as.Date(GLD0[,1]))         # 同上
head(GDX);head(GLD)                                  # 观察加载数据的前 6 笔
dat0=merge(Cl(GDX),Cl(GLD))
  # 合并两笔数据的收盘价。Cl() 是包 xts 内置的函数，可以直接取出收盘价
head(dat0)                                           # 看看合并数据的前 6 笔，我们发现
                                                     # GDX 有很多缺值，因为 2 个资产上市时间不同
           GDX.Close GLD.Close
2004-11-18        NA     44.38
2004-11-19        NA     44.78
```

```
2004-11-22              NA         44.95
2004-11-23              NA         44.75
2004-11-24              NA         45.05
2004-11-26              NA         45.29
dat=na.omit(dat0)       # 移除缺值，产生新的数据对象 dat
colnames(dat)=ID        # 置换数据对象的列名，原名称太长，我们就用第 1 行的 ID 来置换
```

dat 就是我们要执行检验的数据。范例程序 10-6 演示了如何运用 tsDyn 进行协整检验，前半部分是 Engle-Granger VECM，后半部分则是 Johansen 协整检验。

范例程序 10-6：tsDyn 包的协整检验函数

```
library(tsDyn)                                  # 载入包 tsDyn
lags <- vars::VARselect(dat, lag.max=25)$selection
    # 利用包 vars 内的函数 VARselect，计算最佳的滞后期
vecm.eg<-VECM(dat, lag=lags[3],include ="const", estim = "2OLS")
    # 估计和检验 Engle-Granger 的 VECM，VECM 内设定 estim = "2OLS" 就代表了 2-stage OLS，也就
    是 Engle-Granger 方法
summary(vecm.eg)                                # 摘要估计结果
summary(vecm.eg)$coefMat                        # 观察估计系数表
                Estimate Std. Error  t value   Pr(>|t|)
GDX:ECT        -0.0002017   0.001298  -0.1553  8.766e-01
GDX:Intercept  -0.0071714   0.018801  -0.3814  7.029e-01
GDX:GDX-1       0.0041482   0.028925   0.1434  8.860e-01
GDX:GLD-1      -0.0080030   0.019888  -0.4024  6.874e-01
GDX:GDX-2      -0.0728780   0.029025  -2.5109  1.210e-02
GDX:GLD-2       0.0447101   0.019836   2.2540  2.427e-02
GLD:ECT         0.0031113   0.001889   1.6468  9.971e-02
GLD:Intercept   0.0131825   0.027356   0.4819  6.299e-01
GLD:GDX-1       0.1746398   0.042086   4.1496  3.435e-05
GLD:GLD-1      -0.0993900   0.028937  -3.4347  6.022e-04
GLD:GDX-2      -0.0750124   0.042231  -1.7763  7.580e-02
GLD:GLD-2       0.0287805   0.028861   0.9972  3.187e-01
vecm.eg$model.specific$beta                     # 观察协整向量
            r1
GDX  1.0000
GLD -0.3127
vecm.jo<-VECM(dat, lag=lags[3], include ="const", estim = "ML")
    # 同 3，内设定 estim = "ML" 就代表了 Johansen MLE 估计与检验
summary(vecm.jo)                                # 估计结果摘要
summary(vecm.jo)$coefMat                        # 所有估计系数
                Estimate Std. Error  t value   Pr(>|t|)
GDX:ECT        -0.0023093   0.001365  -1.6913  9.090e-02
GDX:Intercept   0.0832550   0.056816   1.4653  1.429e-01
GDX:GDX-1       0.0036309   0.028911   0.1256  9.001e-01
GDX:GLD-1      -0.0064066   0.019894  -0.3220  7.475e-01
GDX:GDX-2      -0.0735949   0.029012  -2.5367  1.125e-02
GDX:GLD-2       0.0463560   0.019841   2.3364  1.955e-02
GLD:ECT         0.0009717   0.001989   0.4886  6.251e-01
GLD:Intercept  -0.0199730   0.082749  -0.2414  8.093e-01
GLD:GDX-1       0.1752756   0.042107   4.1626  3.246e-05
GLD:GLD-1      -0.0987175   0.028974  -3.4071  6.664e-04
GLD:GDX-2      -0.0746908   0.042255  -1.7676  7.724e-02
GLD:GLD-2       0.0296269   0.028897   1.0253  3.053e-01
vecm.jo$model.specific$beta                     # 观察协整向量
            r1
GDX  1.0000
GLD  0.0174
```

上面这个程序，有几个地方要进一步说明。

第一，第 2 行代码中的 VARselect(dat, lag.max=25) 是估计出 VAR 滞后阶数从 1 到 25，依照四个准则选出最佳滞后阶数。

vars::VARselect(dat, lag.max=25) 这个函数产生两个对象：$selection 和 $criteria。$selection 是四个准则选出最佳滞后阶数的向量。另一个则是所有准则估计滞后 1～25 期的值。我们可以只把 $selection 取出来：VARselect(dat, lag.max=25)$selection。然后定义为对象 lags，lags［1］就是 AIC (n)=16, lags［3］就是 SC(n)= 2。第 3 行代码承接了这个设置。

第二，函数 VECM() 的完整结构如下：

```
VECM(data, lag, r = 1, include = c("const", "trend", "none", "both"),
    beta = NULL, estim = c("2OLS", "ML"),
    LRinclude = c("none", "const", "trend", "both"), exogen = NULL)
```

要说明的有 3 项。

1）include= c("const","trend","none","both") 是整体 VAR 模型的形式，内置是第一个 "const"，意为具有截距项。

2）LRinclude= c("none","const","trend","both") 是协整向量模型的形式，内置是 "none"，也就是 $Y_{t-1} - \beta X_{t-1}$，意为没有截距，也没有时间趋势。

3）VECM 的函数，虽然提供两个估计方法，但是，协整检验却只有 Engle-Granger 的系数检验，也就是由系数矩阵判断，如第 5 行输出 ECT 的 Estimate 字段，就是前面介绍的系数 φ，从 t-value 判断显著与否。很明显两个方向都没有很显著的协整关系。

如果我们想要进行 Johansen 检验，就需要用包 urca。先解释 Johansen 的两个检验：

$$\Delta Z_t = \Pi Z_{t-1} + \sum_{i=1}^{k-1} \Gamma_i \Delta Z_{t-i} + \Phi D_t + \mu + e_t \qquad (10\text{-}6)$$

$$\Delta Y_t = \varphi_{11} Y_{t-1} + \varphi_{12} X_{t-1} + \sum_{i=1}^{p-1} A_i \Delta Y_{t-i} + \sum_{i=1}^{p-1} B_i \Delta X_{t-i} + \Phi_1 D_t + \mu_1 + e_{1t}$$

$$\Delta X_t = \varphi_{21} Y_{t-1} + \varphi_{22} X_{t-1} + \sum_{i=1}^{p-1} C_i \Delta Y_{t-i} + \sum_{i=1}^{p-1} D_i \Delta X_{t-i} + \Phi_2 D_t + \mu_2 + e_{2t}$$

令 $\boldsymbol{\Pi} = \begin{bmatrix} \varphi_{11} & \varphi_{12} \\ \varphi_{21} & \varphi_{22} \end{bmatrix}$，及 $\boldsymbol{\Gamma}_i = \begin{bmatrix} A_i & B_i \\ C_i & D_i \end{bmatrix}$，如同 ADF 检验，VECM 的协整检验在检验 $\boldsymbol{\Pi}$ 的秩是不是零或奇异矩阵。令其秩为 r，则检验原假设 $r = 0, 1, 2$。这种检验方法称为贯序检验。令 λ 为矩阵 $\boldsymbol{\Pi}$ 的特征值，Johansen 提出两个统计量。

1）迹（trace）统计量：

$$LR_{tr}(r|p) = -T \sum_{i=r+1}^{k} \ln(1 - \lambda_i) \qquad (10\text{-}7)$$

2）最大特征值（maximum eigenvalue）统计量：

$$LR_{max}(r|r+1) = -T \sum_{i=r+1}^{k} \ln(1 - \lambda_{r+1}) = LR_{max}(r|k) - LR_{max}(r+1|k) \qquad (10\text{-}8)$$

使用包 urca 进行协整检验的操作方法如范例程序 10-7 所示。

范例程序 10-7：包 urca 的协整检验函数

```
library(urca)              # 载入包 urca
```

```
cointest_eigen <- ca.jo(dat, K=lags[3], type="eigen", ecdet="const",
                        spec="transitory")
  # 估计与执行最大特征值检验
summary(cointest_eigen)          # 观察最大特征值检验结果
Eigenvalues (lambda):
[1] 4.104e-03 1.322e-03 8.674e-19
Values of teststatistic and critical values of test:
          test 10pct  5pct  1pct
r <= 1 |  3.53  7.52  9.24 12.97
r = 0  | 10.97 13.75 15.67 20.20

Eigenvectors, normalised to first column:
(These are the cointegration relations)
            GDX.l1   GLD.l1  constant
GDX.l1      1.0000    1.000    1.0000
GLD.l1     -0.0136   -2.855   -0.1985
constant  -29.3896  303.732  -40.1270

Weights W:
(This is the loading matrix)
         GDX.l1     GLD.l1    constant
GDX.d -0.001900  0.0003592  -1.030e-18
GLD.d  0.001544  0.0005683   1.328e-18
cointest_trace <- ca.jo(dat, K=lags[3], type="trace", ecdet="const",
                        spec="transitory")
  # 估计与执行 Trace 检验
summary(cointest_trace)          # 观察 Trace 检验结果
Eigenvalues (lambda):
[1] 4.104e-03 1.322e-03 8.674e-19
Values of teststatistic and critical values of test:
          test 10pct  5pct  1pct
r <= 1 |  3.53  7.52  9.24 12.97
r = 0  | 14.50 17.85 19.96 24.60

Eigenvectors, normalised to first column:
(These are the cointegration relations)
            GDX.l1   GLD.l1  constant
GDX.l1      1.0000    1.000    1.0000
GLD.l1     -0.0136   -2.855   -0.1985
constant  -29.3896  303.732  -40.1270

Weights W:
(This is the loading matrix)
         GDX.l1     GLD.l1    constant
GDX.d -0.001900  0.0003592  -1.030e-18
GLD.d  0.001544  0.0005683   1.328e-18
```

包 urca 的函数 `ca.jo()` 就可以检验 Johansen 两个著名的统计量，同时会输出临界值，这让统计量的判读极为简易。读者可以执行看看第 3 行、第 5 行。

另外，有两个函数值得一提。

1) `plot(cointest_eigen)`：可以绘制多个图形，包括协整时间序列和原始数据。

2) `cajorls(cointest_eigen)`：输出一些数值，有助于计算一些数据，它会输出两个对象，`$rlm` 和 `$beta`，如下：

```
$rlm
Coefficients:
```

```
              GDX.d      GLD.d
ect1       -0.001900    0.001544
GDX.dl1     0.009245    0.180864
GLD.dl1    -0.012690   -0.105047
$beta
                ect1
GDX.l1      1.00000000
GLD.l1     -0.01360121
constant  -29.38956646
```

其中，**$beta** 是协整方程式系数，线性组合如下：

$$ect1_{t-1} = -29.39 + GDX_{t-1} - 0.01 GLD_{t-1} \tag{10-9}$$

R 语法上，可以这样计算协整方程式 EC：

```
BETA=cajorls(cointest_eigen)$beta
EC0=dat%*%BETA[1:2]+BETA[3]              # 计算数据
EC=as.xts(EC0,index(dat))                # 转成时间序列
plot(EC,main="Cointegrating relation")   # 画图
```

最后画的图，如图 10-4 所示。

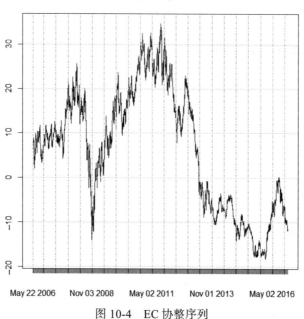

图 10-4　EC 协整序列

图 10-4 和图 10-1 极为类似，都是非平稳的形状，也就是线性组合的随机趋势依然明显。我们上面做过的协整检验也都没有通过，图形与检验结果相当一致。

练习

请读者将原始数据 dat 取对数后，也就是 log(dat)，执行协整估计和检验，并进行比较。

第11章
Chapter11

多变量 GARCH 模型

11.1 多变量 GARCH 原理

假设我们有两笔资产报酬率 R_{1t} 和 R_{2t}，它们的分布结构可以简单表示为一个样本期望值和误差，如下：

$$R_{1t} = \alpha_1 + \varepsilon_{1t} \tag{11-1}$$

$$R_{2t} = \alpha_2 + \varepsilon_{2t} \tag{11-2}$$

在两个单变量 GARCH 过程，ε_{1t} 产生 σ_{1t}，ε_{2t} 产生 σ_{2t}。

在单变量的架构，方差 σ_{11t} 和 σ_{22t} 两者彼此独立，也就是协方差为 0，即 $\sigma_{12t} = \sigma_{21t} = 0$，或 $\text{Cov}(R_{1t}, R_{2t}) = 0$。

在多变量（此例为双变量 bi-variate）架构，两者协方差就不是 0。

也就是说，协方差均值是：

$$\sum_t = \begin{bmatrix} \sigma_{11,t} & \sigma_{12,t} \\ \sigma_{21,t} & \sigma_{22,t} \end{bmatrix} \tag{11-3}$$

不是 $\sum_t = \begin{bmatrix} \sigma_{11,t} & 0 \\ 0 & \sigma_{22,t} \end{bmatrix}$ （11-4）

多变量 GARCH 架构下，估计方差方程式的问题在于如何估计协方差。方法有多种，技术都比较简单。

第一个是对角化向量法（diagonal VECtorization method，DVEC）。

这个方法把方差方程式写成对角（diagonal）向量：

$$\sum_t^{ii} = \Omega_i + A_1^i \varepsilon_{i,t-1}^2 + \cdots + A_1^q \varepsilon_{i,t-q}^2 + B_1^i \sum_{t-1}^i + \cdots + B_p^i \sum_{t-p}^i \tag{11-5}$$

对角线之外（off-diagonal elements）的项目写成：

$$\sum_t^{ij} = \Omega_{ij} + A_1^{ij}\varepsilon_{t-1}^i\varepsilon_{t-1}^j + \cdots + A_q^{ij}\varepsilon_{t-q}^i\varepsilon_{t-q}^j + B_1^{ij}\sum_{t-1}^{ij} + \cdots + B_p^{ij}\sum_{t-p}^{ij} \quad (11\text{-}6)$$

先不讲细节,从一个基本的双变量均值方程式结构来看,例如:

$$\varepsilon_{1,t} = R_{1t} - a_1$$
$$\varepsilon_{2,t} = R_{2t} - a_2$$

其 DVEC 方差方程式如下:

$$\sum_t = \begin{bmatrix} \sigma_{11,t} \\ \sigma_{12,t} \\ \sigma_{22,t} \end{bmatrix} = \begin{bmatrix} c_1 \\ c_2 \\ c_3 \end{bmatrix} + \begin{bmatrix} a_{11} & 0 & 0 \\ 0 & a_{22} & 0 \\ 0 & 0 & a_{33} \end{bmatrix} \begin{bmatrix} \varepsilon_{11,t-1} \\ \varepsilon_{1,t-1}\varepsilon_{2,t-1} \\ \varepsilon_{22,t-1} \end{bmatrix} + \begin{bmatrix} g_{11} & 0 & 0 \\ 0 & g_{22} & 0 \\ 0 & 0 & g_{33} \end{bmatrix} \begin{bmatrix} \sigma_{11,t-1} \\ \sigma_{12,t-1} \\ \sigma_{22,t-1} \end{bmatrix} \quad (11\text{-}7)$$

展开如下:

$$\sigma_{11,t} = c_1 + a_{11}\varepsilon_{11,t-1} + g_{11}\sigma_{11,t-1}$$
$$\sigma_{12,t} = c_2 + a_{22}\varepsilon_{1,t-1}\varepsilon_{2,t-1} + g_{22}\sigma_{12,t-1}$$
$$\sigma_{22,t} = c_3 + a_{33}\varepsilon_{22,t-1} + g_{33}\sigma_{22,t-1}$$

第二个是固定相关系数法(Constant correlation method)。

这个方法利用了相关系数定义中有协方差的成分,依循相关系数定义:

$$\rho = \frac{\text{cov}(R_1, R_2)}{\sqrt{\sigma_{11} \cdot \sigma_{22}}} = \frac{\sigma_{12}}{\sqrt{\sigma_{11} \cdot \sigma_{22}}} \quad (11\text{-}8)$$

即使在多变量情况下,估计方差也不是太困难。假设相关系数 ρ 是固定的,分母可以被估出来,那么随时间变动的协方差就可以用公式来计算:

$$\rho = \frac{\sigma_{12,t}}{\sqrt{\sigma_{11,t} \cdot \sigma_{22,t}}}$$
$$\Rightarrow \sigma_{12,t} = \rho\sqrt{\sigma_{11,t} \cdot \sigma_{22,t}}$$

这方法也称静态相关系数法,因为相关系数没有变化。当然,在绚丽的学术竞赛中,动态相关系数法(dynamic conditional correlation,DCC)也不会缺席。但是,方法依然是简单的:假设一个 ρ_t 的 AR 过程,然后产生 ρ_t,再代入公式:

$$\rho_t = \frac{\sigma_{12,t}}{\sqrt{\sigma_{11,t} \cdot \sigma_{22,t}}}$$
$$\Rightarrow \sigma_{12,t} = \rho_t\sqrt{\sigma_{11,t} \cdot \sigma_{22,t}}$$

另外还有由 Engle 和 Kroner 发表[28],最初由 Baba、Engle、Kraft 和 Krone 四人提出的被称为 BEKK 的方法,其优点是可以有效缩减参数个数,并且使条件协方差均值 Ω_t 符合正定的要求:

$$\sum_t = \Omega + A_1\varepsilon'_{t-1}\varepsilon_{t-1}A'_1 + \cdots + A_q\varepsilon'_{t-q}\varepsilon_{t-q}A'_q + B_1\sum_{t-1}B'_1 + \cdots + B_p\sum_{t-p}B'_p \quad (11\text{-}9)$$

一个双变量的 BEKK 条件协方差均值如下:

$$VECH(H_t) = \begin{bmatrix} \sigma_{11,t} \\ \sigma_{12,t} \\ \sigma_{22,t} \end{bmatrix} = \begin{bmatrix} c_{11} & c_{12} \\ 0 & c_{22} \end{bmatrix}' \begin{bmatrix} c_{11} & c_{12} \\ 0 & c_{22} \end{bmatrix} + \quad (11\text{-}10)$$

$$\begin{bmatrix} a_{11} & a_{12} \\ a_{21} & a_{22} \end{bmatrix}' \begin{bmatrix} \varepsilon_{11,t-1} & \varepsilon_{1,t-1}\varepsilon_{2,t-1} \\ \varepsilon_{2,t-1}\varepsilon_{2,t-1} & \varepsilon_{22,t-1} \end{bmatrix} \begin{bmatrix} a_{11} & a_{12} \\ a_{21} & a_{22} \end{bmatrix} + \begin{bmatrix} g_{11} & g_{12} \\ g_{21} & g_{22} \end{bmatrix}' H_{t-1} \begin{bmatrix} g_{11} & g_{12} \\ g_{21} & g_{22} \end{bmatrix}$$

因为 BEKK 的模型有一项 $\varepsilon_{1,t-1}\varepsilon_{2,t-1}$，所以不少研究用这项的系数来研究波动外溢。

更高级的，还有 GOGARCH 模型。这种模型依据以主成分分析的原理，采用一般化正交法的技术，使估计更加简易。对此，本节不进行详细说明。

11.2 多变量 GARCH 的处理 rmgarch 包

除了我们要展示的 DCC，rmgarch 还有两个处理多变量 GARCH 的函数：Copula-GARCH 和 GO-GARCH。rmgarch 包功能十分强大，如范例程序 11-1 所示。

范例程序 11-1：数据准备

```
dat1.tmp <- read.csv("brent.csv")              # 读取 Brent 原油数据
head(dat1.tmp)                                  # 查看前 6 笔
dat2.tmp <- read.csv("wti.csv")                # 读取 WTi 原油数据
head(dat2.tmp)                                  # 查看前 6 笔
dat1=xts::as.xts(dat1.tmp[,5], as.Date(dat1.tmp[,1]))
  # 取出 Brent 原油数据中的第 5 栏 Settle (成交价)，和第 1 栏的时间栏合并，转成 xts 时间序列对象
    dat1
dat2=xts::as.xts(dat2.tmp[,7], as.Date(dat2.tmp[,1]))
  # 取出 WTI 原油数据中的第 7 栏的 Settle (成交价)，和第 1 栏的时间栏合并，转成 xts 时间序列对象
    dat2
head(dat1); head(dat2)                          # 查看数据
Y1x=diff(log(dat1))*100; Y2x=diff(log(dat2))*100  # 计算报酬率
Data=na.omit(merge(Y1x,Y2x))                    # 合并报酬率数据，并移除缺失
colnames(Data)=c("Brent","Wti")                 # 置换字段名
head(Data)                                      # 查看数据
```

如图 11-1 所示，将两笔时间序列放一起。

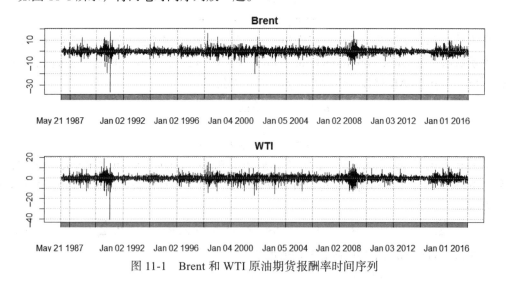

图 11-1　Brent 和 WTI 原油期货报酬率时间序列

多变量 GARCH 估计的设定结构，其实是由单变量 GARCH 继承而来的。所以，使用的方法和设定条件都几乎一样。我们先看一个 DCC 基准模型的估计，如范例程序 11-2 所示。

范例程序 11-2：估计基准 DCC 模型

```
library(rmgarch)          # 启动多变量 GARCH 包 rmgarch
meanSpec=list(armaOrder=c(1,0), include.mean=TRUE, archpow=2)
```

```
# 设定均值方程式 (Mean Equation),此处设定为 AR(1) 结构
varSpec=list(model="eGARCH", garchOrder = c(2,1))
    # 设定方差方程式 (Variance Equation),我们选定 EGARCH(2,1),如前所示,有 5 个模式:"sGARCH"、
    "eGARCH"、"iGARCH"、"gjrGARCH"、"apARCH"
distSpec = c("mvt")    # 选择概率分布函数。此处选择多变量的 t 分布
spec = ugarchspec(mean.model=meanSpec, variance.model=varSpec)
    # 把均值方程式和方差方程式用设定函数 ugarchspec() 包起来成为一个变量的条件
mySpec0=multispec(list(spec, spec))
    # 同样的条件,展开 2 次 (因为有 2 个变量) 包起来,如果 3 个变量则:multispec(list(spec, spec,
    spec))
mySpec = dccspec(mySpec0, VAR = TRUE, robust = TRUE, lag.max =20,
                 lag.criterion = "AIC", model="aDCC", distribution=distSpec)
    # 把 5～6 步的条件,包进 DCC 的设定函数 dccspec() 内,产生一个条件包
fitDcc=dccfit(data=Data, mySpec, solver="solnp")    # 估计
show(fitDcc)                                         # 显示结果
*---------------------------------*
*          DCC GARCH Fit          *
*---------------------------------*
Distribution         :  mvt
Model                :  aDCC(1,1)
No. Parameters       :  21
[VAR GARCH DCC UncQ] :  [6+10+4+1]
No. Series           :  2
No. Obs.             :  6176
Log-Likelihood       :  -21326.64
Av.Log-Likelihood    :  -3.45
Optimal Parameters
------------------------------------
                  Estimate   Std. Error     t value  Pr(>|t|)
[Brent].omega     0.013866   0.002162      6.41192  0.000000
[Brent].alpha1   -0.050228   0.028519     -1.76120  0.078204
[Brent].alpha2    0.042867   0.027648      1.55047  0.121030
[Brent].beta1     0.993583   0.000019  53613.83688  0.000000
[Brent].gamma1    0.142869   0.037926      3.76708  0.000165
[Brent].gamma2   -0.014058   0.036941     -0.38055  0.703540
[Wti].omega       0.056046   0.018194      3.08046  0.002067
[Wti].alpha1      0.100589   0.015232      6.60374  0.000000
[Wti].beta1       0.329076   0.079356      4.14684  0.000034
[Wti].beta2       0.565468   0.077528      7.29370  0.000000
[Joint]dcca1      0.032761   0.011519      2.84408  0.004454
[Joint]dccb1      0.933672   0.021715     42.99754  0.000000
[Joint]dccg1      0.040838   0.012861      3.17533  0.001497
[Joint]mshape     4.162024   0.098024     42.45938  0.000000
Information Criteria
---------------------
Akaike        6.9131
Bayes         6.9360
Shibata       6.9131
Hannan-Quinn  6.9210
```

对于上述范例,有几点可以补充。

1)概率分布参数 (distribution) 有三个可选项:"mvnorm"——正态分布、"mvt"——学生 t 分布、"mvlaplace"——拉普拉斯分布。

2)多变量 GARCH 的架构中,共同的是概率分布,所以,第 4 步的概率分布设定,在第 7 步 dccspec() 函数中才用得上。

3)第 7 步 dccspec() 函数的参数设定中,如果需要先执行 VAR 来去除噪声,就要

将 VAR 参数设定为 TRUE，后面的 3 个条件都是当 VAR=TRUE 时才有用。

参数 lag.criterion 筛选最佳滞后期的准则，和 VAR 那一章都一样，R 内有 4 个可选项："AIC" "HQ" "SC" 和 "FPE"。

参数 model 有 3 个："DCC" "aDCC"（asymmetric DCC）和 "FDCC"（flexible DCC）。

4）第 8 行是估计，也就是要解出函数的参数。求解多变量，solver（求解器）有 4 个可选项："nlminb" "solnp" "gosolnp" 和 "lbfgs"。

在上面的估计结果系数表中，属于 Brent 的系数会加框。alpha1 和 alpha2 是 ARCH 项目，beta1 是 GARCH 项目。gamma1、gamma2 是 E-GARCH 和两个 ARCH 项目结合的非对称参数，而最下面 4 个，就是关于联合概率分布的参数。

指令 slot(fitDcc,"mfit")$matcoef 可以单单调用系数对象，便于存成外部数据。

执行上述这样一个估计，作者的 PC①需要大约 17s。所以，不太能在每次需要时都重新估计一次。因此，我们可以把对象 fitDCC 存成 eGarch.RData，日后取出再用就简便很多。

```
save(fitDcc, file="eGarch.RData")
```

日后取出时，可以用以下指令

```
load("eGarch.RData")
slot(fitDcc,"mfit")$matcoef
show(fitDcc)
```

eGarch.RData 只是一个数据集的名称，里面的对象名称和当时估计所使用的名称完全一样。

存放模型估计结果的对象 fitDcc 中的内容可以通过相关函数取出使用，初步演示如范例程序 11-3 所示。

范例程序 11-3：取出对象和绘图

```
GARCH=sigma(fitDcc)                    # 取出条件方差（conditional variance）
head(GARCH)                            # 查看数据
              Brent      Wti
1990-08-20 2.226917 2.479804
1990-08-21 2.226917 2.479804
1990-08-22 2.170511 1.939577
1990-08-23 2.508255 6.020729
1990-08-24 2.647747 3.037791
1990-08-28 2.790449 2.469767
dev.new(); plot(fitDcc,which=4)        # 绘制 5 个可选图中的第 4 个，如图 11-2 所示
dev.new(); nisurface(fitDcc)           # 绘制信息冲击曲线（news impact curve），如图 11-3 所示
COV=rcov(fitDcc)                       # 取出条件协方差（conditional covariance）
COV                                    # 查看数据
, , 1990-12-19
          Brent      Wti
Brent 20.919399 9.554399
Wti    9.554399 6.368686

, , 1990-12-20
          Brent      Wti
Brent 19.531355 9.855503
Wti    9.855503 7.486485

, , 1990-12-21
```

---

① PC 规格：Intel i7-4770 CPU；3.4GHz；x64；32GB RAM；4/8, Cores/Threads.

```
              Brent      Wti
Brent   19.026275  9.129066
Wti      9.129066  6.585843
Rho=rcor(fitDcc)        # 取出条件相关系数
Rho                     # 查看数据
, , 1991-08-16
           Brent      Wti
Brent   1.000000  0.829829
Wti     0.829829  1.000000

, , 1991-08-19
            Brent       Wti
Brent   1.0000000  0.8156916
Wti     0.8156916  1.0000000

, , 1991-08-20
            Brent       Wti
Brent   1.0000000  0.8476623
Wti     0.8476623  1.0000000
```

因为要画的图超过 RStudio 的内定绘图边界,所以我们不直接用 `plot(fitDcc)`,而是先设定 `dev.new()` 启动一个新的图文框,再把后面要画的图植入。如 which 参数不指定图次,直接用 `plot(fitDcc)`,会出现如下 5 个绘图选项:

```
Make a plot selection (or 0 to exit):
1:    Conditional Mean (vs Realized Returns)
2:    Conditional Sigma (vs Realized Absolute Returns)
3:    Conditional Covariance
4:    Conditional Correlation
5:    EW Portfolio Plot with conditional density VaR limits
Selection:
```

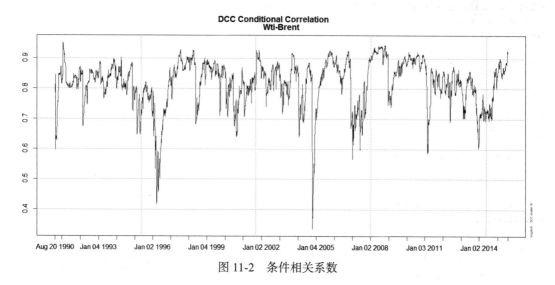

图 11-2　条件相关系数

多变量 GARCH 可以捕捉受到彼此冲击后,变量两两之间协方差的反应,一般称之为信息冲击的协方差反应。其实就是消息面的影响,如图 11-3 所示。

条件协方差可以使用 `rcov()` 函数提取出来,它是一个数组(Array),一天一个矩阵,第三维就是时间。

简单地说,这个数组每天的主对角线,就是第1行,副对角线才是协方差。要再进一步分析,把时间序列单独取出来才好用,如图11-3所示。

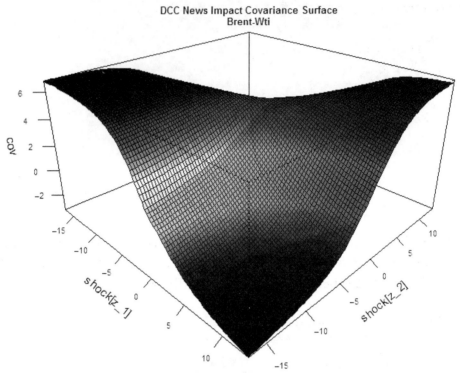

图11-3　信息冲击图 nisurface(fitDcc)

```
COV12=as.data.frame(Cov[1,2,])
   # 第3维留空就是全部都要。因为是对称的Cov[2,1, ]=Cov[1,2, ]
head(COV12)
           Cov[1, 2, ]
1987-05-21    3.394526
1987-05-22    3.363705
1987-05-26    3.141640
1987-05-27    2.978532
1987-05-28    2.602858
1987-05-29    2.404228
```

读者可以练习用 `colnames()` 把列名置换。

Rho 也是一样,主对角线一定是1,我们可以用相同的方法,取出相关系数。

```
Rho12=as.data.frame(Rho[1,2,])
head(Rho12)
           Rho[1, 2, ]
1990-08-20    0.7908630
1990-08-21    0.7890151
1990-08-22    0.7859891
1990-08-23    0.8413407
1990-08-24    0.8400662
1990-08-28    0.8442219
```

上面取数组的方法,都用了 `as.data.frame()` 这个函数,只是要把数据由 `c()` 的型态,转一下好排结构而已。读者可以试一试,不用 `as.data.frame()` 的结果如何,就明白了。

然后，DCC 是动态相关系数，可以用一个 Engle and Sheppard[29] 的方法来检验，包有函数 DCCtest()。

```
DCCtest(Data, garchOrder = c(1,1), n.lags = 1, solver = "solnp",
        solver.control = list(), cluster = NULL, Z = NULL)
$H0
[1] "Constant Probability"（原假设：固定系数）
$p.value            （统计量的 p 值）
[1] 0
$statistic          （统计量）
[1] 207.5381
```

根据统计量的 p 值，很显著地拒绝了固定相关系数的原假设。在 rmgarch 内，如果要估计固定系数（constant conditional correlation，CCC），使用正态分布的 Copula-GARCH：

```
cgarchfit(data, spec, spd.control = list(lower = 0.1, upper = 0.9, type ="pwm",
          kernel = "epanech"), fit.control = list(eval.se = TRUE,
          stationarity = TRUE, scale = FALSE), solver = "solnp", solver.control = list(),
          out.sample = 0, cluster = NULL, fit = NULL, VAR.fit = NULL, realizedVol=NULL)
```

设定参数和之前 DCC 架构大多一样，只是概率分布只有 mvnorm 和 mvt 两类。

11.3 设定条件的多样化

前面"估计基准 DCC 模型"的范例程序是使用了设定条件皆一样的两笔数据。事实上，除了概率分布必须要相同之外，均值方程式和方差方程式的形态，可以彼此不同。范例程序 11-4 就讲解了如何处理这个问题。

范例程序 11-4：每个变量有不同的设定

```
library(rmgarch)    # 载入包 rmgarch
meanSpec1<-list(armaOrder=c(1,0), include.mean=TRUE, archpow=2)
    # 设定第 1 个变量的均值方程式 (Mean Equation)，此处设定为 ARMA(1,0) 结构
varSpec1<-list(model="eGARCH", garchOrder = c(2,1))
    # 设定第 1 个变量的方差方程式 (Variance Equation)，我们选定非对称的指数 GARCH, eGARCH(2,1)
meanSpec2<-list(armaOrder=c(1,1), include.mean=TRUE, archpow=2)
    # 设定第 2 个变量的均值方程式 (Mean Equation)。此处设定为 ARMA(1,1) 结构
varSpec2<-list(model="sGARCH", garchOrder = c(1,2))
    # 设定第 2 个变量的方差方程式 (Variance Equation)。我们选定标准 sGARCH(1,2)
distSpec<-c("mvt")
    # 选择概率分布函数。此处选择多变量的 t 分布
spec1<-ugarchspec(mean.model=meanSpec1, variance.model=varSpec1)
    # 把第 1 个变量的均值方程式和方差方程式用设定函数 ugarchspec() 包起来，使它成为一个变量的条件
spec2<-ugarchspec(mean.model=meanSpec2, variance.model=varSpec2)
    # 同上，处理第 2 个变量
mySpec2<-multispec(list(spec1,spec2))
    # 把前述的 2 个条件包包起来
mySpecX<-dccspec(mySpec2, VAR = TRUE, robust = TRUE, lag.max =20 ,lag.criterion =
                 "AIC", model="aDCC", distribution=distSpec)
    # 把第 9 步包进 DCC 的设定函数 dccspec() 内，此时连同概率分布函数，产生一个条件包
fitDcc2<-dccfit(data=Data, mySpecX, solver="solnp")    # 估计
show(fitDcc2)                                           # 显示结果
slot(fitDcc2,"mfit")$matcoef                            # 显示系数矩阵
```

一个 GARCH 的估计结构，有三个主要的部分：均值方程、方差方程和概率分布。多变量下，除了概率分布必须共用一个，其余的都可以依照数据属性改变。

第12章
Chapter12

多变量的投资组合运用

12.1 初步选择资产

12.1.1 夏普不等式原理

一个简单的资产选择原理,就是夏普不等式,表示如下:

$$\frac{E[r^*] - r_f}{Vol(r^*)} > \rho \frac{E[r^H] - r_f}{Vol(r^H)} \qquad (12\text{-}1)$$

$E[r^H]$:现有资产的预期报酬。
$Vol(r^H)$:现有资产的波动(风险)。
$E[r^*]$:外部资产的预期报酬。
$Vol(r^*)$:外部资产的资产的波动(风险)。
r_f:本国无风险利率。
ρ:r^H 和 r^* 的相关系数。

夏普不等式的原理很简单,就是在现有资产的基础上,外部资产若大于依照相关系数调整后的现有资产的夏普值,则选入该外部资产形成投资组合会提升整体夏普绩效。简单证明如下:

$$\frac{E[r^*] - r_f}{Vol(r^*)} > \rho \frac{E[r^H] - r_f}{Vol(r^H)} \qquad (12\text{-}2)$$

$$SR = \frac{(1-w)E[r^H] + wE[r^*]}{\sqrt{Var(P)}} \qquad (12\text{-}3)$$

$$Var(P) = (1-w)^2 Var[r^H] + w^2 Var[r^*] + 2w(1-w)Cov[r^H, r^*] \qquad (12\text{-}4)$$

$$\Rightarrow \frac{\partial SR}{\partial w} > 0 \qquad (12\text{-}5)$$

12.1.2 R 代码

本章以上证 50 指数的 50 只成分股为例，讲解 R 中进行投资组合选择的操作。我们将这 50 只股票的日收盘价数据存于"sh50.csv"文件中。在进行投资组合选择操作之前，首先做好数据的准备工作（见范例程序 12-1）。

范例程序 12-1：数据准备

```
infile=read.csv("sh50.csv")
myData0=xts::as.xts(infile[,-1], as.Date(infile[,1]))
myData1=na.omit(myData0)        # 删除默认值
myData2=na.omit(diff(log(myData1)))*100
ID=as.character(read.table("file_sh50.csv",sep=",")$V2)
colnames(myData)=ID
head(myData)   # 因篇幅限制，我们从显示结果只截取了前 6 列数据
              浦发银行    华夏银行    民生银行    宝钢股份    中国石化    中信证券
2011-01-10  -1.216725  -1.4947167   0.9891207  -0.6115479   0.2440422  -2.6985259
2011-01-11   2.493504   1.6689052   0.7843710   2.7238382   1.9327368   0.0810038
2011-01-12   0.669486   2.2396478   0.5841939   1.9214712   0.0000000   1.1102001
2011-01-13  -1.118264  -0.6840168  -0.1944500  -0.8822475   2.0129356  -0.7123608
2011-01-14  -1.510540  -0.9476230  -0.7811604  -0.8901004   0.7012376  -2.1678615
2011-01-17  -4.117161  -4.0644345  -1.7805093  -2.7197237  -2.3558108  -3.8895724
dim(myData)
[1] 1688   50
```

接下来，我们选定其中第 50 只股票作为现有资产，基于范例程序 12-1 计算出的 50 只股票的收益率数据，根据夏普不等式的原理进行进一步的资产选择。如范例程序 12-2 所示。在这个范例中，我们主要使用了 PerformanceAnalytics 包。

范例程序 12-2：基于夏普不等式的资产选择

```
library(PerformanceAnalytics)
given=50                                     # 择定第 50 个资产，此处是中国重工
Hand=myData[,given]                          # 取出第 50 列中国重工的数据，定义为对象 Hand
head(Hand)
assetsPool=myData[,-given]                   # 取出除中国重工之外的其他 49 列数据
rho=cor(Hand,assetsPool)                     # 计算中国重工和其他 49 笔数据的相关系数
left=SharpeRatio(assetsPool,Rf=0,FUN="StdDev")    # 计算夏普不等式的左式
sr1=SharpeRatio(Hand,Rf=0, FUN="StdDev")     # 计算夏普不等式右边的夏普值
right=rho*sr1[1,1]                           # 计算夏普不等式的右式
sharpeIne=left-right                         # 左式减右式
id=sharpeIne>0                               # 取出左式减右式为正的记录号
Selected=names(assetsPool)[id]               # 取出上步骤的列名
H=names(myData)[given]                       # 取出第 50 列的列名，此处是中国重工
All=c(Selected, H)                           # 合并选入公司和中国重工
datan=timeSeries::as.timeSeries(myData[,All])
tail(datan)                                  # 因篇幅限制，我们只截取了显示结果中的前 6 列数据
              浦发银行    华夏银行    民生银行    宝钢股份    中国石化    中信证券
2017-12-08  -0.23172223  -1.1795793  -0.5652930   1.681263  -0.6613678  -0.5387688
2017-12-11   0.30884380  -0.1079745  -0.7968061   1.418456   0.0000000   1.3415687
2017-12-12  -1.71076053  -0.4328088  -2.1953872  -1.895781   0.1655970  -2.5372816
2017-12-13  -0.07845281  -0.1085603   0.4662365   1.307201  -0.1655970   0.7082751
2017-12-14  -0.39325453  -0.9821214  -1.0520618   0.000000  -1.1675516  -1.5317901
2017-12-15  -0.55314149  -0.7705385  -0.8259624  -2.996577  -0.5043111  -1.0529360
```

选出 32 个公司，加上中国重工总共 33 个，应该如何配置权重呢？一个简单的做法就是给它们相等的权重，即 1/33 ≈ 3.03%。那么 datan 的等权重表现如何？我们来计算一下，过程如下。

```
ewPort=apply(datan,1,mean)
mean(ewPort)
[1] 0.03710715
sd(ewPort)
[1] 1.501951
ewPort=time Series :: as. time Series (ewPort)
plot(ewPort,col="red",ylab="",main="Equal weights portfolio")
```

ewPort 就是等权重报酬，其时间序列如图 12-1 所示。

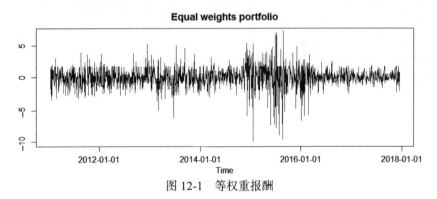

图 12-1　等权重报酬

除了等权重，还有什么方法可以提升绩效？这就进入了下一节所述的投资并介绍组合多元化风险分散的理论与实务范畴。我们将在下一节中阐明这方面的内容，并介绍如何通过 R 完成相关工作。

12.2　多元化投资组合与回测

12.2.1　原理

如图 12-2 所示，由等权重投资组合开始，传统的策略是 QP1 和 QP2㊀。

路径 1：往左走到 QP1，报酬固定，风险最小。

路径 2：往上走到 QP2，风险固定，报酬最大。

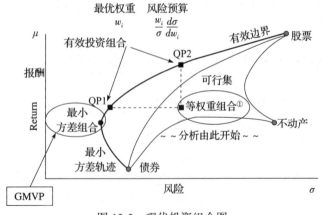

图 12-2　现代投资组合图

① equal weights portfolio。

㊀　QP = quadratic programming，即二次规划法。

现代投资组合理论则通过另外两个策略求解。

1）全局最小方差组合（GMVP）：在 x 轴画垂直线和整条有效边界曲线相切的点，这一点是全部曲线风险最小的点。

2）切线组合（tangency）：求曲线上夏普值最大的点，一般介于 GMVP 和 QP2 之间。

$$Max. \frac{E[R]-r_f}{\sigma} \tag{12-6}$$

每个策略解都是曲线上的点，都是权重向量的线性组合。这个权重分布让风险管理更为进步，也称为多元化，是我们常常听到的"鸡蛋不要放在一个篮子内"的来源。

要在这张图中求解，我们需要计算多个参数。

1）决定策略，即使用 QP1、QP2、GMVP 还是 tangency。

2）决定目标投资组合序列的风险类别，基本有两种：古典均值-方差（MV）框架下的标准差和条件风险价值（CVaR）。R 还有另外三种，较为进阶。

3）决定多个资产报酬矩阵的相关系数，也就是协方差矩阵。资产间两两相关程度，决定了风险分散的可能性，也就是在投资组合的规模：相关性越高，给予权重越低。

4）决定只做多，还是允许做空。

12.2.2 R 代码

基于上述多元投资组合的选择原理，我们使用范例程序 12-2 产生的组合数据，进一步优化投资组合。在 R 中，fPortfolio 包非常适合处理最优投资组合选择问题，该包功能强大，具体使用方法如范例程序 12-3 所示。

范例程序 12-3：fPortfolio 包的基本设定

```
library(fPortfolio)
mySpec = portfolioSpec()
    # 类似 GARCH，通过 portfolioSpec() 函数进行组合参数决定。将组合的参数设定赋值给 mySpec 这个对象
setType(mySpec)=c("MV","CVaR")[1]
    # 选择投资组合序列的风险类别，暂选 1 为 MV
    # "MV"    经典的马科维茨均值 - 方差（classic mean-variane）投资组合
    # "CVaR"   mean- conditional VaR portfolio
setSolver(mySpec)= c("solveRquadprog","solveRshortExact","solveRglpk.CVAR")[1]
    # 设置求解运算器，依照前面选择的 "MV"，此处选 1：二项规划法
        # "solveRquadprog"   仅用于做多
        # "solveRshortExact"  用于做空
        # "solveRglpk.CVAR"   适用于 CVaR 类型
myCon=c("LongOnly", "Short")[1]              # 选择做多还是空，暂选 1 只做多
setOptimize(mySpec)="minRisk"
    # 选择目标函数，会依照后面 tangencyPortfolio() 选择自动调整
        # "minRisk"   风险最小化（这是默认值）
        # "maxReturn"  报酬最大化
    # 其他选项，可有可无
        # setTargetRisk(mySpec) =
        # setTargetReturn(mySpec) =
        # setRiskFreeRate(mySpec) =
        # setWeights(mySpec) =
        # setAlpha(mySpec) =
load("myCOV.RData")# 加载文件 myCOV.RData。该文件用于计算协方差矩阵
setEstimator(mySpec) = "covEstimator"
    # 选择协方差矩阵估计方法
        # "covEstimator"   样本协方差矩阵
```

```
# "covLedoit"  JEF(2003)提出的收缩提高的稳健协方差 (Improved Shrinkage Robust Covariance)
# "covStudent"  基于学生 t 分布的协方差
# "ShrinkCC"  常相关收缩 (Constant correlation Shrinkage)
# "kendallEstimator"  Kendall 等级估计 (Kendall's rank estimator)
# "mcdEstimator"  最小协方差行列式估计 ( minimum covariance determinant estimator)
# "covOGKEstimator"  正交 Gnanadesiban-Kettering 估计 (Orthogonalized Gnanadesikan-
Kettenring estimator)
tangentPortfolio=tangencyPortfolio(data = datan, spec = mySpec, constraints = myCon)
print(tangentPortfolio)
Portfolio Weights:
浦发银行    华夏银行   民生银行   宝钢股份   中国石化   中信证券   招商银行   保利地产   中国联通   上汽集团   金地集团   贵州茅台   海螺水泥
0.0000    0.0000    0.0036    0.0000    0.0000    0.0000    0.0646    0.0000    0.0000    0.0000    0.0000    0.4164    0.0000
海通证券    长江电力   大秦铁路   中国神华   中国国航   兴业银行   北京银行   农业银行   中国平安   交通银行   中国中铁   工商银行   中国太保
 0.0000    0.5146    0.0000    0.0000    0.0000    0.0000    0.0000    0.0000    0.0000    0.0000    0.0000    0.0000    0.0000
中国人寿    中国建筑   华泰证券   中国中车   光大银行   建设银行   中国重工
0.0000    0.0009    0.0000    0.0000    0.0000    0.0000    0.0000
Covariance Risk Budgets:
浦发银行    华夏银行   民生银行   宝钢股份   中国石化   中信证券   招商银行   保利地产   中国联通   上汽集团   金地集团   贵州茅台   海螺水泥
0.0000    0.0000    0.0025    0.0000    0.0000    0.0000    0.0514    0.0000    0.0000    0.0000    0.0000    0.5422    0.0000
海通证券    长江电力   大秦铁路   中国神华   中国国航   兴业银行   北京银行   农业银行   中国平安   交通银行   中国中铁   工商银行   中国太保
 0.0000    0.4031    0.0000    0.0000    0.0000    0.0000    0.0000    0.0000    0.0000    0.0000    0.0000    0.0000    0.0000
中国人寿    中国建筑   华泰证券   中国中车   光大银行   建设银行   中国重工
0.0000    0.0008    0.0000    0.0000    0.0000    0.0000    0.0000
Target Returns and Risks:
  mean       Cov      CVaR      VaR
0.0781    1.2121    2.6230    1.7954
GMVP=minriskPortfolio(data = datan, spec = mySpec, constraints = myCon)
print(GMVP)
Portfolio Weights:
浦发银行    华夏银行   民生银行   宝钢股份   中国石化   中信证券   招商银行   保利地产   中国联通   上汽集团   金地集团   贵州茅台   海螺水泥
0.0000    0.0000    0.0000    0.0000    0.0000    0.0000    0.0000    0.0000    0.0000    0.0000    0.0000    0.1387    0.0000
海通证券    长江电力   大秦铁路   中国神华   中国国航   兴业银行   北京银行   农业银行   中国平安   交通银行   中国中铁   工商银行   中国太保
 0.0000    0.4655    0.0000    0.0000    0.0000    0.0000    0.0000    0.0773    0.0000    0.0000    0.0000    0.2797    0.0000
中国人寿    中国建筑   华泰证券   中国中车   光大银行   建设银行   中国重工
0.0000    0.0000    0.0000    0.0388    0.0000    0.0000    0.0000
Covariance Risk Budgets:
浦发银行    华夏银行   民生银行   宝钢股份   中国石化   中信证券   招商银行   保利地产   中国联通   上汽集团   金地集团   贵州茅台   海螺水泥
0.0000    0.0000    0.0000    0.0000    0.0000    0.0000    0.0000    0.0000    0.0000    0.0000    0.0000    0.1387    0.0000
海通证券    长江电力   大秦铁路   中国神华   中国国航   兴业银行   北京银行   农业银行   中国平安   交通银行   中国中铁   工商银行   中国太保
 0.0000    0.4655    0.0000    0.0000    0.0000    0.0000    0.0000    0.0773    0.0000    0.0000    0.0000    0.2797    0.0000
中国人寿    中国建筑   华泰证券   中国中车   光大银行   建设银行   中国重工
0.0000    0.0000    0.0000    0.0388    0.0000    0.0000    0.0000
Target Returns and Risks:
  mean       Cov      CVaR      VaR
0.0579    1.0532    2.3948    1.4770
## 投资组合绘图
col = divPalette(ncol(datan), "RdBu")
N=ncol(datan)
par(mfrow=c(3,2))
weightsPie(GMVP, radius = 0.7, col =  divPalette(N, "RdBu"),cex=5)
mtext(text = "GMVP", side = 3, line = 1.5,font = 2, cex = 0.7, adj = 0)
    # 见图 12-3 第一行左图
weightsPie(tangentPortfolio, radius = 0.7, col =  divPalette(N, "RdBu"))
mtext(text = "Tangency MV Portfolio", side = 3, line = 1.5,font = 2, cex = 0.7, adj = 0)
    # 见图 12-3 第一行右图
weightedReturnsPie(GMVP, radius = 0.7, col =  divPalette(N, "PRGn"))
mtext(text = "GMVP", side = 3, line = 1.5,font = 2, cex = 0.7, adj = 0)
    # 见图 12-3 第二行左图
```

```
weightedReturnsPie(tangentPortfolio, radius = 0.7, col =   divPalette(N, "PRGn"))
mtext(text = "Tangency MV Portfolio", side = 3, line = 1.5,font = 2, cex = 0.7, adj = 0)
  # 见图 12-3 第二行右图
covRiskBudgetsPie(GMVP, radius = 0.7, col =   divPalette(N, "Spectral"))
mtext(text = "GMVP", side = 3, line = 1.5,font = 2, cex = 0.7, adj = 0)
  # 见图 12-3 第三行左图
covRiskBudgetsPie(tangentPortfolio, radius = 0.7, col =   divPalette(N, "Spectral"))
mtext(text = "Tangency MV Portfolio", side = 3, line = 1.5,font = 2, cex = 0.7, adj = 0)
  # 见图 12-3 第三行右图
par(mfrow=c(1,1))
```

除了 tangencyPortfolio() 这个最大夏普值和 minriskPortfolio() 这个 GMVP 两个策略选项外，其余还有：

QP1 策略：efficientPortfolio()　　　配合使用 setTargetReturn(mySpec)=

QP2 策略：maxreturnPortfolio()　　　配合使用 setTargetRisk(mySpec)=

QP1 和 QP2 都必须设定相对应的固定参数。

我们先看看两个基准策略的结果和第 1 节的结果相比，两个投资策略都胜出。此处有两个额外说明。

1）以平均报酬来看，GMVP 比 Tangency 低了一半，但是风险较低。

2）权重有很多配置为 0，我们要取出这些非 0 配置，如下所示：

id=getWeights(GMVP)!=0

getWeights(GMVP)[id]

因为数字总是很挤，可视化呈现或许清晰一点，如图 12-3 所示。

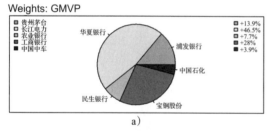
a)

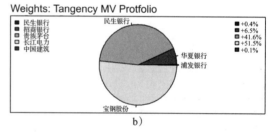
b)

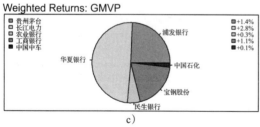
c)

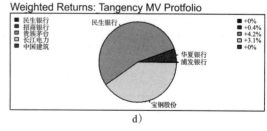
d)

e)

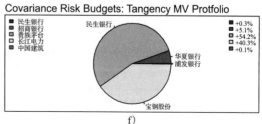
f)

图 12-3　两个策略的绩效比较

要计算按照权重配置的投资组合时间序列,再画图。如范例程序 12-4 与范例程序 12-5 所示。

范例程序 12-4:使用 fPortfolio 绘制按照权重配置的投资组合时间序列图

```
ret_TangencyP=datan %*% as.numeric(getWeights(tangentPortfolio))
rownames(ret_TangencyP)=rownames(datan)
colnames(ret_TangencyP)="Tangency"
ret_TangencyP=as.timeSeries(ret_TangencyP)

ret_GMVP=datan %*% as.numeric(getWeights(GMVP))
rownames(ret_GMVP)=rownames(datan)
colnames(ret_GMVP)="Tangency"
ret_GMVP=as.timeSeries(ret_GMVP)

par(mfrow=c(2,1))
plot(ret_TangencyP,main="Portfolio returns of Tangency Portfolio", ylab="", col="blue")
    # 见图 12-4 中的第 1 张图
plot(ret_GMVP,main="Portfolio returns of GMVP Portfolio",ylab="",col="red")
    # 见图 12-4 中的第 2 张图
par(mfrow=c(1,1))
```

范例程序 12-5:使用 fPortfolio 绘制有效边界曲线图

```
library(fPortfolio)
mySpec1= portfolioSpec()                     # 定义条件包对象
setNFrontierPoints(mySpec1) = 30             # 写入前缘绘制点数,越多越细致,画得越慢
Frontier1 = portfolioFrontier(datan, mySpec1)
    # 产生坐标点数值,读者可以将对象 Frontier1 打印到屏幕上

# # #组合权重及相关图形绘制
par(mfrow=c(3,1))                            # 产生一个分割窗口,把 3 个权重图放进去
weightsPlot(Frontier1,mtext = FALSE)
text = "Mean-Variance Portfolio - Long Only Constraints"
mtext(text, side = 3, line = 3, font = 2, cex = 0.9)
weightedReturnsPlot(Frontier1, mtext = F)
covRiskBudgetsPlot(Frontier1, mtext = F)
par(mfrow=c(1,1))                            # 同上,如图 12-5 所示

# # # 绘制有效边界
tailoredFrontierPlot(object = Frontier1, mText = "MV Portfolio - LongOnlyConstraints",
                     risk = "Cov")           # 精修过的图形,以标准差为风险,如图 12-6 所示
tailoredFrontierPlot(object = Frontier1, mText = "MV Portfolio - LongOnlyConstraints",
                     risk = "CVaR")          # 同上,以 CVaR 为风险,如图 12-7 所示
```

如图 12-6 和图 12-7 所示,不同风险的有效边界形状不同。

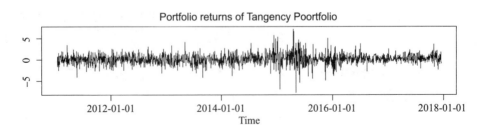

图 12-4 两个投资组合策略的收益率比较

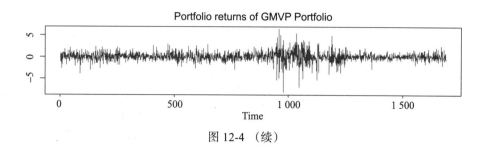

图 12-4 （续）

a）Weights

b）Weighted Returns

c）Cov Risk Budges

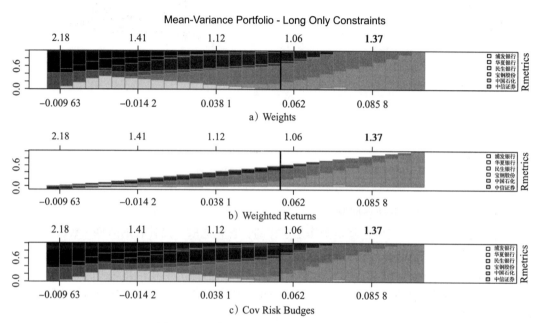

图 12-5　以标准差为风险的权重数值相关图

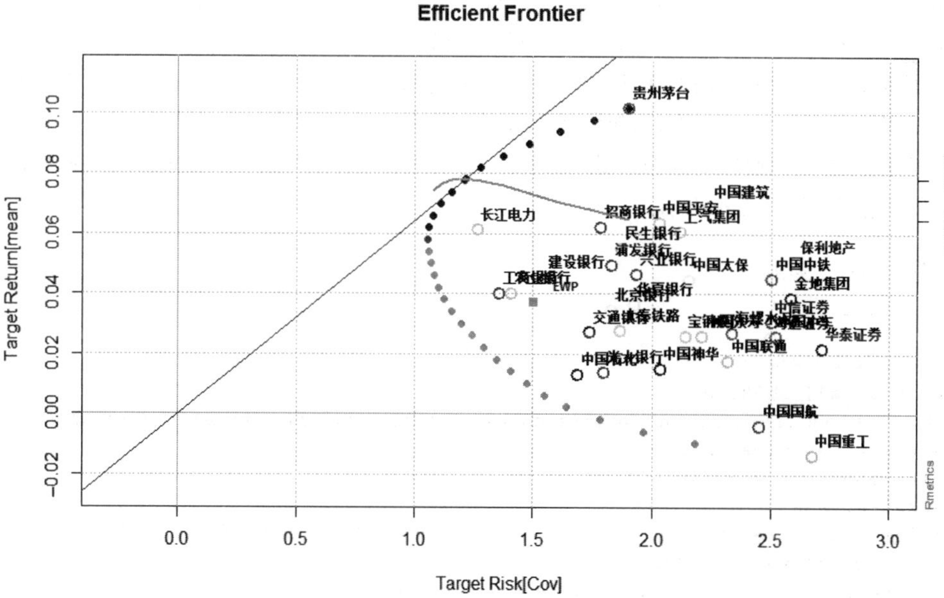

图 12-6　以标准差做风险的投资有效边界图

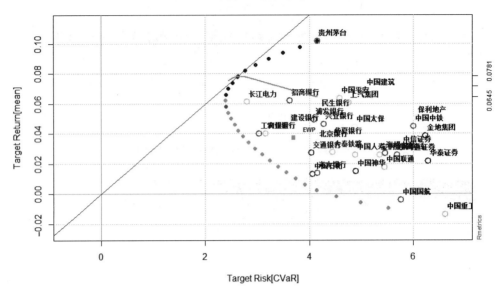

图 12-7 以 CVaR 为风险的投资有效边界图

最后，我们介绍一下动态回测。

回测的关键是滚动窗口，基本操作是这样的：首先选取一段较长的时期（默认一年）作为样本期，基于样本期内的数据估计出各资产的权重，然后根据这些权重配置资产组合，持有一小段时期（默认一个月），计算持有期的收益率，随后样本期和持有期再向前一个月一个月滚动，依次计算持有期的收益率。我们以一年的样本期和一个月的持有期为例说明具体操作步骤：

第 1 步，基于一年的样本期数据估计资产权重；

第 2 步，按上述权重配置资产组合并持有一个月（紧接样本期的随后一个月）；

第 3 步，窗口向后移动一个月，重复前两步骤。

投资面对的是未来，而对未来投资组合权重的估计用的是过去的数据。用历史数据估计未来，结果是否稳健，就要看回测情况。回测会产生一个权重序列，将按该权重配置的资产组合和基准组合（一般都用等权重组合当作基准）相比，看绩效是否明显改善。R 中回测的实现代码如范例程序 12-6 所示。

范例程序 12-6：回测

```
library(fPortfolio)
library(xts)
### 第1步：准备数据
infile=read.csv("sh50.csv")
infile[, 1] <- as.character(as.Date(as.character(infile[, 1]), format='%Y/%m/%d'))
myData0=as.timeSeries(infile)
assetReturns=returns(myData0)*100
head(assetReturns)
avg=rowMeans(assetReturns)                    # 定义基准资产，我们用等权重计算
newData = cbind(avg,assetReturns)
colnames(newData)=c("Lhs",colnames(assetReturns))
```

```
### 第 2 步: 准备估计期的条件
load("myCOV.RData")
portSpec = portfolioSpec()
myConstraints = "LongOnly"
if (myConstraints=="Short"){setSolver(portSpec)= "solveRshortExact"} else {setSolver (portSpec)
= "solveRquadprog"}
### 第 3 步: 定义公式, Y(Lhs) 的位置就是基准资产, X(Rhs) 的位置是数据
Rhs=paste(names(newData[,-1]), collapse= " + ")
Formula = paste("Lhs ~",Rhs, sep="")
### 第 4 步: 定义回测条件和估计
backtestSpec = portfolioBacktest()
   # setSmootherLambda(backtestSpec) = "3m"
     setWindowsHorizon(backtestSpec) = "12m" # 估计窗口, 内定一年 (12 个月)
### 第 5 步: 执行回测
   ## 5-1. 起始估计
rawOutput = portfolioBacktesting(formula = as.formula(Formula),data = newData, spec= portSpec,
backtest=backtestSpec, constraints = myConstraints, trace = FALSE)
Weights = round(100*rawOutput$weights, 2)
   ## 5 2. 平滑系数
smoothOutput = portfolioSmoothing(object = rawOutput,trace = FALSE)
END=time(tail(smoothOutput$portfolio,2))
weightsDecision=smoothOutput$smoothWeights[as.character(END),]
round(t(cbind(weightsDecision)),4)
smoothWeights = round(100*smoothOutput$smoothWeights,2)
ID=as.character(read.table("file_sh50.csv",sep=",",encoding = "UTF-8")$V2)
colnames(smoothWeights)=ID
dateID=rownames(smoothWeights)
pickDate=last(dateID)
advice0=t(smoothWeights[pickDate,])
ADVICE=data.frame(advice0[,advice0 !=0])
colnames(ADVICE)=as.character(pickDate)
head(ADVICE[order(ADVICE[,1],decreasing=T),3)
          2017-12-31
贵州茅台       23.62
工商银行       11.83
长江电力       10.99
### 第 6 步: 绘制回测结果图
backtestPlot(smoothOutput, which="all",cex = 0.6, font=1, family="mono")
   # 回测结果图, 见图 12-8
smoothOutput$stats
                     Portfolio        Benchmark
Total Return         43.7722949       50.0292496
Mean Return           0.6079485        0.6948507
StandardDev Return    8.6417460        7.6460112
Maximum Loss        -22.5251569      -20.0073244
```

第 5 步最后的输出结果显示, ADVICE 对象中显示的日期是 2017/12/31。我们的数据样本的最后日期是 2017/12/15, 所以用来估计权重的数据是截至 2017 年 11 月 30 日的, 得到的是 2017 年 12 月应该持有的投资组合。根据上述回测结果, 对于 12 月的持有期来说, 建议重仓持有贵州茂台、工商银行和长江电力, 这三只股票在投资组合中的权重位居前三。

图 12-8 的回测结果显示, 风险分散的组合配置比前一节夏普不等式资产选择后等权重配置的基准要好很多。Mean Return 指标与前一节相比, 大幅攀升了近 16 倍, 夏普值则高了近 3 倍。

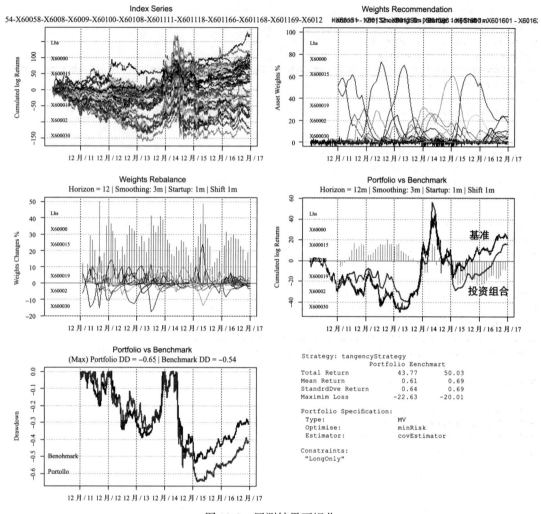

图 12-8 回测结果可视化

第四部分
PART4

非线性时间序列分析

第13章

门限和平滑转移

13.1 门限单位根过程

具门限效果的 AR 回归被称为自激励门限自回归（self-exciting threshold autoregression, SETAR）：

$$y_t = \begin{cases} \varphi_{0,1} + \varphi_{1,1} y_{t-1} + \varepsilon_t, & \text{if } y_{t-1} \leq \gamma; \\ \varphi_{0,2} + \varphi_{1,2} y_{t-1} + \varepsilon_t, & \text{if } y_{t-1} > \gamma. \end{cases} \tag{13-1}$$

合并可将 AR（1）写成：

$$y_t = (\varphi_{0,1} + \varphi_{1,1} y_{t-1}) \cdot \mathbf{I}(y_{t-1} \leq \gamma) + (\varphi_{0,2} + \varphi_{1,2} y_{t-1}) \cdot \mathbf{I}(y_{t-1} > \gamma)$$

针对单位根检验，单位根关系依数据的大小有所不同。已知单位根检验的 ADF 回归：

$$\Delta Y_t = \alpha_0 + \beta_1 Y_{t-1} + \sum_{k=1}^{p} \delta_k \Delta Y_{t-k} + \xi_t \tag{13-2}$$

有单位根的原假设是 $H_0: \beta_1 = 0$

承上，SETAR 令序列有两个门限值（threshold values），区分出三个区间（regimes）。令门限值由小到大为 γ_1、γ_2。

区间 1　$Y_{t-1} \leq \gamma_1$：

$$\Delta Y_t = \alpha_{01} + \beta_1 Y_{t-1} + \sum_{k=1}^{p} \delta_{1,k} \Delta Y_{t-k} + \xi_{1t} \tag{13-3}$$

区间 2　$\gamma_1 < Y_{t-1} < \gamma_2$：

$$\Delta Y_t = \alpha_{02} + \beta_2 Y_{t-1} + \sum_{k=1}^{p} \delta_{2,k} \Delta Y_{t-k} + \xi_{2t} \tag{13-4}$$

区间 3　$\gamma_2 \leq Y_{t-1}$：

$$\Delta Y_t = \alpha_{03} + \beta_3 Y_{t-1} + \sum_{k=1}^{p} \delta_{3,k} \Delta Y_{t-k} + \xi_{3t} \tag{13-5}$$

计算的过程比较轻松，如范例程序 13-1 所示。先准备数据，此处用的是之前的中国经济增长率数据。

范例程序 13-1：数据预处理

```
library(tsDyn)                                  # 载入包
china3v=read.csv("china3v.csv",header=TRUE)     # 载入数据集
dat0=ts(china3v, start=c(1961,1),freq=4)        # 将数据集转换为时间序列
show(dat0)                                      # 观察数据
        Saving Investment Growth
1961 Q1 0.1008     0.2758 0.1813
1961 Q2 0.1008     0.2882 0.2007
1961 Q3 0.1008     0.2994 0.2187
1961 Q4 0.1008     0.3095 0.2355
dat1=timeSeries::as.timeSeries(dat0)            # 把上述数据转换成时间序列
plot(dat1,main="")                              # 绘图，如图 13-1 所示
y=dat1[,3]                                      # 取出经济增长率，定义为 y
```

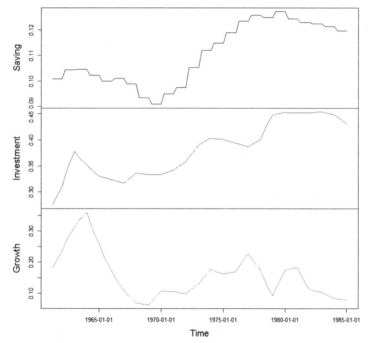

图 13-1 中国经济增长率时间序列图

准备好数据之后，我们可以运用 tsDyn 包中的 setar() 函数对自激励门限自回归模型进行设置和估计。如范例程序 13-2 所示。

范例程序 13-2：估计 SETAR

```
P.lags=5                                        # 设定最大滞后期数
out1.tar=setar(y, m=P.lags, d=1,nthresh=2, trace=T, type="ADF")
                                                # 估计 setar，设定回归为 ADF 形式
summary(out1.tar)                               # 估计结果摘要
summary(out1.tar)$coef                          # 估计结果的系数表
            Estimate    Std. Error     t value       Pr(>|t|)
const.L   0.0351868610  0.025052373  1.404532050  1.642885e-01
phiL.1   -0.3940431128  0.284154734 -1.386720209  1.696352e-01
DphiL.1   0.2338038274  0.588528693  0.397268358  6.922979e-01
DphiL.2   0.1955542470  0.632552119  0.309151201  7.580637e-01
```

```
DphiL.3    -0.9099744013    0.967343351    -0.940694325     3.498815e-01
DphiL.4    -0.8655042960    0.900085623    -0.961579959     3.393506e-01
DphiL.5     1.8509291489    0.827975211     2.235488603     2.836099e-02
const.M    -0.0012189294    0.005495550    -0.221802989     8.250701e-01
phiM.1      0.0153603144    0.041096668     0.373760575     7.096370e-01
DphiM.1     0.9446347336    0.145425053     6.495680878     8.056311e-09
DphiM.2    -0.0073145886    0.185277016    -0.039479202     9.686132e-01
DphiM.3    -0.0097954940    0.182145749    -0.053778329     9.572548e-01
DphiM.4    -0.2686396718    0.232705594    -1.154418622     2.519938e-01
DphiM.5     0.2575507008    0.195792843     1.315424490     1.923745e-01
const.H    -0.0037959450    0.005470917    -0.693840773     4.899255e-01
phiH.1     -0.0076921910    0.022933444    -0.335413687     7.382495e-01
DphiH.1     0.6965233125    0.140830170     4.945838740     4.512746e-06
DphiH.2     0.0160177812    0.175741213     0.091144137     9.276211e-01
DphiH.3     0.0004298477    0.175053274     0.002455525     9.980473e-01
DphiH.4     0.1158844546    0.163272264     0.709762035     4.800526e-01
DphiH.5    -0.0201459033    0.120191956    -0.167614407     8.673378e-01
th=summary(out1.tar)$thCoef          # 取出两个门限值
plot(y)                              # 绘图
abline(h=th[1])                      # 以第 1 个门限值画辅助线
abline(h=th[2])                      # 以第 2 个门限值画辅助线
```

我们由估计结果系数判断不同区间的单位根问题，下面估计参数标注的 .L、.M 和 .H 分别是低、中、高三个区间的估计结果。依照 ADF 回归的临界值，低高区间的检验参数为：

$$\beta_1 = -0.624\,(t = -3.5)$$
$$\beta_3 = -0.48\,(t = -3.5)$$

依照 5% 的显著水平，我们可以拒绝非平稳的原假设。

再依照两个门限值 0.096 和 0.172 6，也就是说，当前季度的经济增长率低于 9.6% 或高于 17.26% 时，经济增长会出现均衡收敛状态，不会突破门限区间内的高点或低点，处于（9.6% 与 17.26%）中间的增长率则是随机漫步。

我们画出原图形，用辅助线描上门限值就更清楚了，如图 13-2 所示。

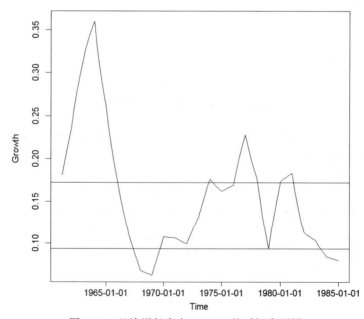

图 13-2　经济增长率在 SETAR 的时间序列图

最后对估计结果进行诊断，如范例程序 13-3 所示。

范例程序 13-3：SETAR 模型估计结果的诊断

```
plot(out1.tar)
    # 绘出 5 个诊断图，如果用 RStudio，则边框会超过边界，建议使用 dev.new();plot(out1.tar)
acf(na.omit(summary(out1.tar)$residuals))      # 模型残差 ACF
MAPE(out1.tar)                                  # 模型的 Mean Absolute Percent Error
[1] 0.8872478
mse(out1.tar)                                   # 模型的 Mean Square Errors
[1] 3.870956e-05
```

5 个诊断图如图 13-3 ～图 13-7 所示。

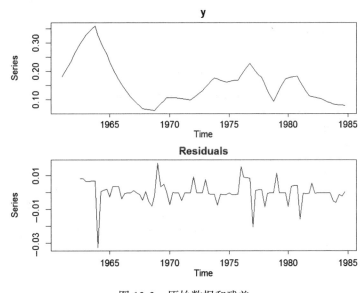

图 13-3　原始数据和残差

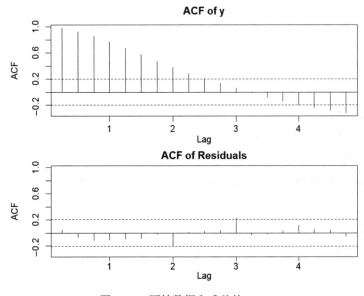

图 13-4　原始数据和残差的 ACF

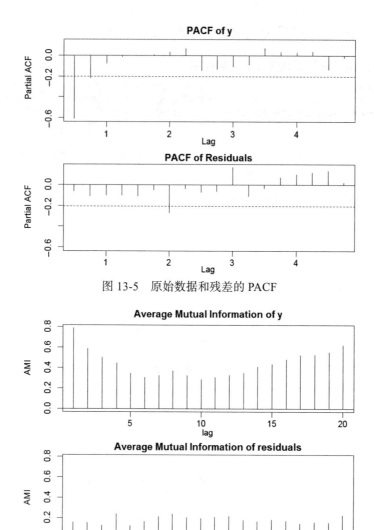

图 13-5　原始数据和残差的 PACF

图 13-6　原始数据和残差的 AMI

R 中还有三个常用的检验函数，依照原假设和备择假设，说明如下。

（1）setarTest()

H_0：线性单位根

H_a：门限单位根 (Hansen (1999))[30]

这个检验的 R 代码示例如下：

```
setarTest(y, m=2, thDelay=0:1, nboot=5,trim=0.1, test="1vs")
```

（2）BBCTest()

H_0：单位根

H_a：稳定的三体制 SETAR（three regime SETAR）

这个检验的 R 代码示例如下：

```
BBCTest(y, m=3, test="Wald", grid="minPerc")
```

这个检验的所有参数设定如下：

```
BBCTest(data, m, series, testStat=c("LR", "Wald", "LM"),trim=0.1, grid=c("minPerc", "minObs"))
```

（3）KapShinTest()

H_0：单位根

H_a：稳定的三体制 SETAR 且体制内随机游走

这个检验的 R 代码示例如下：

```
KapShinTest(y, m=1, trace=FALSE, include="none", points=10)
```

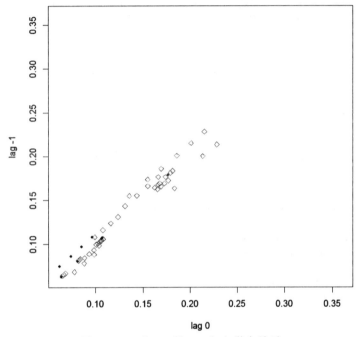

图 13-7　y_t 和 y_{t-1} 的 AR（1）散布关系

13.2　门限 VAR

门限 VAR 认为 VAR 关系与特定变量大小有关。例如，y_{t-1} 有两个门限值，区分出三个区间，令门限值由小到大为 γ_1、γ_2。

区间 1　$Y_{t-1} \leqslant \gamma_1$：

$$\begin{cases} Y_t = a_{11} + \delta_{1,11}Y_{t-1} + \theta_{1,11}X_{t-1} \\ X_t = a_{12} + \delta_{1,21}Y_{t-1} + \theta_{1,21}X_{t-1} \end{cases} \tag{13-6}$$

区间 2　$\gamma_1 < Y_{t-1} < \gamma_2$：

$$\begin{cases} Y_t = a_{21} + \delta_{2,11}Y_{t-1} + \theta_{2,12}X_{t-1} \\ X_t = a_{22} + \delta_{2,21}Y_{t-1} + \theta_{2,22}X_{t-1} \end{cases} \tag{13-7}$$

区间 3　$\gamma_2 \leqslant Y_{t-1}$：

$$\begin{cases} Y_t = a_{31} + \delta_{3,11}Y_{t-1} + \theta_{3,12}X_{t-1} \\ X_t = a_{32} + \delta_{3,21}Y_{t-1} + \theta_{3,22}X_{t-1} \end{cases} \tag{13-8}$$

这样的模型，对于单一 VAR 关系做出了区间分类，分析判断和标准 VAR 完全一样。tsDyn 包中的门限 VAR 模型的处理通过函数 TVAR() 来实现，处理模型前的准备工作如范例程序 13-4 所示。

范例程序 13-4：数据读入和预处理

```
library(xts)
AORD0=read.csv("AORD.csv")
GDAXI0=read.csv("GDAXI.csv")
AORD=as.xts(AORD0[,-1],as.Date(AORD0[,1]))
GDAXI=as.xts(GDAXI0[,-1],as.Date(GDAXI0[,1]))
head(AORD)
               Open     High      Low    Close     Volume
2007-07-06   6392.1   6392.1   6352.5   6383.0   789604000
2007-07-09   6385.3   6429.5   6385.3   6429.5   664130000
2007-07-10   6431.5   6431.9   6394.8   6397.8   784987000
2007-07-11   6394.1   6394.1   6339.1   6363.2   819885000
2007-07-12   6373.4   6402.7   6369.8   6400.1   926407000
2007-07-13   6423.8   6469.2   6423.8   6425.4   834473000
head(GDAXI)
               Open     High      Low    Close     Volume
2007-07-06  7987.12  8048.43  7947.06  8048.31   186076000
2007-07-09  8077.18  8119.79  8058.77  8077.39   206294000
2007-07-10  8081.73  8109.71  7943.10  7964.75   280925000
2007-07-11  7922.23  7922.23  7799.93  7898.54   288293000
2007-07-12  7921.75  8053.62  7880.91  8053.43   305825000
2007-07-13  8089.56  8151.56  8069.81  8092.77   233100000
Risk1=(AORD[,"High"]-AORD[,"Low"])/AORD[,"Low"]
Risk2=(GDAXI[,"High"]-GDAXI[,"Low"])/GDAXI[,"Low"]
dat=na.omit(cbind(Risk1,Risk2))*100
colnames(dat)=c("risk.Aord","risk.GDAX")
tail(dat)
             risk.Aord    risk.GDAX
2017-06-28   0.9402096    1.0720354
2017-06-29   1.0524318    2.6871355
2017-06-30   1.6631656    1.1421382
2017-07-03   0.8032830    0.7715464
2017-07-04   1.7546923    0.5655999
2017-07-05   0.5799703    0.7262205
# R 数据处理之前多处已经有说明，我们用两个国家指数 AORD 和 GDAXI 的 Range Risk 来实操 TVAR
```

数据整理毕，门限 VAR 的分析流程如范例程序 13-5 所示，可以分为两步。第 1 步是线性检验，也就是必须检验看看线性的 H_0 能否被 threshold 非线性拒绝。第 2 步是 TVAR 估计和相关计算。

范例程序 13-5：TVAR 估计

```
第 1 步：线性检验
library(tsDyn)                                          # 载入包
test1=TVAR.LRtest(dat, lag=2)
    # 执行第 1 步线性检验，此检验的原假设 H0: 数据间的关系是线性，对立假设 Ha: 数据间的关系是 threshold
      非线性。设定绘图为 TRUE，如图 13-8 所示
summary(test1)                                          # 检验结果摘要
Test of linear VAR against TVAR(1) and TVAR(2)
LR test:
           1vs2      1vs3
Test    132.0369  150.8706
P-Val     0.0000    0.0000
```

第2步：门限 VAR 的估计
```
out1.tvar=TVAR(dat, lag=2, nthresh=1, thDelay=1, plot=TRUE)
    # 估计 TVAR(2)，设定 1 个门限值 nthresh=1，也就是 2 个区间；theDelay=1 是指门限变量落后 1 期。内
      建门限变量是 dat 的第 1 栏，也就是 Y。下面会说明如何设定其他外在的变量当作门限变量
summary(out1.tvar)                                    # 观察估计结果摘要
Model TVAR with  1   thresholds
Full sample size: 2503     End sample size: 2501
Number of variables: 2     Number of estimated parameters: 20 + 1
AIC -3884.055  BIC -3761.742   SSR 2474.828
[[1]]
                    Intercept          risk.Aord -1         risk.GDAX -1
Equation risk.Aord 0.2531(0.0376)*** 0.1956(0.0378)*** 0.2311(0.0166)***
Equation risk.GDAX 0.3384(0.0546)*** 0.1236(0.0549)*  0.2987(0.0241)***
                    risk.Aord -2       risk.GDAX -2
Equation risk.Aord 0.2233(0.0257)*** 0.0142(0.0183)
Equation risk.GDAX 0.2136(0.0374)*** 0.2631(0.0266)***
[[2]]
                    Intercept          risk.Aord -1         risk.GDAX -1
Equation risk.Aord 0.4698(0.0878)*** 0.2062(0.0366)*** 0.2299(0.0231)***
Equation risk.GDAX 0.0579(0.1277)    0.2737(0.0532)*** 0.5635(0.0336)***
                    risk.Aord -2       risk.GDAX -2
Equation risk.Aord 0.1646(0.0290)*** -0.0080(0.0221)
Equation risk.GDAX -0.0131(0.0422)   0.1585(0.0321)***
---
Signif. codes:  0 '***' 0.001 '**' 0.01 '*' 0.05 '.' 0.1 ' ' 1
Threshold value: 1.745116
Percentage of Observations in each regime: 85% 15%
summary(out1.tvar)$VarCov                        # 估计参数的方差协方差矩阵
summary(out1.tvar)$fitted.values                 # TVAR 的预测值
SSE.tvar=apply(summary(out1.tvar)$resid,2,function(x){sum(x^2)})
    # 接下来 8～10 行计算 2 个方程式 2 个区间的 R2
SSE0=apply(dat-apply(dat,2,mean),2,function(x){sum(x^2)})
R2=(SSE0-SSE.tvar)/SSE0
R2
risk.Aord risk.GDAX
0.5428690 0.5534454
plot(out1.tvar)                                  # 图重绘制。
```

对指令 summary(out1.tvar) 的结果先解释符号。1vs2 是一个门限 H_0 对两个门限 H_1。因为一个门限就是线性回归，两个门限就是非线性。1vs3 同理。第 1 组 LR 统计量是 132.036 9，P 值为 0.000 0，极为显著。这一组检验的拔靴抽样临界值如下。

```
Bootstrap critical values for test 1 vs 2 regimes
     90%       95%      97.5%      99%
32.19484  36.78102  39.07411  40.44996
```

第 2 组 LR 统计量是 150.870 6，p 值为 0.000 0，极为显著。这一组检验的拔靴抽样临界值如下。

```
Bootstrap critical values for test 1 vs 3 regimes
     90%       95%      97.5%      99%
51.91566  56.45722  58.72800  60.09047
```

因此，第 1 步的线性检验支持了 TVAR，如图 13-8 所示。

指令 summary(out1.tvar) 的结果中，最下方指出门限值是 1.745，这是 y_{t-1} 的数值。TVAR 函数内建会用数据的第 1 个变量当门限变量，如果想要用 X，就把 dat 数据重新

排一下。TVAR 函数内有许多有用的参数设定，在 R 的文档里有详细说明。简单来说，就是如果需要把 dat 内以外的变量当作门限变量，则使用 `thVar`。

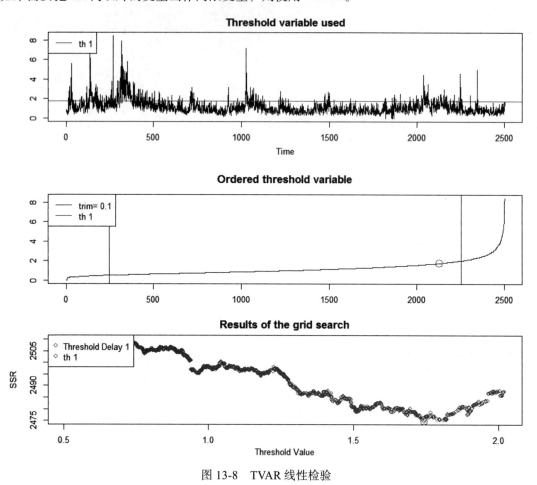

图 13-8　TVAR 线性检验

```
TVAR(data, lag, include = c("const", "trend", "none", "both"),
    model = c("TAR", "MTAR"), commonInter = FALSE, nthresh = 1,
    thDelay = 1, mTh = 1, thVar, trim = 0.1, ngrid, gamma = NULL, around,
    plot = FALSE, dummyToBothRegimes = TRUE, trace = TRUE, trick = "for",
    max.iter = 2)
```

读者可以看看估计对象 `out1.tvar` 中有哪些东西，用 `out1.tvar$` 调出来，对学习很有帮助，内容如下：

```
names(out1.tvar)
names(summary(out1.tvar))
```

13.3　门限 VECM

类似门限 VAR，门限 VECM 将协整关系想成与协整关系大小有关，承前，EC 序列有两个门限值，区分出三个区间。令门限值由小到大为 γ_1、γ_2。

区间 1　$EC_{t-1} \leq \gamma_1$：
$$\Delta Y_t = a_{11} + \varphi_{11}(Y_{t-1} - \beta X_{t-1}) + \delta_{1,11}\Delta Y_{t-1} + \theta_{1,11}\Delta X_{t-1}$$
$$\Delta X_t = a_{12} + \varphi_{12}(Y_{t-1} - \beta X_{t-1}) + \delta_{1,21}\Delta Y_{t-1} + \theta_{1,21}\Delta X_{t-1}$$

区间 2　$\gamma_1 < EC_{t-1} < \gamma_2$：
$$\Delta Y_t = a_{21} + \varphi_{21}(Y_{t-1} - \beta X_{t-1}) + \delta_{2,11}\Delta Y_{t-1} + \theta_{2,12}\Delta X_{t-1}$$
$$\Delta X_t = a_{22} + \varphi_{22}(Y_{t-1} - \beta X_{t-1}) + \delta_{2,21}\Delta Y_{t-1} + \theta_{2,22}\Delta X_{t-1}$$

区间 3　$\gamma_2 \leq EC_{t-1}$：
$$\Delta Y_t = a_{31} + \varphi_{31}(Y_{t-1} - \beta X_{t-1}) + \delta_{3,11}\Delta Y_{t-1} + \theta_{3,12}\Delta X_{t-1}$$
$$\Delta X_t = a_{32} + \varphi_{32}(Y_{t-1} - \beta X_{t-1}) + \delta_{3,21}\Delta Y_{t-1} + \theta_{3,22}\Delta X_{t-1}$$

这样的模型，对于单一协整关系，做出了区间分类。判断各区间的协整，和 Engle-Granger 完全一样，如范例程序 13-6 所示。

范例程序 13-6：tsDyn 的门限协整

```
library(tsDyn)    # 载入包 tsDyn
out1.tvecm=TVECM(dat, lag=lags[3], nthresh=2, trim=0.05, plot=TRUE)
   # 承上 VECM 参数设定，执行 TVECM() 估计。nthresh =2 是设定门限值个数为 2；Plot=TRUE 则会产生
   图 13-9
summary(out1.tvecm)                        # 观察估计结果
summary(out1.tvecm)$coefficients           # 观察各区间系数
summary(out1.tvecm)$StDev                  # 观察各区间标准差
summary(out1.tvecm)$Pvalues                # 观察各区间 p 值
summary(out1.tvecm)$coefficients$Bmiddle   # 观察中间区间的系数
summary(out1.tvecm)$StDev$Bmiddle          # 观察中间区间的标准差
summary(out1.tvecm)$Pvalues$Bmiddle        # 观察中间区间的 p 值
beta_tvecm=out1.tvecm$model.specific$coint # 取出协整向量对象，命名为 beta_tvecm
threshold=out1.tvecm$model.specific$Thresh # 取出门限值对象，命名为 threshold
```

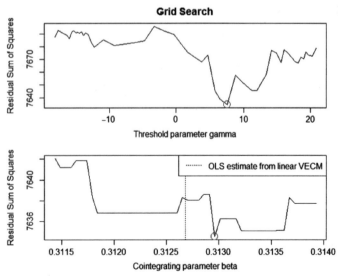

图 13-9　TVECM 估计的关键信息：协整系数和门限值

值得一提的是，使用 `summary(out1.tvecm)` 就会发现中间区间出现了极为显著的协整，但是只在 GDX 这个方向，另一个方向虽然协整显著，但是符号不对，所以整体上的调节处于"均衡－失衡"的拉锯状态。

这个包的估计，比较复杂，对象很多，如同在线性模型中所提到，用 `names(summary(out1.tvecm))` 查一查就可以知道如何去调用估计后的内容。

另外，门限协整还有一些协整关系的检验，属于较为进阶的问题，包内都有函数，碍于此书的定位，一些涉及进阶计量理论的议题就不详说。两个检验的原假设 H_0 和备择假设 H_a 不同，参考语法如下：

H_0：线性协整（linear cointegration）

H_a：门限协整（threshold cointegration）

```
test1=TVECM.HStest(dat, lag=lags[3], intercept=TRUE, nboot=10)
summary(test1)
```

H_0：无协整（no cointegration）

H_a：门限协整（threshold cointegration）

```
test2=TVECM.SeoTest(dat,lag=lags[3], beta=1,trim=0.05, nboot=2, plot=TRUE,
                    check = FALSE)
summary(test2)
```

进行这个检验时要小心，尤其是第 2 个 Seo 检验，因为做模拟耗时，不要轻易尝试。

13.4 平滑转换模型

平滑转换（smooth transition）是一个类似于门限的概念，双方的差异在于门限认为区间只要超过一个特定的值，就会跳到一个状态；平滑转换将状态变化的过程给予一个渐近函数 G，使得区间之间的转换是平滑的，如下所示。

$$y_t = (\varphi_{0,1} + \varphi_{1,1} y_{t-1}) \cdot [1 - G(y_{t-1}; \gamma, c)] + (\varphi_{0,2} + \varphi_{1,2} y_{t-1}) \cdot G(y_{t-1}; \gamma, c) + \varepsilon_t \quad (13\text{-}9)$$

平滑转换函数 G 定义为：

$$G(y_{t-1}; \gamma, c) = \frac{1}{1 + e^{-\gamma(y_{t-1} - c)}} \quad (13\text{-}10)$$

在包 tsDyn 内，有 `lstar` 和 `star` 两个函数可以处理。如果读者已经学会了门限模型，在对平滑转换模型的理解上应该不会有问题。本节不再赘述，读者可参考本书所附程序。

第14章

结构变化

当我们执行一个回归之后,往往关心数据适配出的期望值或条件期望值是否稳定。条件期望值不稳定,有许多原因,诸如模型配置不当、忽略非线性、以及异常值问题等。如果这种不稳定有依时间前后分期的群聚现象,我们就依照时间将之分离,也称为结构变动(structural changes)。但是,结构变动不只是一个统计上对残差的检验,还需要有经济发展的描述,这样经济计量方法才不会失去市场发展活动的意义,但在操作计量模型时,务必十分小心。本章 R 的实操重点是 14.2 节中 Bai 和 Perron 系列研究中对未知结构变动点的估计方法,14.1 节讲解文献上结构变动的检验,以图辅佐,不附范例程序。

14.1 结构变化的检验

假设我们执行一个时间序列回归 $y_t = \alpha + \beta X_t + e_t$,结构变动检验的判断,多半基于比较此回归的残差性质,所以我们也称之为"基于残差的 SSR 诊断"(residuals-based SSR),概念如下:

$$\{y_t\}_{t=1,2,\cdots,T}$$

$$t \leq day1 \quad y_t = \bar{\mu}_1 + e_{1t} \quad SSR = \sum e_{1t}^2$$

$$day1 < t \quad y_t = \bar{\mu}_1 + e_{2t} \quad SSR = \sum e_{2t}^2$$

绝大多数的结构变动分析,在于两个步骤。

第 1 步:计算残差。通常用普通最小二乘法(OLS)和递归(recursive)法等。

第 2 步:处理由残差计算的 SSR。通常通过绘图或者检验的方法来处理。

其中检验的方法可以分成两类:经验波动过程(empirical fluctuation process,EFP)方法和 F 统计量的方法。

14.1.1 经验波动过程方法

经验波动过程方法以残差为基础构建统计量，残差有两类：

（1）OLS 残差：

$$y_t = X_t\beta + e_t, \quad t = 1, 2, \cdots, T$$

OLS 残差定义为：

$$\hat{e}_t = y_t - X_t\hat{\beta} \tag{14-1}$$

$$\hat{\sigma}^2 = \frac{1}{T-k}\sum_{i=1}^{T}\hat{e}_i^2 \tag{14-2}$$

（2）递归残差：

递归残差是通过逐次增加样本并移动样本窗口的估计式所得的残差，方程式如下：

$$y_t = X_t\beta_t + e_t \tag{14-3}$$

其中 $t = 1, 2, \cdots, T$

这个估计直到使用到最后一笔样本时停止，令 b_r 为使用最后一次所估计的 LS 参数：

$$\hat{b}_r = (X_r'X_r)^{-1}X_r'y_r \tag{14-4}$$

其中 $r = k+1, \cdots, T$

经由第 $r-1$ 期的 b，预测第 r 期 y 的残差值，其预测方差为：

$$\text{Var}(b_r) = \sigma^2(1 + x_r(X_{r-1}'X_{r-1})^{-1}x_r) \tag{14-5}$$

其中 $r = k+1, \cdots, T$

利用预测所计算的递归残差，定义如下：

$$\hat{w}_r = \frac{y_r - x_r\hat{b}_{r-1}}{(1 + x_r(X_{r-1}'X_{r-1})^{-1}x_r)} \tag{14-6}$$

不管是哪种残差，算出来后就可以对其进行残差稳定性分析。接下来我们利用数据操作来解释。本章所附的数据文件 FF5IND.csv 是来自 K. French 网站五个产业指数收益率的数据○，读者可自行下载，变量为 CNSMR、HITEC、HLTH、MANUF、OTHER，分别表示消费品产业、高科技产业、医疗健康产业、制造业和其他产业；MKT、HML、SMB、RF 是风险因子相关指标，分别表示市场指数收益率、high-minus-low 风险因子、small-minus-big 风险因子和无风险利率。我们以三因子模型作为基础回归模型，例如：

$$CNSMR_t - RF_t = \alpha + \beta_1(MKT_t - RF_t) + \beta_2HML_t + \beta_3SMB_t + u_t \tag{14-7}$$

估计后的稳定诊断，有多种方法，依序介绍如下。

1. 递归残差

递归残差只限 OLS 估计后的分析。

递归残差的判断如图 14-1 所示，是以上下两条虚线为区间，如果样本不在区间内，其观察值就是不稳定来源。图 14-1 没有显示出明显的时期分割，所以从残差上看，模型稳定性尚可，没有发现结构变动的信号。

2. 递归系数

另外一种诊断是通过查看递归系数的状况来判断系数的稳定性。做法是随着样本观察值的递增，观察系数的变化。最后一个递归系数值应该和全样本估计结果相同。

○ http://mba.tuck.dartmouth.edu/pages/faculty/ken.french/.

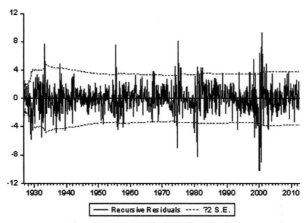

图 14-1　三因子资产定价回归残差

用递归系数检视稳定性,其中一个技巧是看正负,如果系数出现正负变化,就是不稳定的;另一个技巧是看尾端,如果递归线的尾端没有平坦收敛,也是不稳定的。

图 14-2 是三因子资产定价回归模型的 3 个递归系数的估计。按照以上方法,方程式的第 3 个系数 β_3 有些异常。我们将图 14-3 放大来看,样本迭加到 2000 年时,有一个转折,且倾向由负转正。大致上,我们可以判断,这个系数和其他系数比起来相对不稳定。

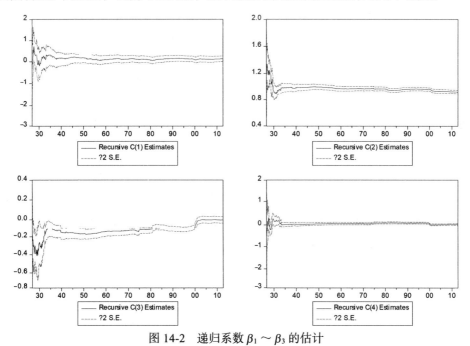

图 14-2　递归系数 $\beta_1 \sim \beta_3$ 的估计

3. 累积和与累积方差

累积和记为 CUSUM,定义为:

$$W_r(t) = \frac{1}{s}\sum_{j=k+1}^{r}\hat{w}_j \tag{14-8}$$

在稳定的原假设之下,W_r 的极限过程 $W_r(t)$ 是标准布朗运动,也称为维纳过程。

累积方差记为 CUSUMq,定义为:

$$s_r = \frac{\sum_{j=k+1}^{r} \hat{w}_j^2}{\sum_{j=k+1}^{T} \hat{w}_j^2} \qquad (14\text{-}9)$$

图 14-4 为使用 CUSUM 画出的区间，数据只要在区间内，就是稳定的。

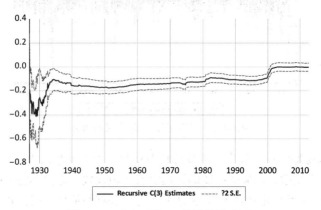

图 14-3　递归系数 β_3 估计的放大图

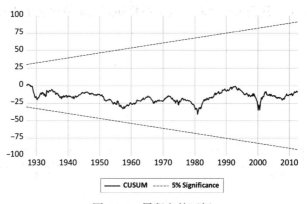

图 14-4　累积和的区间

图 14-5 为使用 CUSUMq 画出的区间，图中指出数据中段与前后两段不同，所以，整笔数据经历过一个时期的结构调整。

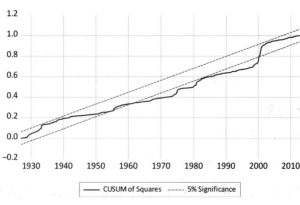

图 14-5　累积方差的区间

4. 稳定性的一步预测检验

如图 14-6 所示，这个方法是对递归残差做一步预测，然后观察区间范围，以判断稳定性。

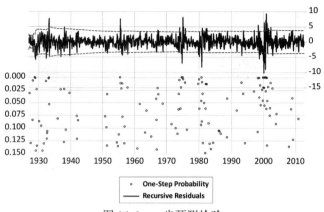

图 14-6 一步预测检验

5. 稳定性的杠杆效应图

杠杆效应图（leverage plots）是 Sall（1980）[31]提出的，用以检验广义线性假设（general linear hypotheses）使用的图，杠杆效应图可以用来判断特定系数是否稳定地不显著，即 $\beta = 0$ 是否稳定地为真？

杠杆效应图将 Belsley, Kuh, and Welsch（1980）[32]提出的偏回归残差（partial regression residual）一般化，使得此图可以应用到任何线性假设。"偏"的意思是删除特定解释变量。

我们以式（14-7）所示的三因子模型为例说明何为杠杆效应图。

假设我们想要检验因子 MKT 的有效性是否稳定，可以检验 $\beta_3 = 0$ 是否稳定地为真。为此，我们可以如下操作。

首先，剔除（partialled）因子 MKT 后执行如下回归估计：

$$CNSMR_t - RF_t = \alpha_1 + \beta_{11}HML_t + \beta_{21}SMB_t + u_{1t} \qquad (14-10)$$

然后，以被剔除的因子 MKT 为被解释变量，执行如下回归估计：

$$MKT_t = \alpha_2 + \beta_{12}HML_t + \beta_{22}SMB_t + u_{2t} \qquad (14-11)$$

杠杆效应图就是两笔残差的散点图：u_{1t} 是 Y 轴，u_{2t} 是 X 轴。MKT 的杠杆效应图如图 14-7b 所示。图 14-7 也绘出了关于截距项和其他两个因子的杠杆效应图。

杠杆效应图内的拟合线即是散布点的 LS 线。如果这条线非水平，且散点集中于这条线，则代表这个被剔除的变量很重要，剔除变量的回归系数不显著的原假设（本例中 $\beta_3 = 0$）可以被稳定地拒绝。反之，如为这天线是水平的，且散布点是一大圈，原假设（本例中 $\beta_3 = 0$）可以稳定地被接受。由图可知，因子 MKT 的有效性很稳定，不存在结构变化。

如图 14-7a、图 14-7c 和图 14-7d 所示，大量的外围点，也就是异常值，也隐含了某种不稳定的可能性。

6. 影响统计量对稳定性的判断

影响统计量（influence statistics）由 Belsley, Kuh, and Welsch（1980）[26]提出，用来衡量每一个观察值对估计参数的影响。根据一定的标准，对估计参数影响较大的观察值，有较高的影响统计量。

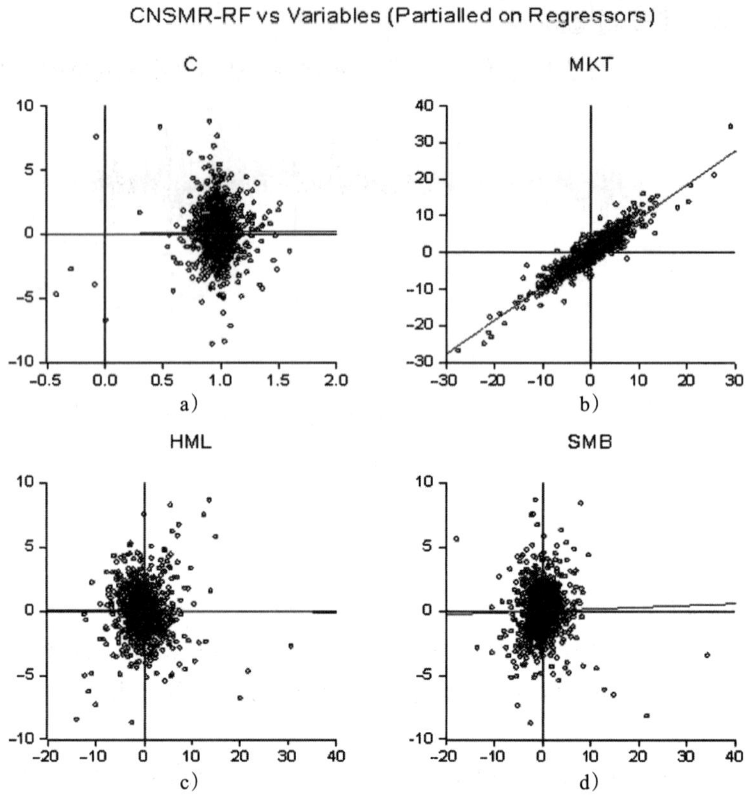

图 14-7 稳定性的杠杆效应图

线性回归方程式:

$$y_t = a + bX_t + e_t \tag{14-12}$$

假设移除第 i 个观察值后,$b(i)$ 代表所估计的参数,$s^2(i)$ 为模型方差,$X(i)$ 为解释变量的数据矩阵,然后,$y(i)$ 为被解释变量。令 $h_i b$ 代表此回归正交投影的预测空间矩阵的第 i 个主对角线元素,此矩阵也称为帽子矩阵(hat matrix)。定义如下:

$$h_i = x_i (X'X)^{-1} x_i \tag{14-13}$$

Belsley,Kuh,and Welsch[26] 提出一个临界值:$2k/T$。k 代表了估计参数个数,且 T 为观察值个数。每一个观察值的 h_t 如果大于临界值 $2k/T$,则要进一步研究检查,具体图像如图 14-8、图 14-9 所示。

几个常用的影响统计量解释如下。

(1)学生化残差(studentized residuals):

$$RSTUDENT = \frac{resid_i}{s_i \sqrt{1 - h_i}} \tag{14-14}$$

RSTUDENT 通过删除第 i 个观察值来计算出的值,若绝对值大于 2,这个样本需要特别注意。

(2)方差比(covariance ratio):

$$COVRATIO = \frac{\det(s_i^2 (X_i' X_i)^{-1})}{\det(s^2 (X'X)^{-1})} \tag{14-15}$$

通过删除第 i 个观察值所计算出的值,如果 $|COVRATIO - 1| \geq \dfrac{3k}{T}$,这个样本需要特别注意。

(3) DFFITS 统计量:

$$DFFITS = \dfrac{\hat{y}_i - \hat{y}_{(i)}}{s_i \sqrt{1 - h_i}} \quad (14\text{-}16)$$

DFFITS 通过删除第 j 个观察值测量两个适配值的差距,关键数据是 $2\sqrt{\dfrac{k}{T}}$。

(4) DFBETAS$_j$ 统计量:

$$DFBETAS_j = \dfrac{b_j - b_{(i)j}}{s_{(i)}\sqrt{(X'X)_{jj}}} \quad (14\text{-}17)$$

DFBETAS$_j$ 通过删除第 j 个观察值测量两个系数的差距,关键数据是 $\dfrac{2}{\sqrt{T}}$。

图 14-8 画出了置信区间上限(confidence bands),超出区间界外,就是需要特别注意的样本。

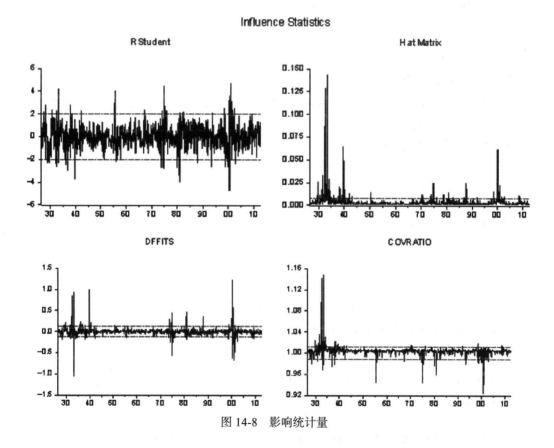

图 14-8 影响统计量

图 14-9 没有画出置信区间上限,但是用可视化表达了需要特别注意的样本,以及观察值对哪一个系数影响较大。看起来,特定观察值对于截距、HML、SMB 的影响较大,对于 MKT 的系数,则还算是平稳。

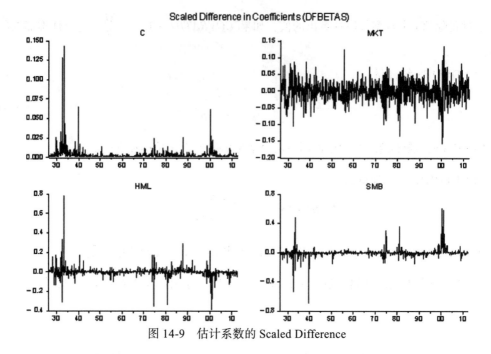

图 14-9　估计系数的 Scaled Difference

14.1.2　F 检验法

1. 邹式稳定性检验

邹氏检验（Chow test）用于测试两组不同数据的线性回归系数是否相等。在时间序列分析中，邹氏检验被普遍用来检验是否存在结构变化。

为检验如下回归模型的稳定性进行如下两个子样本回归：

$$\begin{aligned} y_{1t} &= a_1 b_1 X_{1t} + e_{1t} & 1 \leqslant t \leqslant i \\ y_{2t} &= a_2 b_2 X_{2t} + e_{1t} & 1 \leqslant t \leqslant T \end{aligned} \quad (14\text{-}18)$$

邹氏检验的原假设 H_0：在时间点 i 上没有发生结构变动。

邹氏检验的 F 统计量为：

$$F_t = \frac{SSR - (SSR_1 + SSR_2)}{\dfrac{SSR_1 + SSR_2}{T - 2k}} \quad (14\text{-}19)$$

其中，SSR 是全样本回归的残差平方和，SSR_1 和 SSR_2 分别为两个子回归的残差平方和，T 是观测值总数，k 为自由度（见图 14-10）。

2. Quandt-Andrews 未知结构点检验

原假设：在头尾 $q\%$ 内的样本，没有结构变动点。

对于如下回归模型：

$$y_t = a + bX_t + e_t$$

截去头尾 $q\%$ 的样本为搜寻区域，在此样本区域内搜寻、构建统计量：

$$\max F(or \ \sup F) = \sup_{\underline{i} \leqslant i \leqslant \overline{i}} F_i$$

$$\operatorname{avg} F = \frac{1}{\overline{i} - \underline{i} + 1} \sum_{i=\underline{i}}^{\overline{i}} F_i \quad (14\text{-}20)$$

$$\exp F = \log \left(\frac{1}{\bar{i} - \underline{i} + 1} \sum_{i=\underline{i}}^{\bar{i}} \exp(0.5 F_i) \right) \qquad (14\text{-}21)$$

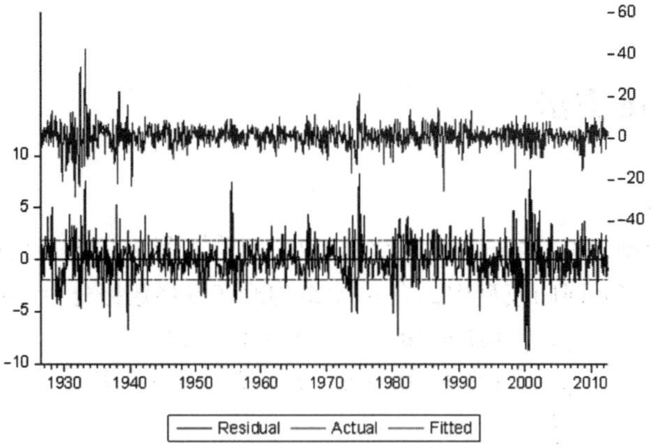

图 14-10　数据

上面 3 个统计量移动演算的数据结构，如图 14-11 所示。

以头尾 15% 的样本为固定区间，在此样本内逐月搜寻，就前面的例子来说有 724 个月。

图 14-11　移动演算的结构

3. 邹式预测检验

我们以本章最前面式（14-1）提到的三因子模型的实证检验为例，说明如下：

邹氏预测检验必须事先择定一个特定时点作为结构变动点，我们选 1970 年 1 月，意在检验 1970 年 1 月之前和之后两个时段的回归结果是否不同。原假设 H0：1970 年 1 月前后两个时段上的结果一样。

图 14-12 是检验结果列，可见 F-statistic 对应的 Probability 为 0.0000，所以在统计上可以显著地拒绝原假设。也就是说，这两个时段上回归结果不一样，在 1970 年 1 月这个时点上有一个结构变化点。

实际上，结构变动点未必是单一的，还有可能存在多个。更复杂的检验可以完成多重结构变化的诊断工作。

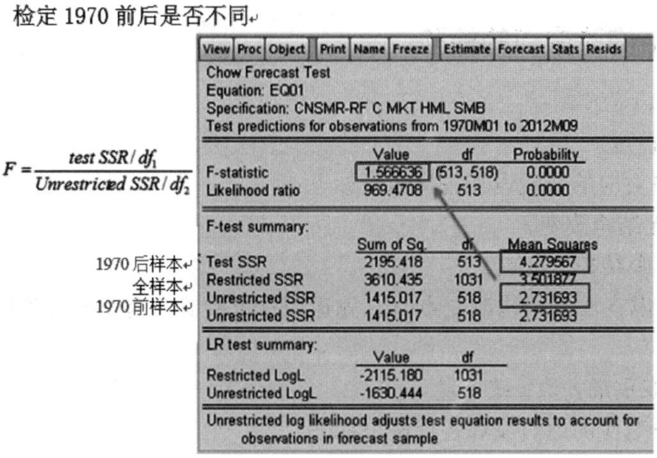

图 14-12　定点判断

本小节是传统的以 F 检验为基础的方法，接下来我们简要介绍著名的对时间点进行检验的 Bai-Perron 方法，辅以 R 程序进行演示。范例程序中也会提供 Quandt-Andrews 未知结构点检验的编程。

14.2 Bai-Perron 方法

14.2.1 原理

新一代的结构变动以 Bai-Perron（1998，2003）[33][34]为代表，假设变量 y 的期望值或条件期望值，在一个多元回归模型中，有 m 次结构改变点将数据分为 $(m+1)$ 个区间：

$$y_t = x_t\beta + z_t\delta_j + u_t \quad t = 1,\cdots,T_1$$
$$y_t = x_t\beta + z_t\delta_j + u_t \quad t = T_1+1,\cdots,T_2$$
$$\vdots$$
$$y_t = x_t\beta + z_t\delta_j + u_t \quad t = T_m+1,\cdots,T$$
$$y_t = x_t\beta + z_t\delta_j + u_t$$
$$t = T_{j-1}+1,\cdots,T_j$$
$$j = 1,\cdots,m+1$$

估计变动时间点就是求下数学规划的优化解：

$$(\hat{T}_1,\cdots,\hat{T}_m) = \underset{T_1,\cdots T_m}{\mathrm{argmin}} S_T(T_1,\cdots,T_m) \sum_{i=1}^{m+1}\sum_{t=T_{j-1}+1}^{T_j}[y_t - x_t\beta - z_t\delta_j]^2$$
$$\hat{\beta} = \hat{\beta}(\{\hat{T}_j\})$$
$$\hat{\delta} = \hat{\delta}(\{\hat{T}_j\})$$

此式以 SSR 初步估计出时间序列所发生的结构点。计算完 m 个结构点后，Bai-Perron 以动态规划算法（dynamic programming algorithm）演算下式：

$$SSR(T_{m,T}) = \min_{m_h < j \leq T-h}[SSR(\{T_{m-1,j}\}) + SSR(\{j+1,T\})] \tag{14-22}$$

寻得最适结构改变次数以及时点。动态规划的方法为一个连续搜寻及检验的过程。

14.2.2 多元结构改变点的检验

常用统计量如下：

（1）sup F 统计量

该检验统计量对应的原假设和备择假设如下：

H_0：$m = 0$（无结构改变）

H_a：$m = k$（k 个结构改变点）

Bai-Perron 考虑在没有结构改变点时，先运用这个检验。这个检验的特征是，必须事先给定一个 k。

（2）Dmax（双重最大值）统计量

说检验统计量对应的原假设和备择假设如下：

H_0：$m = 0$（无结构改变）

$H_a: m \leq M$（结构改变点不超过 M 个）

$$UD \max F_T(M,q) = \max_{1 \leq m \leq M} F_T(\hat{\lambda}_1, \hat{\lambda}_2, \cdots \hat{\lambda}_m; q) \quad (14\text{-}23)$$

Bai-Perron 考虑在没有结构改变点时，先运用这个检验。这个检验的特征是，必须事先给定一个上限 M，然后构建统计量。

（3）WDmax（加权 Dmax）统计量

说检验统计量对应的原假设和备择假设如下：

$H_0: m = 0$（没有结构改变点）

$H_a: m \leq M$（M 个结构改变以内点）

$$WD \max F_T(M,q) = \max_{1 \leq m \leq M} \frac{c(q, \alpha, 1)}{c(q, \alpha, m)} F_T(\hat{\lambda}_1, \hat{\lambda}_2, \cdots \hat{\lambda}_m; q) \quad (14\text{-}24)$$

Bai-Perron 考虑在没有结构改变点时，先运用这个检验。这个检验的特征是，必须事先给定一个上限 M，然后构建统计量。

（4）SupFT（L+1|L）统计量

说检验统计量对应的原假设和备择假设如下：

$H_0: m = L$（L 个结构改变点）

$H_a: m = L + 1$（$L+1$ 个结构改变点）

$$F_T(L+1 \mid L) = \frac{1}{\hat{\sigma}^2} \{ S_T(\hat{T}_1, \cdots, \hat{T}_L) - \min_{1 \leq i \leq L+1} \inf_{\tau \in \Lambda} S_T(\hat{T}_1, \cdots, \hat{T}_{i-1}, \tau, \hat{T}_1, \cdots, \hat{T}_L) \} \quad (14\text{-}25)$$

Bai-Perron 考虑以 Dmax 和 UDmax 确定了有结构改变点后，再运用这个检验精确的判断结构改变的次数。

14.2.3 R 范例程序讲解

接下来我们介绍时间序列回归后的分析。对于进一步的序列相关议题，我们在下一章介绍说明，这里，我们就针对模型稳定性或结构变动做介绍。对于结构变动，我们使用包 strucchange，这个包在加载 AER 时，会一起载入。如果要另外做检验，则可以独立加载。strucchange 内的检验函数是 efp()，使用方法如范例程序 14-1 所示。

范例程序 14-1：结构变化的 CUSUM 检验

```
library(strucchange)                      # 载入包 strucchange
dataz= read.csv("china3v.csv",header=TRUE) # 读取数据成为名称为 dataz 的数据框
attach(dataz)                             # 加载数据
names(dataz)                              # 检查变量名称：储蓄率、投资率和经济增长率
dd=ts(Growth, start=c(1962,1), freq=4)    # 定义经济增长率 Growth 为 dd，并给予时间框架
dd_dat = ts.intersect(dd, dd1 = lag(dd, k = -1),dd4 = lag(dd, k = -4))
  # 用时间序列交集函数 ts.intersect()，把储蓄率、滞后 1 期和 4 期的数据取交集。这样就不会有缺值
dd_ocus = efp(dd ~ dd1 + dd4, data = dd_dat, type = "OLS-CUSUM", dynamic=F)
  # 执行 efp() 函数
sctest(dd_ocus)                           # 计算结构变动统计量
OLS-based CUSUM test
data:  dd_ocus
S0 = 0.90049, p-value = 0.3921
plot(dd_ocus)                             # 绘图，如图 14-13 所示
```

eft() 函数中的参数最重要的 **type=** 这个参数，该参数有三类选项：

第一类有 4 个可选项："Rec-CUSUM""OLS-CUSUM""Rec-MOSUM" 和 "OLS-MOSUM"。如果没有设置，默认是 "Rec-CUSUM"。Rec 是 Recursive 的缩写，MO 意为 MOving，CU 意为

CUmulative。这类检验利用单维的残差和。

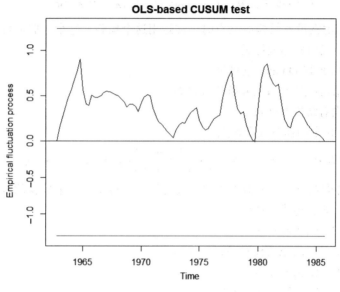

图 14-13　CUSUM 检验结果

第二类有 2 个可选项："RE" 和 "ME"。这类检验利用 k 维的残差和。k 代表了回归解释变量数量，本例 $k = 2$。

第三类有 2 个可选项："Score-CUSUM" 和 "Score-MOSUM"。则使用了更高维的处理方法，此处不细说。

dynamic 参数的设定为真 (T) 或假 (F)，选 T，则在回归式后面增加解释变量的滞后期。

CUSUM 的检验原理是这样：如果数据中有一个结构变动点发生在时间 s，则 CUSUM 的路径会开始在时间 s 偏离均数 0。

接下来我们看 F 检验的使用。F 检验结构变动，传统上也称为邹氏检验，如范例程序 14-2 所示。

范例程序 14-2：结构变化的 F 检验

```
dd_fs = Fstats(dd ~ dd1 + dd4, data = dd_dat, from = 0.1, to=NULL)
# Fstats() 函数计算 F 统计量的时间序列
sctest(dd_fs, type="supF")      # 计算 F 检验值
supF test
data:  dd_fs
sup.F = 18.352, p-value = 0.01034
plot(dd_fs)                     # F 检验值时间序列绘图，如图 14-14 所示
```

Fstats() 内的 arguments 除了回归公式之外，要注意的就是 from= 这个数字，本例取 0.1 是指在样本 10% 前后，计算一个邹氏检验的 F 统计量。to= 若为 NULL，则计算 10%～90% (=1-10%) 的样本。

sctest() 内的 type 是计算结构变动的统计量。type 有三个选项："supF" "aveF" 和 "expF"。详细请参考 Hansen (1992, 1997)。[35, 36]

supF 从 Fstats 内挑出最大值 18.352，并计算出其 p 值。对象 dd_fs 内有许多子对象，利用 dd_fs$Fstats 可以得出 Fstats 的数值。

接下来，我们用三个案例程序来介绍包 strucchange，这三个案例的范例程序，可以直接套用自己的数据使用。范例程序 14-3 中的案例 1 是乙肝死亡人数的结构变化检验，当然最重要的是要知道这种结构变动和特定的政策是否有关。包 strucchange 内的主要函数有两个：efp() 和 Fstats()。efp() 和 gefp() 都是一个类型，只是 gefp() 把一些性质一般化，除了有更多的检验，也支持离散选择变量的 glm 模式。Fstats() 则是给出正式统计量的计算。两类函数，都要配合绘图来可视化结构变动，不同的函数可以计算不同的信息，画出的图也各不相同。

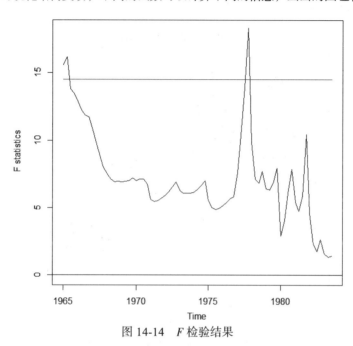

图 14-14 F 检验结果

范例程序 14-3：结构变化研究案例 1

```
library(strucchange)                                  # 载入包 strucchange
dat=read.csv("dead.csv",header=T)                     # 读取数据
y=ts(dat[,2],start=c(2000,1), freq=12)                # 将之转换成时间序列，定义为 y
plot(y, main="中国每月因乙肝死亡人数", ylab="", xlab="Month")   # 画图 y，如图 14-15 所示
# # # --- efp 检验及可视化
efp.y=efp(y ~ 1,dynamic = T)                          # 计算 efp
plot(efp.y, alpha = 0.05)                             # 绘图，如图 14-16 所示
sctest(efp.y) # Quandt-Andrews 未知结构点检验 type="aveF","supF", "expF"
Recursive CUSUM test
data:  efp.y
S = 1.785, p-value = 5.707e-06
  # 由 p 值可以判断图 14-15 的结构变动是显著的
# # # --- gefp 检验及可视化
gefp.y=gefp(y ~ 1)                                    # 执行 gftp 计算
plot(gefp.y, functional=maxBB, alpha = 0.05, main="double Max test")
# 绘图，如图 14-17 所示
plot(gefp.y, functional=rangeBB, alpha = 0.05, main="range test")   # 绘图，如图 14-17 所示
plot(gefp.y, functional=meanL2BB, alpha = 0.05,
     main="Cramer-von Mises(Nyblom-Hansen test)")      # 绘图，如图 14-17 所示
plot(gefp.y, functional=supLM(0.15), alpha = 0.05, main="supLM test")  # 绘图，如图 14-17 所示
sctest(gefp.y, functional = "max")  # functional="max", "range", "maxL2", "meanL2"
M-fluctuation test
data:  gefp.y
```

```
f(efp) = 4.6791, p-value < 2.2e-16
    # 由 p 值可以判断图 14-17 的结构变动是显著的
### --- F 检验及可视化
fs.y=Fstats(y~1)               # 执行 gftp 计算
plot(fs.y, pval = FALSE, asymptotic = F, alpha = 0.05,aveF = F)   # 绘图，如图 14-18 所示
sctest(fs.y, type="supF")      # Quandt-Andrews 未知结构点检验 type="aveF","supF", "expF"
supF test
data: fs.y
sup.F = 207.2, p-value < 2.2e-16
```

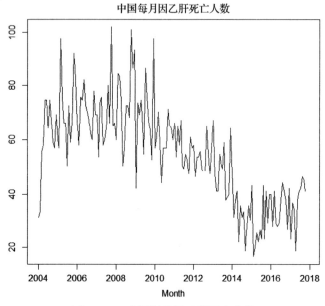

图 14-15　中国每月因乙肝死亡人数

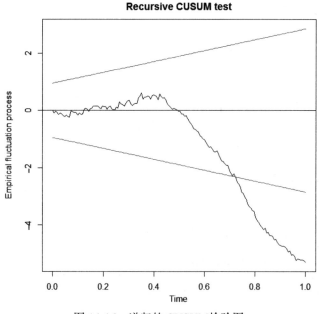

图 14-16　递归的 CUSUM 检验图

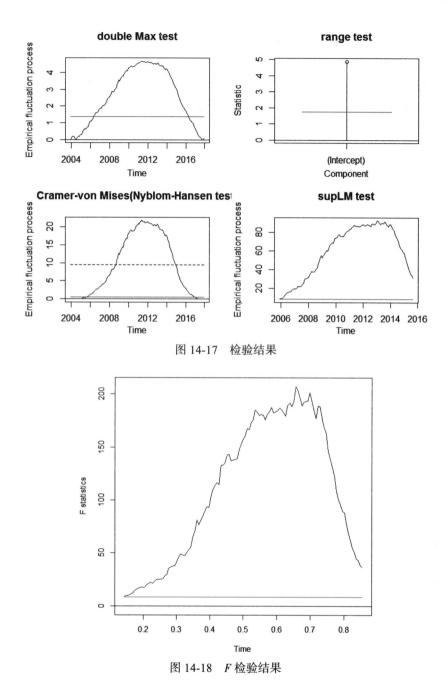

图 14-17 检验结果

图 14-18 F 检验结果

范例程序 14-4 与范例程序 14-5 用了一些程序技巧处理数据,为节省篇幅略去结果,读者可以自行执行代码,对照结果学习程序。

范例程序 14-4:结构变化研究案例 2

```
library(strucchange)
dat=ts(read.csv("death_car.csv",header=T),start=c(1969,1),freq=12)
seatbelt = log10(dat)
seatbelt = cbind(seatbelt, lag(seatbelt, k = -1), lag(seatbelt, k = -12))
colnames(seatbelt) = c("y", "ylag1", "ylag12")
seatbelt = window(seatbelt, start = c(1970, 1), end = c(1984,12))
```

```
plot(seatbelt[,"y"], ylab = expression(log[10](casualties)))
# # 检验
re.seat = efp(y ~ ylag1 + ylag12, data = seatbelt, type = "RE")
plot(re.seat)
sctest(re.seat)
F.seat = Fstats(y ~ ylag1 + ylag12, data = seatbelt)
plot(F.seat, alpha=0.01)
# # 结构变动点的计算
bp.seat = breakpoints(y ~ ylag1 + ylag12, data = seatbelt, h = 0.1)
summary(bp.seat)
breakdates(bp.seat)
# # 最小 BIC 准则下的剔除
plot(bp.seat)
bp.seat2 = breakpoints(bp.seat, breaks = 2)   # 选择结构断点 ⊖
breakdates(bp.seat2)
fm0 = lm(y ~ ylag1 + ylag12, data = seatbelt)
fm1 = lm(y ~ breakfactor(bp.seat2)/(ylag1 + ylag12)-1, data = seatbelt)   # 忽略截矩项
summary(fm1)
# # 绘图
plot(seatbelt[,"y"], ylab = expression(log[10](casualties)))
time.seat = as.vector(time(seatbelt))
lines(time.seat, fitted(fm0), col = 3)
lines(time.seat, fitted(fm1), col = 4)
lines(bp.seat2)
# # 置信区间
ci.seat2 = confint(bp.seat, breaks = 2)
ci.seat2
lines(ci.seat2)
# 说明: 略
```

范例程序 14-5：结构变化研究案例 3

```
library(strucchange)
dat=ts(read.csv("BH.csv", header=T), start=c(1992,1), freq=12)
y=dat[,1]
plot(y, main="Boston Homocides, persons", ylab="")
out <- gefp(y ~ 1, fit=glm, family = poisson)
plot(out, aggregate = F)
print(out)
sctest(out)
```

⊖ 即使 RE 检验和 supF 检验明确地拒绝了结构稳定的假设，基于 BIC 准则的方法也会选择 0 个断点。Bai & Perrom（2003）发现 BIC 在动态四归的处理上是有问题的基于 F 统计量 RE 过程的形状，此处选择两个断点来拟合相应方程。

第15章
Chapter15

马尔科夫转换模型

15.1 模型简介

20 世纪 70 年代有一种计量经济模型，将重点放在不同时点回归系数有不同的值上。这类方法总称为状态转换模型（regime-switching），也就是指系数是其他变量的函数。Goldfeld and Quandt（1973）[37] 将其粗分为两类。

第 1 类，系数变动是其他可观察的已知变量的函数。已知的外生变量的范例，如本书第 13 章门限模型的 TAR/TVAR 等，或如本书第 14 章时间断点的结构变动。

第 2 类，系数变动是其他不可观察的未知变量的函数。因为是不可观察，所以必须做一些假设，最常用的假设，就是假设这个观察不到的变量，遵循马尔科夫链。此中最广为应用也是贡献最大的，就是 Hamilton（1989）[38] 提出的马尔科夫转换模型（markov-switching model，之后简称 MSM）。MSM 是相当受欢迎的非线性模型，经济金融领域最初将其应用于对经济增长的景气预测。

已知传统线性 AR（1）回归：

$$y_t = \phi_0 + \phi_1 y_{t-1} + \varepsilon_t \tag{15-1}$$

不管是 LS 或 MLE，上式中的待估计系数截距 ϕ_0 和斜率 ϕ_1 皆是固定参数，然而经济活动都有各种"状态"在运作，例如股市有牛市和熊市，经济增长有繁荣和衰退，资产价格有盘整状态和突破状态。据此，不同状态下的参数自然不同。因此，令 S_t 代表状态变量，Hamilton（1989）[38] 将式（15-1）内嵌马尔科夫链，称为马尔科夫状态变迁，如下所示：

$$y_t = \varphi_{0,s_t} + \varphi_{1,s_t} y_{t-1} + \varepsilon_t \tag{15-2}$$

一个两状态的模型如下：

$$y_t = \begin{cases} \varphi_{0,1} + \varphi_{1,1} y_{t-1} + \varepsilon_t, & \text{if } s_t = 1 \\ \varphi_{0,2} + \varphi_{1,2} y_{t-1} + \varepsilon_t, & \text{if } s_t = 2 \end{cases} \tag{15-3}$$

状态概率定义如下：

$$P(s_t = 1 \mid s_{t-1} = 1) = P_{11}$$
$$P(s_t = 2 \mid s_{t-1} = 1) = P_{12}$$
$$P(s_t = 2 \mid s_{t-1} = 2) = P_{22}$$
$$P(s_t = 1 \mid s_{t-1} = 2) = P_{21}$$

（15-4）

故两状态的马尔科夫概率矩阵为 $Q = \begin{bmatrix} P_{11} & P_{21} \\ P_{12} & P_{22} \end{bmatrix}$，垂直相加等于1。

假设是月数据，状态概率的意义为：如果目前是状态1，则持续 $\dfrac{1}{1-P_{11}}$ 个月，状态会转换到2；如果目前是状态2，则持续 $\dfrac{1}{1-P_{22}}$ 个月，状态会转换到状态1。如果 $P_{11} = 0.98$，则意味着，若目前进入状态1，则需时50个月才能转换到状态2。

状态收敛的概率为：$P(s_t = 1) = \dfrac{1-P_{22}}{2-P_{11}-P_{22}}$ 和 $P(s_t = 2) = \dfrac{1-P_{11}}{2-P_{11}-P_{22}}$。

状态 s_t 的协方差矩阵区分如下。

（1）同方差：

$$\begin{bmatrix} \sigma_{s_t}^2 & 0 \\ 0 & \sigma_{s_t}^2 \end{bmatrix}$$

（2）状态1和状态2各自相异，但彼此无关：

$$\begin{bmatrix} \sigma_{11,s_t}^2 & 0 \\ 0 & \sigma_{22,s_t}^2 \end{bmatrix}$$

（3）状态1和状态2各自相异，且彼此相关：

$$\begin{bmatrix} \sigma_{11,s_t}^2 & \sigma_{12,s_t}^2 \\ \sigma_{21,s_t}^2 & \sigma_{22,s_t}^2 \end{bmatrix}$$

除了式（15-2）的单变量方程，MSM 模型可以处理一般化的 VAR 模型，简称多变量马尔科夫模型（Multivariate MSM），MSM(h)-VAR(p) 意为有 h 个状态且滞后期为 p 的模型。MSM(h)-VAR(p) 有多种变形，简单摘要如下。

（1）均值方差形式：

$$y_t = \varphi_{s_t} + \varepsilon_t$$

（2）MS-VAR 体制依赖（MS-VAR regime dependent）模型：

$$y_t = \varphi_{s_t} + \beta_{s_t}^1 y_{t-1} + \beta_{s_t}^2 y_{t-2} + \cdots + \beta_{s_t}^p y_{t-p} + \varepsilon_t$$

（3）MS-VAR 截距依赖（MS-VAR intercept dependent）模型：

$$y_t = \varphi_{s_t} + \beta^1 y_{t-1} + \beta^2 y_{t-2} + \cdots + \beta^p y_{t-p} + \varepsilon_t$$

（4）部分体制依赖 MS 回归（partially regime dependent MS regression）模型：

$$y_t = \varphi_{s_t} + \beta_{s_t} x_t + \delta z_t + \varepsilon_t$$

（5）广义 MS 回归（general MS-regression model）模型：

$$y_t = \varphi_{s_t} + \beta_{s_t} x_t + \varepsilon_t$$

MSM 的估计通常使用 MLE 或 EM（expectation maximization）算法，但是，由于数据属

性的限制和模型欲求解参数量过多等原因，演算相对困难复杂。有学者提出此模型在 MLE 架构下，可以使用贝叶斯方法，称为 Gibbs 抽样。

我们用模拟方式产生一个 MSM-AR（1），然后看看在各种不同的模型设定呈现出的时间序列图形，如下面五个图。我们设定截距固定没有状态，然后将对应的状态参数放在图上方。图 15-1 对应的 AR（1）系数有正负差异，且两状态是同方差的情况（设定 1），图 15-2 则是 AR(1) 系数有正负差异且两状态是异方差的情况（设定 2），此时我们就可以很明显看出图 15-2 的波动有两种集中状态：100 和 250 附近集中程度较小。

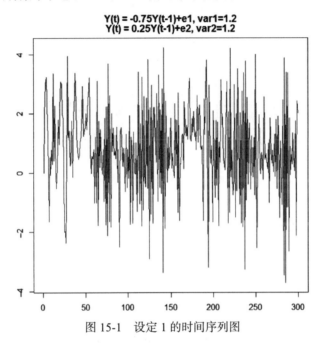

图 15-1　设定 1 的时间序列图

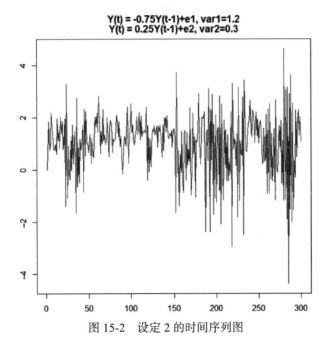

图 15-2　设定 2 的时间序列图

图 15-3 对应的是两状态异方差且 AR(1) 系数相同的情况（设定 3）；图 15-4 对应的是两个异方差波动状态差 9 倍的情况（设定 4），此时时间序列波动就更为明显。最后图 15-5 则是两状态的方差及 AR(1) 的系数相差都很大的情况（设定 5），图形波动型态更为明显。

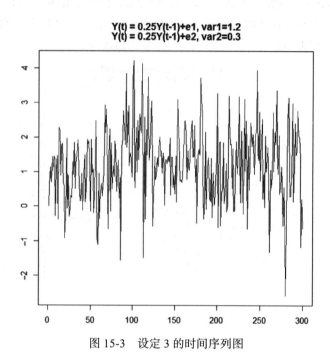

图 15-3　设定 3 的时间序列图

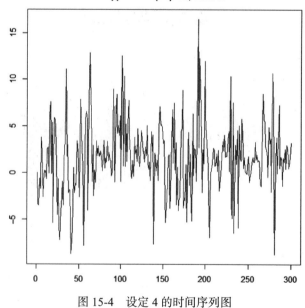

图 15-4　设定 4 的时间序列图

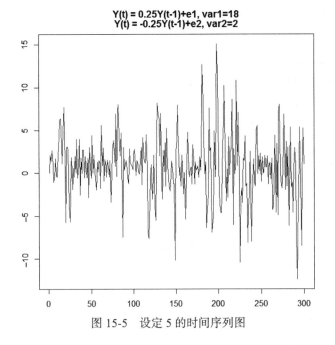

图 15-5 设定 5 的时间序列图

我们由上面 5 张图片可以知道，金融市场的波动除了 GARCH 的随时间集群之外，还包括状态。所以，近年来相当多的学者在整合、应用状态移转 GARCH 模型。

15.2 R 范例程序说明

接下来我们用范例程序 15-1 实际介绍 MSM 回归分析，此处使用包 MSBVAR，这个包的 MS 指马尔科夫转换，B 是指贝叶斯方法，VAR 就是本书第 10 章的 VAR。这个包主要使用贝叶斯马尔科夫转换（Baysian MS）。

范例程序 15-1：MSM（2）-AR（1）

```
library(xts)                              # 载入包
library(MSBVAR)                           # 载入包
load("China.RData")                       # 加载数据 China.RData
tmp1=as.xts(IR_1M[,2],IR_1M[,1])
  # 从 China.RData 内，选择一个月的短期利率 IR_1M，并将之转成 xts 时间序列
colnames(tmp1)="IR_1M"                    # 变量命名
tmp1= to.weekly(tmp1,OHLC = FALSE)
  # 将日数据换成周数据（不是必须要如此做，只是想让数据少一点，MSM 估计快一些）
z=log(tmp1)                               # 设定此处要的数据 z，短期利率对数。
set.seed(123)
  # 设定随机抽样的种子集（seed），因为起始值（Initial values）由随机抽样（random draw）产生
msm2_ar1 = msvar(ts(z), p=1, h=2)         # 估计 MSM(2)-AR(1) 结果对象为 msm2_ar1
plot(ts(msm2_ar1$fp),main="Filtered Probabilities")
  # 绘制滤波概率图 filtered probabilities，如图 15-6 所示
round(msm2_ar1$Q,4)                       # 取出马尔科夫概率转换矩阵 Q，取 4 位小数
        [,1]    [,2]
[1,]  0.9900  0.0100
[2,]  0.0778  0.9222
```

上例 AR（1）中，改成双变量 VAR（1）很简单，下例我们用经济增长率和通货膨胀的 VAR，说明 MSM（h）-VAR（p）。如范例程序 15-2 所示。

范例程序 15-2：MSM（2）-VAR（1）

```
GDP=as.xts(GDP[,2],GDP[,1])
colnames(GDP)="GDP"
GDPr=diff(log(GDP),4)*100
inf=as.xts(inf[,2],inf[,1])
GDPr=to.quarterly(GDPr,OHLC = FALSE)
inf=to.quarterly(inf,OHLC = FALSE)
dataVAR=na.omit(cbind(GDPr,inf))
colnames(dataVAR)=c("GDPr","inf")         # 以上语句均是数据预处理
msm2_var1 = msvar(ts(dataVAR), p=1, h=2)  # 估计 MSM(2)-VAR(1) 结果对象为 msm2_var1
plot(ts(msm2_var1$fp),main="Filtered Probabilities")# 绘制 filtered probabilities
round(msm2_var1$Q,4)                      # 取出马尔科夫概率转换矩阵 Q，取小数 4 位
        [,1]    [,2]
[1,] 0.9589 0.0411
[2,] 0.0761 0.9239
```

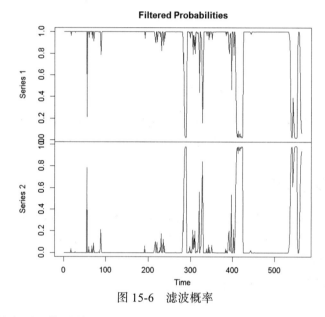

图 15-6　滤波概率

包 MSBVAR 的主要函数不是 msvar()，msvar() 其实只是为一个起始估计函数，更完整的内容必须使用贝叶斯 MS 函数 msbvar()。如范例程序 15-3 所示。

范例程序 15-3：贝叶斯 MSM（2）-VAR（1）

```
xm2 = msbvar(ts(dataVAR), p=1, h=2,lambda0=0.8, lambda1=0.15,lambda3=2, lambda4=1,
            lambda5=0, mu5=0,mu6=0, qm=4)
   # 估计贝式 msbvar，函数内有多个设定，除了此处需要的设定必须要给出，其余多半内建即可，这里估
     计出一个后面要用的对象 xm2
N1 = 1000# N1 是 Gibbs sampler 的抽样次数，应至少抽 1 000 次以获得较佳的结果
N2 = 2000# N2 是事后 (posterior) 抽样次数
x21 = gibbs.msbvar(xm2, N1=N1, N2=N2, permute=TRUE)
   # Gibbs 抽样估计，产生对象 x21。permute 内建是 TRUE，这个设定是让操作者确认对于抽样的事后结
     果，是否采用随机排行 (random permutation)——如果设定 FALSE，就必须要再增加一个排行准则
regimeSummary(x21)  # 马尔科夫状态摘要
Iterations = 1:2000
Thinning interval = 1
Number of chains = 1
Sample size per chain = 2000
1. Empirical mean and standard deviation for each variable,
  plus standard error of the mean:
```

```
           Mean        SD    Naive SE  Time-series SE
q_11    0.96444    0.02757   0.0006164     0.0007613
q_21    0.03585    0.02747   0.0006141     0.0007424
q_12    0.03556    0.02757   0.0006164     0.0007613
q_22    0.96415    0.02747   0.0006141     0.0007424
2. Quantiles for each variable:
           2.5%       25%      50%      75%     97.5%
q_11   0.9019305  0.94786  0.96872  0.98739   0.99913
q_21   0.0009772  0.01286  0.03136  0.05322   0.10096
q_12   0.0008681  0.01261  0.03128  0.05214   0.09807
q_22   0.8990441  0.94678  0.96864  0.98714   0.99902
#########################################
Full mean transition matrix
#########################################
            Regime 1    Regime 2
Regime 1   0.9644421   0.0355579
Regime 2   0.0358503   0.9641497
#########################################
Ergodic regime probabilities
#########################################
Iterations = 1:2000
Thinning interval = 1
Number of chains = 1
Sample size per chain = 2000
1. Empirical mean and standard deviation for each variable,
plus standard error of the mean:
            Mean     SD   Naive SE  Time-series SE
Regime 1  0.4991  0.4868   0.01089       0.011
Regime 2  0.5009  0.4868   0.01089       0.011
2. Quantiles for each variable:
                2.5%       25%       50%      75%    97.5%
Regime 1   0.0002426  0.008094  0.09338  0.9909   0.9998
Regime 2   0.0002213  0.009088  0.90662  0.9919   0.9998
#########################################
Regime durations and quantiles
#########################################
Iterations = 1:2000
Thinning interval = 1
Number of chains = 1
Sample size per chain = 2000
1. Empirical mean and standard deviation for each variable,
  plus standard error of the mean:
                    Mean   SD  Naive SE  Time-series SE
Regime 1 duration   2229  55309    1237         1237
Regime 2 duration   1869  34031     761          761
2. Quantiles for each variable:
                    2.5%   25%    50%     75%  97.5%
Regime 1 duration     1  1.008  1.103   110.0   4519
Regime 2 duration     1  1.009 10.712   123.6   4122
summary(x21$Beta.sample) # 重复抽样估计的系数摘要
Iterations = 1:2000
Thinning interval = 1
Number of chains = 1
Sample size per chain = 2000
1. Empirical mean and standard deviation for each variable,
  plus standard error of the mean:
           Mean        SD    Naive SE   Time-series SE
 [1,]   -0.36189    67.840    1.5170         1.5170
```

```
[2,]   1.19686     90.948      2.0337              2.0337
[3,]   0.16597      8.107      0.1813              0.1948
[4,]   1.28930     92.058      2.0585              2.0585
[5,]   1.99362    123.500      2.7615              2.7615
[6,]   0.04926     11.337      0.2535              0.2648
[7,]   1.26943     66.305      1.4826              1.4826
[8,]  -0.38728     84.869      1.8977              1.8977
[9,]  -0.03423      8.298      0.1855              0.1855
[10,]  4.15532     93.724      2.0957              2.0399
[11,] -0.98447    126.313      2.8244              2.8244
[12,] -0.64224     11.461      0.2563              0.2563
2. Quantiles for each variable:
         2.5%      25%       50%      75%     97.5%
var1   -140.82  -42.507   0.74435   42.262   137.99
var2   -185.11  -53.019   0.78841   55.236   185.29
var3    -16.18   -4.868   0.13498    5.425    16.06
var4   -175.33  -56.178   0.09196   55.813   185.15
var5   -237.76  -72.362   2.99456   69.676   262.46
var6    -21.56   -7.079  -0.14775    7.398    22.67
var7   -132.56  -39.290   2.37274   42.670   128.66
var8   -178.55  -49.575  -0.94433   48.421   176.61
var9    -17.26   -5.094  -0.15645    5.277    16.73
var10  -183.69  -50.602   3.45129   58.347   199.95
var11  -257.44  -72.347   0.37538   75.230   228.31
var12   -23.31   -7.777  -0.45066    6.863    21.64
```

summary(x21$Sigma.sample) # 重复抽样估计的方差摘要

```
1. Empirical mean and standard deviation for each variable,
   plus standard error of the mean:
          Mean        SD    Naive SE   Time-series SE
[1,]  1.632e-02   0.15557   0.0034786     0.0034786
[2,]  7.223e-06   0.03009   0.0006729     0.0006729
[3,]  4.983e-03   0.03164   0.0007075     0.0007075
[4,]  5.096e-02   1.15595   0.0258479     0.0258479
[5,] -1.741e-03   0.20574   0.0046005     0.0055302
[6,]  3.105e-02   0.63639   0.0142301     0.0164026
2. Quantiles for each variable:
         2.5%        25%       50%       75%     97.5%
var1  0.0007898  1.082e-03  0.0015430  0.0033966  0.086030
var2 -0.0112959  1.344e-05  0.0001350  0.0002509  0.008897
var3  0.0004205  5.786e-04  0.0008187  0.0018573  0.028765
var4  0.0007950  1.084e-03  0.0015358  0.0036510  0.163615
var5 -0.0212257  1.659e-05  0.0001332  0.0002765  0.016852
var6  0.0004340  5.934e-04  0.0008674  0.0019658  0.064980
```

summary(x21$Q.sample) # 重复抽样估计的概率转换矩阵摘要

```
1. Empirical mean and standard deviation for each variable,
   plus standard error of the mean:
         Mean      SD    Naive SE   Time-series SE
[1,]  0.96444  0.02757   0.0006164     0.0007613
[2,]  0.03585  0.02747   0.0006141     0.0007424
[3,]  0.03556  0.02757   0.0006164     0.0007613
[4,]  0.96415  0.02747   0.0006141     0.0007424
2. Quantiles for each variable:
         2.5%       25%       50%       75%     97.5%
var1  0.9019305  0.94786   0.96872   0.98739   0.99913
var2  0.0009772  0.01286   0.03136   0.05322   0.10096
var3  0.0008681  0.01261   0.03128   0.05214   0.09807
var4  0.8990441  0.94678   0.96864   0.98714   0.99902
```

plotregimeid(x21, type="all") # 绘图

VAR 系数摘要中，summary(x21$Beta.sample) 分两块，第 1 块是 Gibbs 抽样出来每个系数 2 000 个抽样的平均值，第 2 块是 2 000 个抽样的分位数。我们的模型是双变量 VAR(1)，两条方程式，每条有一个截距项和两个变量的一期滞后项，所以，这样的一个 VAR 系统有 6 个参数。又因为有两个状态，所以共有 12 个系数，前 6 个是**状态 1** 的系数，后 6 个是**状态 2** 的系数。结果中也显示了这些系数对应的标准误差，可以计算 t 统计量的判断显著性。

重复抽样估计的方差摘要 summary(x21$Sigma.sample) 是状态残差的协方差上三角矩阵的向量化呈现。前三个是**状态 1** 的残差协方差的平均数，还原成协方差矩阵，如下所示。

状态 1 残差协方差矩阵：

$$\begin{bmatrix} 0.0163 & 7.2 \times 10^{-6} \\ 7.2 \times 10^{-6} & 4.98 \times 10^{-3} \end{bmatrix}$$

状态 2 残差协方差矩阵：

$$\begin{bmatrix} 0.051 & -0.0017 \\ -0.0017 & 0.0311 \end{bmatrix}$$

其余分位数性质如上。

状态转置概率 **Q** 的估计 summary(x21$Q.sample)，如下转置概率矩阵 **Q**：

$$\begin{bmatrix} 0.9744 & 0.0356 \\ 0.0359 & 0.9641 \end{bmatrix}$$

最后是绘图：plotregimeid(x21, type = "all", ask = TRUE)。MSM 算是一个复杂度很高的模型，因此，把结果可视化是一个相当必要的做法。函数内 type 是图的分类，all 包括四种："intercepts" "AR1" "Sigma" "Q"。

使用 plotregimeid(x21, type = "intercepts", ask = TRUE) 绘制截距信息，如图 15-7 ～图 15-9 所示。

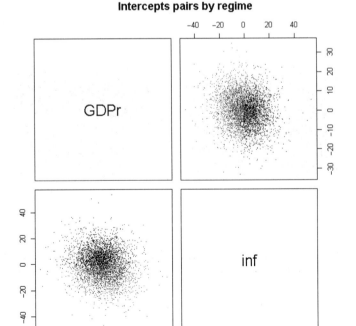

图 15-7　按状态绘制的截距图

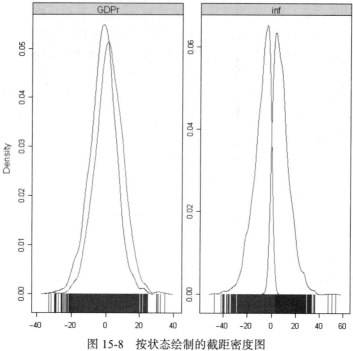

图 15-8 按状态绘制的截距密度图

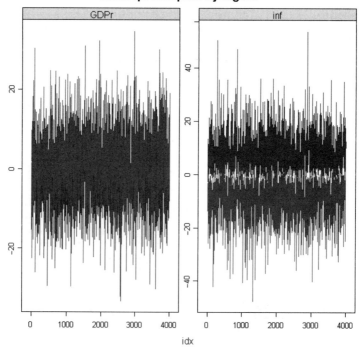

图 15-9 按状态绘制的截距痕迹图

plotregimeid(x21, type = "AR1", ask = TRUE)，绘制 VAR 系统的滞后结构系数，如图 15-10、图 15-11 所示。

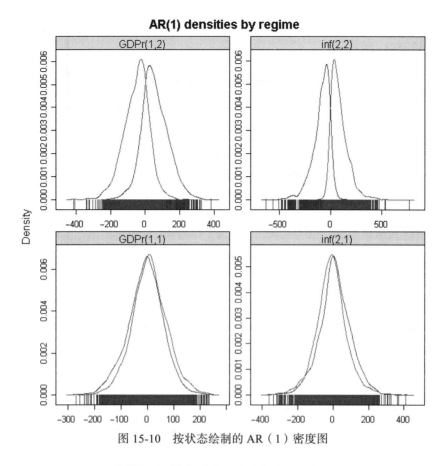

图 15-10　按状态绘制的 AR（1）密度图

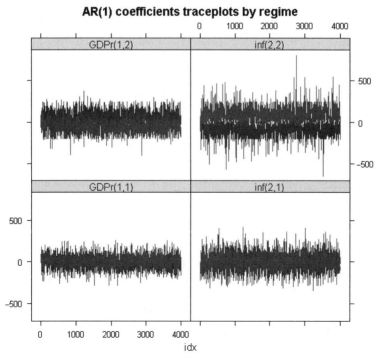

图 15-11　按状态绘制的 AR（1）系数轨迹图

plotregimeid(x21, type ="Sigma", ask = TRUE) 绘制方差的抽样估计，如图 15-12 ～图 15-14 所示。

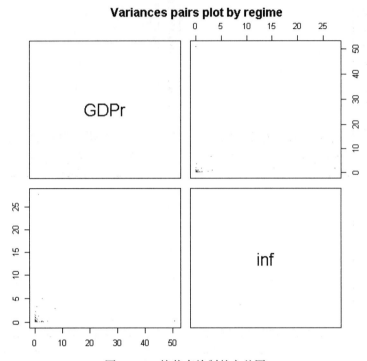

图 15-12　按状态绘制的方差图

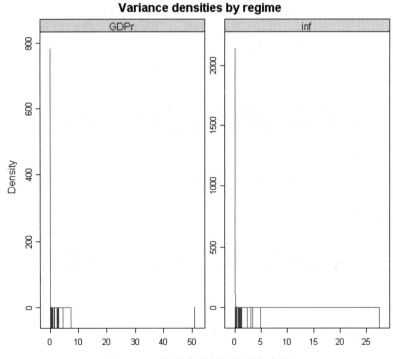

图 15-13　按状态绘制的方差密度图

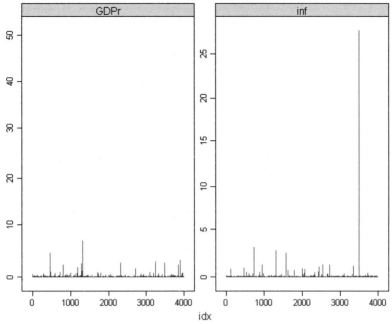

图 15-14　按状态绘制的方差轨迹图

plotregimeid(x21, type = "Q", ask = TRUE) 绘制状态概率的抽样,如图 15-15～图 15-18 所示。

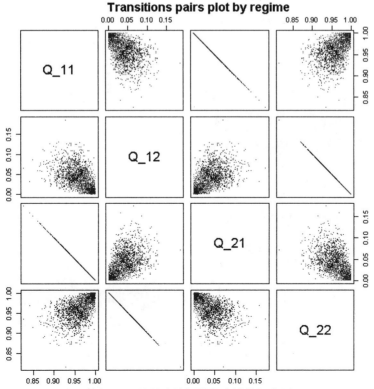

图 15-15　按状态绘制的状态转换概率图

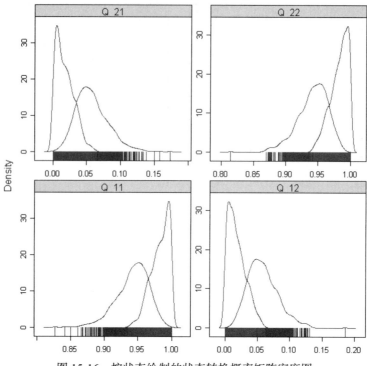

图 15-16　按状态绘制的状态转换概率矩阵密度图

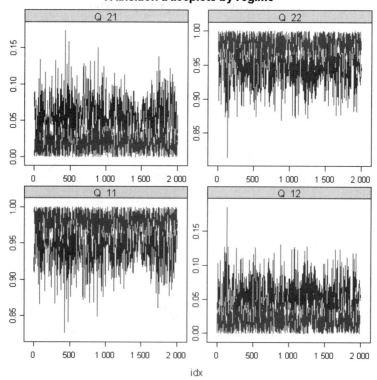

图 15-17　按状态绘制的状态转换概率矩阵轨迹图

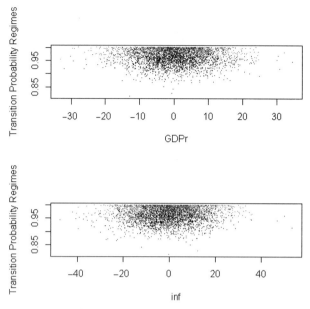

图 15-18　按状态绘制的状态转换概率矩阵配组图（pairs plot）

最后，就是排序不依随机，要设定 permute=FALSE，然后增加一个排序索引 Sigma.idx=1 是依照**状态 1** 的方差，如下：

```
gibbs.msbvar(xm2, N1=N1,N2=N2, permute=F, Sigma.idx=1)
```

有兴趣的读者，可以依照同样方法执行后续分析以及画图，比较两者差异。更多程序代码，附在本章代码内，此处就不再一一详述。

第五部分
PART5

面板数据分析

第16章
Chapter16

面板数据及其模型

16.1 概述

16.1.1 面板数据的基本理论

前面我们介绍过的单维数据是纯横截面（N个变量），面板数据（panel data）则是扩充了时间序列（T个时点），因此具有（N, T）两维的数据性质。如表16-1所示，面板数据的格式就是一个接着一个叠起来。

表 16-1　数据形态

State	year	y_gsp	x1_hwy	x2_water	x3_other	x4_private
1	1970	10.254 8	8.899 16	7.411 97	8.708 01	10.485 5
1	1971	10.287 9	8.926 11	7.450 67	8.741 13	10.526 7
1	1972	10.351 5	8.957 44	7.475 76	8.770 63	10.562 8
1	1973	10.417 2	8.975 59	7.463 03	8.818 21	10.598 7
2	1970	9.867 2 4	8.424 38	7.395 03	8.284 94	10.068 4
2	1971	9.954 1 8	8.455 74	7.39 47	8.350 25	10.123 6
2	1972	10.055 7	8.486 29	7.386 83	8.415 18	10.168 1
2	1973	10.136 3	8.509 86	7.407 25	8.514 57	10.214 8

面板数据和一般的多变量模型（如VAR、SUR等）的差异在于：标准的面板数据是N很大，T相对较小。一般的多变量模型则是相反，T需要较大。

除了N和T的相对大小之外，面板数据的数据有很强的经济意义。一笔面板数据，在数据增加上，从相对固定的时间长度来看，N就有较多的增长。例如，上市公司和人口随着时间增长，一个时间刻度，例如一年，N的数目是很多的。然而，以全球国家数量N为基础的面板，就是一个意义上比较弱的面板，因为国家数目N几乎是固定的，既使你认为国家也会增加，但是，随着时间一年年的增加，国家却难得增加一个。

因为数据的意义必须和模型的渐近性质相符合，面板数据估计式的渐近性质（即收敛至某种分布），是由 $N \to \infty$ 的极限所得出的，如下所示：

$$\lim_{N \to \infty} b = \beta \tag{16-1}$$

参见上式的极限，b 是样本数据估计的参数，β 是总体值。虽然数据有时间，但是，b 往总体值 β 收敛的过程，是由条件 $N \to \infty$ 驱动的。所以，如果实证数据的生成结构和 $N \to \infty$ 的状况不太符合，虽然还是可以用面板去分析，但是必须了解解读的限制，不然我们的研究就会变成一个计算机导向的工作。这样就不妥了。

另一种称为总体面板的数据形态，例如通货膨胀率模型，时间 T 是月数据，商品物价为 N，这样的总体面板数据的渐近性质，称为序列极限（sequential limit），如下所示：⊖

$$\lim_{\substack{N \to \infty \\ T \to \infty}} b = \beta \tag{16-2}$$

也就是说，收敛过程在两维依序进行。这样的情况下，商品物价 N 会增长，时间 T 也会增长。即使是季数据，也都是一个概念上还不错的面板数据。

面板数据为何有用？当被解释变量的成分中，有一部分受某种观察不到的因子所影响，例如，烟酒的需求量和宗教因素的关系。宗教因子就是观察不到但对烟酒需求有影响，且对这些因子的忽略，会导致遗漏变量偏误，但是，它们却因为观察不到，而无法被搜集数据纳入回归。这些因子在横截面的 N 不同，但不随时间而变动。所以，面板数据可以控制观察不到的因子对被解释变量的影响。

假设纯横截面数据回归（咖啡消费和收入），其中 y_i 为咖啡消费与 x_i 为收入影响，但另外也有一个观察不到的变量 Z_i，如美国摩门教是禁止教徒摄入咖啡因的。

如下面两个方程式的回归：

$$y_i = \alpha + \beta_1 x_i + \beta_2 z_i + u_i \tag{16-3}$$

$$y_t = \alpha + \beta_1 x_t + \beta_2 z_t + u_t \tag{16-4}$$

式（16-3）是典型横截面回归，式（16-4）则是时间序列回归。这两种形态的线性模型，最小二乘法的参数估计式是无偏且一致。但是，如果 z 是观察不到的变量，则教徒摄入无法收集数据，实证上就缺了这一个变量。若没有 z，只能估计 β_1，但是因为遗漏变量的问题，最小二乘法所估计的 β_1 不再是无偏的，这也就是遗漏变量偏误问题。在缺少 z 的情况下，只有当我们找到工具变量，此工具变量和遗漏变量和残差无关，但是和解释变量相关，式（16-3）和式（16-4）使用工具变量估计法才会是无偏且一致的。但是，观察不到变量的两种情况，在面板数据的架构均可以解决。

第一种情况。如果我们面对式（16-1），将之延伸为面板数据。假设 z_{it} 不随时间 t 变动，故 $z_{it} = z_i$：

$$y_{it} = \alpha_i + \beta_1 x_{it} + \beta_2 z_{it} + u_{it} = \alpha_i + \beta_1 x_{it} + \beta_2 z_i + u_{it} \tag{16-5}$$

同步滞后一期：

$$y_{it-1} = \alpha_i + \beta_1 x_{it-1} + \beta_2 z_i + u_{it-1} \tag{16-6}$$

式（16-5）和式（16-6）两式相减：

$$y_{it} - y_{it-1} = \beta_1 (x_{it} - x_{it-1}) + (u_{it} - u_{it-1}) \tag{16-7}$$

差分回归也被称为辅助回归方程。因此，通过估计 $\Delta y_{it} = \beta_1 \Delta x_{it} + e_{it}$ 可以将原先我们想知

⊖ 此处本书借用极限符号直觉。不强调区分哪一种收敛，也不用 $\varepsilon - \delta$ 方法做数学定义。

道的系数 β_1 估计出来。

第二种情况。如果我们面对式（16-4），将之延伸为面板数据。假设 z_{it} 不随 i 变动，故 $z_{it} = z_i$。故可以使用均数移除法（de-mean）：移除每一个时间点的横截面平均，如下式：

$$y_{it} = \alpha_i + \beta_1 x_{it} + \beta_2 z_{it} + u_{it} = \alpha_i + \beta_1 x_{it} + \beta_2 z_t + u_{it} \quad (16\text{-}8)$$

根据式（16-4），有：

$$\bar{y}_t = \alpha + \beta_1 \bar{x}_t + \beta_2 z_t + u_t \quad (16\text{-}9)$$

式（16-9）是无偏且一致。式（16-8）减去式（16-9）得到下式：

$$y_{it} - \bar{y}_t = \beta_1 (x_{it} - \bar{x}_t) + (u_{it} - \bar{u}_t) \quad (16\text{-}10)$$

理论上，式（16-7）和式（16-10）的估计出来的 β_1 均是式（16-3）和式（16-4）的无偏且一致的估计式。[39]但是，如果数据是纯时间序列（$N=1$）或纯横截面（$T=1$），式（16-7）和式（16-10）的转换就不可行，只有面板数据可以这样转换。这个例子在理论上说明了面板数据的用处。我们必须注意式（16-7）的结果，隐含了残差项是系数为 -1 的移动平均过程，这个问题，我们在讲解动态和序列相关时，再继续讨论。

这里必须注意，系数 β_1 的意义，必须是在 $y = \alpha + \beta_1 x + \beta_2 z$ 的架构下去解释参数。例如，如果 $\beta_1 = 0.15$，即其他条件不变，收入增加 1 单位，咖啡消费会增加 0.15 单位。

文献上的经典案例不少，其一是 MaCurdy（1981）[40]的劳动供给研究，在横截面回归时，一项重要但是观察不到的变量就是劳动者期初财富的边际效用，这项变量可以是劳动者的终身薪酬和非薪酬收入。因此，任何可用的经济工具变量，如教育，均和此观察不到的经济变量高度相关。这样的情况下，工具变量法就变得不可行。假设观察不到的边际效用变量不会随时间变动，故 Macurdy（1981）利用了面板数据和式（16-7）的一阶差分回归，移除了边际效用变量。

其二是经济增长的研究，如 Barro and Sala-i-Martin（1995）[41]所介绍。经济增长决定式中，有一项变量很重要，就是国家的技术效率，但是，技术效率却无法量化。另外，根据经济学原理，技术效率和投资成正相关，因此，这个观察不到的变量和解释变量之间高度相关。遗漏了一个高度相关的变量，使得横截面回归估计式有着严重的遗漏变量偏误问题。Durlauf（2001）[42]和 Durlauf 等人（2005）[43]介绍了面板数据在这方面的用处。

综合来说，面板数据的好处如下：

1）可以控制个别异质性。例如，Baltagi and Levin（1992）[40]研究了 1963～1988 年美国 46 个州的香烟需求。香烟的消费设为价格和收入及消费滞后期的动态函数。这些变量随时间（λ_t）及横截面差异（如区域 Z_i）变动。λ_t 的例子如一些随时间及区域变动的变量是无法观察的，例如全国性广告。Z_i 则例如各州宗教与教育。

2）从纯粹横截面数据，增加时间序列，允许研究者检验许多重要的理论意义问题。例如，Ben-Porath（1973）[45]从横截面数据中，发现在一定的时间内，已婚妇女平均年劳动参与率为 50%。纯粹横截面数据中，劳动力流动程度有两种截然不同的解释：一种认为在同质人口样本中，每一个妇女在某一年，均有 50% 的机会参与劳动，所以劳动力流动程度高；另一种认为在异质人口样本中，50% 的妇女总是参与劳动，50% 的妇女从不参与劳动，故劳动力流动程度低。

3）增加时间序列可以避免这两种极端的冲突。面板数据因为增加了时间序列维，样本增加，估计效率也有了提升。数据样本增多，自由度增加，线性重合程度下降（因 N 维度增加而增加变异）。且建立在个体单位上，故加总后偏误较小。

4）面板数据允许我们检验较精细的行为假说。例如，检验生产效率以使用面板数据较好，大致说来，面板数据有兼顾时间序列和横截面数据的优点。

面板数据缺点则是：

1）数据收集不易。因为 T 往往很小。

2）衡量误差严重。因为追踪个体时，会有记录数据的问题。

3）选择性问题。比如：①自我选择（self-selectivity）问题：人们因心中欲求工资高于市场工资，故选择不工作。因此，我们只观察到人的特征，而不是工资。但是，当工资没有时，这个样本就被除去，造成统计偏误；②无反应（non-response）：拒绝参与或受访；③损耗（attrition）问题：受追踪单位突然失踪。研究期满后，往往会遗失很多样本。

16.1.2 R 中面板数据的设定

我们先学习如何将数据加载进 R。我们分两种情况介绍。就时间长短而言，有两种数据。

1）平衡面板（balanced panel）：对所有的 N，时间样本数 T 都相同。

2）非平衡面板（unbalanced panel）：N 中至少有一个时间样本数 T 与其他不同。例如上市公司，有的上市早，有的上市晚。

我们以 productivity.csv 文件中的数据（见表 16-2）为例说明如何让 R 把数据当作面板数据进行处理。

表 16-2 productivity.csv 文件中的数据结构

state	year	y_gsp	x1_hwy	x2_water	x3_other	x4_private	x5_emp	x6_unemp
1	1970	10.254 8	8.899 16	7.411 97	8.708 01	10.485 5	6.918 2	4.7
1	1971	10.287 9	8.926 11	7.450 67	8.741 13	10.526 7	6.929 42	5.2
1	1972	10.351 5	8.957 44	7.475 76	8.770 63	10.562 8	6.977 56	4.7
1	1973	10.417 2	8.975 59	7.463 03	8.818 21	10.598 7	7.034 83	3.9
1	1974	10.426 7	8.990 38	7.458 68	8.853 99	10.646 8	7.064 59	5.5
1	1975	10.422 4	9.006 78	7.468 67	8.910 01	10.691 3	7.052 2	7.7
1	1976	10.484 7	9.015 32	7.49 54	8.949 61	10.824 2	7.095 89	6.8
1	1977	10.531 1	9.031 89	7.520 29	8.974 76	10.841 3	7.146 14	7.4
1	1978	10.595 7	9.049 07	7.580 96	8.988 27	10.870 6	7.197 81	6.3

变量说明如下：

state 为州代码，其值为 1, 2, ⋯, 48。

year 为年份，其值为 1970, 1971, ⋯, 1986。

y_gsp 为州总产值的对数值。

x1_hwy 为公共资本中高速路部分的对数值。

x2_water 为公共资本中与水有关部分的数值。

x3_other 为公共资本中除上述两部分之外的其他部分的对数值。

x4_private 为私人资本存量的数值。

x5_emp 为非农就业人数的对数值。

x6_unemp 为州失业率。

数据载入 R 之后，必须设定这笔数据是面板数据。要设定这笔数据是面板数据，只需要设定标识时间维度（T）和横截面维度（N）的变量的名称即可。这笔数据，时间维度的标识变量名称是 year，横截面维度的标识变量名称是 state，具体操作方法如范例程序 16-1 所示。

范例程序 16-1：加载平衡面板

```
library(plm)        # 加载专门用于面板数据线性回归分析的plm包
temp1=read.csv("productivity.csv")   # 从文件中读取数据
head(temp1)         # 观察前6笔
myData1=plm.data(temp1,index=c("state","year"))
 # #指定"state"和"year"作为N维和T维标识变量，将这笔数据设为面板数据存入数据对象myData中。
head(myData1)  # 观察前6笔
  state year    y_gsp   x1_hwy  x2_water x3_other x4_private x5_emp x6_unemp
1     1 1970  10.2548  8.89916  7.41197  8.70801    10.4855 6.91820      4.7
2     1 1971  10.2879  8.92611  7.45067  8.74113    10.5267 6.92942      5.2
3     1 1972  10.3515  8.95744  7.47576  8.77063    10.5628 6.97756      4.7
4     1 1973  10.4172  8.97559  7.46303  8.81821    10.5987 7.03483      3.9
5     1 1974  10.4267  8.99038  7.45868  8.85399    10.6468 7.06459      5.5
6     1 1975  10.4224  9.00678  7.46867  8.91001    10.6913 7.05220      7.7
pdim(myData1)  # 观察维度
Balanced Panel: n = 48, T = 17, N = 816
```

这笔数据是平衡面板，所以第 4 行的面板数据设定函数中也可以直接在数据后面输入 N 的数量（本例中 $N = 48$），例如：

```
dataz= plm.data(temp, 48)
```

另外，"index = "也可以省略时间维度标识变量也可以省略，只需要"state"就可以，如 dataz = plm.data(temp 1, "state")。

这些指令与范例中指令的输出结果稍有差异，运行一下自有体会。目前，plm 包中设置面板数据的更为通用的函数是 pdata.frame()，使用起来大同小异，读者可自行学习。

对于非平衡面板数据，每个个体 i 的时间长短都不同，所以，我们在维度上只需设定 N 这个维度。具体操作如范例程序 16-2 所示。

范例程序 16-2：加载非平衡面板

```
library(plm)
temp2=read.csv("Hedonic.csv")
head(temp2)
myData2 = plm.data(temp2, "townid")# 将townid设为横截面维度标识变量
head(myData2)# 下面显示结果表明没有设置时间维度标识变量的情况下，R添加了一个名为time的时间维度标识变量。
  townid time       mv    crim zn    indus chas     nox      rm     age
1      1    1 10.08580 0.00632 18 2.309999   no 28.9444 43.2306 65.19995
2      2    1  9.98045 0.02731  0 7.070000   no 21.9961 41.2292 78.89996
3      2    2 10.45450 0.02730  0 7.070000   no 21.9961 51.6242 61.09998
4      3    1 10.41630 0.03237  0 2.179998   no 20.9764 48.9720 45.79999
5      3    2 10.49680 0.06905  0 2.179998   no 20.9764 51.0796 54.19998
6      3    3 10.26470 0.02985  0 2.179998   no 20.9764 41.3449 58.69998
      dis     rad tax ptratio   blacks    lstat
1 1.40854 0.00000 296 15.29999 0.39690 -3.00074
2 1.60283 0.69315 242 17.79999 0.39690 -2.39251
3 1.60283 0.69315 242 17.79999 0.39283 -3.21165
4 1.80207 1.09861 222 18.70000 0.39464 -3.52744
5 1.80207 1.09861 222 18.70000 0.39690 -2.93163
6 1.80207 1.09861 222 18.70000 0.39412 -2.95555
pdim(myData2)
Unbalanced Panel: n = 92, T = 1-30, N = 506
```

在上面的程序中，我们已知这笔数据 N 的 ID 是城镇的代号 "townid"，设定这个信息即可。

接下来，我们介绍 R 里面如何处理面板数据的描述性统计。因为面板数据有 N/T 两维，所以，aggregate() 是一个好用的函数。

```
aggregate(Data, by=list(), FUN=)
```

上面语法内有三个参数。

第 1 个是要设定用来计算的数据。

第 2 个是 by 参数，用来设定要依照哪个群组变量计算。

第 3 个是 FUN 参数，用于设定统计函数。内置的 mean、sd、median、sum 等都可以被设定。

取第 3~5 栏的数据为例，以 N 的维度（州）当作群组因子，计算平均数，结果如下：

```
aggregate(myData1[,3:5], by=list(myData1[,"state"]), FUN="mean")   # 显示结果略
  Group.1      y_gsp       x1_hwy      x2_water
1           10.537524    9.023266     7.584079
2           10.313366    8.606226     7.627664
3            9.978131    8.359488     6.693631
4           12.751482   10.724653     9.966921
5           10.559894    8.598005     7.990227
6           10.727682    8.887779     8.019991
```

接下来，我们可以看看更多的技巧：

```
aggregate(myData1[,-c(1,2)],by=list(myData1[,"year"]), mean)
```

上面的代码是将前两列数据去掉，然后依照时间 T 维度（year），计算平均数，这样算出来的，其实就是横截面平均时间序列数据：每一年都是 48 州的平均。

如果需要更多的统计衡量函数，如偏度和峰度等，加载包 fBasics 就可以了：

```
library(fBasics)
aggregate(myData1[,3:4],by=list(myData1[,"state"]),FUN="skewness")
```

上面我们计算了前两个变量，即各州的偏度：

```
aggregate(myData1[,3:4], by = list(myData1[,"state"]), FUN="skewness")
  Group.1           y_gsp              x1_hwy
1              -0.2105627325      -0.83279978
2              -0.0357220612      -0.04786080
3              -0.3083088252      -0.49821627
4              -0.0071189035      -0.08022524
5              -0.3277659917      -0.66210023
```

arrgegate() 函数的群组变量，在此例是用数字，但也可以是文字。

16.2 基本线性模型

面板数据的回归方程式可以表示如下：

$$y_{it} = \alpha + \beta_1 x_{1,it} + \beta_2 x_{2,it} + \cdots + u_{it} = \alpha + \sum_{\kappa=1}^{K} \beta_\kappa x_{\kappa,it} + u_{it} \quad (16\text{-}11)$$

其中，$i = 1, 2, \cdots, N$，$t = 1, 2, \cdots, T$。

这样的结构，有几种处理数据的方法，应用的是 LS 估计式。

（1）总体平均估计量（population-averaged estimator）[⊖]：
$$y_{it} = \alpha + \beta_1 x_{1,it} + \beta_2 x_{2,it} + u_{it} \tag{16-12}$$
混合 OLS 就是一般的最小二乘回归，在所有的 N/T 数据中，只有一个共同截距 α。

（2）组间估计量（between estimator）：
$$\bar{y}_i = \alpha + \beta_1 \bar{x}_{1,i} + \beta_2 \bar{x}_{2,i} + (\mu_i + \bar{\varepsilon}_i) \tag{16-13}$$
between estimator 其实就是取时间平均，将数据转成纯横截面数据。

（3）组内估计量（within estimator）：
$$y_{it} - \bar{y}_i = \alpha + \beta_1(x_{1,it} - \bar{x}_{1,i}) + \beta_2(x_{2,it} - \bar{x}_{2,i}) + (u_{it} - \bar{u}_i) \tag{16-14}$$

within estimator 就是我们从残差项分离出来的横截面效应模型，也就是固定效应。Dhrymes（2013, P.341）[46] 指出"组内"（within group）的说法是名称的误置，"组内"/"组间"的概念在 ANOVA 中常用，而与固定效应的处理方式和分析无关。

我们也称此为残差成分回归，结构如图 16-1 所示。主要的参数是横截面效应 u_i 和纵截面期间 λ_t，常用的估计方法在最底下一列。

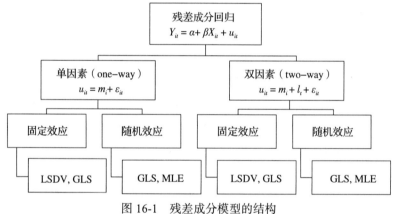

图 16-1　残差成分模型的结构

u_i 就是个体效应。对固定效应和随机效应的假设，一般多有误解为：固定效应就是 u_i，它是固定且非随机的，而随机效应则是 u_i 是随机变量。

其实不是这样，固定效应在于将"个体效应 u_i"与"解释变量"间的关系，视为是一个固定的随机变量。所以是说"相关性"是固定；既然是固定的，代表"有"相关。同理，随机效应描述了个体效应项目和解释变量之间的关系是随机的，随机意味着期望值为 0，也就是"无关"。所以，Lee（2002）[47] 用相关效应（related effect）代替固定效应一词，用不相关效应（unrelated effect）代替随机效应。在第 11 章中 Greene（2012）[48] 也有明确的说明。

我们将横截面效应分成固定效应和随机效应，时段效应也是如此。至于是哪一种效果才是正确的设定，必须通过豪斯曼检验才能知道，后面对此会详细说明。面板数据估计式分布的收敛，是来自于 $N \to \infty$。

最后，如图 16-1 所示，面板数据的回归方程式对 N 而言，斜率参数 β 是共同的，N 的差异表现在截距上，也就说它的实证意义是一个"共同斜率，异值截距"的概念。如果要考虑"截距不同，斜率也不同"，这就是完全异质的宏观面板数据（macro panel）的性质了；例

⊖　又称为混合 OLS（Pooled OLS）估计量。

如，30 个国家的月通货膨胀率、100 个产业的产出指数等。这样完全异值的面板，不是标准的个体面板。因为在数据型态较接近高维度的多变量数据中，它需要较长的时间序列来估计个别斜率，而这在非平稳时间序列内，倒是常见的形态。

16.3 维度 N 的异质性

本章将依照残差成分模型结构最下方所列的估计方法，介绍固定效应和随机效应的两种估计方式。已知一个回归方程式如下：

$$y_{it} = \alpha + \beta x_{it} + u_{it} \tag{16-15}$$

若横截面个体效应有异质性：$u_{it} = \mu_i + \varepsilon_{it}$

将之代入式（16-15），得：

$$y_{it} = \alpha + \beta x_{it} + \mu_i + \varepsilon_{it} \tag{16-16}$$

接下来就是估计 u_i。估计 u_i 有两种情况：

1）假设其为固定效应，也就是说 u_i 和 x 有关，且关系是固定的。这样就是把 u_i 想成用"固定数据"估计出来的系数，所以，这固定的数据和 x 的关系就是固定的。固定效应直接面对的方程式是式（16-16），基本的架构就是估计截距用的虚拟变量法，把 u_i 从 y_{it} 取出来，下面将对此进行详述。

2）假设其为随机效应，也就是说 u_i 和 x 的关系是随机的，所以，这个关系的期望值是 0。随机效应直接面对的方程式是式（16-15）的混合数据回归的"复合残差"u_i，再从复合残差的概率分布中，取出个体效应 u_i，因此只要做好动差分布的假设，GLS 就可以从复合残差之中取出个体效应，下面将对此进行详述。

另外，式（16-16）和前面的组内估计量的去均值是一样的，用简单的代数就可以证明。已知一个普通回归：

$$y_i = \alpha + \beta x_i + \varepsilon_i$$
$$E y_i = \alpha + \beta E x_i$$
$$\rightarrow \alpha = E y_i - \beta E x_i$$

带入原式：

$$y_i = E y_i - \beta E x_i + \beta x_i + \varepsilon_i$$
$$\rightarrow y_i - E y_i = \beta (x_i - E x_i) + \varepsilon_i$$

所以，去均值回归的组内估计量，就可以处理面板数据之下的固定个体效应。下一节，我们将介绍常用的矩阵代数方法 Q 转换，将代数运算一般化。

16.3.1 固定效应模型的估计

所谓固定效应是假设 μ_i 和残差 ε_{it} 的相关性是固定的。

常用的固定效应的估计方法有最小二乘虚拟变量法（least square dummy variable, LSDV）和广义最小二乘法（generalized least square, GLS）两种。固定效应的估计，原理上是利用称为 Q 转换的矩阵运算技巧，将个体效应当成截距移除，之后再进行估计。我们先说明 Q 转换的原理。先从一个 k 个解释变量的时间序列回归模型出发：

$$y_t = \alpha + \beta_1 x_{1t} + \beta_2 x_{2t} + \cdots + \beta_k x_{kt} + u_t$$
$$t = 1, 2, \cdots, T$$

上式可写成下式：

$$y_t = \alpha + X\beta + u_t \tag{16-17}$$

定义一个矩阵：

$$Q = I_T - \frac{\tau\tau'}{T}$$

$$I_T = \begin{bmatrix} 1 & 0 & \cdots & \cdots & 0 \\ 0 & 1 & \cdots & \cdots & \vdots \\ \vdots & \vdots & & & \vdots \\ \vdots & \vdots & & & 0 \\ 0 & \cdots & \cdots & 0 & 1 \end{bmatrix} \text{是一个 } T \times T \text{ 主对角线为 1 的方阵}$$

$$\tau = \begin{bmatrix} 1 \\ \vdots \\ \vdots \\ 1 \end{bmatrix} \text{是一个 } T \times 1 \text{ 且元素全是 1 的列向量}$$

令 $P = \dfrac{\tau\tau'}{T}$，也可以写成 $\dfrac{\tau\tau'}{T} = \tau(\tau\tau')^{-1}\tau'$

故 Q 矩阵也可以写成 $Q = I_T - P$

第一，任何向量前乘 $\dfrac{\tau\tau'}{T}$ 的运算，就是计算其平均。展开讲解如下：

$$\frac{\tau\tau'}{T}y_t = \frac{1}{T}\begin{bmatrix}1\\ \vdots \\ 1\end{bmatrix}\begin{bmatrix}1 & \cdots & 1\end{bmatrix}\begin{bmatrix}y_1\\ \vdots \\ y_T\end{bmatrix} = \frac{1}{T}\begin{bmatrix}1\\ \vdots \\ 1\end{bmatrix}\sum_{i=1}^{T}y_i = \frac{1}{T}\begin{bmatrix}\sum_{i=1}^{T}y_i\\ \vdots \\ \sum_{i=1}^{T}y_i\end{bmatrix} = \begin{bmatrix}\bar{y}\\ \vdots \\ \bar{y}\end{bmatrix}$$

第二，任何向量前乘方阵 I_T 的运算，还是其自己：

$$I_T y_t = \begin{bmatrix} 1 & 0 & 0 \\ \vdots & & \vdots \\ 0 & \cdots & 1 \end{bmatrix}\begin{bmatrix} y_1 \\ \vdots \\ y_T \end{bmatrix} = \begin{bmatrix} y_1 \\ \vdots \\ y_T \end{bmatrix}$$

所以，运算 $Qy_t = \left(I_T - \dfrac{\tau\tau'}{T}\right)y_t$ 就是移除平均数。因此，上式 $y_t = \alpha + X\beta + u_t$ 经由 Q 转换后变成：

$$\begin{aligned} Qy_t &= Q\alpha + QX\beta + Qu_t \\ Qy_t &= QX\beta + Qu_t \end{aligned} \tag{16-18}$$

应用最小二乘法去估计式（16-18），得到：

$$\widetilde{\beta} = (X'Q'QX)^{-1}X'Q'Qy_t \tag{16-19}$$

因为 Q 是 symmetric idempotent 矩阵，故 $Q'Q = Q^2 = Q$，所以最小二乘法估计式可化简为：

$$\widetilde{\beta} = (X'QX)^{-1}X'Qy_t \tag{16-20}$$

且

$$\text{Var}(\widetilde{\beta}) = \sigma_u^2(X'QX)^{-1} \tag{16-21}$$

因此，给定解释变量 X，根据 Gauss-Markov 定理，式（16-20）的估计式具有最优线性无偏估计（Best Linear Unbiasedness Estimate，BLUE）性质。

在面板数据，Q 转换的技巧，只需要用克罗内克积（Kronecker product）展开成 $I_N \otimes Q$ 就可以直接应用于 $N \times T$ 维度的数据。面板数据的矩阵推导，读者可以自行练习。我们接下来用较简单的方式讲解。

1. 最小二乘虚拟变量法

估计固定效应有两种方法，我们首先讲解 LSDV。这个方法用虚拟变量的方式，将个体效应视为截距。可写成如下方程式：

$$y_{it} = \alpha + \beta x_{it} + \mu \cdot D_i + \varepsilon_{it}$$

数据展开如表 16-3 所示，N 越多，D 内的向量就越多。这样的做法，和单变量 LS 回归的原理完全一样。

所以，这样就清楚了：因为估计个体效应用的数据是固定的虚拟变量，所以这笔数据和解释变量的关系是固定的。

表 16-3　包含虚拟变量的数据

Obs	Y	D1	D2	D3	X
firm01	13.32	1	0	0	12.85
firm01	26.3	1	0	0	25.69
firm01	2.62	1	0	0	5.48
firm01	14.94	1	0	0	13.79
firm01	15.8	1	0	0	15.41
firm01	12.2	1	0	0	12.59
firm01	14.93	1	0	0	16.64
firm01	29.82	1	0	0	26.45
firm01	20.32	1	0	0	19.64
firm01	4.77	1	0	0	5.43
firm02	20.3	0	1	0	22.93
firm02	17.47	0	1	0	17.96

接下来，我们用 productivity.csv 这笔数据来实操。如前面的讲解，我们将适配美国 48 州的生产总值拟合为 6 个变量所解释的线性回归：

$$y_{it} = a + b_1 x_{1it} + b_2 x_{2it} + \cdots + b_6 x_{6it} + u_{it}$$

用这笔数据在研究美国各州的生产总值，和哪些因素有关。文件内的数据都取了对数。

范例程序 16-3 承接前面加载的数据，我们就不再重复指令。

范例程序 16-3：混合数据最小二乘回归和固定效应模型

```
y=dataz[,3]          # 依字段定义被解释变量 y
x1=dataz[,4]         # 从此以下到第 7 行，依字段定义解释变量 x1~x6
x2=dataz[,5]
x3=dataz[,6]
x4=dataz[,7]
x5=dataz[,8]
x6=dataz[,9]
gsp_pool0 = plm(y~ x1+x2+x3+x4+x5+x6, data = myData1, model = "pooling")
  # 估计共同截距 pool 模型。利用函数内的 model = "pooling" 设定 pool model,并将估计结果存入对象 gsp_pool0
summary(gsp_pool0)    # 对象 gsp_pool0 内的估计结果摘要
Coefficients :
           Estimate   Std. Error   t-value    Pr(>|t|)
```

```
             Estimate   Std. Error   t-value   Pr(>|t|)
(Intercept)   1.9260    0.0525       36.7      <2e-16  ***
x1            0.0589    0.0154       3.8       1e-04   ***
x2            0.1186    0.0124       9.6       <2e-16  ***
x3            0.0086    0.0124       0.7       0.5
x4            0.3120    0.0111       28.1      <2e-16  ***
x5            0.5497    0.0155       35.4      <2e-16  ***
x6           -0.0073    0.0014       -5.3      2e-07   ***
---
Total Sum of Squares:        850
Residual Sum of Squares: 5.9
R-Squared       :  0.99
Adj. R-Squared  :  0.98
F-statistic: 19275 on 6 and 809 DF, p-value: <2e-16
gsp_fe0 = plm(y~ x1+x2+x3+x4+x5+x6,, data = myData1, model = "within")
  # 估计共同截距 pool 模型。利用函数内的 model = "within" 设定固定效应 model，并将估计结果存入对象 gsp_fe0
summary(gsp_fe0)   # 对象 gsp_fe0 内的估计结果摘要
Coefficients :
     Estimate   Std. Error   t-value   Pr(>|t|)
x1    0.07675   0.03124      2.5       0.01    *
x2    0.07870   0.01500      5.2       2e-16   ***
x3   -0.11478   0.01815      -6.3      4e-10   ***
x4    0.23499   0.02621      9.0       <2e-16  ***
x5    0.80117   0.02976      26.9      <2e-16  ***
x6   -0.00518   0.00098      -5.3      2e-07   ***
---
Total Sum of Squares:       19
Residual Sum of Squares: 1
R-Squared       :  0.95
Adj. R-Squared  :  0.88
F-statistic: 2208.44 on 6 and 762 DF, p-value: <2e-16
```

比较两个模型，我们发现 x_3 的估计值相差甚大：混合数据模型的系数是不显著的正系数；固定效应模型的系数显著为负。

R 的 plm() 函数，提供 6 种模型处理个体效应设定，通过其中的 model 参数的设置来实现

```
model= c("within","random",….)
```

参数可选项说明如下：

"within" 用来设定固定效应模型；

"random" 用来设定随机效应模型，选择随机效应时，还必须通过 random.method 参数设定估计协方差的权重矩阵，下一节会对此详述；

"ht" 用来设定豪斯曼和泰勒估计（Hausman and Taylor estimator），当存在内生性问题时使用，后面会详述；

"between" 用来设定组间估计；

"pooling" 用来设定混合普通最小二乘估计；

"fd" 用来设定一阶差分估计量（first-difference estimator）。

LSDV 方法，虽然很简单，但是实际上依然会遇到一些问题，例如：

1）LSDV 须要估计截距，因此，当 N 很多但 T 很少时，会损失大量自由度。另外，虽然目前的计算机很强大，N 再大都没问题，但是，经过模拟实验，N 很大时，T 也有一定的长度时，固定效应还是会卡在那里。和计算机硬碰硬的结果，可能不是很理想。第 12 章我们会介绍处理大量面板的方法。

2）太多虚拟变量，会恶化现有的线性重合问题。

3）LSDV 估计固定效应，其实并不是估计固定效应对被解释变量的影响，而只是透过 Q 转换将其移除。当一个研究想知道观察不到的横断效果时，这个方法往往就不行。

4）冗余参数问题。

这是一个最困扰面板数据的理论问题。标准的面板的渐近性质是来自 T 固定，$N \to \infty$。所以，当 N 会增加时，固定效应对 $(\alpha+\mu_i)$ 的估计就不再是无偏的，只有解释变量的系数 β 依然还是无偏的。虽然这是一个最困扰面板数据的问题，但是，还好对 β 没影响。

接下来，我们介绍两个有用的语法。

第一个是利用 `paste()` 指令，简化多变量回归公式的人工输入。指令 `names(data1)` 可以显示数据的列名，因为前两栏是 N/T 的代码，第 3 列就是方程式读左边被解释变量，第 4 列至第 9 列就是右边解释变量。因此，我们先这样定义，如范例程序 16-4 所示。

范例程序 16-4：方程式输入简化技巧

```
Lhs= names(data1)[3]                              # 定义回归的左边变量（被解释变量。）
Rhs= paste(names(data1)[4:9], collapse="+")       # 定义回归的右边变量。
myEq=paste(Lhs, Rhs, sep="~")                     # 定义回归方程式
myFormula=as.formula(myEq)                        # 将方程式转成公式
gsp_pool = plm(myFormula, data = data1, model = "pooling")# 估计
summary(gsp_pool)                                 #（同上）
gsp_fe=plm(myFormula, data = data1, model = "within")
summary(gsp_fe)
```

第二个特殊技巧是将估计结果的部分参数取出，存成表格再加载文件编辑程序使用。如果读者使用的是 LaTex 的文字排版软件，就需要调用 sweave 包或 knitr 包。我们先针对使用 MSWORD 写文章的读者介绍，如范例程序 16-5 所示。

范例程序 16-5：将结果输出成表格

```
gsp_fe=plm(myFormula, data = data1, model = "within")
names(summary(gsp_fe))
 [1] "coefficients"  "vcov"         "residuals"   "df.residual"  "formula"
 [6] "model"         "assign"       "args"        "aliased"      "call"
[11] "fstatistic"    "r.squared"    "df"
summary(gsp_fe)$coef     # 用 $coef，自 summary(gsp_fe) 取出估计系数
             Estimate    Std. Error    t-value       Pr(>|t|)
x1_hwy       0.076752199  0.031243700   2.456566    1.424921e-02
x2_water     0.078697075  0.015003077   5.245396    2.022587e-07
x3_other    -0.114778244  0.018147120  -6.324874    4.317272e-10
x4_private   0.234986423  0.026214245   8.964074    2.382829e-18
x5_emp       0.801172149  0.029756978  26.923841    1.005712e-112
x6_unemp    -0.005179978  0.000979674  -5.287450    1.621685e-07
write.csv(summary(gsp_fe)$coef, file= "table1.csv")
  # 使用函数 write.csv()，将估计系数，输出成 .csv 格式
```

从专业制表的要求来看，第 3 行代码产生的系数估计值的中的 Pr（>|z|）的数字过于冗长。于此介绍一个模块 paperR 内的函数 `prettify()`，这个函数专门美化估计系数。但是在使用这个函数之前，必须将估计系数矩阵转成数据框 (`data.frame`)，如下 2 行所示：

```
tabFE=as.data.frame(summary(gsp_fe)$coef)
papeR:::prettify(tabFE)
             Estimate    Std. Error    t-value    Pr(>|t|)
x1_hwy       0.076752199  0.031243700   2.456566    0.014    *
x2_water     0.078697075  0.015003077   5.245396   <0.001  ***
x3_other    -0.114778244  0.018147120  -6.324874   <0.001  ***
x4_private   0.234986423  0.026214245   8.964074   <0.001  ***
```

```
x5_emp               0.801172149    0.029756978    26.923841    <0.001 ***
x6_unemp            -0.005179978    0.000979674    -5.287450    <0.001 ***
```

上面的输出,虽然已经将 Pr(>|z|) 的数字管理好了,但是其他数值的小数字还是太多。我们可以在美化之前,先四舍五入,使用 round(tabFE,4),如下所示:

```
papeR:::prettify(round(tabFE,4))
              Estimate   Std. Error   t-value    Pr(>|t|)
x1_hwy         0.0768      0.0312      2.4566     0.014    *
x2_water       0.0787      0.0150      5.2454    <0.001  ***
x3_other      -0.1148      0.0181     -6.3249    <0.001  ***
x4_private     0.2350      0.0262      8.9641    <0.001  ***
x5_emp         0.8012      0.0298     26.9238    <0.001  ***
x6_unemp      -0.0052      0.0010     -5.2875    <0.001  ***
```

这样的表格看起来就好多了。

2. GLS 方法

固定效应估计的另一个方法是 GLS。当残差项不再是 i.i.d. 的时候,一是残差项自己有序列相关,二是残差之间也有特定的相关性出现,类似似不相关回归(seemingly unrelated regression,SUR)的状况。面板数据的残差之间有 4 种基本的相互关系:

1)截面异方差;
2)时段异方差;
3)同期协方差(截面似不相关回归);
4)跨期协方差。

此时,LSDV 的 LS 就不再适用式(16-18)的估计,可以使用一般化的逆矩阵在 GLS 架构下估计,也会得到具 BLUE 性质的参数。令 Ω_u 为一般化的残差矩阵,此时式(16-19)的 GLS 如下:

$$\widetilde{\beta}_{GLS} = (X'Q'\Omega_u^{-1}QX)^{-1}X'Q'\Omega_u^{-1}Qy_t \tag{16-22}$$

上式中的残差如果未知,则使用可行广义最小二乘法(feasible GLS),原理是在算法上,利用递归估计未知残差,一般简称为 FGLS。FGLS 可以用在混合最小二乘法(pooled OLS)和固定效应的处理上。plm 包内的 **pggls()** 函数具有该运算功能,如范例程序 16-6 所示。

范例程序 16-6:FGLS 估计混合 OLS 和固定效应

```
gsp_poolFGLS=pggls(myFormula, data = myData1, model = "pooling")
summary(gsp_poolFGLS)
 Coefficients
              Estimate   Std. Error   z-value    Pr(>|z|)
(Intercept)   2.38461     0.09305      25.6      <2e-16 ***
x1_hwy        0.07266     0.01978       3.7      2e-04  ***
x2_water      0.06854     0.01150       6.0      3e-09  ***
x3_other     -0.00608     0.01530      -0.4      0.7
x4_private    0.21510     0.01499      14.4      <2e-16 ***
x5_emp        0.68531     0.01911      35.9      <2e-16 ***
x6_unemp     -0.00485     0.00048     -10.2      <2e-16 ***
---
Total Sum of Squares: 850
Residual Sum of Squares: 7.2
Multiple R-squared: 0.99
gsp_feFGLS=pggls(myFormula, data = myData1, model = "within")
summary(gsp_feFGLS)
 Coefficients
```

```
              Estimate  Std. Error  z-value  Pr(>|z|)
x1_hwy         0.02669    0.03481     0.8    0.443
x2_water       0.03962    0.01330     3.0    0.003  **
x3_other      -0.05191    0.01997    -2.6    0.009  **
x4_private     0.13191    0.01690     7.8    6e-15  ***
x5_emp         0.87372    0.02073    42.1    <2e-16 ***
x6_unemp      -0.00366    0.00048    -7.6    4e-14  ***
---
Total Sum of Squares: 850
Residual Sum of Squares: 1.1
Multiple R-squared: 0.9999
```

我们将结果制成表格时，需要调用系数估计矩阵系数。plm 中对象的写法有些不一致。很多情况下系数用全部小写的 coef，GLS 估计结果则调用系数，估计矩阵时则是用首字母大写的 Coef。具体操作如下所示，共余套用皆相同。

```
summary(gsp_feFGLS)$Coef
```

16.3.2　随机效应模型的估计

所谓随机效应是假设 μ_i 和解释变量 X 间的相关性是随机的。

由上面介绍可以知道，固定效应需估计的参数很多，这会让研究者的数据损失大量自由度。随机效应则可以避免这样的问题，但是，何时进行随机效应是一个合理的选择。

前面的权重矩阵含有的信息是 N 笔残差序列的相互关系，随机效应的假设则是，在于将 μ_i 视为是第 i 个样本群的一笔随机变量，也就是可将之视为类似残差项的干扰项，且每个 i 在不同时点的抽样皆为固定。

在随机效应假设之下，则用 GLS 和 MLE（最大似然法）皆可以。随机效应之下的 GLS 和前面的不同，主要差异在随机效应需要进行基本分布假设。

1. GLS 法

已知一个面板数据 回归：$y_{it} = \alpha + \beta x_{it} + (\mu_i + \varepsilon_{it})$，随机效应 GLS 有如下假设：

$$E[\varepsilon_{it}] = 0; E[\mu_i] = 0; E[\varepsilon_{it}\mu_j] = 0;$$
$$E[\varepsilon_{it}^2] = \sigma_\varepsilon^2; E[\mu_{it}^2] = \sigma_\mu^2$$
$$E[\varepsilon_{it}\varepsilon_{js}] = 0, s \neq t$$
$$E[\mu_i\mu_j] = 0, i \neq j$$

故如同一般 GLS 的观念，就是一个内插逆矩阵的做法，结果如下：

$$\widetilde{\beta} = (X'\boldsymbol{\Omega}_{\mu,\varepsilon}^{-1}X)^{-1}X'\boldsymbol{\Omega}_{\mu,\varepsilon}^{-1}y_t \tag{16-23}$$

上式为：

$$\boldsymbol{\Omega}_{\mu,\varepsilon} = I_N \otimes \boldsymbol{\Sigma}_{\mu,\varepsilon} = \sigma_\mu^2(I_N \otimes J_N) + \sigma_\varepsilon^2(I_N \otimes I_T) \tag{16-24}$$

且：

$$\boldsymbol{\Sigma}_{\mu,\varepsilon} = \begin{bmatrix} \sigma_{\mu_1}^2 + \sigma_{\varepsilon,11} & \sigma_{\varepsilon,12} & \cdots & \sigma_{\varepsilon,1N} \\ \sigma_{\varepsilon,21} & \sigma_{\mu_2}^2 + \sigma_{\varepsilon,22} & \cdots & \sigma_\varepsilon^2 \\ \vdots & \vdots & & \vdots \\ \sigma_{\varepsilon,N1} & \sigma_{\varepsilon,N2} & \cdots & \sigma_{\mu_N}^2 + \sigma_{\varepsilon,NN} \end{bmatrix} \tag{16-25}$$

如果假设同质变异，则：

$$\Sigma_{\mu,\varepsilon} = \begin{bmatrix} \sigma_\mu^2 + \sigma_\varepsilon^2 & \sigma_\varepsilon^2 & \cdots & \sigma_\varepsilon^2 \\ \sigma_\varepsilon^2 & \sigma_\mu^2 + \sigma_\varepsilon^2 & \cdots & \sigma_\varepsilon^2 \\ \vdots & \vdots & & \vdots \\ \sigma_\varepsilon^2 & \sigma_\varepsilon^2 & \cdots & \sigma_\mu^2 + \sigma_\varepsilon^2 \end{bmatrix} \quad (16\text{-}26)$$

对照 Q 转换，随机效应则是 Ω − 1 转换。

随机效应估计原理的技术细节较为烦琐，进一步的理论性质可参考 Greene（2012）[43]，位于第 11 章第 5 节。估计的方法主要有两种，简略说明如下。

在协方差矩阵已知的情况下：用广义最小二乘法→用已知方差对 LS 加权的估计式。

在协方差矩阵未知的情况下：用可行广义最小二乘法→先估计一个一致协方差，再用其对 LS 加权的估计式。

用 GLS 法估计随机效应模型的具体操作如范例程序 16-7 所示。

范例程序 16-7：随机效应模型的 GLS 估计

```
gsp_re = plm(myFormula, data = data1, model = "random", random.method = "walhus")
                        # 执行随机效应回归估计
summary(gsp_re)         # 估计结果摘要
One-way (individual) effect Random Effect Model (Wallace-Hussain's transformation)

Effects:
                  var      std.dev    share
idiosyncratic  0.001530    0.039116   0.211
individual     0.005704    0.075527   0.789
theta: 0.8754

Coefficients :
              Estimate  Std. Error  t-value  Pr(>|t|)
(Intercept)   2.16774    0.14313     15.1    <2e-16 ***
x1_hwy        0.06210    0.02228      2.8    0.005  **
x2_water      0.07558    0.01399      5.4    9e-08  ***
x3_other     -0.09840    0.01707     -5.8    1e-08  ***
x4_private    0.27322    0.02028     13.5    <2e-16 ***
x5_emp        0.74910    0.02535     29.6    <2e-16 ***
x6_unemp     -0.00589    0.00089     -6.6    8e-11  ***
---
Total Sum of Squares:    31.848
Residual Sum of Squares: 1.1319
R-Squared       :  0.96446
Adj. R-Squared  :  0.95619
F-statistic     :  3658.92 on 6 and 809 DF, p-value: < 2.22e-16
```

估计随机效应，R 提供 4 个 GLS 用的权重矩阵："swar"（默认选项）"walhus""amemiya" 和 "nerlove"。"swar" 就是 Swamy-Arora 估计式；"walhus" 是 Wallace-Hussain 估计式，后面两个是工具变量估计随机效应模型所使用的。

另外，虽然函数 **pggls()** 可以选择估计随机效应设定：

```
gsp_re FGLS = pggls(formula = myFormula, data = myData1, model = "random", random.method = "swar")
```

但是，这样执行虽然无报错信息，但实际上这样设置不起作用。估计结果其实和用 GLS 估计 Pooled OLS 是一样的：

```
summary(gsp_reFGLS)
Random effects model
```

```
Call:
pggls(formula = myFormula, data = myData1, model = "random", random.method = "swar")
Coefficients
            Estimate  Std. Error  z-value   Pr(>|z|)
(Intercept)  2.38461    0.09305    25.6    <2e-16 ***
x1_hwy       0.07266    0.01978     3.7    2e-04  ***
x2_water     0.06854    0.01150     6.0    3e-09  ***
x3_other    -0.00608    0.01530    -0.4    0.7
x4_private   0.21510    0.01499    14.4    <2e-16 ***
x5_emp       0.68531    0.01911    35.9    <2e-16 ***
x6_unemp    -0.00485    0.00048   -10.2    <2e-16 ***
---
Total Sum of Squares:    850
Residual Sum of Squares: 7.2
Multiple R-squared:      0.99
```

这个结果的 x3 系数，和前面 pooled OLS 一样。但是要解决这个问题，使用随机效应权重即可，关键在于 `pggls()` 函数中无法使用 `random.method="swar"` 这个参数设置，就算写入也没有用。

2. MLE 极大似然法

极大似然法需要对残差项的分布做假设。假设其为正态分布时，其概似函数如下：

$$L(\alpha,\beta,\phi^2,\sigma_\varepsilon^2) = \text{constant} - NT \log \sigma_\varepsilon + N \log \phi - \frac{1}{2\sigma_\varepsilon^2} u' \sum^{-1} u \quad (16\text{-}27)$$

$$\Omega = \sigma_\varepsilon^2 \Sigma, \quad \Sigma = Q + \frac{P}{\varphi^2}, \quad 和 \; \varphi^2 = \frac{\sigma_\varepsilon^2}{\sigma_1^2}$$

另外，$|\Omega| = (\sigma_\varepsilon^2)^{N(T-1)} (\sigma_1^2)^N = (\sigma_\varepsilon^2)^{NT} (\varphi^2)^{-N}$ 也就是自己特征值的乘积。

解式（16-27）的方法之一，就是使用数值方法直接演算其最大似然值求取参数。但是 Amemiya（1971）[43] 指出，这样会导致非线性一阶条件。在线性模型出现非线性一阶条件，会导致求解全局极大值变得困难。

因此，Breusch（1987）[50] 提出了一些避免求解时落入局部极大值的陷阱，就是借助固定效应 within 和 between 两个估计式作为递归运算的辅助。这里许多细节需要的代数结构太烦琐，有兴趣的读者，可以参考两篇原始论文与 Maddala（1971）[57] 的经典讨论。

R 中无法使用 plm 包实现该方法，我们将使用 nlme 包中专门估计线性混和效果的函数 `lme()`。这个包具有很强的非线性模型处理功能，可以用于估计面板数据之下的双变量乃至各种非线性离散概率模式。运用 MLE 方法对随机效应模型进行估计的具体操作如范例程序 16-8 所示。

范例程序 16-8：随机效应模型的 MLE 估计

```
gsp_reML=nlme::lme(myFormula,data=temp1,random=~1|state)
                 # 执行 MLE 的随机效应回归估计
summary(gsp_reML)  # 估计结果摘要
Linear mixed-effects model fit by REML
 Data: temp1
       AIC       BIC     logLik
  -2787.69 -2745.428  1402.845
Random effects:
 Formula: ~1 | state
         (Intercept)      Residual
```

```
StdDev:   0.08987078 0.03680898
Fixed effects: list(myFormula)
                 Value    Std.Error    DF    t-value    p-value
(Intercept)   2.1783595  0.14938903   762   14.581790   0.0000
x1_hwy        0.0628585  0.02292175   762    2.742307   0.0062
x2_water      0.0754364  0.01404131   762    5.372463   0.0000
x3_other     -0.1009956  0.01716109   762   -5.885150   0.0000
x4_private    0.2693669  0.02085568   762   12.915757   0.0000
x5_emp        0.7557325  0.02577602   762   29.319215   0.0000
x6_unemp     -0.0057849  0.00089791   762   -6.442619   0.0000
 Correlation:
            (Intr)   x1_hwy   x2_wtr   x3_thr   x4_prv   x5_emp
x1_hwy     -0.729
x2_water    0.168    0.016
x3_other    0.012   -0.364   -0.142
x4_private -0.502   -0.027   -0.336    0.051
x5_emp      0.494   -0.196   -0.217   -0.401   -0.606
x6_unemp    0.424   -0.142   -0.143   -0.222   -0.399    0.534
Standardized Within-Group Residuals:
       Min         Q1         Med         Q3         Max
-3.1963754 -0.6219418 -0.0394193  0.4869007  4.1537513
Number of Observations: 816
Number of Groups: 48
summary(gsp_reML)$tTable              # 取出系数估计表
summary(gsp_reML)$logLik              # 取出 MLE 的极大似然估计值
[1] 1402.845
summary(gsp_reML)$AIC                 # 取出适配指标 AIC
[1] -2787.69
summary(gsp_reML)$BIC                 # 取出适配指标 BIC
[1] -2745.428
summary(gsp_reML)$coef$random         # 取出估计出来的随机效应（略）
```

上面的程序是对于 MLE 的估计，我们先来说明这个函数：

```
lme(myFormula,data=temp1,random=~1|state)
```

这个函数的使用相当简单，但要注意两个参数的设定：

第一，数据不能设定具有面板数据结构的 myData1，因为 `lme()` 不是 `plm` 内的估计函数，所以，不能放这种数据结构。

第二，`random=~1|state` 设定随机效应的来自第一个解释变量（本例中为变量 x1_hwy），state 是分群变量。如果要设置双因素随机效应堆，也相当方便。这个函数，可以处理多层次面板数据以及修正序列相关，在第 17 章末尾我们还会用到。

第 3 行之后的对象，执行 `names(summary(gsp_reML))` 就可以知道里面有多少内容，如下所示：

```
names(summary(gsp_reML))
 [1]  "modelStruct"    "dims"        "contrasts"    "coefficients"
 [5]  "varFix"         "sigma"       "apVar"        "logLik"
 [9]  "numIter"        "groups"      "call"         "terms"
[13]  "method"         "fitted"      "residuals"    "fixDF"
[17]  "na.action"      "data"        "corFixed"     "tTable"
[21]  "BIC"            "AIC"
```

可以将上面的结果和前面 GLS 的结果比较一番。GLS 需要权重，MLE 则较为简单，且可以修正复杂的数据问题，以及多个横截面个体效应。

第17章

面板数据模型的检验

对于计量或统计问题的处理上，完成参数估计后的问题就是进行检验或诊断。本章整理出几个实证研究使用的检验供读者学习、参考。

17.1 固定效应模型

如果估计的模型设定是"固定效应"，我们就要检验用扩张的虚拟变量矩阵（LSDV）方法所估计出的个体效应，在统计是否不显著。原假设如下：

$$H_0: \mu_1 = \mu_2 = \cdots \mu_{N-1} = 0$$

上面的原假设中也隐含了横截面 N 的异质性是否在统计上不显著的问题，但它可以被忽略。标准的检验方法如 F 检验，概念类似于 ANOVA，建立在残差平方和（RSS）的基础上：

$$截面\ F = \frac{\dfrac{RRSS - URSS}{N-1}}{\dfrac{URSS}{NT - N - K}} \qquad (17\text{-}1)$$

除了 F 检验，另一个方法就是似然比（likelihood ratio，LR）检验，LR 统计量在渐近上是卡方分布的，所以一般也称为卡方检验：

$$截面\ LR = 2(\log L_U - \log L_R) \qquad (17\text{-}2)$$

沿用上一章的模型拟合对象 gsp-fe 和 gsp-pool，进行个体固定效应检验，如范例程序 17-1 所示。

范例程序 17-1：固定效应下的个体效应检验

```
pFtest(gsp_fe, gsp_pool)              # 检验个体效应
F test for individual effects
data:  myFormula
F = 76.7055, df1 = 47, df2 = 762, p-value < 2.2e-16
```

```
alternative hypothesis: significant effects
pooltest(gsp_pool, gsp_fe)          # 同上
F statistic
data:  myFormula
F = 76.7055, df1 = 47, df2 = 762, p-value < 2.2e-16
alternative hypothesis: unstability
```

这个检验结果的 F 统计量是 76.4，p 值小于 0.001，所以显著地拒绝固定效应估计值皆为 0 的原假设。

读者将两个结果比较来看，会发现两个结果的 F 值都一样，只是 () 内的对象次序不同。`pooltest()` 的概念其实是邹式稳定性检验，但是所构建的统计量和 `poolability` 的 `pFtest()` 是一样的，可以从两个结果最后一行的备择假设得知其原假设。

17.2 随机效应模型

这个检验和固定效益模型检验一样，但是检验对象是由随机效应估计后的模型。如果是单维模型，原假设为：

$$H_0 : \sigma_\mu^2 = 0$$

如果是双维模型，则原假设为：

$$H_0 : \sigma_\mu^2 = \sigma_\lambda^2 = 0$$

此原假设是说：横截面效应的方差为 0，也就是 μ_i 没有横截面差异，或是随机效应产生的 N 个个体效应在统计上没有显著差异。检验最常用的是 Breusch and Pagan（1980）[52] 提出的 LM 统计量。这个统计量需要的一个重要信息是残差的正态分布概率函数，如下所示：

$$L(\beta,\theta) = \text{constant} - \frac{1}{2}\log|\boldsymbol{\Omega}| - \frac{1}{2}u'\boldsymbol{\Omega}^{-1}u \tag{17-3}$$

式中 β 为解释变量的估计系数，如果是双因素模型，参数向量 θ 的转益为 $\theta' = (\sigma_\mu^2, \sigma_\lambda^2, \sigma_\varepsilon^2)$；如果是单因素模型，则 $\theta' = (\sigma_\mu^2, \sigma_\varepsilon^2)$。Breusch and Pagan (1980)[47] 构建的统计量，需要对式（17-3）做偏微分处理取出信息矩阵。处理后如下所示。

第一个统计量 LM_1 针对单独的个体效应，如下所示：

$$\begin{aligned} H_0 : \sigma_\mu^2 &= 0 \\ LM_1 &= A^2 \\ A &= \sqrt{\frac{NT}{2(T-1)}\left[\frac{\tilde{u}'(\boldsymbol{I}_N \otimes \boldsymbol{\tau}_T)\tilde{u}}{\tilde{u}'\tilde{u}} - 1\right]} \end{aligned} \tag{17-4}$$

第二个统计量 LM_1，则是针对单独的时段效应，如下所示：

$$\begin{aligned} H_0 : \sigma_\lambda^2 &= 0 \\ LM_2 &= B^2 \\ B &= \sqrt{\frac{NT}{2(N-1)}\left[1 - \frac{\tilde{u}'(\boldsymbol{\tau}_N \otimes \boldsymbol{I}_T)\tilde{u}}{\tilde{u}'\tilde{u}}\right]} \end{aligned} \tag{17-5}$$

Breusch-Pagan 的 LM 统计量十分简便，只需要 OLS 下的残差 $\tilde{u}$，这也是这个检验很普及的原因。面板数据大师 Baltagi（1981）[53] 对 Breusch-Pagan 的 LM 统计量的性质做了模拟测试，发现 Breusch-Pagan LM 统计量的检验力（power）和型 I 误差（size）的表现都相当好。只有当被检验的方差趋近 0 时，会因方差估计为负的状况，而产生不好的表现。

以 LM 为基础，学者们纷纷提出 LM 的修正统计量。Breusch-Pagan 的 LM 统计量假设了

备择假设是双尾，但是，方差不会有负值，因此，更准的检验需要备择假设为单尾才正确。Honda（1985）[54]对此提出了修正的一致最大功效（uniformly most powerful）统计量，他的统计量 honda 是对 LM_1 开根号的简单变化，检验如下所示：

$$H_0: \sigma_\mu^2 = 0$$

$$honda = \sqrt{\frac{NT}{2(T-1)}} \left[\frac{\widetilde{u}'(I_N \otimes \tau_T)\widetilde{u}}{\widetilde{u}'\widetilde{u}} - 1 \right] \sim N(0,1) \tag{17-6}$$

Honda（1985）[54]的统计量证明为标准正态分布，其实也是 LM_1 对应的 A 的翻版，然而他主要的贡献是证明了 honda 统计量在非正态分布时的稳健性。对于这个统计量标准正态分布性质，如果解释变量很多时或解释变量之间有高度线性重和时，检验表现会不好。如果想了解详细的理论，读者可以参考 Moulton and Randolph（1989）[55]。

King and Wu（1997）[56]在 Honda 的架构，提出局部平均最大功效（locally mean most powerful）的单边检验，这个统计量和 Honda 的 honda 统计量一致，渐近上也是标准正态分布：

$$H_0: \sigma_\lambda^2 = 0$$

$$KW = \sqrt{\frac{NT}{2(N-1)}} \left[\frac{\widetilde{u}'(\tau_N \otimes I_T)\widetilde{u}}{\widetilde{u}'\widetilde{u}} - 1 \right] \sim N(0,1) \tag{17-7}$$

KW 其实也是 LM_2 对应的 B 的翻版。

如果要检验两者，也就是联合检验：

$$H_0: \sigma_\mu^2 = \sigma_\lambda^2 = 0$$

Breusch-Pagan 的双尾检验 LM，即：

$$LM_1 + LM_2 \sim \chi^2(2)$$

$$LM = \frac{NT}{2(T-1)} \left[1 - \frac{\widetilde{u}'(I_N \otimes \tau_T)\widetilde{u}}{\widetilde{u}'\widetilde{u}} \right]^2 + \frac{NT}{2(N-1)} \left[1 - \frac{\widetilde{u}'(\tau_N \otimes I_T)\widetilde{u}}{\widetilde{u}'\widetilde{u}} \right]^2 \tag{17-8}$$

Honda（1985）[54]论文没有直接在理论上处理这个结合检验原假设，只是建议了一个很方便的做法，就是式（17-6）加上式（17-7）再除以$\sqrt{2}$：

$$honda2: \frac{honda + KW}{\sqrt{2}} \sim N(0,1) \tag{17-9}$$

这个统计量的渐近性质，也是标准正态分布。

Baltagi and Li（1992）[57]修正了 KW 型的局部平均最大功效检验，来处理这个联合检验：

$$KW2 = \frac{\sqrt{T-1}}{\sqrt{N+T-2}} honda + \frac{\sqrt{N-1}}{\sqrt{N+T-2}} KW \sim N(0,1) \tag{17-10}$$

这个统计量的渐近性质，也是标准正态分布。

最后，我们介绍 Gourieroux, Holly, and Monfort（1982，GHM）[58]的卡方统计量。LM 的问题是当方差很小时，容易在估计时估成负值，在联合检验中，只要任意一个方差成分为负的检验就会出现问题，就算两者相加后抵消了负值，这个问题也持续干扰了统计量的表现。GHM 的统计量则利用了赋予条件的方式，构建统计量。Baltagi and Li（1992）[57]进一步修正为混和卡方分布，更为完整易解，此处我们用下标 m 代表混和一词，概念如下：

$$\chi_m^2 = \begin{cases} LM_1 + LM_2 & \text{if } A > 0, B > 0 \\ LM_1 & \text{if } A > 0, B \leq 0 \\ LM_2 & \text{if } A \leq 0, B > 0 \\ 0 & \text{if } A \leq 0, B \leq 0 \end{cases}$$

GHM 的统计量也是卡方分布。

个体随机效应检验的操作如范例程序 17-2 所示。

范例程序 17-2：个体随机效应检验

```
plmtest(gsp_pool, effect="individual", type="honda")
  # Honda 统计量，检验"单因素"随机效应的个体效应是否为 0
    Lagrange Multiplier Test - (Honda)
data: myFormula
normal = 63.7077, p-value < 2.2e-16
alternative hypothesis: significant effects
plmtest(gsp_pool, effect="individual", type="bp")
  # Breusch-Pagan 统计量，检验"单因素"随机效应的个体效应是否为 0
    Lagrange Multiplier Test - (Breusch-Pagan)
data:  myFormula
chisq = 4058.672, df = 1, p-value < 2.2e-16
alternative hypothesis: significant effects
plmtest(gsp_pool, effect="twoways", type="ghm")
  # GHM 统计量，检验"双因素"随机效应的个体效应是否为 0
    Lagrange Multiplier Test - two-ways effects (Gourieroux,Holly and Monfort)
data:  myFormula
chisq = 4060.332, df = 2, p-value < 2.2e-16
alternative hypothesis: significant effects
plmtest(gsp_pool, effect="twoways", type="kw")
  # KW 统计量，检验"双因素"随机效应的个体效应是否为 0
    Lagrange Multiplier Test - (Honda)
data:  myFormula
normal = 63.7077, p-value < 2.2e-16
alternative hypothesis: significant effects
```

使用这 4 个统计量时，要注意 *GHM* 和 *KW* 仅适用于估计"双因素"模式；另外两个则单因素、双因素模式皆可适用。

由上述 *p* 值可知，横截面 *N* 具有随机形式的差异性，估计时必须纳入考虑。这个检验的弹性很大。

`plmtest()` 是检验随机效应设定下的个体效应是否均相等（无差异），参数 `effect` 和 `type` 都有多个选项。

`effect` 有 3 个可选项：

`"individual"`：设定个体效应；

`"time"`：设定时间效应；

`"twoways"`：设定个体和时间双因素效应。

`type` 有 4 个可选项：

`"honda"`：设定使用 Honda 统计量（默认选项）；

`"bp"`：设定使用 `Breu&ch-Pagan` 随机效应的 LM 统计量；

`"ghm"`：设定使用 GHM 统计量；

`"kw"`：设定使用 KW 统计量。

17.3 随机效应与固定效应的选择

随机效应较好还是固定效应较好，是一个需要检验的问题。在计量上我们使用著名的随机效应的豪斯曼检验。原假设如下：
$$H_0: E(u_{i,t} | X_{i,t}) = 0$$

此原假设的统计量为豪斯曼统计量：
$$hausman = \frac{(\hat{\beta}_{RE} - \hat{\beta}_{FE})'(\hat{\beta}_{RE} - \hat{\beta}_{FE})}{\hat{\Sigma}} \tag{17-11}$$

上式中 $\hat{\Sigma} = \text{Var}(\hat{\beta}_{FE}) - \text{Var}(\hat{\beta}_{RE})$，下标符号 *RE* 代表随机效应，*FE* 代表固定效应。

原假设的条件期望值其实就是一个线性回归。在原假设之下，个体效应、残差和解释变量间统计上无关。因为 $u_{it} = \mu_i + v_{it}$，所以个体效应是残差的一部分，与残差无关，也就是与残差内的成分无关。如之前所说，随机效应指的是横截面个别项和解释变量之间的关系是随机的，也就是说这关系的期望值是 0，也就是统计上无关。

因此，这个原假设其实就是内生性检验：在原假设正确的前提下，代表残差，或个体效应项，和解释变量无关，或无内生性。这样的情形下，随机效应 GLS 估计的结果，比固定效应的 LSDV 要好。

所以，接受原假设，是说随机效应"比较好"，而不是说随机效应是"正确"的设定，固定效应不正确。豪斯曼检验是一种建立在内生性存在与否之上的推论。用"正确"与否看待豪斯曼检验的结果就过于沉重。

豪斯曼检验的核心是内生性检验，要点说明如下。

（1）在原假设 H_0 被接受的情况下：
- 随机效应 GLS 和固定效应 LSDV 估计的参数都是一致的。
- 随机效应比固定效应设定的估计的方差要有效率。

（2）在原假设 H_0 被拒绝的情况下：
- 随机效应 GLS 的估计式不一致。
- 固定效应 LSDV 的估计参数，仍然是一致的。

接下来说明一下豪斯曼的代数结构。令 $q = \hat{\beta}_{RE} - \hat{\beta}_{FE}$，如果 H_0 是正确的，则满足两项条件 q 的概率极限：$p\lim q = 0$ 和协方差 $\text{Cov}(q, \hat{\beta}_{RE}) = 0$

因为
$$\hat{\beta}_{RE} - \beta = (X'\boldsymbol{\Omega}^{-1}X)^{-1}X'\boldsymbol{\Omega}^{-1}u$$

和
$$\hat{\beta}_{FE} - \beta = (X'\boldsymbol{Q}^{-1}X)^{-1}X'\boldsymbol{Q}^{-1}u$$

所以，$E(q)$ 且
$$\text{Cov}(\hat{\beta}_{RE}, q) = \text{Var}(\hat{\beta}_{RE}) - \text{Cov}(\hat{\beta}_{RE}, \hat{\beta}_{FE})$$
$$= (X'\boldsymbol{\Omega}^{-1}X)^{-1} - (X'\boldsymbol{\Omega}^{-1}X)^{-1}X'\boldsymbol{\Omega}^{-1}E(uu')QX(X'QX)^{-1}$$
$$= (X'\boldsymbol{\Omega}^{-1}X)^{-1} - (X'\boldsymbol{\Omega}^{-1}X)^{-1} = 0$$

又由 $\hat{\beta}_{FE} = \hat{\beta}_{RE} - q$，可得：
$$\text{Var}(\hat{\beta}_{FE}) = \text{Var}(\hat{\beta}_{RE}) - 2\text{Cov}(\hat{\beta}_{RE}, q) + \text{Var}(q)$$

因为 $\text{Cov}(\hat{\beta}_{RE}, q) = 0$，且
$$\text{Var}(\hat{\beta}_{FE}) = \text{Var}(\hat{\beta}_{RE}) - 2\text{Cov}(\hat{\beta}_{RE}, q) + \text{var}(q) = \text{Var}(\hat{\beta}_{RE}) + \text{Var}(q)$$

故
$$\text{Var}(q) = \text{Var}(\hat{\beta}_{FE}) - \text{Var}(\hat{\beta}_{RE}) = \sigma_\varepsilon^2 (X'QX)^{-1} - (X'\boldsymbol{\Omega}^{-1}X)^{-1} \tag{17-12}$$

因此，我们可以得到式（17-11）中豪斯曼统计量的分母 Σ。

随机效应的豪斯曼检验如范例程序 17-3 所示。

范例程序 17-3：随机效应的豪斯曼检验

```
phtest(gsp_re, gsp_fe)
    # 执行 Hausman test 判断 "随机效应 vs. 固定效应"
Hausman Test
data:  myFormula
chisq = 17.319, df = 6, p-value = 0.005483
alternative hypothesis: one model is inconsistent
```

使用 `phtest()` 必须注意：第 1 个对象必须是随机效应估计结果的对象，第 2 个是固定效应估计结果的对象，次序不可以换。

根据 p 值拒绝无内生性的原假设，这个模型的个体效应和解释变量之间有内生性。因此，固定效应设定估计的参数，会比随机效应的结果较好。

在进行实证研究的时候，有些时候会困惑于固定效应和随机效应的选择。计量学者对此的看法相当一致，并未将上述统计检验当作万能标准。

我们有时要依据统计条件进行判断，例如选择特定统计量如豪斯曼检验、似然比检验等，或其他有关内生性问题以及适配度比较的统计检验。

我们有时要依据数据属性进行选择。比如模型的解释变量有一些是特征虚拟变量数据（如"男性 = 1，女性 = 0"或"产业代号"等数据），使用固定效应处理时，Q 转换的移除平均数动作会将这些数据移除。如果这些数据前的系数对研究是重要的，自然需要使用随机效应而不是固定效应。

17.4　序列相关检验

面板数据的时间维度这么小，那么和时间有关的序列相关检验重要吗？如果要解释它的重要性，我们要这样来看问题。

综合前面的写法，我们先重述一下重要的基本观念。如一个面板数据回归方程式：

$$y_{it} = \alpha + \beta x_{it} + u_{it} \quad (17\text{-}13)$$

u_{it} 是复合残差成分，因此可以写成：

$$u_{it} = \mu_i + \varepsilon_{it}$$

所以，也可以写成：

$$\begin{aligned} y_{it} &= \alpha + \beta x_{it} + \mu_i + \varepsilon_{it} \\ \varepsilon_{it} &\sim iid(0, \sigma_\varepsilon^2) \end{aligned} \quad (17\text{-}14)$$

固定效应 Q 转换的方程式可以写成：

$$y_{it} - \overline{y}_i = \beta(x_{it} - \overline{x}_{1,i}) + (\varepsilon_{it} - \overline{\varepsilon}_i) \quad (17\text{-}15)$$

在固定效应之下，Q 转换就是对数据作时间去均值（time-demean）处理。时间去均值之后，就是一个混合 OLS 回归。对于混合数据回归相对有效率的关键，就是残差 $\varepsilon_{it} - \overline{\varepsilon}_i$，也是"同质变异"且"无序列相关"，即：

$$\mathrm{Var}(\varepsilon_{it} - \overline{\varepsilon}_i) = E(\varepsilon_{it} - \overline{\varepsilon}_i)^2 - [E(\varepsilon_{it} - \overline{\varepsilon}_i)]^2$$

因为

$$E(\varepsilon_{it} - \overline{\varepsilon}_i) = \overline{\varepsilon}_i - \overline{\varepsilon}_i = 0$$

故

$$\begin{aligned} \mathrm{Var}(\varepsilon_{it} - \overline{\varepsilon}_i) &= E(\varepsilon_{it} - \overline{\varepsilon}_i)^2 = E(\varepsilon_{it}^2 - 2\varepsilon_{it}\overline{\varepsilon}_i + \overline{\varepsilon}_i^2) = E(\varepsilon_{it}^2) - 2E(\varepsilon_{it}\overline{\varepsilon}) + E(\overline{\varepsilon}_{it}^2) \\ &= \sigma_\varepsilon^2 - 2E\left(\varepsilon_{it}\frac{\sum \varepsilon_{it}}{T}\right) + E\left(\frac{\sum \varepsilon_{it}}{T}\right)^2 = \sigma_\varepsilon^2 - \frac{2\sigma_\varepsilon^2}{T} + \frac{T\sigma_\varepsilon^2}{T^2} \end{aligned} \quad (17\text{-}16)$$

$$= \sigma_\varepsilon^2 - \frac{2\sigma_\varepsilon^2}{T} + \frac{\sigma_\varepsilon^2}{T} = \sigma_\varepsilon^2\left(\frac{T-1}{T}\right)$$

式（17-16）的得出，因为 $\varepsilon_{it} \sim iid(0, \sigma_\varepsilon^2)$，故 $E(\varepsilon_{it}\varepsilon_{is}) = 0, s \neq t$ 且 $E(\varepsilon_{it}\varepsilon_{is}) = \sigma_\varepsilon^2, s = t$，所以消除了大多交叉乘积。式（17-16）的结果，确认了时间去均值的残差 $\varepsilon_{it} - \bar{\varepsilon}_i$ 的非条件同质变异为 $\sigma_\varepsilon^2\left(\frac{T-1}{T}\right)$。

再来就是时间去均值的残差 $\varepsilon_{it} - \bar{\varepsilon}_i$ 的序列相关，可由不同期（$s \neq t$）的协方差导出来：

$$E[(\varepsilon_{it} - \bar{\varepsilon}_i)(\varepsilon_{is} - \bar{\varepsilon}_i)] = E(\varepsilon_{it}\varepsilon_{is}) - E(\varepsilon_{it}\bar{\varepsilon}_i) - E(\varepsilon_{is}\bar{\varepsilon}_i) + E(\bar{\varepsilon}_i^2)$$
$$= 0 - \frac{\sigma_\varepsilon^2}{T} - \frac{\sigma_\varepsilon^2}{T} - \frac{\sigma_\varepsilon^2}{T} = -\frac{\sigma_\varepsilon^2}{T} < 0 \quad (17\text{-}17)$$

利用式（17-16）和式（17-17），可以得到相关系数：

$$\rho(\varepsilon_{it} - \bar{\varepsilon}_i, \varepsilon_{is} - \bar{\varepsilon}_i) = -\frac{\sigma_\varepsilon^2}{T} < 0 \quad (17\text{-}18)$$

式（17-18）的相关系数就是式（17-15）在固定效应设定下的序列相关，这个式子有两个含义：

1）固定效应设定之下的残差项，具有负的序列相关；

2）随着时间增加，序列相关会减少，$T \to \infty$ 时，序列相关的影响就会消失。

估计随机效应时，不是将方程式想成式（17-14）的样子。随机效应是协方差矩阵，就是式（17-12）的样子，如下所示：

$$\boldsymbol{\Omega}_{\mu,\varepsilon} = \boldsymbol{I}_N \otimes \boldsymbol{\Sigma}_{\mu,\varepsilon} = \sigma_\mu^2(\boldsymbol{I}_N \otimes \boldsymbol{J}_N) + \sigma_\varepsilon^2(\boldsymbol{I}_N \otimes \boldsymbol{I}_T)$$

只和个体效应的方差 σ_μ^2 和残差方差 σ_ε^2 有关，故：

$$\text{Cov}(u_{it}, u_{is}) = \begin{cases} \sigma_\mu^2 + \sigma_\varepsilon^2, & t = s \\ \sigma_\mu^2, & t \neq s \end{cases} \quad (17\text{-}19)$$

根据式（17-19），随机效应之下，复合残差成分的序列相关（$t \neq s$）如下：

$$\rho(u_{it}, u_{is}) = \frac{\sigma_\mu^2}{\sigma_\mu^2 + \sigma_\varepsilon^2} > 0 \quad (17\text{-}20)$$

因此，随机效应设定之下的残差是有序列相关的，且这个序列相关恒为正，不会因时间增长消失。因此，只要个体效应存在，序列相关和模型之间，就存在密切关系。例如，对一个混合数据回归的残差做序列相关检验，可以推论出采用固定效应还是随机效应设定比较好。另外，因为两种效果的设定皆有序列相关，因此，序列相关的程度，影响了估计时是否要进行序列相关修正。所以，序列相关检验就很重要。

接下来，我们介绍几种检验。

第1种针对混合数据 OLS 回归残差的序列相关检验，检验观察不到效果。这个检验是对混合数据 OLS 残差的序列相关检验，意义有两个：

1）如果没有序列相关，则混合 OLS 估计的条件期望值，是一个完整估计值。

2）观察是否需要对混合 OLS 执行稳健方差。

原假设如下：

$$H_0: \sigma_\mu^2 = 0$$

这个原假设和前面介绍的 Breusch and Pagan 检验的原假设一样，但是，这是建立在式（17-20）的序列相关性基础上。因此，其推论意义有所不同。

1）如果原假设是正确的，代表数据没有个别异质性 μ_i，因此，复合残差就只剩下 ε，因此混合数据 OLS 就是一个好的设定。简单地说，就是不需要考虑面板数据等诸多问题。

2）但是，Wooldridge（2010）[54] 指出，拒绝此原假设时，并不能推论随机效应设定为真。因为拒绝原假设，往往是复合残差有序列相关所导致的。

Wooldridge（2010）[59] 的统计量是半参数式检验，定义如下：

$$W = \frac{\sum_{i=1}^{n}\sum_{t=1}^{T-1}\sum_{s=t+1}^{T} u_{it}u_{is}}{\sqrt{\sum_{i=1}^{n}\left(\sum_{t=1}^{T-1}\sum_{s=t+1}^{T} u_{it}u_{is}\right)^2}} \quad (17\text{-}21)$$

第 2 种是对固定效应的时间去均值残差 $\varepsilon_{it} - \overline{\varepsilon_i}$ 检验其同质变异和无序列相关。这个检验使用的是传统的系列相关检验，例如 Durbin-Watson 和 Breusch-Godfrey LM 检验。但是，如式（17-18）所指出。关当 T 很大时，此序列相会越来越小。因此，T 要大，不然使用这种检验时，会有检验力太小的问题。

第 3 种则是针对上述问题，Wooldridge（2010）[59] 建议：如果固定效的时间较短，则直接对固定效应残差执行 AR（1）回归：

$$(\varepsilon_{it} - \overline{\varepsilon_i}) = b(\varepsilon_{it-1} - \overline{\varepsilon_i}) + \nu_{it}$$
$$\varepsilon_{it} = a + \delta\varepsilon_{it-1} + \eta_{it} \quad (17\text{-}22)$$
$$H_0: \delta = -\frac{1}{T-1}$$

应用标准的 t 检验，如果接受原假设，代表有序列相关，拒绝的话，就是无序列相关。

第 4 种称为局部稳健检验。

综合上面所谈到的状况，随机效应的存在会影响残差序列相关的检验，反之亦然。所以，解决方案就是使用联合检验，同时检验序列相关和随机效应。针对这个问题，Baltagi and Li（1991）[60] 和 Baltagi and Li（1995）[61] 假设了 ε 正态分布和同质变异，导出了 LM 统计量。这个检验的数学细节，请参阅 Baltagi（2005）[62] 第 5 章。

前述 LM 联合检验的问题是：如果接受了无随机效应且无序列相关的原假设，事情就单纯多了，但如果拒绝了这一原假设，那就麻烦了：是存在随机效应、序列相关，还是两者兼而有之？ LM 联合检验无法告知我们到底是哪种情况导致原假设被拒绝。

Bera, Sosa-Escudero, and Yoon（2001）[63] 提出了修正前面问题的局部稳健检验。虽然依赖正态分布和同质变异，但是检验的结果，对于偏离原假设的方向，具有局部稳健特性。这个统计量，虽然是次佳，但有助于辨认是何种原因，导致拒绝原假设，而且，数值演算的难度较低。

综合来说，如果没有序列相关，则 Breusch and Pagan 的家族，是随机效应检验的最佳统计量。如果没有随机效应，则 Breusch-Godfrey's 的序列相关检验，是最佳检验。如果有随机效应，则 LM test of Baltagi and Li（1995）[61] 的 LM 是最佳序列相关检验。

最后一种检验是在随机效应之下，检验序列相关的条件 LM 检验（Baltagi and Li, 1991, 1995）[60, 61]。原假设是无序列相关，拒绝原假设之后，有序列相关时的形式，可能是 AR 结构，也可能是 MA 结构。Baltagi and Li（1991，1995）[60, 61] 的检验，对于拒绝原假设时，备择假设不论是 AR（1）或 MA（1）都一样。这个检验依然假设残差 ε 为正态分布及具有同质变异。

序列相关的 LM 检验如范例程序 17-4 所示。

范例程序 17-4：序列相关的 LM 检验

```
pwtest(gsp_pool)
Wooldridge's test for unobserved individual effects
data:  formula
z = 3.8963, p-value = 9.767e-05
alternative hypothesis: unobserved effect
pdwtest(gsp_re)
Durbin-Watson test for serial correlation in panel models
data:  myFormula
DW = 0.6019, p-value = 0.7607
alternative hypothesis: serial correlation in idiosyncratic errors
pbsytest(gsp_re, alternative = c("twosided","onesided"))
Bera, Sosa-Escudero and Yoon locally robust test
data:  formula
chisq = 588.7373, df = 1, p-value < 2.2e-16
alternative hypothesis: AR(1) errors sub random effects
library(car)
pwartest(gsp_fe)
Wooldridge's test for serial correlation in FE panels
data:  gsp_fe
chisq = 702.9758, p-value < 2.2e-16
alternative hypothesis: serial correlation
```

上述检验 `pbsytest()` 的 alternative 有 "twosided" 和 "onesided" 两个可选参数值，读者可以试试另一个的结果。

最后一个检验 `pwartest()` 需要调用模块 car 内的检验函数 `linearHypothesis()`，所以前一行要载入 library(car)。

17.5 序列相关的修正

自从 Petersen（2009）[64] 一文发表，面板数据具异方差和序列相关的稳健标准偏差计算的修正式就倍受重视，尤其是在财务和会计学领域。这些领域中使用面板数据的研究很多，但此前大多数都没有处理稳健协方差问题。如果存在异方差却没有修正，方差会被低估，导致系数会相当显著。相关经典论文，如 Stock and Watson（2008）[65] 和 Thompson（2011）[66] 都提出过一些处理方式。本节接下来将介绍这个问题：首先介绍对系数估计式的修正，随后介绍对方差估计式的修正。

17.5.1 对系数估计式的修正

上一节介绍了序列相关的检验，序列相关存在与否，和设定的推论有关。如同一般时间序列回归问题，当回归残差有序列相关时，会导致估计的参数不是最佳的。如同前面的实证范例，我们发现，不管是单维或是双维，固定效应和随机效应对 x3 系数的估计结果都相差甚远，除了一正一负，在显著性上也有很大差别：随机效应很显著，固定效应不显著。这该怎么办？

根据我们在豪斯曼检验中的说明，如果只是内生性问题，两者的估计参数结果会很近，差别是方差的效率问题。因此，这很有可能是因为残差有序列相关，但未进行修正。因此，我们必须使用类似标准时间序列使用的 Cochrane-Orcutt 演算来修正这个问题。

对面板数据，Baltagi and Li（1991）[60]提出两步修正法：第 1 步先用 LS 估计原式，再计算残差序列相关系数，若其为一阶，就是 AR（1）系数；第 2 步则利用了 Prais-Winsten[○]（简称 PW）转换矩阵来修正估计式。沿用前面使用的数字符号，面板数据回归残差的 AR（1）回归如下：

$$\varepsilon_{it} = \rho \varepsilon_{it-1} + \eta_{it} \tag{17-23}$$

上式中 $|\rho| < 1$，$\eta_{it} \sim iid(0, \sigma_\eta^2)$，且 $\varepsilon_{it} \sim iid\left(0, \dfrac{\sigma_\eta^2}{1-\rho^2}\right)$。我们利用 $i = 1$，也就是时间序列的例子，说明此方差的代数结构如下：

$$\sigma_\varepsilon^2 = E(\rho \varepsilon_{t-1} + \eta_t)^2 - (E(\rho \varepsilon_{t-1} + \eta_t))^2$$

因为 $\quad E(\rho \varepsilon_{t-1} + \eta_t) = 0$

所以 $\quad \sigma_\varepsilon^2 = E(\rho \varepsilon_{t-1} + \eta_t)^2 = \rho^2 E \varepsilon_{t-1}^2 + 2\rho E(\varepsilon_{t-1} \eta_t) + E \eta_t^2$

由此可得 $\quad \sigma_\varepsilon^2 = \rho^2 \sigma_\varepsilon^2 + \sigma_\eta^2$

故 $\quad \sigma_\varepsilon^2 = \dfrac{\sigma_\eta^2}{1-\rho^2}$

也就是说，如果残差有序列相关（$\rho \ne 0$），但是假设它没有（$\rho=0$），会低估标准偏差。被低估的标准偏差，会产生估计系数的 t 检验相对显著的假象。严重时，就会做出错误的统计推论，以为数据解释理论解释得相当好。过去数十年，许多研究偏好使用混合数据 LS 的显著结果，来支持理论假设，其实是一种计量上的错误。因此，检验后的修正是必然的。

利用迭代程序，一个一般化的自协方差函数为 $\mathrm{Cov}(\varepsilon_t, \varepsilon_{t+h}) = \dfrac{\rho^h}{1-\rho^2}$，因此，这个 AR（1）的方差–协方差矩阵 $\boldsymbol{\Omega}$ 可以写成：

$$\boldsymbol{\Omega} = \begin{bmatrix} \dfrac{1}{1-\rho^2} & \dfrac{\rho}{1-\rho^2} & \dfrac{\rho^2}{1-\rho^2} & \cdots & \dfrac{\rho^{T-1}}{1-\rho^2} \\ \dfrac{\rho}{1-\rho^2} & \dfrac{1}{1-\rho^2} & \dfrac{\rho}{1-\rho^2} & \cdots & \dfrac{\rho^{T-1}}{1-\rho^2} \\ \dfrac{\rho^2}{1-\rho^2} & \dfrac{\rho}{1-\rho^2} & \dfrac{1}{1-\rho^2} & \cdots & \dfrac{\rho^{T-3}}{1-\rho^2} \\ \vdots & \vdots & \vdots & & \vdots \\ \dfrac{\rho^{T-1}}{1-\rho^2} & \dfrac{\rho^{T-2}}{1-\rho^2} & \dfrac{\rho^{T-3}}{1-\rho^2} & \cdots & \dfrac{1}{1-\rho^2} \end{bmatrix}$$

在 LS 回归之中，将此协方差矩阵的逆矩阵，内插入 LS 公式就得到修正 AR（1）的 PW 的 GLS 估计式 $(X'\boldsymbol{\Omega}^{-1}X)^{-1}X'\boldsymbol{\Omega}^{-1}Y$。

在面板数据，Baltagi and Li（1991）[55]提出的两步修正法如下：

第 1 步，因为 $\boldsymbol{\Omega}$ 是对称正定矩阵，故其逆矩阵可分割为：

$$\boldsymbol{\Omega}^{-1} = \boldsymbol{C}'\boldsymbol{C}$$

利用 PW 提出的转换矩阵 $\boldsymbol{C}$，来转换原残差，将之转换成无序列相关残差。$\boldsymbol{C}$ 矩阵如下：

○ 在面板数据分析中，PW 转换比 Cochrane-Orcutt 要有效率，因为 PW 转换利用了每一个时间点 t 所有的观察值，但是，Cochrane-Orcutt 的修正方法，需要扣掉一笔数据。在 T 相对很少的追踪数据结构，Cochrane-Orcutt 的方法显得昂贵。

$$C = \begin{bmatrix} \sqrt{1-\rho^2} & 0 & 0 & \cdots & \cdots & 0 & 0 & 0 \\ -\rho & 1 & \cdots & \cdots & \cdots & 0 & 0 & 0 \\ 0 & -\rho & 1 & \cdots & \cdots & \cdots & \cdots & \vdots \\ \vdots & 0 & -\rho & 1 & \cdots & \cdots & \cdots & \vdots \\ \vdots & \cdots & 0 & -\rho & 1 & \cdots & \cdots & \vdots \\ \vdots & \cdots & \cdots & \cdots & & & 0 & 0 \\ \vdots & \cdots & \cdots & \cdots & 0 & -\rho & 1 & 0 \\ 0 & \cdots & \cdots & \cdots & 0 & 0 & -\rho & 1 \end{bmatrix}$$

转换后的新残差为：

$$\xi_{it} = (I_N \otimes C)u = (I_N \otimes C)\mu + (I_N \otimes C)\varepsilon \quad (17\text{-}24)$$

令 $C_{\tau T} = (1-\rho)\tau_T^\alpha$，且 $\tau_T^\alpha = (\alpha, \tau'_{T-1})$，$\alpha = \sqrt{\dfrac{1+\rho}{1-\rho}}$，则式（17-24）可以写成：

$$\xi_{it} = (1-\rho)(I_N \otimes \tau_T^\alpha)\mu + (I_N \otimes C)\varepsilon \quad (17\text{-}25)$$

因此，可以得到一个新的协方差矩阵：

$$\widetilde{\Omega} = E(\xi\xi') = \sigma_\mu^2(1-\rho)^2(I_N \otimes \tau_T^\alpha \tau_T^{'\alpha}) + (I_N \otimes I_T)\sigma_\varepsilon^2 \quad (17\text{-}26)$$

第 2 步，将原始数据前乘矩阵 $\sigma_\eta \sqrt{\widetilde{\Omega}}(I_N \otimes C)$。例如，被解释变量向量 y，转换后变成 $\sigma_\eta \sqrt{\widetilde{\Omega}}(I_N \otimes C)y$，用同样的方法转换解释变量。之后再利用固定效应或随机效应的估计式，去重新估计回归方程式。

这样转换后的回归残差，就不具一阶序列相关。如果读者需要进一步了解理论细节，或其他形式的序列相关的结构，例如 AR（2）、MA（1）或季节性结构 AR（4）等，请参考 Wooldridge（2010，第 10 章）[59]或 Baltagi（2010，第 5 章）[67]。

使用 AR（1）对固定效应模型的序列相关进行修正的操作方法如范例程序 17-5 所示。

范例程序 17-5：固定效应的 AR（1）修正

```
gsp_feAR1=gls(myFormula,data=temp1, correlation = corAR1(0,form=~year|state))
summary(gsp_feAR1)$tTable
Generalized least squares fit by REML
Model: myFormula
Data: temp1
      AIC       BIC    logLik
 -3694.67 -3652.408 1856.335
Correlation Structure: AR(1)
 Formula: ~year | state
 Parameter estimate(s):
      Phi
0.9877442
Coefficients:
                 Value    Std.Error    t-value   p-value
(Intercept)  2.8055345   0.21284768   13.180950   0.0000
x1_hwy       0.0701618   0.04103895    1.709639   0.0877
x2_water     0.0459454   0.02118734    2.168532   0.0304
x3_other    -0.0071738   0.02852209   -0.251518   0.8015
x4_private   0.0663713   0.02156767    3.077352   0.0022
x5_emp       0.8793427   0.03170509   27.735062   0.0000
x6_unemp    -0.0052567   0.00073903   -7.112995   0.0000
Correlation:
```

```
            (Intr)  x1_hwy  x2_wtr  x3_thr  x4_prv  x5_emp
x1_hwy      -0.736
x2_water     0.105  -0.094
x3_other     0.140  -0.404  -0.223
x4_private  -0.309  -0.103  -0.153  -0.128
x5_emp       0.339  -0.309  -0.265  -0.291  -0.301
x6_unemp     0.237  -0.165  -0.175  -0.257  -0.222   0.668
```

plm 包内置的估计方法，没有对估计式做两阶段序列相关修正，这问题在 R 里面很简单。我们利用 nlme 包内的 **gls()** 函数即可，其中的关键是设定 correlation 参数的 corAR1() 函数。

correlation=corAR1(0,form=~year|state)

这个函数的说明有三点，了解后就可以知道如何使用它。

1）corAR1(0,form=~year|state) 省略了一个默认设定，如下：

corAR1(0,form=~year|state, fixed=FALSE)

前面的数值 0，是说序列相关数值演算的起始值，关键是后面的 fixed=FALSE。FALSE 是说这个值不固定，需要估计。如果设定 TRUE 就是不修正，也就是无序列相关。内定是需要估计，所以一般省略。

2）参数 form=~year|state 是说残差的序列相关是如何修正的：按时间维度变量（year）给残差排序，然后，按照界面维度（变量 state）进行分组。

3）更广泛的高阶序列相关结构可以利用以下代码：

corARMA(p=, q=,form=~year|state)

p 和 *q* 分别是 AR 和 MA 的阶次，需要修正更高阶的序列相关（例如 AR（2）、季节结构等）的情况下就可以进行相应设置。

此处省略后续输出结果。结果中的 phi = 0.988 就是说残差序列相关系数为 0.988，由此可见序列相关程度较为严重，如果不修正，结果会很不可靠。当然，这问题也接近了非平稳问题。后面我们可以再讨论。

范例 17-6 演示了使用 AR（1）对随机效应模型的序列相关进行修正的操作方法。

范例程序 17-6：随机效应的 AR（1）修正

```
gsp_reAR1=lme(myFormula,data=temp1, correlation = corAR1(0,form=~year|state), random=
~1|state)
summary(gsp_reAR1)
summary(gsp_reAR1)$tTable
              Value Std.Error  DF  t-value   p-value
(Intercept) 2.80553  0.212848 762   13.181  6.90e-36
x1_hwy      0.07016  0.041039 762    1.710  8.77e-02
x2_water    0.04595  0.021187 762    2.169  3.04e-02
x3_other   -0.00717  0.028522 762   -0.252  8.01e-01
x4_private  0.06637  0.021568 762    3.077  2.16e-03
x5_emp      0.87934  0.031705 762   27.735  1.36e-117
x6_unemp   -0.00526  0.000739 762   -7.113  2.62e-12
```

随机效应修正 AR（1）序列相关的结果后，和固定效应就相当一致了。

我们也可以执行一个 ANOVA 分析的比较：

```
anova(gsp_reAR1,gsp_feAR1)
      Model df     AIC       BIC      logLik    Test  L.Ratio   p-value
reAR1    1  10  -3692.67  -3645.712  1856.34
feAR1    2   9  -3694.67  -3652.408  1856.34   1 vs 2 6.64e-08  0.9998
```

最后的 p 值表明两个效应之间几乎没有差别。

最后，我们再通过范例程序 17-7 介绍如何比较 LSDV 之下的固定效应，以及如何修正序列相关的结果。因为需要 ANOVA 比较，所以 plm 的架构不能使用。为此，后续的范例程序中统一使用 `gls()` 函数来估计一个 LSDV 的固定效应，以此和前面的 AR（1）修正结果进行比较。

范例程序 17-7：固定效应 AR（1）修正结果与固定效应 iid 的比较

```
myFormula1=as.formula(paste(paste(myEq,"-1"),"as.factor(state)",sep="+"))
    # 写新公式，将共同截距去除，改以用 state 产生虚拟变量矩阵 as.factor(state)，如果不习惯这样处理公式，
    用人工键盘输入也可以
gsp_feIID=gls(myFormula1,data=temp1) # 估计 LSDV,这个结果和 plm 的 "within" 一模一样
k=length(names(myData1)[4:9])          # 计算解释变量个数
summary(gsp_feIID)$tTable[1:k,]
    # 取出部分系数摘要，这样做是因为估计结果中有许多截距式的固定效应
anova(gsp_feIID,gsp_feAR1)             # ANOVA 比较
            Model df     AIC       BIC       logLik    Test  L.Ratio   p-value
gsp_feIID     1   55  -2610.425  -2355.448  1360.212
gsp_feAR1     2    9  -3694.670  -3652.408  1856.335  1 vs 2 992.2455  <.0001
```

这个代码使用了比较高级的公式建立方法，并将 state 转成因子，这样才能产生"组内"（within group）效果。

上面方差分析的结果表明修正后固定效应和随机效应的结果会趋于一致。所以，序列相关的检验和修正十分重要。本书用这个高序列相关的极端例子，只是为了凸显修正的重要，以及非 iid 的问题。一般的数据，如果序列相关不是很严重（例如 0.2），造成的偏误就不会像本例这样大。

当然，我们也发现，在有序列相关的情形下，系数值问题最严重的是随机效应，固定效应似乎没有太大影响。固定效应的问题在于显著性。这个结论可以用代数方式说明，如下。

假设一个线性回归：

$$Y = X\beta + e \tag{17-27}$$

β 的样本估计式 b：

$$\begin{aligned} b &= (X'X)^{-1}X'Y = (X'X)^{-1}X'(X\beta + e) \\ &= (X'X)^{-1}X'X\beta + (X'X)^{-1}X'e \\ &= \beta + (X'X)^{-1}X'e \end{aligned} \tag{17-28}$$

如果无内生性，$EX'e = 0$，则 $Eb = \beta$ 的结果，和残差序列相关就无关。如果有内生性，$EX'e \neq 0$，b 就不再是 β 的不偏估计式了。根据内生性的有无和固定效应与随机效应设定的关系，有关序列相关的检验与修正的重要性，就十分清楚了：一旦有内生性，序列相关就会影响到参数估计，此时使用随机效应问题最大，因为随机效应必须在无内生性时，才具有最佳性质。影响的过程，只需要把序列相关递归结构写出来就知道[⊖]，此时的参数估计式，包含了一项严重的干扰参数，除非序列相关系数很小，否则由于在面板数据时间序列长度较短，这个影响较大。

⊖ 例如，$e_t = \rho e_{t-1} + \varepsilon_t, e_1 = \rho e_0 + \varepsilon_1, e_2 = \rho e_1 + \varepsilon_2 = \rho(\rho e_0 + \varepsilon_1)\cdots$ 展开后代入，就可以证明序列相关程度的影响。

17.5.2 对方差估计式的修正

我们先了解如果不修正异方差会怎样。假设一个普通回归是同方差：

$$y_i = \alpha + \beta x_i + e_i, \quad e_i \sim IID(0, \sigma_e^2) \tag{17-29}$$

此时，我们计算 y 的方差：

$$\mathrm{Var}(y_i) = Ey_i^2 - (Ey_i)^2 = E(\alpha + \beta x_i + e_i)^2 - (\alpha + \beta x_i)^2 = Ee_i^2$$

如果残差没有任何问题，则 $Ee_i^2 = \sigma_e^2$。

若残差和解释变量有关，也就是：

$$e_i = bx_i + \varepsilon_i$$

则

$$\begin{aligned} Ee_i^2 &= E(bx_i + \varepsilon_i)^2 \\ &= b^2 Ex_i^2 + 2bE(x_i\varepsilon_i) + E\varepsilon_i^2 \\ &= b^2 Ex_i^2 + \sigma_\varepsilon^2 \end{aligned} \tag{17-30}$$

所以，$E(x_i\varepsilon_i) = 0$。

如果同方差（$b = 0$），则 $\sigma_e^2 = \sigma_\varepsilon^2$。如果 $b \neq 0$，却假设 $b = 0$，方差就不会是一个常数，而会出现高估的情形，高估程度则随 x_2 的期望值变动。

对于异方差的稳健协方差修正，前面章节已经提到了在一般回归中的处理方式。接下来我们将介绍面板数据的处理方式。在面板数据，异方差的基本来源就是和数据维度有关，一则是来自 N，另一则是来自 T。依照文献，我们将面板数据异方差稳健协方差修正方法分成三类：

第一类，White 型修正。

这是基于已故计量大师 White（1980a，1984b）[b,68]的两篇论文，以及 Arellano（1987）的论文[69]所做的延伸。White 的修正方式有两种：第一种是从 N 的方面去修正一般化的异方差，但假设残差无序列相关；第二种则是从 T 的方面去修正异方差，但假设没有横截面相关。White 的修正方式看起来有其局限，必须假设序列相关或横截面相依不存在。因此，Arellano 方法则是一般化的情况：假设横截面相依和残差的序列相关皆有，修正异方差。

在 R 内的函数是 **vcovHC()**。

第二类，PCSE 型修正。

这种形式是以估计一个无条件的稳健协方差矩阵为基础，文献上由 Beck and Katz（1995）[70]延伸到面板数据模型。Beck and Katz（1995）[70]的方法使用了面板矫正标准误（Panel Corrected Standard Errors，PCSE）。PCSE 方法从 N 或 T 的方向，计算了残差协方差的无条件估计式。若从 N 的方向，借以调整每个样本 i 的残差序列相关和时间维度上的异质性；若从 T 的方向，借以调整在每一个时间点，横截面相关性和组别维度上的异质性，也就是可以计算时间维度上的或组别维度上的异方差-稳健协方差。

在使用上我们必须知道，Beck and Katz（1995）[70]的公式，是建立在 N-（T-）的渐近性质上，不是每一种数据结构都可以用。

在 R 内的函数是 **vcovBK()**。

第三类，基于无母数方法的修正。

Driscoll and Kraay（1998）[71]提出了在序列相关和横截面相依之下，异方差修正的无母数方法。该方法的渐近性质是表现在 T（时间维度）上的，与 N 的维度（截面维度）无关。

在 R 内的函数是 `vcovSCC()`。

对于考虑异方差和序列相关的稳健协方差，R 有 sanduich 和 pcse 两个不同的软件添加包。sandwich 在第 6 章介绍过，另有 pcse，pcse 处理的情形是混合数据 OLS。我们接下来的程序以 sandwich 为主，因为接下来的步骤 sandwich 全部都可以做。

用 R 做稳健协变量估计选项非常简易，只需要将 `plm` 的回归对象用 vcovHC 处理即可重新计算协方差矩阵，如范例程序 17-8 所示。

范例程序 17-8：异方差－稳健协方差修正

```
library(sandwich)
library(lmtest)
gsp_re = plm(myFormula, data = myData1, model = "random")
coeftest(gsp_re)     # 计算标准无 HC 修正的方差，其余略
            Estimate  Std. Error  t value    Pr(>|t|)
x1_hwy     0.0620968  0.0222839   2.7866     0.005451  **
x2_water   0.0755775  0.0139882   5.4029     8.628e-08 ***
x3_other  -0.0983994  0.0170746  -5.7629     1.175e-08 ***
x4_private 0.2732151  0.0202804  13.4718   < 2.2e-16   ***
x5_emp     0.7491027  0.0253493  29.5512   < 2.2e-16   ***
x6_unemp  -0.0058945  0.0008935  -6.5971     7.572e-11 ***
coeftest(gsp_re, vcov= vcovHC)
            Estimate  Std. Error  t value   Pr(>|t|)
x1_hwy     0.0620968  0.0503246   1.2339    0.21759
x2_water   0.0755775  0.0309106   2.4450    0.01470   *
x3_other  -0.0983994  0.0531029  -1.8530    0.06425   .
x4_private 0.2732151  0.0423981   6.4440    1.997e-10 ***
x5_emp     0.7491027  0.0683882  10.9537  < 2.2e-16   ***
x6_unemp  -0.0058945  0.0022746  -2.5914    0.00973   **
coeftest(gsp_re, vcov= vcovBK)
            Estimate  Std. Error  t value   Pr(>|t|)
x1_hwy     0.0620968  0.0450704   1.3778    0.1686547
x2_water   0.0755775  0.0291932   2.5889    0.0098021 **
x3_other  -0.0983994  0.0398472  -2.4694    0.0137387 *
x4_private 0.2732151  0.0397729   6.8694    1.286e-11 ***
x5_emp     0.7491027  0.0504770  14.8405  < 2.2e-16   ***
x6_unemp  -0.0058945  0.0017016  -3.4640    0.0005601 ***
coeftest(gsp_re, vcov= vcovSCC)
            Estimate  Std. Error  t value   Pr(>|t|)
x1_hwy     0.0620968  0.0499687   1.2427    0.2143333
x2_water   0.0755775  0.0249281   3.0318    0.0025084 **
x3_other  -0.0983994  0.0273614  -3.5963    0.0003424 ***
x4_private 0.2732151  0.0512384   5.3322    1.260e-07 ***
x5_emp     0.7491027  0.0980089   7.6432    6.000e-14 ***
x6_unemp  -0.0058945  0.0012683  -4.6475    3.922e-06 ***
coeftest(gsp_re, vcov= vcovHC(gsp_re, type="HC2", cluster="time", method="white2"))
coeftest(gsp_re, vcov= vcovBK(gsp_re, type="HC2", cluster="time"))
coeftest(gsp_re, vcov= vcovSCC(gsp_re, type="HC2"))    # 结果略
```

上面程序第 5～7 行，计算了默认 HC 型（也就是 HC0）的三类稳健协方差。第 8~10 行则介绍了更一般的 HC 选项设定方法。

必须注意，除了 `vcovHC()` 中有参数 `method` 可以设置选项，`vcovBK()` 和 `vcovSCC()` 都没有，而且 `vcovSCC()` 也没有 `cluster` 参数，因为它同时考虑了时间和群组（截面）两方面的集群情况的异方差修正。

`vcovHC()` 的一般使用形式如下：

```
vcovHC(FH_2vlm, method="white1", type="HC0", cluster="time")
```

其中的参数说明如下：

`method` 参数用于设定处理方法，存 `"white1"` `"white2"` 和 `"arellano"` 3 个可选项。`"white1"` 用于处理一般异质性，没有序列相关。`"white2"` 则是以 white1 为基础，多考虑了每一个横截面 i 内倾斜的共同方差。`"arellano"` 则考虑了相关于异质性和序列相关的充分一般可能性。[69,70,71]

`type` 参数用于设定协方差矩阵的类型，有 5 个可选项：`"HC0"` `"HC1"` `"HC2"` `"HC3"` 和 `"HC4"`，细节如前。

`cluster` 参数用于设定序列相关的来源，有 2 个可选项 `"time"` 和 `"group"`。`"time"` 考虑序列相关，`"group"` 则考虑了横截面相关。如果参数 method=`"white1"`，则 cluster 的这 2 个选项就没有用了。

范例程序给出的结果表明，不修正异方差时所有系数都很显著；考虑稳健协方差后的标准偏差会比较大，使得显著性检验的结果趋于保守，不会太轻易地拒绝原假设，也使得回归结果较为可靠。当然，所谓"较可靠"是一种实证研究的哲学，不是一个为真的说法。例如计量经济学期末考如果全班都 90 分以上，会令人满腹狐疑。不是说太好的结果一定不对，只是提醒研究者必须审慎看待。

最后，异方差修正的方法这么多，应该怎么选择？每一种做法，都有特定控制的层面，例如，假设无序列相关，或无横截面相依，实证上建议取用 Driscoll and Kraay（1998）[68] 的 `vcovSCC()`，理由是它考虑了横截面相依和序列相关，再去修正异方差，这样的一般性比较好，但是修正程度不一定会很完整。当然，一个实证的处理方式，应该是把各个方法都做一做，综合比较后，再取出适合最大交集的结果。

最后，我们介绍 Petersen（2008）[59] 的方法，如范例程序 17-9 所示。

范例程序 17-9：基于 Petesen 方法的异方差修正

```
library(sandwich); library(lmtest)        # 加载相关包
source("petersen.src")                    # 读入 Petersen(2008) 的源程序 (source code)
gsp_lm = lm(myFormula, data = myData1)    # 以 lm 执行回归
cl(myData1,gsp_lm,state)                  # 协方差修正: Clustered by firm
cl(myData1,gsp_lm, year)                  # 协方差修正: Clustered by year
mcl(myData1,gsp_lm, state, year)          # 协方差修正: Clustered by both firm and year
```

petersen.src 这个源代码是 Petersen 网站提供的，我们在这里加载使用。使用时须注意第 3 行中必须用 `lm()` 函数产生回归对象，而不能用 `plm()` 函数。此外，留意一下 `cl()` 和 `mcl()` 两个修正函数的使用方法。其实看完前面的讲解，读者应该很容易理解这个方法。有兴趣的读者不妨将基于 Petesen 方法的修正结果和基于 Driscoll and Kraay（1998）[68] 方法的 `vcovSCC()` 函数的结果进行比较，其实两种方法大同小异。

第18章

面板数据的延伸主题

18.1 动态面板数据与广义矩 GMM 估计

18.1.1 原理

一个简单的动态面板数据回归方程式如下：

$$y_{i,t} = \alpha + \beta x_{i,t} + \varphi y_{i,t-1} + \mu_i + \varepsilon_{i,t} \tag{18-1}$$

在纯时间序列动态模型中，y_{t-1} 可视为随机解释变量，虽然建立在 T 的估计式有偏，但当 $T \to \infty$ 时仍是一致的（在这方面和外生解释变量 x_{t-1} 的情形略有出入）。

面板数据动态模型的问题是这样：当因变量（$y_{i,t}$）是个体效应 μ_i 的函数，被解释变量的滞后期（$y_{i,t-1}$）也是 μ_i 的函数，甚至残差在无序列相关时，此相关性依然存在。在使用标准面板数据时，时间维度 T 往往不大，且面板数据估计式的渐进性质是建立在 $N \to \infty$ 上，而不是在 $T \to \infty$ 的条件下的。故 LSDV 和 GLS 都是有偏且非一致的。固定效应下的 $[\beta, \sigma]$ 估计，可视为 N 个个别估计式的平均。因此，N 个非一致的估计式的平均，依然是非一致的。

随机效应模型下的估计问题更为明显，因为滞后期（$y_{i,t-1}$）和复合残差（$\mu_i + \varepsilon_{t,t}$）间会产生更复杂的相关性，且每个随机效应项 μ_i 均进入群 i 的每个观察值。

前述的问题意味着动态面板数据的估计必须用其他方法，文献上利用 Arellano and Bover（1995）[72]的做法，在 Hansen（1982）[73]的 GMM 架构之下，使用处理动态工具变量的方法来克服动态模型估计所面临的问题。理论细节不谈太多，我们简述最常使用的两步 Arellano-Bond GMM 估计式法，这个方法的特征是同步滞后原动态方程式，再差分移除横截面效应：

$$\begin{aligned} y_{it} &= \beta y_{i,t-1} + \mu_i + \varepsilon_{it} \\ y_{it-1} &= \beta y_{i,t-2} + \mu_i + \varepsilon_{it-1} \\ y_{it} - y_{i,t-1} &= \beta(y_{i,t-1} - y_{i,t-2}) + (\varepsilon_{it} - \varepsilon_{i,t-1}) \\ E(\Delta \varepsilon_i \Delta \varepsilon_i') &= \sigma_\varepsilon^2(I_N \otimes G) \text{ 且 } \Delta \varepsilon_i' = (\varepsilon_{i3} - \varepsilon_{i2}, \cdots, \varepsilon_{iT} - \varepsilon_{i,T-1}) \end{aligned} \tag{18-2}$$

上式中：

$$G = \begin{bmatrix} 2 & -1 & 0 & \cdots & 0 & 0 & 0 \\ -1 & 2 & -1 & \cdots & 0 & 0 & 0 \\ \vdots & \vdots & \vdots & & \vdots & \vdots & \vdots \\ 0 & 0 & 0 & \cdots & -1 & 2 & -1 \\ 0 & 0 & 0 & \cdots & 0 & -1 & 2 \end{bmatrix}$$

G 其实就是 $E(\Delta\varepsilon_i\Delta\varepsilon_i')$ 展开式的系数矩阵，以 $i=1$ 为例，主对角线第 1 格为：

$$(\varepsilon_3 - \varepsilon_2)(\varepsilon_3 - \varepsilon_2) = \varepsilon_3\varepsilon_3 - \varepsilon_3\varepsilon_2 - \varepsilon_2\varepsilon_3 + \varepsilon_2\varepsilon_2 = \varepsilon_3\varepsilon_3 - 2\varepsilon_3\varepsilon_2 + \varepsilon_2\varepsilon_2 \quad (18\text{-}3)$$

对上式取期望值后，因为 i.i.d. 同方差假设，所以：

$$E[\varepsilon_3\varepsilon_3 - 2\varepsilon_3\varepsilon_2 + \varepsilon_2\varepsilon_2] = E[\varepsilon_3\varepsilon_3] - 2E[\varepsilon_3\varepsilon_2] + E[\varepsilon_2\varepsilon_2] = \sigma_\varepsilon^2 - 0 + \sigma_\varepsilon^2 = 2\sigma_\varepsilon^2 \quad (18\text{-}4)$$

故主对角线第 1 格系数是 2，其余类推。每一个 i 都这样处理，就成了一个依克罗内克积 $\otimes$ 展开的矩阵。

因此，利用方程式：

$$y_{it} - y_{i,t-1} = \beta(y_{i,t-1} - y_{i,t-2}) + (\varepsilon_{it} - \varepsilon_{i,t-1}) \quad (18\text{-}5)$$

估计出参数是 GMM 方法的重心。Arellano-Bond 对工具变量的思路如下：

$t = 3$ 是第 1 期：

$$y_{i,3} - y_{i,2} = \beta(y_{i,2} - y_{i,1}) + (\varepsilon_{i,3} - \varepsilon_{i,2}) \quad (18\text{-}6)$$

对 $t = 3$ 这一期而言，$y_{i,1}$ 是一个有效的工具变量，因为它和 $(y_{i,2} - y_{i,1})$ 很相关，却和 $(\varepsilon_{i,3} - \varepsilon_{i,2})$ 无关。

$t = 4$ 期：

$$y_{i,4} - y_{i,3} = \beta(y_{i,3} - y_{i,2}) + (\varepsilon_{i,4} - \varepsilon_{i,3}) \quad (18\text{-}7)$$

对 $t = 4$ 这一期而言，$y_{i,2}$ 是一个有效的工具变量，因为它和 $(y_{i,3} - y_{i,2})$ 很相关，却和 $(\varepsilon_{i,4} - \varepsilon_{i,3})$ 无关。因此，对每一个横截面 i，都有一个有效工具变量矩阵：

$$Z_i = \begin{bmatrix} [y_{i1}] & \cdots & \cdots & 0 \\ \vdots & [y_{i1}, y_{i2}] & 0 & 0 \\ \vdots & \vdots & & 0 \\ 0 & \cdots & \cdots & [y_{i1}, y_{i2}, \cdots, y_{i,T-2}] \end{bmatrix}$$

所有的有效工具变量矩阵则为 $Z = [Z_1, Z_2, \cdots, Z_N]'$，GMM 的动差条件为满足下式的解：

$$E(Z_i'\Delta\varepsilon_i) = 0$$

则第 1 步 Arellano-Bond GMM 估计式为：

$$\begin{aligned}\hat{\beta}_1 = &[(\Delta y_{-1})'Z(Z'(I_N \otimes G)Z)^{-1}Z'(\Delta y_{-1})]^{-1} \times \\ &[(\Delta y_{-1})'Z(Z'(I_N \otimes G)Z)^{-1}Z'(\Delta y)]\end{aligned} \quad (18\text{-}8)$$

若把 $Z'(I_N \otimes G)Z$ 以 $V_N = \sum_{i=1}^{N} Z_i'(\Delta\varepsilon_i)(\Delta\varepsilon_i)'Z_i$ 替代，所得到的估计式就是第 2 步

Arellano-Bond GMM 估计式：

$$\hat{\beta}_2 = [(\Delta y_{-1})'Z\hat{V}_N^{-1}Z'(\Delta y_{-1})]^{-1}[(\Delta y_{-1})'Z\hat{V}_N^{-1}Z'(\Delta y)] \quad (18\text{-}9)$$

式中

$$\text{Var}(\hat{\beta}_2) = [(\Delta y_{-1})'Z\hat{V}_N^{-1}Z'(\Delta y_{-1})]^{-1} \quad (18\text{-}10)$$

最后，当然还有工具变量有效性检验，也就是 Sargan 检验。Arellano and Bond（1991）[74]

建议的 Sargan 检验如下：

$$m = \Delta\hat{\eta}' \left[\sum_{i=1}^{N} W_i'(\Delta\hat{\eta})(\Delta\hat{\eta}')W_i \right]^{-1} W_i'(\Delta\hat{\eta}) \sim \chi_{p-K-1}^{2} \quad (18\text{-}11)$$

η 是 Arellano and Bond（1991）[75] 两步骤估计式的残差。

另外，Blundell and Bond（1998）[76] 提出的系统 GMM 估计式，有比前述 Arellano-Bond 两阶段估计法更好的表现。Blundell-Bond 系统 GMM 原理并不复杂，他的 system（系统）指的是工具变量有两组：第一组是 Arellano-Bond 两阶段用的原始数据水平值；第二组是原始数据的滞后项的差分值。Blundell-Bond 的想法是使用系统 GMM 去处理这两组动态工具变量，这样的话，同时也考虑了差分后的平稳性质。Blundell-Bond 系统 GMM 优于 Arellano-Bond 两阶段的地方在于，系统 GMM 在时间序列不长时，就表现得比 Arellano-Bond 两阶段估计法好得多。因为当时间序列不长时，Arellano-Bond 两阶段使用的工具变量的性质会变弱。

18.1.2　R 实做

动态时使用 GMM 关键是工具变量和处理方式。工具变量分两类：GMM 型和标准型。GMM 型是如同前面所述的 **Z** 矩阵，经由一期一期不断增加，所以是动态扩张；标准型则类同 2SLS 内的工具变量。

最后设定工具变量。对于动态面板数据的 GMM 估计式，采用不同的估计法给予不同的工具变量生成方式，如果选 2SLS，则没有动态生成法。动态生成法如果没有限制特定滞后期时，会生成很多滞后项。只有理解了工具变量的相关理论，我们才会清楚动态 GMM 工具变量。

R 实做如范例程序 18-1 所示。

范例程序 18-1：估计动态面板数据

```
library(plm)
temp3=read.csv("employUK.csv")
head(temp3)
myDat=plm.data(temp3,index=c("firm", "year"))
Eq =log(emp)~log(wage)+log(capital)+log(output)
DPD_AB = pgmm(dynformula(Eq, list(1, 0, 0, 0)), data = myDat, effect = "individual",
model = "twosteps",transformation="ld", gmm.inst = ~ log(emp), lag.gmm = list(c(2, 99)))
                                        # 用 GMM 方法估计 DPD
summary(DPD_AB,robust = TRUE)           # 取得结果且使用稳健协方差。
Unbalanced Panel: n=140, T=7-9, N=1031
Number of Observations Used:   1642
Coefficients
               Estimate Std. Error z-value  Pr(>|z|)
lag(log(emp), 1)  0.633034   0.055325 11.4421 < 2.2e-16 ***
log(wage)        -0.248675   0.055327 -4.4947 6.968e-06 ***
log(capital)      0.289925   0.041271  7.0249 2.142e-12 ***
log(output)       0.274469   0.043338  6.3333 2.400e-10 ***
---
Sargan Test: chisq(37) = 518.1-28411 (p.value=0.014303)
Autocorrelation test (1): normal = -2.524734 (p.value=0.011579)
Autocorrelation test (2): normal = -0.4385484 (p.value=0.66099)
Wald test for coefficients: chisq(4) = 6359.145 (p.value=< 2.22e-16)
sargan(DPD_AB)
Sargan Test
```

```
data:
chisq = 58.284, df = 37, p-value = 0.0143
mtest(DPD_AB)
Autocorrelation test of degree 1
data:
normal = -2.5883, p-value = 0.009644
mtest(DPD_AB, 2, vcovHC)
Autocorrelation test of degree 2
data:
normal = -0.48273, p-value = 0.6293
# 说明（部分略）
```

pgmm()是估计动态面板数据模式的函数，Eq是回归方程式，一共4个变量，函数里面有几个重要参数设定：

```
dynformula(Eq, list(1, 0, 0, 0))
```

这是将回归方程式对象Eq的动态——也就是滞后结构——建立出来。list()内的4个数字代表了对应变量要滞后几期。在这个模型中，我们只建立一个被解释变量滞后一期的动态方程式，所以其他3个都为0：

```
model = "twosteps"
```

这是求解模型，有两种，另一种是onestep：

```
Transformation = "ld"
```

此句用来设定参数DPD的模式。"ld"代表Blundell-Bond的系统GMM，"d"则是Arellano-Bond的差分GMM：

```
gmm.inst = ~ log(emp)
```

此句设定工具变量的变量。我们依照基本理论，只用被解释变量1个变量的滞后期。如果需要增加其他，可以用"＋"添加，例如：

```
gmm.inst = ~ log(emp)+log(wage)
lag.gmm = list(c(2, 99))
```

我们用lag.gmm来设定上面工具变量的滞后期数。2代表了工具变量放弃前两期，从第3期开始，所有的y都是工具变量（99代表所有），也就是从第3期开始，$y_1 \sim y_{T-2}$都是工具变量。这个数字，必须依照数据的时间有多长来确定，如果超过100，就要取更大值以便全部使用。

下面是几个重要检验。

1）Sargan Test用于检验工具变量是否有效。原假设是"工具变量是有效的"。由p值来看，应该是拒绝此原假设。如果须独立执行这个检验，则使用下面指令：

```
sargan(DPD_AB)
```

2）Autocorrelation test（1）和Autocowelation test（2）代表了Arellanno-Bond模型的残差序列相关检验。因为Arellanno-Bond GMM的关键条件，是残差无序列相关。如前所说，因为模型使然，我们只需要看AR（2）的统计量在上述例子中的结果是0.43（p值＝0.66）。

如果需要单独执行检验，可以用下面指令：

```
mtest(DPD_AB,2)
```

如需要稳健协方差执行检验，则使用：

```
mtest(DPD_AB, 2, vcovHC)
```

3) Wald test for coefficients。是 4 个参数都为 0 的参数显著性联合检验。
为了能够熟悉这个函数，建议读者设定这样的动态模型：

$$y_t = f(y_{t-1}, y_{t-2}, x1_t, x1_{t-1}, x2_t, x3_t, x3_{t-1})$$

然后，设定多个解释变量当成工具变量。利用 dynformula() 相当简易：

```
dynformula(Eq, list(2, 1, 0, 1))
```

18.2 具门限效果的面板回归

具门限效果的面板回归最早是由 Hansen（1999）[77]提出的非动态模式，如之前第 13 章的模型，如下：

$$y_t = \begin{cases} \varphi_{0,1} + \varphi_{1,1}x_t + \varepsilon_{1t}, & \text{if } z_t \leq \gamma, \\ \varphi_{0,2} + \varphi_{1,2}x_t + \varepsilon_{2t}, & \text{if } z_t > \gamma \end{cases} \tag{18-12}$$

合并可写成 $y_t = (\varphi_{0,1} + \varphi_{1,1}x_t) \cdot I(z_t \leq \gamma) + (\varphi_{0,2} + \varphi_{1,2}x_t) \cdot I(z_t > \gamma)$

Hansen（1999）[77]的模型是静态面板回归，也就不具备内生性动态问题，后来有一些发展到动态模型。用一个例子来解释面板文献。文献上有关国际资本流动的研究中，有一个称为 Feldstein-Horioka 之谜的议题。Feldstein-Horioka 有如下横截面方程式：

$$\left(\frac{I}{\text{GNP}}\right)_i = \alpha + \beta\left(\frac{S}{\text{GNP}}\right)_i + \varepsilon_i \tag{18-13}$$

I 是固定资本形成，S 是储蓄，GNP 是**国民生产总值**。由回归系数的统计显著性，推论国际资本移动的程度：一个不显著的系数，隐含完善的资本移动（perfect capital mobility）。这个理论的 OECD 实证遭到了统计上极为显著的否定，因为其违反 OECD 国家的事实。为了继续这个研究，学者转向了面板数据，因为横截面的模型没有时间上的动态：

$$\left(\frac{I}{\text{GNP}}\right)_{it} = \alpha + \beta\left(\frac{S}{\text{GNP}}\right)_{it} + \varepsilon_{it} \tag{18-14}$$

因为文献上有研究证明，投资率和储蓄率的关系受利率影响，所以国家规模是一个问题。因此，再增加一个国家规模的门限变量（Size）就可以进行面板门限回归，如下：

$$\left(\frac{I}{\text{GNP}}\right)_{it} = \alpha_i + \beta_1\left(\frac{S}{\text{GNP}}\right)_{it} + \varepsilon_{it}, \quad \text{if Size}_{it} \leq \gamma_1 \tag{18-15}$$

$$\left(\frac{I}{\text{GNP}}\right)_{it} = \alpha_i + \beta_2\left(\frac{S}{\text{GNP}}\right)_{it} + \varepsilon_{it}, \quad \text{if } \gamma_1 < \text{Size}_{it} < \gamma_2 \tag{18-16}$$

$$\left(\frac{I}{\text{GNP}}\right)_{it} = \alpha_i + \beta_3\left(\frac{S}{\text{GNP}}\right)_{it} + \varepsilon_{it}, \quad \text{if Size}_{it} \geq \gamma_2 \tag{18-17}$$

门限效果的检验是次序检验（Sequential test），也就是一组一组检验，依次估计门限个数，如下。

第 1 组：

$$\begin{cases} H_0: \beta_1 = \beta_2 \\ H_A: \beta_1 \neq \beta_2 \end{cases}$$

第 2 组：

$$\begin{cases} H_0: \beta_1 = \beta_2 = \beta_3 \\ H_A: \beta_1 \neq \beta_2, \beta_2 \neq \beta_3 \end{cases}$$

统计量是 LR，然后用拔靴法产生临界值。

在 Hansen（1999）[77]的原文范例中，用的是厂商的融资限制（financing constraints）和投资比率（investment ratio）的关系，是一个相当经典的研究议题。门限回归的应用问题相当广泛，在会计领域中尤其多。

因为门限模型在单个区间内都是线性模型，所以估计门限模型并不困难。pdR 包内的函数 ptm() 就是估计的关键函数。有兴趣实做的读者，先使用该包内的数据，执行该包内的范例程序就能了解如何进行估计和检验。

pdR 是本书作者所开发，原设定为一年更新一次，以新增内容。目前内容除了面板门限之外，还有 HEGY 在面板数据之下的季节单位根检验，以及 Chang（2002）[78]的利用工具变量生成函数（instrument generating function，IGF）产生的单位根统计量。为避免本书中出现过多雷同内容，本节对此不再进行演示。

第六部分
PART6

高频数据分析

第19章

混频模型：MIDAS

19.1 MIDAS 的原理

19.1.1 MIDAS 的基本形式

混频模型，即 MIDAS（mixed data sampling），是一个相当创新的计量方法，它能够处理有不同频率的变量混在一起的回归方程式。例如，Y 是月频率，X 是周或日频率。过去没有 MIDAS 时，模型数据往往要迁就低频数据，把高频降为低频。MIDAS 方法和早年的分布滞后法（distributed lags）很像，但是具有更严格的参数结构使得演算收敛可以达成，原始研究文献可以参考 Ghysels 等人的文章[79,80,81]，应用研究文献可参考 2016 年 *Journal of Econometrics* 的特刊 *The Econometric Analysis of Mixed Frequency Data Sampling*。

MIDAS 的简介如下，已知方程式：

$$Y_t = \beta_0 + \beta_1 B(L^{1/m}) X_{t-1}^{(m)} + \varepsilon_t^{(m)} \tag{19-1}$$

$B(L)$ 为多项式滞后算子（polynomial lag operator），滞后阶次可以是有限阶或无限阶。Y 是相对低频数据变量，例如，年、季、月；X 则是相对 Y 的高频变量。$X^{(m)}$ 中的上标 m 则代表了低频 Y 内的高频次数。例如，如果 Y 是年数据，则季数据的 $X^{(m)}$ 的上标 m 为 4，也就是一年抽样 4 次。j-阶多项式滞后算子定义如下：$B(L^{1/m}) = \sum_{j=0}^{j^{max}} B(j) L^{j/m}$。该式定义了一个多项式阶次为 j^{max} 的滞后算子 $L^{1/m}$，且 $L^{j/m} X_t = X_{t-j/m}$。也就是说，L 产生了 X 变量滞后 j/m 期的结构。

以一个 X_1 和 X_2 的双变量回归为例，X_1 和 X_2 不是必须频率相同，为方便起见，我们令两者频次相同。MIDAS 方程式如下：

$$Y_t = \alpha + \beta_1 \cdot X_{1,t}^{(m)} + \beta_2 \cdot X_{2,t}^{(m)} + e_t^{(m)} \tag{19-2}$$

和传统降频不同，MIDAS 数据结构的关键是定频（frequency alignment），即将低频变量 Y 对应的每一个高频变量 X 的观察值处理成相同即可。例如，如果 Y 是月数据，X 是日数据，实证数据上,每一个月的日观察个数会不同,有的观察 25 天,有的观察 21 天等。这个参数在方程式内就是 m,Y 在每一个月的日观察值必须都等于 m。

19.1.2 MIDAS 中滞后期结构的处理

此外,MIDAS 也允许 X 具有动态的滞后结构。X 滞后期的结构,所配适的估计参数,可事先配置特定权重函数以参数化,例如多项式权重(polynomial weights)。解释这个概念,先解释古典时间序列计量模型中的分布滞后模型,假设一个如下的滞后结构回归。

$$Y_t = \alpha + \sum_{k=0}^{K} \beta_j X_{t-k}^{(m)} \tag{19-3}$$

滞后阶数 k 可以是有限的,也可以是无限的。无限滞后分布模型需要估计无数个滞后项的权重;显然只有假设各滞后项权重之间的关系存在某种结构,才能以有限的假设参数表达无数个滞后项权重。有限滞后分布模型的参数可以直接使用普通最小二乘法(OLS)估计(假设有足够的数据),然而估计结果可能会因为各期自变量间的自相关(AR)关系,而出现多重共线性。因此,我们需要假设各滞后项权重之间的关系存在某种结构。式(19-3)简单可展开如下:

$$Y_t = \alpha + \beta_0 X_t^{(m)} + \beta_1 X_{t-1}^{(m)} + \cdots + \beta_k X_{t-k}^{(m)} + e_t \tag{19-4}$$

假设 Y 是年数据,X 是月数据($k = 11$),式(19-4)的参数估计有两种方式。

1. 无约束模型

无约束模型(unrestricted model)是指对滞后项的系数无额外限制。例如,$Y_t = \alpha + \beta_0 X_t^{(m)} + \beta_1 X_{t-1}^{(m)} + e_t$,右边的 X 其实只是把每一年的第 11 月和第 12 月两个月的数据挑出来和 Y 回归,剩下的 10 个月数据就没有用到。所以,这就只是简单线性回归模型。完整的"年 – 月"混频回归其实只是如下方程:

$$Y_t = \alpha + \beta_0 X_t^{(m)} + \beta_1 X_{t-1}^{(m)} + \cdots + \beta_{11} X_{t-11}^{(m)} + e_t$$

这也只是简单线性回归模型。

2. 受约束模型

受约束模型(restricted model)是指进入回归的滞后项的系数受到某种约束,这种约束通常以特定的权重函数的形式来表示。

一种最常用的权重函数称为阿尔蒙滞后(Almond lag)。[82] 该权重函数假设参数具有如下式的多项式结构:

$$\beta_j = \gamma_1 + \gamma_2 j + \gamma_3 j^2 + \cdots + \gamma_{p+1} j^p, \quad j = 1, 2, \cdots, k \tag{19-5}$$

$j = 0$ 这一项,不做展开。式(19-4)的参数解,就是把式(19-5)带入式(19-4)展开后求解,所以关键就是 γ。一旦 γ 估计成功,β 就可以简单地算出来。Almond 证明这样的处理使得右边自变量之间维持了线性独立关系。分布滞后模型右边 X 变量很容易扩充为多个解释变量。有的情况下,式(19-5)也会增加一个常数:

$$\beta_j = \gamma_1 + \gamma_2 (j - \bar{c}) + \gamma_3 (j - \bar{c})^2 + \cdots + \gamma_{p+1} (j - \bar{c})^p$$

$$\bar{c} = \begin{cases} \dfrac{k}{2}, k = 2,4,6,8,\cdots \\ \dfrac{k-1}{2}, k = 1,3,4,5,9,\cdots \end{cases}$$

Bai[83] 等人探讨 MIDAS 回归与状态空间模型(state-space)应用于混合频率数据的关

系。一般来说，状态空间模型中方程组需使用卡尔曼滤波（Kalman filter），而 MIDAS 回归只有一条方程式。因此，MIDAS 回归或许效率较差，但比较不容易出错，以 MIDAS 回归作为近似值的误差不大。2016 *Journal of Econometrics* 特刊已经介绍了 MIDAS 的众多延伸，包括 MIDAS-GARCH 和 MIDAS-VAR 等。

由前文可知，一个完整的混频，以"年–月"为例，应该是用受约束函数处理，方程如下：

$$Y_t = \alpha + \beta_0 X_t^{(m)} + \beta_1 X_{t-1}^{(m)} + \cdots + \beta_{11} X_{t-11}^{(m)} + e_t \tag{19-6}$$

然后再计算 12 个月的综合效果（$\beta_0,\cdots,\beta_{11}$），这些在 R 内需要比较高阶的程序处理。

19.2　MIDAS 在 R 中的实现

出 R 之外，Matlab 和 Eviews 也有了处理 MIDAS 的功能模块。R 可以参考 Github 上的区块（https://github.com/mpiktas/midasr），本节以规律频（regular frequency）数据和不规律频（irregular frequency）数据为例，讲解 MIDAS 在整个 R 中的实现。

接下来首先讲解规律频数据的 MIDAS 处理。

19.2.1　规律频数据无约束模型的操作

我们首先由滞后期结构没有任何限制条件的 MIDAS 模型入手。范例程序 19-1 以美国实际 GDP（年度数据）和失业率（月度数据）的关系为例，演示规律频无约束 MIDAS。

范例程序 19-1：规律频数据无约束 MIDAS 的处理

```
library(midasr)              # 载入包 midasr
data("USunempr")             # 加载包数据美国失业率（数据为 ts 格式）
data("USrealgdp")            # 加载包数据美国实际 GDP（数据为 ts 格式）
y = diff(log(USrealgdp))     # 计算年经济增长率，定义为 y
x = window(diff(USunempr),start=1949)
 # 定义失业率的变动，定义为 x，并取起始年为 1949 以和 y 相同
out_u =midas_u(y~fmls(x,0,12))  #用函数 midas_u 估计模型
coef(summary(out_u))  #察看系数
                 Estimate   Std. Error    t value      Pr(>|t|)
(Intercept)      0.03145194 0.003016903  10.425239  3.538582e-15
fmls(x, 0, 12)  -0.01843499 0.012499673  -1.474838  1.453990e-01
```

处理无约束 MIDAS 的关键是用函数 `midas_ul()` 进行估计。关于这个函数，有两点说明。

第一，这个函数后面的 `_u` 代表无约束（unrestricted）模型，也就是说在系数上没有任何的滞后结构函数（例如前文提到的多项式）作为限制条件，估计的方法就是线性回归的最小二乘法。

第二，`fmls()` 函数是一个将高频变量 X 与相应的低频变量做定频的展开函数。`fmls(x,k,m)` 中有几个参数要设置，其中 m 如上所述，就是 X 相对于 Y 的频次。如果 Y 是年数据，X 是月数据，则 m = 12，以此类推，所以，m 是不可以随意更改的数据结构参数。另外，k 代表滞后阶数，此例设定 k = 0，也就是不取滞后项，是 t 对 t 的同期相关（contemporaneous correlation）。

`coef(summary(out_u))` 可以查看系数，用 `round()` 函数可以把小数四舍五入，如下所示：

```
round(coef(summary(out_u)),4)
```

```
                  Estimate Std. Error t value Pr(>|t|)
(Intercept)        0.0315     0.0030  10.4252  0.0000
fmls(x, 0, 12)    -0.0184     0.0125  -1.4748  0.1454
```

读者自己练习，可以执行 midas_u(y~fmls(x,2,12)) 看看结果。如果需要增加趋势等额外变量，可以先行定义，再增添。如下所示：

```
trend=1:length(y)
midas_u(y~fmls(x,0,12))+trend
```

要了解 MIDAS 整个演算的特征并不难，我们解构一下。先看 fmls(x,0,12) 这个函数，其实就是从变量 x 中取出每年的 12 月（不取滞后项也就是只取最后一个月）的失业率数据。如果是 fmls(x,1,12)，其中的 1 就是取零阶和一阶滞后的意思，也就是从 x 中取出每年最后两个月的失业率数据。相应回归就是年度经济增长率对每年 11 月的失业率和 12 月的失业率的多元回归。滞后结构无约束模型下，其实就是由最后一个月倒数的最小二乘回归。欲佐证这一点，读者除了把 fmls(x,0,12) 和 fmls(x,1,12) 打印出来对照 x 来看，同时可以执行以下两行：

```
X=t(matrix(x,12,))
#将ts格式对象的x转为具有12行数据的矩阵(-#的数据在第一行,以此类推),然后转置
summary(lm(y~X[,12]))
```

上面我们把原始数据依照 fmls 处理成矩阵 **X**，则 X[,12] 等同于 fmls(x,0,12)：

```
window(x,start=c(1949,1),end=c(1954,12))
      Jan  Feb  Mar  Apr  May  Jun  Jul  Aug  Sep  Oct  Nov  Dec
1949  0.3  0.4  0.3  0.3  0.8  0.1  0.5  0.1 -0.2  1.3 -1.5  0.2
1950 -0.1 -0.1 -0.1 -0.5 -0.3 -0.1 -0.4 -0.5 -0.1 -0.2  0.0  0.1
1951 -0.6 -0.3  0.0 -0.3 -0.1  0.2 -0.1  0.0  0.2  0.2  0.0 -0.4
1952  0.1 -0.1 -0.2  0.0  0.1  0.0  0.2  0.2 -0.3 -0.1 -0.2 -0.1
1953  0.2 -0.3  0.0  0.1  0.2  0.0  0.1  0.1  0.2  0.2  0.4  1.0
1954  0.4  0.3  0.5  0.2 -0.0 -0.3  0.2  0.2  0.1 -0.4 -0.4 -0.3
head(fmls(x,0,12))
     X.0/m
[1,]  0.2
[2,]  0.1
[3,] -0.4
[4,] -0.1
[5,]  1.0
[6,] -0.3
head(fmls(x,1,12))
     X.0/m X.1/m
[1,]  0.2  -1.5
[2,]  0.1   0.0
[3,] -0.4   0.0
[4,] -0.1  -0.2
[5,]  1.0   0.4
[6,] -0.3  -0.4
```

同理，X[,11:12] 等于 fmls(x,1,12)，用 lm() 就可以得出和 midas_u 一样的结果。所以，混频其实只是一种技巧，正式的统计估计还是需要数据完整地对应。如果没有滞后结构的话，其实就是从高频变量的数据中择一（范例程序 19-1 中是选每年最后一个月）进行回归而已。

19.2.2 规律频数据受约束模型的操作

具有滞后结构限制的 MIDAS，可以使用 **midas_r()** 这个函数来处理，如范例程

序 19-2 所示。其中的 **_r** 表示滞后结构受约束（restricted）。

范例程序 19-2：规律频数据受约束 MIDAS 的处理

```
out_r =midas_r(y~fmls(x,1,12, nealmon), start=list(x=c(0,0)))
    # 用midas_r估计受约束的参数，处理参数的权重函数选择nealmon, start=list(x=c(0,0)) 是将两个滞后项
    （因为fmls()中参数k=1,所以有x_t 和x_{t-1} 两个滞后项）的初始值设为0
coef(summary(out_r))
                Estimate    Std. Error    t value     Pr(>|t|)
(Intercept)   0.03144874   0.003189599   9.8597770  3.638416e-14
x1           -0.01854838   0.017361456  -1.0683656  2.896353e-01
x2           -4.04165344  25.648038628  -0.1575814  8.753158e-01
round(coef(summary(out_r)),4)
                Estimate  Std. Error  t value  Pr(>|t|)
(Intercept)     0.0314      0.0032    9.8598   0.0000
x1             -0.0185      0.0174   -1.0684   0.2896
x2             -4.0417     25.6480   -0.1576   0.8753
```

权重函数参数没有设定的话，就会和 LS 相仿。读者可以执行没有权重函数设定的代码看看结果如何，例如：

```
mr=midas_r(y~fmls(x,1,12), start=list(x=c(0,0)))
round(coef(summary(mr)),4)
                Estimate  Std. Error  t value  Pr(>|t|)
(Intercept)     0.0315      0.0033    9.5179   0.0000
x1             -0.0196      0.0142   -1.3762   0.1739
x2              0.0044      0.0082    0.5327   0.5962
```

对比结果，可见差异甚大。除了 nealmon（Almon 滞后）之外，R 提供的权重函数有 gompertzp（Gompertz）、lcauchyp（log-Cauchy）、nakagamip（Nakagami）和 nbeta（beta）等，详情请参考 midasr 内的说明文档。不同的权重函数，对于数值演算上的要求也不尽相同，所以在使用时，必须仔细阅读作者的说明。

为了更了解权重函数设定上的关键差异，请执行以下两组代码。

第 1 组，无权重函数设置：

```
mrA0=midas_r(y~fmls(x, 0, 12), start=list(x=c(0)))
round(coef(summary(mrA0)),4)
mrA1=midas_r(y~fmls(x, 1, 12), start=list(x=c(0,0)))
round(coef(summary(mrA1)),4)
mrA2=midas_r(y~fmls(x, 2, 12), start=list(x=c(0,0,0)))
round(coef(summary(mrA2)),4)
```

第 2 组，使用 mealmon 权重函数设置：

```
mrB0=midas_r(y~fmls(x,2,12,nealmon),start=list(x=c(0,0,0,0)))
round(coef(summary(mrB0)),4)

mrB1=midas_r(y~fmls(x,3,12,nealmon),start=list(x=c(0,0,0,0)))
round(coef(summary(mrB1)),4)

mrB2=midas_r(y~fmls(x,6,12,nealmon),start=list(x=c(0,0,0,0)))
round(coef(summary(mrB2)),4)
                Estimate  Std. Error  t value  Pr(>|t|)
(Intercept)     0.0317      0.0029   10.9552   0.0000
x1             -0.1014      0.0302   -3.3519   0.0014
x2              0.1009     30.1750    0.0033   0.9973
x3              0.4762      5.4273    0.0877   0.9304
```

```
x4                  -0.0529      0.3239 -0.1633      0.8708
mrB2$midas_coefficients
  (Intercept)            x1            x2            x3            x4            x5            x6            x7
 0.0317128641 -0.0001234852 -0.0003936065 -0.0017238356 -0.0075527683 -0.0241036919 -0.0407960806 -0.0266625181
```

coef(summary(mrB2)) 输出的系数是式（19-5）中的 γ_i，中的 β_j 称为 MIDAS 系数（MIDAS coefficients），通过代码 **mrB2$midas_coefficients** 可以输出，个数就是 k+1，此例中有 7 个参数。

19.2.3 模型最优滞后结构的选择方法

MIDAS 的估计结果受到 MIDAS 滞后期数目和多项式阶次的影响很大，因此，选择一个最佳模型方法就很重要。使用函数 hf_lags_table() 可以生成一个关于高频变量 x 的多个滞后结构的 BIC 和 AIC 表，如范例程序 19-3 所示。

语句 hf_lags_table() 产生的是一个关于高频变量滞后结构的表格，函数内主要有 from 和 to 两个关键参数设定。from=list(x=0) 和 to=list(x=c(2,20)，就是考察从滞后 0～2 期（0：2）一直到滞后 0～20 期（0：20）的所有滞后结构。from 中的值和 to 中的第一个值至少相差 2，所以本例中，to 的第一个值写 2 或 1 都一样，都是从 0：2 开始。

因为 BIC 或 AIC 指标都是越小越好，所以，我们选的标准最小值是 –374.168 4，最佳 MIDAS 滞后期数为 14。我们也显示了 MIDAS 系数和模型的调整 R^2（0.802 384 7）对比之前设定滞后 6 期的模型（R^2 为 0.123587），可见最佳滞后结构模型的 R^2 提升很多。

最后，MIDAS 系数如图 19-1 所示。

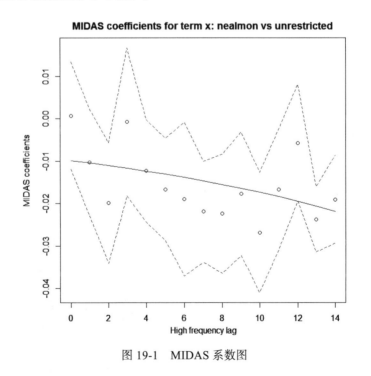

图 19-1　MIDAS 系数图

最佳模型选择函数，尚有低频函数 lf_lags_table()，用法完全一样，有兴趣的读者，可以参考包的说明文件。

范例程序 19-3：MIDAS 模型高频变量最优滞后结构的选择

```
output.tmp = hf_lags_table(y ~ fmls(x,1,12, nealmon), start = list(x = c(0.5, 0.5), from = list(x=0), to = list(x=c(2,20)))
                           # 建立多种情况之下估计的 IC 值表格
output.tmp
                                  model AIC.restricted BIC.restricted AIC.unrestricted BIC.unrestricted hAh_test.p.value First Second Convergence
1   y ~ mls(x, 0:2, 12, nealmon)       -282.6405      -274.1320       -280.6629        -270.0272        0.8850786522     FALSE TRUE   0
2   y ~ mls(x, 0:3, 12, nealmon)       -284.1201      -275.6116       -280.5731        -267.8103        0.8113967940     FALSE TRUE   0
3   y ~ mls(x, 0:4, 12, nealmon)       -284.3648      -275.8563       -279.4697        -264.5798        0.7995820043     FALSE TRUE   0
4   y ~ mls(x, 0:5, 12, nealmon)       -289.5125      -281.0039       -282.9328        -265.9157        0.8656910728     FALSE TRUE   0
5   y ~ mls(x, 0:6, 12, nealmon)       -288.7275      -280.2189       -282.4150        -263.2708        0.6524391956     TRUE  TRUE   0
6   y ~ mls(x, 0:7, 12, nealmon)       -314.5265      -306.0179       -308.7646        -287.4933        0.4682199073     TRUE  TRUE   0
7   y ~ mls(x, 0:8, 12, nealmon)       -334.4846      -325.9761       -328.6803        -305.2818        0.3934892366     TRUE  TRUE   0
8   y ~ mls(x, 0:9, 12, nealmon)       -350.7106      -342.2021       -342.8456        -317.3200        0.5204824594     TRUE  TRUE   0
9   y ~ mls(x, 0:10, 12, nealmon)      -372.6911      -364.1826       -358.4543        -330.8016        0.9589675951     TRUE  TRUE   0
10  y ~ mls(x, 0:11, 12, nealmon)      -366.6377      -358.1292       -359.6440        -329.8641        0.3245114068     FALSE TRUE   0
11  y ~ mls(x, 0:12, 12, nealmon)      -361.7686      -353.2600       -358.4182        -326.5112        0.1125404891     TRUE  TRUE   0
12  y ~ mls(x, 0:13, 12, nealmon)      -378.5962      -370.0876       -369.0603        -335.0262        0.4180484014     TRUE  TRUE   0
13  y ~ mls(x, 0:14, 12, nealmon)      -382.6770      -374.1684       -375.5265        -339.3653        0.2310544986     TRUE  TRUE   0
14  y ~ mls(x, 0:15, 12, nealmon)      -381.1226      -372.6141       -373.5479        -335.2595        0.2276324436     TRUE  TRUE   0
15  y ~ mls(x, 0:16, 12, nealmon)      -378.1226      -369.6141       -371.5569        -331.1414        0.1640156283     FALSE TRUE   0
16  y ~ mls(x, 0:17, 12, nealmon)      -373.0086      -364.5001       -372.3902        -329.8475        0.0288444740     FALSE TRUE   0
17  y ~ mls(x, 0:18, 12, nealmon)      -372.3882      -363.8796       -370.4209        -325.7511        0.0403759785     FALSE TRUE   0
18  y ~ mls(x, 0:19, 12, nealmon)      -361.4457      -352.9372       -368.5158        -321.7188        0.0014627481     FALSE TRUE   0
19  y ~ mls(x, 0:20, 12, nealmon)      -357.0435      -348.5350       -367.5123        -318.5882        0.0003117456     FALSE TRUE   0

output_modsel= modsel(output.tmp, "BIC", "restricted")
                                                        # 用函数 modsel() 依照 BIC 准则选择最佳模型，另外它也支持使用 AIC 准则
round(coef(summary(output_modsel)),4)                   # 查看最佳模型的系数
            Estimate Std. Error t value Pr(>|t|)
(Intercept)   0.0330    0.0019  17.4733  0e+00
x1           -0.2266    0.0174 -12.9966  0e+00
x2            0.0567    0.0156   3.6325  6e-04
summary(output_modsel)$adj_r_squared                    # 查看最佳模型的 adj.R2
[1] 0.8023847
plot_midas_coef(output_modsel)                          # 绘制最佳模型的系数
```

19.2.4 不规律频率的 MIDAS 的操作

不规律的数据，我们的范例程序用沪深 300 指数三年现货价格的 tick 数据，议题范例用 "风险 – 收益"的回归。Y 是日收益率，X 是日内已实现波动（realized volatilities），记价格 tick 取对数差分得到的收益率为 r，特定交易日的收益率就是该日所有 r 的平均。特定区间的实现波动率为：

$$X = RV = \sum_{i=1}^{n} r_i^2$$

如上所述，我们必须定义好 m。在下面的例子中，我们定义 m 为 25，也就是把一天的日内 tick 报酬率 r 分成 25 个频率区块。数据整理过程如范例程序 19-4 所示，有两点需要特别注意：一是原始数据必须转换为时间序列格式，二是要按照日为周期去做循环，整理每日数据。

逐日计算，可以避免因为跨日连续计算而产生剧烈变动，例如将昨天最后一个 tick 和今天第一个 tick 合在一个区间计算，在今天开盘跳空的情况下，就会产生剧烈波动。为了后续有效率地使用数据，我们将整理好的数据另外存成 .RData 格式文件。

范例程序 19-4：不规律频数据的整理

```
library(xts)                                          # 加载时间序列包 xts
temp=read.csv("CSI300.csv")                           # 加载沪深 300 现货 tick 数据，并将其设
                                                        定为 temp
timeID = as.POSIXlt(temp[,1], format="%Y-%m-%d %H:%M:%OS")
                                                      # 定义日内高频时间格式
Price=as.xts(temp[,"price"], timeID)                  # 把价格转成时间序列
names(Price)="Price"                                  # 赋予新名称
dateID=as.character(unique(as.Date(timeID)))          # 取出交易日的日期，并转成文字
m=25                                                  # 设定日内的频次，此例为 25
Ret.low=RV.high=NULL                                  # 以下为日循环，计算所需要的每日报酬率
                                                        和日内 RV
for (j in dateID) {
P=log(Price[j])
ret=na.omit(diff(P))*100
rv=ret^2
#Collect midas daily low-freq Y
Ret.low=rbind(Ret.low, mean(ret))
#Collect midas aligned high-frequency X
RV=apply(matrix(as.numeric(rv), , m), 2, sum)
RV.high=rbind(RV.high, RV)
}
fileSaved=paste0("CSI300_midasData",m,".RData")       # 产生储存档的文件名
save(dateID,Ret.low,RV.high,file=fileSaved)           # 将整理好的数据，存成 .RData
```

上面比较需要解释的是第 16 步的 RV 处理：我们将日内的 tick 排成 25 列的矩阵，然后再依照行将其加总。最后把数据存储为外部文件，后面的例子可以很方便地加载使用。对于矩阵不能整除的问题，R 会有一个内建填补的方法：忽略或是移除最后一行。

令 R_t 为以平均数计算的日预期报酬，然后我们执行以下简单的风险 – 收益回归：

$$R_t = \alpha + \beta RV_t^{(m)} \tag{19-7}$$

处理不规律频数据 MIDAS 模型最不容易的就是前期的数据整理工作，准备好数据之后的工作（如范例程序 19-5 所示）与前述规律频数据 MIDAS 模型的处理并无二致。

范例程序 19-5：不规律频率数据 MIDAS 模型的估计

```
library(midasr)   # 载入包
```

```
load("CSI300_midasData25.RData")        # 加载整理好的数据
Ret=Ret.low                             # 定义低频报酬率
RV=RV.high                              # 定义高频的实现波动
m=25    # 设定日内的高频次
#Selection the best model of fmls       # 以下略
RV_nealmon=hf_lags_table(Ret ~ fmls(RV,0, m, nealmon), start = list(RV = c(-0.5,0.5)),from=
                    list(RV=0), to=list(RV=c(1,9)))
RV_modsel=modsel(RV_nealmon,"BIC","restricted")
round(coef(summary(RV_modsel)),4)
summary(RV_modsel)$adj_r_squared
RV_modsel$midas_coefficients
```

读者会发现，midasr 包中给出的 MIDAS 系数只有系数值，没有标准误差和 p 值。MIDAS 相关的很多估计结果（如 MIDAS 系数的标准偏差或累积系数等）都必须编写程序进行额外计算。而且 MIDAS 模型的重点在于预测，所以无论是在软件使用上还是计量内容上，MIDAS 模型都很有难度，我们也把本章内容列为进阶章节。如果读者熟悉计量理论并且具备一定的程序编写能力，学习起来应该也不会太难。

第七部分
PART7

研究实例及 R 实现

第20章
Chapter20

基于已实现 GARCH 的高频数据波动率建模

资产波动率的准确估计与预测在资产定价、风险管理、资产配置以及其他的金融应用中均至关重要。在理论和实际应用中，GARCH 类模型是估计波动率非常重要的工具。传统的 GARCH 类模型通常使用日度、周度和月度等较低频率的数据估计收益率的条件波动率，这样可能会造成日内有用信息的遗漏，从而带来不准确的波动率估计。近年来，随着日内高频数据的可获得性越来越强，大量研究开始关注波动率的已实现测度及其应用。Hansen et al.（2012）[84]综合 GARCH 模型和波动的已实现测度，提出了 Realized GARCH（RGARCH）模型，并且证实相比标准 GARCH 模型，其显著地改进了样本内条件波动率的估计效果。

20.1 模型介绍

下面简单介绍 RGARCH 模型的对数线性设定，RGARCH(1, 1) 可以表示为：

$$r_t = \sigma_t z_t, z_t \sim i.i.d. N(0,1) \tag{20-1}$$

$$\log\sigma_t^2 = \omega + \beta\log\sigma_{t-1}^2 + \gamma\log x_{t-1} \tag{20-2}$$

$$\log x_t = \xi + \varphi\log\sigma_t^2 + \tau(z_t) + u_t, u_t \sim i.i.d. N(0,\sigma_u^2) \tag{20-3}$$

其中，$\{r_t\}$ 是 0 均值收益率序列，$\sigma_t^2 = \mathrm{Var}(r_t \mid F_{t-1})$ 是条件波动，$F_{t-1} = \sigma(r_{t-1}, x_{t-1}, \cdots)$ 是在 t 时可获得的信息集，x_t 是波动率的已实现测度，标准化的误差 z_t 和 u_t 相互独立。$\tau(z_t)$ 是杠杆函数，这里将其设定为简单的二次形式：$\tau(z_t) = \tau_1 z + \tau_2(z^2 - 1)$，其中，$\tau_1$ 要求为负，捕捉非对称效应，并且有 $\mathrm{E}\tau(z_t) = 0$。此外，根据 Engle and Ng（1993）[85]，信息冲击曲线可以定义为 $v(z) = E(\log\sigma_{t+1}^2 \mid z_t = z) - E\log\sigma_{t+1}^2$，即：

$$v(z) = \gamma_1 \tau(z) \tag{20-4}$$

RGARCH 模型的前两个等式构造了类似于 GARCH-X 的模型，其中 X 意味着 x_t 被作为外生变量处理，本文使用文献中常用的已实现波动率（Realized Volatility, RV），也就是说，已实现波动能够影响未来的波动。同时，条件波动率 σ_t^2 受到过去的波动率 σ_{t-1}^2 和收益率新息的影响，收益率通过影响 x_t 来影响未来波动。式（20-4）是度量方程，它表示已实现测度和未来波动以及收益率新息间相关，收益率新息通过杠杆函数 $\tau(z_t)$ 被引入到度量方程中。对数形式的 RGARCH（1,1）转化成 ARMA（1,1）过程如下所示：

$$\log\sigma_t^2 = \omega + (\beta + \varphi\gamma)\log\sigma_{t-1}^2 + \gamma[\tau(z_{t-1}) + u_{t-1} + \xi] \tag{20-5}$$

则持续性参数为：

$$\pi = \beta + \varphi\gamma$$

RV 的计算公式为：

$$RV_t = \sum_{j=1}^{n} r_{t,j}^2 \quad \pi = \beta + \varphi\gamma \tag{20-6}$$

式中，$r_{t,j}$ 是 t 日的第 j 个内收益率，n 是日内收益率个数。

由上述对 DCC 模型的介绍可知，建立一个 DCC 模型需要以下三个步骤：

1）对 r_t 简单地进行去均值处理或者建立 VAR（p）模型，以此获得资产收益率序列 r_t 的条件均值 μ_t 的估计，再通过 $\hat{a}_t = r_t - \hat{\mu}_t$ 获得残差序列 $\hat{a}_t$；

2）运用 GARCH 模型对每个残差序列 $\hat{a}_{it}$ 建立单元波动率模型，获得波动率序列 $\hat{h}_{it}$，那么单个资产收益率的波动率 $\sigma_{ii,t}$ 可由 $\hat{h}_{it}$ 估计得出；

3）对多元波动率进行动态相关性拟合，首先通过 $\hat{\eta}_{it} = \hat{a}_{it}/\sqrt{\sigma_{ii,t}}$ 获得标准化信息，而后对标准化新息 η_t 进行 DCC 模型的拟合，根据参数 θ_1 和 θ_2 获得多元波动率相关性的动态演化。

值得说明的是，多元收益率的新息的条件分布一般被认为服从多元标准正态分布和多元学生 T 分布，此处可根据多元波动率的形态特征来选择恰当的条件分布来描述 η_t。

20.2　中国股市的实证研究案例

20.2.1　背景介绍

许多学者提出了各种各样的方法对波动率进行估计，其中，Engle（1982）[21] 和 Bollerslev（1986）[22] 提出的 ARCH 和 GARCH 模型最具代表性，这类模型可以很好地捕捉波动率聚集、尖峰厚尾和杠杆效应等波动率的动态特征。然而，使用低频数据的 GARCH 类模型通常会遗漏日内有用信息，从而造成不准确的波动率估计，也就是说，传统 GARCH 类模型的信息集 F_{t-1} 不够充分。随着高频数据的可获得性越来越强，越来越多的文献开始考虑使用日内高频数据来更准确地估计已实现波动率，如 Andersen and Bollerslev（1998）[86]、Christoffersen et al.（2014）[87]、王天一和黄卓（2012）[88] 等。同时，许多研究者开始提出使用不同波动率模型来综合各种波动的已实现测度，并将其用于更准确地估计和预测条件波动率，如 Engle（2002）[89]、Engle and Gallo（2006）[90]、Shirota et al.（2014）[91]、Takahashi et al.（2016）[92] 等。

Hansen et al.（2012）[84] 引入了新的 Realized GARCH 模型框架，该模型能够综合通过日内高频数据计算出的已实现测度和日度收益率，并以此估计和预测条件波动率。这种方法已被大量的文献使用和改进，用于估计不同金融市场的波动率和市场风险，如 Watanabe（2012）[93]、Louzis et al.（2013）[94]、Tian and Hamori（2015）[95]、Gerlach and Wang（2016）[96]、Huang et al.（2016）[97] 等。与其他模型相比，Realized GARCH 模型有几个明显的优势：首先，RGARCH 模型参数非常简洁，而且其形式可以转换成条件波动和已实现测度的 ARMA 结构；其次，它可以非常容易地同时估计均值方程、波动方程和度量方程参数，并且明显改进了条件波动率和风险估计与预测效果；最后，RGARCH 模型可以调整因非交易时间和微观结构噪音造成的可能的估计误差（Watanabe，2012）[93]。

20.2.2 数据处理与实证结果

如范例程序 20-1 所示，我们选取上证综合指数作为研究样本数据，时间跨度从 2005 年 1 月 1 日到 2016 年 12 月 31 日，T 为 2 915 个交易日。已实现波动的计算需要使用日内高频数据，而高频数据对抽样频率比较敏感，因此，采用能够较好平衡数据精确性和微观结构噪音的 5min 取样频率（Andersen and Bollerslev，1998）比较合适。我国股市每个交易日共有 $4h$（即 $5min \times 48$，$n = 48$）连续竞价交易时间，因此，样本共有 $2915 \times 5 \times 48$ 个高频观测值。首先用全部样本进行模型估计，然后将全部样本分成样本内（in-sample）和样本外（out-of-sample）两部分，分别用于模型估计和预测。样本外的时间跨度是 2012 年 11 月 21 日至 2016 年 12 月 31 日（共 1 000 个交易日）。

上证综合指数收益率与波动率如图 20-1 所示。从图中可以看出，上证综合指数在 2008 年金融危机和 2015 年下半年开始的股市震荡这两段时期内波动剧烈。

通过数据处理，我们得到收益率和 RV 数据，如范例程序 20-1 所示。在此基础上应用 rugarch 包对参数进行估计，为了方便对比，本书还列出了标准 GARCH 模型和 EGARCH 模型的估计代码，如范例程序 20-2 所示。

范例程序 20-1：数据处理

```
library(xts)            # 常用于生成时间序列的包
rtn = read.table("Daily_SSEC.txt")          # 日收益率
temp = read.table("Highfrequency_SSEC.txt")   # 取以 5min 为频率的高频价格数据
head(rtn); head(temp)
Rtn = as.xts(rtn)                           # 生成时间序列
temp1 = as.xts(temp)
dat = diff(log(temp1))[-1]                  # 取以 5min 为频率的对数收益率数据
head(Rtn); head(dat)
library(highfrequency)                      # "highfrequency" 包可以用于处理高频数据
rv = rCov(rdata = dat, align.by = 'minutes') # 计算 RV
  # 或者直接根据 RV 定义计算，rv = apply.daily(dat, function(x) sum(x^2))
RV = xts(rv, as.Date(index(rv)))            # 将 xts 包用于另一个用于生成时间序列的函数
names(RV) = "RV"
opar <- par(no.readonly = TRUE)             # 保存系统当前环境
par(mfrow=c(2,1))                           # 将图像分成两行一列进行展示
plot(RV)
plot(Rtn)
par(opar)                                   # 还原系统环境
```

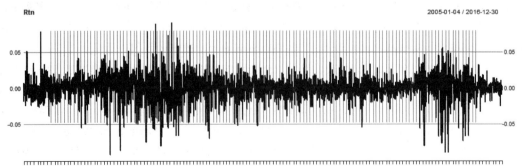

图 20-1 上证综指收益率和波动率

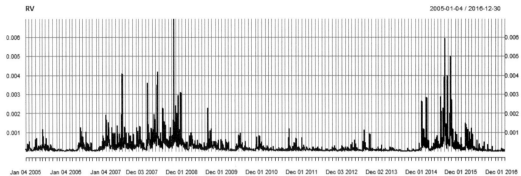

图 20-1（续）

范例程序 20-2：波动率估计

```
library(rugarch)
spec.comp <- list()
models <- c("sGARCH", "eGARCH", "realGARCH")  # 分别对应 GARCH、EGARCH 与 RGARCH 模型
for(i in models) {
spec.comp[[i]] <- ugarchspec(
mean.model = list(armaOrder = c(0, 0), include.mean = FALSE),
    variance.model = list(model = i, garchOrder = c(1, 1)),
    distribution.model = "norm")       # 条件分布假设为正态分布,此处也可采用其他分布设定
}
specs <- names(spec.comp)
fit.comp <- list()                              # 适配数据
for (j in specs[1:2]) {
  fit.comp[[j]] <- ugarchfit(spec.comp[[j]], Rtn*100)
}
                                                # 适配 GARCH、EGARCH 模型
fit.comp[[specs[3]]] <- ugarchfit(spec.comp[[3]], Rtn*100,
solver = 'hybrid', realizedVol = RV*100)
                                                # 适配已实现 GARCH 模型
sigma.mat = sapply(fit.comp, sigma)/100
Vol.mat = sigma.mat^2                          # 条件波动
ep = axTicksByTime(RV,ticks.on = 'years')      # 设置时间轴
matplot(cbind(RV,Vol.mat[,3:1]), type = 'l', main = 'Volatility', xlab = '', ylab = '',
    lty = 1:4,lwd = 2, cex.axis = 0.8,
    col=c("gray",'red', "green","blue"), xaxt = 'n')
axis(side = 1, cex.axis = 0.8, at = ep, labels = names(ep))
legend("topleft", max(RV), lty = 1:4, lwd = 1, bty ="n", cex = 0.8,
    c("RV", "GARCH", "EGARCH", 'Realized GARCH'),
    col=c("gray", "blue", "green", 'red'))
grid()
ni = newsimpact(fit.comp[[3]], z = seq(-2, 2, length.out = 100))
plot(ni$zx, (ni$zy), ylab = ni$yexpr, xlab = ni$xexpr, type = 'l',
    main = 'News Impact of realGARCH')         # 绘制已实现 GARCH 的信息冲击曲线
abline(v = 0)
abline(h = 0)
grid()
```

已实现波动 RV、GARCH、EGARCH 与 RGARCH 模型拟合的波动率如图 20-2 所示。从图中可以看到，RGARCH 模型拟合的波动和已实现波动最为接近，也就是说，RGARCH 模型所进行的波动率估计明显好于 GARCH 模型和 EGARCH 模型。此外，RGARCH 模型输出的信息冲击曲线如图 20-3 所示。从图中可以看到，上证综合指数具有明显的杠杆效应，在同样大小情况下，负的冲击比正的冲击导致了更大的波动。

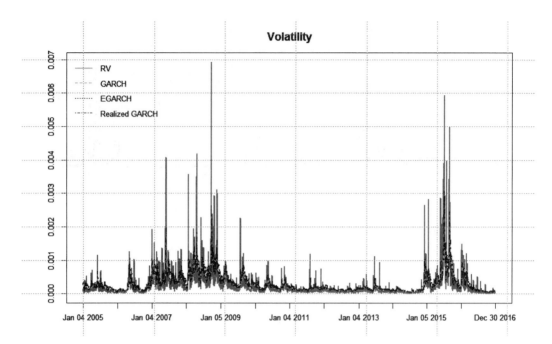

图 20-2　已实现波动率 RV 与 GARCH、EGARCH 和 RGARCH 模型拟合的波动率

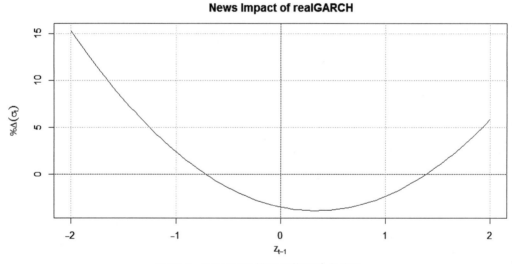

图 20-3　RGARCH 模型的信息冲击曲线

波动率预测。在 rugarch 包里，预测波动率有三种常用的方法，包括滤波法（ugarchfilter）、估计法（ugarchforecast）与滚动法（ugarchroll）[○]。其中估计法还包括 uGARCHfit 法与 uGARCHspec 法，具体如范例程序 20-3 所示。

范例程序 20-3：波动率预测

```
fit = ugarchfit(spec.comp[[3]], Rtn * 100, out.sample = 10,
                solver = 'hybrid', realizedVol = RV * 100)
specf = spec.comp[[3]]
```

○　关于 rugarch 包预测方法的更多信息，读者可参考作者主页，http://www.unstarched.net/。

```
setfixed(specf) = as.list(coef(fit))
filt = ugarchfilter(specf, data = Rtn * 100, n.old = nrow(Rtn) - 10,
                    realizedVol = RV * 100)
filts = tail(sigma(filt), 10)                            # 滤波法
forc1 = ugarchforecast(fit, n.ahead = 1, n.roll = 9)     # 基于 fit 进行预测
forc2 = ugarchforecast(specf, n.ahead = 1, n.roll = 9,
data = Rtn * 100, out.sample = 10, realizedVol = RV * 100)# 基于 spec 进行预测
forcs1 =  as.numeric(sigma(forc1)[1, ])
forcs2 =  as.numeric(sigma(forc2)[1, ])
ftest = cbind(filts, forcs1, forcs2)
colnames(ftest) = c('filter', 'fit2forecast', 'spec2forecast')
print(round(ftest, 5))
                filter         fit2forecast              spec2forecast
2016/12/19      0.96710         0.96710                    0.96710
2016/12/20      0.90890         0.90890                    0.90890
2016/12/21      0.91896         0.91896                    0.91896
2016/12/22      0.92685         0.92685                    0.92685
2016/12/23      0.86648         0.86648                    0.86648
2016/12/26      0.87609         0.87609                    0.87609
2016/12/27      1.02027         1.02027                    1.02027
2016/12/28      0.90278         0.90278                    0.90278
2016/12/29      0.84923         0.84923                    0.84923
2016/12/30      0.81725         0.81725                    0.81725
```

上面的例子证实了滤波法和估计法的预测结果一致。下面介绍预测中最为常用的滚动（Roll）预测方法，如范例程序 20-4 所示。

已实现波动率 RV 与 GARCH、EGARCH 和 RGARCH 模型的滚动预测结果如图 20-4 所示。从图中可以明显看出，RGARCH 模型的预测效果明显好于 GARCH 和 EGARHC 模型。

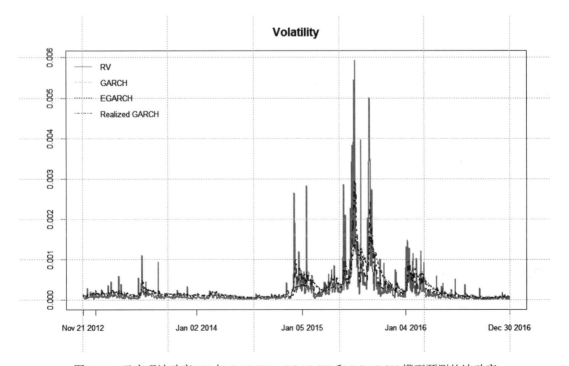

图 20-4 已实现波动率 RV 与 GARCH、EGARCH 和 RGARCH 模型预测的波动率

范例程序 20-4：波动率的滚动预测

```
models <- c("sGARCH", "eGARCH","realGARCH")
spec.list <- list()                # 滚动预测设定
for (m in models[1:2]){
    spec.list[[m]] <- ugarchspec(
          mean.model = list(armaOrder = c(0, 0), include.mean = FALSE),
          variance.model = list(model = m, garchOrder = c(1, 1)),
          distribution.model = 'norm')
  }
for (m in models[3]) {
    spec.list[[m]] <- ugarchspec(
          mean.model = list(armaOrder = c(0, 0), include.mean = FALSE),
          variance.model = list(model = m, garchOrder = c(1, 1)),
          distribution.model = 'norm')
  }
specs = names(spec.list)           # 滚动预测
roll.list <- list()
cl = makePSOCKcluster(5)
for (s in specs[1:2]) {roll.list[[s]] = ugarchroll(
          spec.list[[s]], Rtn * 100, forecast.length = 1000,
          refit.every = 25, refit.window = 'recursive', cluster = cl)
}
for (s in specs[3]) {
    roll.list[[s]] = ugarchroll(
    spec.list[[s]], Rtn * 100, forecast.length = 1000, cluster = cl,
    solver = 'hybrid', refit.every = 25,  refit.window = 'recursive',
    realizedVol = RV * 100)
  }
roll = names(roll.list)
sigma.list = list()
for(j in roll) {
  sigma.list[[j]] <- as.data.frame(roll.list[[j]])[, 'Sigma',drop = FALSE]/100
}
sigmas = do.call(cbind, sigma.list)
Vols = sigmas^2
colnames(Vols) = roll
head(Vols)
RRV = tail(RV, 1000)
ep2 = axTicksByTime(RRV,ticks.on = 'years')
                                   # 绘制波动率图
matplot(cbind(as.numeric(RRV), Vols), type = 'l', lty = 1:4,
        lwd = 2, main = 'Volatility', xlab = '', ylab = '',
        col=c("gray", "green", "blue", "red"), cex.axis = 0.8, xaxt = 'n')
axis(side = 1, cex.axis = 0.8, at = ep2, labels = names(ep2))
legend("topleft", max(RV),c("RV", "GARCH", "EGARCH", 'Realized GARCH'), cex = 0.8,
col=c ("gray", "green", "blue", "red"),
       lty = 1:4, lwd = 1, bty = "n")
grid()
```

20.3 本章小结

本章介绍了综合日内高频数据的已实现 GARCH 模型，并以上证综合指数作为样本数据，分别介绍了高频数据的处理、波动率的估计和三种波动率预测方法。综合前面的实例，我们可以看出 Hansen et al.（2012）[84]引入的已实现 GARCH 模型是非常简洁而高效的波动率估计与预测工具。

第21章

基于 DCC-GARCH 的波动率溢出研究

在金融市场中,单个资产价格的波动能够迅速扩散到其他资产上,这使得资产之间的关系表现得更为互相依赖。金融资产或者市场之间的相关性一般用相关系数的大小来表示,当系数为正,收益率变动方向一致,系数越大说明同向变化的趋势越明显;当系数为负,收益率的变动方向相反,系数越大说明反向变动的趋势也越明显。资产或者市场之间的动态相关系数,也被广泛运用在资产配置和风险管理中。本章将运用 DCC-GARCH 模型来分析中美股市的动态相关性,主要使用 rmgarch 包。

21.1 模型的特征与估计原理

21.1.1 多元波动率与 DCC-GARCH

多元波动率建模包括两类方程,第一类是拟合条件均值 μ_t 的变化,第二类是描述波动率矩阵 Σ_t 的动态相关性。这两类方程也被称为均值方程和波动率方程。一般来说,均值方程只需要简单的 ARMAR 模型或 VAR 模型,而波动率方程则需要更为复杂的模型来拟合。运用最广泛的多元波动率模型之一是动态条件相关(DCC)模型。

资产收益率序列 r_t 的新息为 a_t,在给定条件 F_{t-1} 下,新息 a_t 的波动率矩阵为 $\Sigma_t = [\sigma_{ij,t}]$,条件相关矩阵为:

$$\rho_t = D_t^{-1} \Sigma_t D_t^{-1} \tag{21-1}$$

式中,F_{t-1} 为在 $t-1$ 时期的信息集;$D_t = \text{diag}\{\sigma_{11,t}^{1/2}, \cdots, \sigma_{kk,t}^{1/2}\}$ 表示在 t 时期的多元波动率的对角矩阵。

在现有文献中,有两类 DCC 模型,本书将介绍被广泛运用且由 Engle(2002)[91] 提出的这一类,它进一步被界定为如下公式:

$$Q_t = (1 - \theta_1 - \theta_2)\overline{Q} + \theta_1 Q_{t-1} + \theta_2 \eta_{t-1} \eta'_{t-1} \tag{21-2}$$

$$\boldsymbol{\rho}_t = \boldsymbol{J}_t \boldsymbol{Q}_t \boldsymbol{J}_t \qquad (21\text{-}3)$$

此为波动率矩阵的向量形式，$\boldsymbol{\rho}_t$ 是 $\boldsymbol{\eta}_t$ 的波动率矩阵。其中，$\boldsymbol{\eta}_t = (\eta_{1t},\cdots,\eta_{kt})'$ 是标准化后的新息向量，且 $\eta_{it} = a_{it}/\sqrt{\sigma_{ii,t}}$；$\overline{Q}$ 为 $\boldsymbol{\eta}_t$ 的无条件协方差矩阵；θ_1、θ_2 为非负实数且 $0 < \theta_1 + \theta_2 < 1$，以保证标准化后的新息向量的条件协方差矩阵正定并满足均值回归（Mean-reverting）这一特征；$\boldsymbol{J}_t = \mathrm{diag}\{q_{11,t}^{1/2},\cdots,q_{kk,t}^{1/2}\}$ 是一个简单归一化矩阵，$q_{ii,t}$ 是 $\boldsymbol{Q}_t$ 的第 (i,i) 个元素。

由此可知，DCC 模型所描述的动态相关性由带有参数 θ_1 和 θ_2 的式（21-2）决定，模型非常简约，并且与资产收益率的个数无关。这也是 DCC 模型在估计上的优势之一，其可以通过分步建模来简化估计参数，第一步是获得波动率序列 $\{\sigma_{ii,t}\}$，在实际估计中，通常采用 GARCH（1，1）获得单个资产收益率序列的波动率；第二步是建立动态相关性模型，估计出波动率序列间的动态相关性。它的缺点也很直观，DCC 模型只刻画时间上的动态相关性状态，在相同方式下它很难证明所有的相关演化，也有经验表明其容易被诊断检验拒绝。

21.1.2 建立 DCC-GARCH 的过程

由上述对 DCC 模型的介绍可知，建立一个 DCC 模型需要以下三个步骤：

1）对 r_t 简单地去均值处理或者建立 Var(p) 模型，获得资产收益率序列 r_t 的条件均值 μ_t 的估计，那么可通过 $\hat{a}_t = r_t - \mu_t$ 获得残差序列 $\hat{a}_t$；

2）运用 GARCH 模型对每个残差序列 $\hat{a}_{it}$ 建立单元波动率模型，获得波动率序列 $\hat{h}_{it}$，那么单个资产收益率的波动率 $\sigma_{ii,t}$ 可由 $\hat{h}_{it}$ 估计出；

3）对多元波动率进行动态相关性拟合，首先通过 $\hat{\eta}_{it} = \hat{a}_{it}/\sqrt{\sigma_{ii,t}}$ 获得标准化信息，而后对标准化信息 η_t 进行 DCC 模型的拟合，根据参数 θ_1 和 θ_2 获得多元波动率相关性的动态演化。

值得说明的是，多元收益率新息的条件分布一般被认为服从多元标准正态分布和多元学生 T 分布，我们可根据多元波动率的形态特征来选择恰当的条件分布来描述 η_t。

21.2 中美股市动态相关性实证研究案例

21.2.1 背景介绍

随着世界经济一体化的推进和金融全球化的发展，国际资本市场之间的联系也越来越紧密，全球主要国家和地区的股票市场指数呈现出更为明显的共同变化趋势。由美国 2007 年的次贷危机蔓延出的全球金融危机便是一个例证。美国股市和中国股市一直广受投资者的关注，了解中美股市的联动关系，对投资者、监管者都具有重要意义。

关于中美股市之间的动态相关性，现有研究中有两类假说对此进行了解释，一是经济基础假说，该假说股市基于传统的金融理论，认为股票市场不仅是宏观经济中重要的资本配置场所，也反映了经济基本状况，不同股市收益率之间的动态相关性根源在于不同国家或地区经济状况之间的联系；二是市场传染假说，该假说的研究重点在市场参与者的行为，宏观经济状况之间的关联只是股市之间关联性的一部分原因，由投资者行为以及市场走势引起的市场传染效应也是动态相关性的表现之一。

本章通过运用 DCC-GARCH 模型，来得出中美股市在近 20 年的动态相关性。

21.2.2 数据处理与实证结果

选用 S&P 综合指数（GSPC）的周对数收益率作为美国股市的市场收益率，选用上证综合指数（SSEC）的周对数收益率作为中国股市的市场收益率。样本区间为 1997 年 7 月至 2017 年 7 月，共有 1 048 列收盘价。数据来源于雅虎财经（https://finance.yahoo.com/）。在进行 DCC-GARCH 的估计之前，我们首先需要做以下准备工作。

由于获得的原始数据是两个指数的收盘价，可以根据式（21-4）获得指数的收益率，r_t 为扩大 100 倍后的对数收益率，P_t 为第 t 期的指数收盘价：

$$r_t = 100 \times (\ln P_t - \ln P_{t-1}) \tag{21-4}$$

1）收益率的描述性统计。通过均值、最大值、最小值、标准差、峰度、偏度、JB 统计量等知晓收益率的一些基本特征，这也是时间序列数据建模前的必备工作。R 中可用的包有 fBasics。

2）收益率的平稳性检验。在使用金融资产收益率建模时，需要检验数据的平稳性，也就是需要保证随机向量 r_t 的非条件均值和非条件方差都存在。

3）收益率的 ARCH 效应检验。运用混成检验（portmanteau test），检验统计量为 Ljung-Box 统计量 $Q_k^*(m)$，当新息 a_t 中不存在条件异方差时，统计量的渐近分布是自由度为 k^2m 的卡方分布。R 中可用的包有多个，FinTS 就是一个可用于处理金融数据的包，估计 GARCH 模型的包也会内置对条件异方差检验的代码，比如 rugarch、rmgarch、fgarch、MTS 中就有语句可检验 ARCH 效应。

对原始数据进行上述处理后，就可以采用相对应的包来估计中美股市之间的动态相关性。可估计 DCC-GARCH 的包也有多个，如 rmgarch、MTS。本章以 rmgarch 包为例，展示 DCC-GARCH 估计过程。

以下是估计前准备工作的 R 代码，如范例程序 21-1 所示。

范例程序 21-1：DCC-GARCH 估计前准备工作

```
library(fBasics);library(FinTS);library(tseries)
    # 加载后面将用到的 3 个时间序列包 fBasics、FinTS、tseries
library(rmgarch);library(MTS)         # 加载用来估计 DCC-GARCH 的包 rmgarch
dat1.tmp <- read.csv("GSPC.csv"); head(dat1.tmp)
    # 加载 S&P 综合指数 "GSPC"，并展示前 6 行，第一栏必须为时间刻度数据
dat2.tmp <- read.csv("SSEC.csv"); head(dat2.tmp) # 加载上证综合指数 "SSEC"，并展示前 6 行
dat1=xts::as.xts(dat1.tmp[,2],as.Date(dat1.tmp[,1]))
    # 将 S&P 指数转换为 R 程序可处理的时间序列格式，时间序列模型一般都需要进行格式转换
dat2=xts::as.xts(dat2.tmp[,2],as.Date(dat2.tmp[,1]))
    # 将上证综合指数转换为 R 程序可处理的时间序列格式
R1=diff(log(dat1))*100;R1=R1[-1]   # 计算 S&P 指数的对数收益率 R1，扩大 100 倍，并剔除第一个值
names(R1)="GSPC";head(R1)          # S&P 指数收益率命名为 "GSPC" 并展示
                GSPC
1997-07-13  -0.1506572
1997-07-20   2.5339921
1997-07-27   0.8855145
1997-08-03  -1.4463145
1997-08-10  -3.5689432
1997-08-17   2.4919732
R2=diff(log(dat2))*100;R2=R2[-1]
                                   # 计算上证综合指数的对数收益率 R2，扩大 100 倍，并剔除第一
                                     个值
names(R2)="SSEC" ;head(R2)         # 将上证综合指数收益率命名为 "SSEC" 并展示
```

```
                SSEC
1997-07-13   4.658029
1997-07-20  -3.276194
1997-07-27   1.858668
1997-08-03   1.102607
1997-08-10  -5.364068
1997-08-17   2.485685
DataRet=na.omit(cbind(R1,R2));     # 剔除收益率中的空值并进行列向合并，命名为 DataRet
tail(DataRet);nrow(DataRet)        # 展示最后 6 行，并计算收益率长度
basicStats(DataRet)
   # 在包 fBasics 中获得 DataRet 的描述性统计值，如均值、最大值、峰度、偏度等
adf.test(R1);adf.test(R2)          # 在包 fBasics 中对 R1、R2 进行 ADF 检验
ArchTest(R1,lags=10,demean=T);ArchTest(R2,lags=10,demean=T)
   # 对 R1、R2 进行 ARCH 效应检验。注：在包 FinTS 中，原假设为不存在 ARCH 效应，滞后期可自行设定
opar=par(no.readonly=T)            # 生成图形函数 par() 的一个参数 opar，使其为系统默认值。
par(mfrow=c(2,2))                  # 更改参数，生成一个 2*2 的画布
plot(dat1,main="GSPC",xlab="Time",ylab="Index")
   # 画 GSPC 指数图，将 x 轴命名为 Time，y 轴命名为 Index
plot(dat2,main="SSEC",xlab="Time",ylab="Index")
   # 画 SSEC 指数图，将 x 轴命名为 Time，y 轴命名为 Index
plot(R1,main="GSPC",xlab="Time",ylab="log return")
   # 画 GSPC 对数收益率图，将 x 轴命名为 Time，y 轴命名为 Return
plot(R2,main="SSEC",xlab="Time",ylab="log return")
   # 画 SSEC 对数收益率图，将 x 轴命名为 Time，y 轴命名为 Return
par(opar)                          # 将图形函数值恢复为系统默认值 opar
```

实际处理结果如下所示。

1）根据 S&P 综合指数的收盘价和上证综合指数的收盘价，计算出两个指数的对数收益率，作为中美股市市场的收益率，收益率的基本特征如表 21-1 所示。

表 21-1 中美股市收益率的描述性统计

	均值	中位数	标准差	最小值	最大值	偏度	峰度	JB
GSPC	0.095	0.197	2.463	−20.084	11.356	−0.778	9.395	1 286.646[①]
SSEC	0.099	0.051	3.335	−14.898	13.945	−0.128	5.292	234.014[①]

注：JB 为 Jarque-Bera 统计量。
① 表示统计量在 1% 水平内显著。

2）对金融资产收益率这类时间序列数据进行建模时，需要了解数据的平稳性，以保证估计模型的有效性。具有 ARCH 效应是金融资产收益率的特征之一，也是运用 GARCH 模型的前提。中美股市收益率的平稳性与 ARCH 效应检验如表 21-2 所示。ADF 检验表明中美股市收益率都是平稳的，并且收益率存在 ARCH 效应，说明运用 GARCH 模型是恰当的。

表 21-2 中美股市收益率的平稳性、ARCH 效应检验

	ADF	ARCH（5）	ARCH（10）	ARCH（15）
GSPC	−9.846[①]	116.931[①]	152.833[①]	158.220[①]
SSEC	−8.166[①]	74.916[①]	108.415[①]	127.518[①]

注：列出滞后 5、10、15 阶的 ARCH 效应检验，该检验的原假设为不存在 ARCH 效应。
① 表示统计量在 1% 水平内显著。

3）图 21-1 描绘出了两个指数和收益率的时序图，可以直接观察到中美股市的特点。虽然 GSPC 指数在 2000 年的互联网泡沫和 2007 年的次贷危机期间有大幅下跌，但大部分时期指数是上扬的，尤其是在 2008 年之后，似乎不受全球金融危机影响，指数屡创新高。

SSEC 指数在 2007～2008 年、2015～2016 年这两个时段经历了显著的大涨大跌，其他期间走势相对平稳，上行行情不及美国股市多。

从收益率的时序图来看，两市收益率都有着显著的波动聚集现象，并且中国股市的波动幅度要大于美国股市。

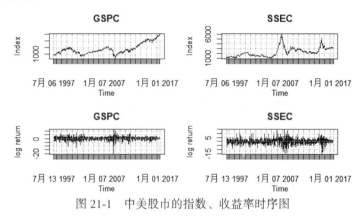

图 21-1　中美股市的指数、收益率时序图

范例程序 21-2 是 DCC-GARCH 模型估计的 R 代码，即（4）、（5）两部分的代码。数据、包已经加载到工作区间。

范例程序 21-2：DCC-GARCH 的估计

```
n=ncol(DataRet)# 计算收益率数据的列数
p=1;q=1# 设定参数 p、q 用于 GARCH 估计，波动方程为 GARCH(1,1)
meanSpec = list(armaOrder=c(1,0),include.mean=TRUE,archpow=1)
  # 设定估计的均值方程形式为 AR(1)，且包含均值
varSpec = list(model="sGARCH",garchOrder = c(p,q))
  # 设定估计的波动率方程形式为标准的 GARCH(1,1)。注：波动率方程可以设定成不同形式，有 eGARCH、iGARCH、
    gjrGARCH、apGARCH 等，可根据收益率形态及研究议题自由匹配
distSpec = c("mvt") #c("mvnorm", "mvt", "mvlaplace")
  # 设定联合分布为多元 T 分布 (mvt)。注：还有多元正态分布 (mvnorm)、多元 laplace 分布 (mvlaplace) 可选
spec1 = ugarchspec(mean.model=meanSpec,variance.model=varSpec)
  # 将均值方程、波动率方程添加到单元 GARCH 估计的参数中去。注：mean.model、variance.model 是内
    置参数，meanSpec、varSpec 是设定值
mySpec = multispec(replicate(n, spec1))# 根据收益率列数决定 GARCH 的估计次数
mySpec = dccspec(mySpec, VAR=F, robust=F, lag=1, lag.max=NULL, lag.criterion=c("AIC"),
                 external.regressors = NULL,
                 robust.control=list(gamma=0.25, delta=0.01, nc=10, ns=500),
                 dccOrder=c(1,1), distribution=distSpec, start.pars= list(),
                 fixed.pars = list())
  # 设定 DCC 估计的参数，均值方程、波动率方程为上述设定的形式。注：其他参数设置具体可见包说明
fit_dcc=dccfit(data=DataRet, mySpec, out.sample=10, solver="solnp", solver.control=list(),
               fit.control=list(eval.se=TRUE, stationarity=TRUE, scale=FALSE), parallel=TRUE,
               parallel.control=list(pkg=c("multicore"), cores=2), fit=NULL, VAR.fit=NULL)
  # 将 DCC-GARCH 的估计结果存入 fit_dcc 中。注：其他参数设置，需要根据议题进行匹配，具体可见包中的
    说明
RSD=residuals(fit_dcc);
  # 将估计后的标准化残差存入变量 RSD 中。注：标准化残差在模型检验、预测等方面有重要用处，根据议题需要
    可进行后续计算
show(fit_dcc)
  # 展示 DCC-GARCH 的估计结果。注：包括估计后的系数及标准差、t 值、p 值、极大似然值、AIC 准则等
plot(fit_dcc)
  # 展示 DCC-GARCH 估计中的图，包含条件均值图、条件方差图、条件协方差图、条件相关系数图、等权重资产
    组合的 Var 图。注：可根据需要选择对应的图形
```

4）DCC-GARCH 模型估计分为两步。第一步是分别估计出每个股市收益率的 GARCH 参数，包括均值方差和波动率方差中的参数；第二步是估计出动态相关系数的参数（见表 21-3）。本章选择了多元联合 T 分布。μ 和 φ_1 是收益率中均值方程中的估计系数；$\bar{\omega}$、α、β 是波动率方程中的估计系数，系数均为正值且都显著。由此可以看出，两国股市都表现出较强的波动聚集特点；θ_1、θ_2 是动态相关参数，ν 是联合分布的形态参数，系数均为正值且都显著，说明估计结果是稳健可信的。

表 21-3　DCC-GARCH 的参数估计

	Step 1					Step 2		
	μ	ϕ_1	$\bar{\omega}$	α	β	θ_1	θ_2	ν
GSPC	0.215①	−0.113①	0.302②	0.196①	0.762①	0.014③	0.972①	8.291①
	[0.055]	[0.035]	[0.131]	[0.061]	[0.065]	[0.007]	[0.011]	1.119
SSEC	0.078	0.054	0.389③	0.118①	0.849①			
	[0.096]	[0.034]	[0.206]	[0.037]	[0.048]			

注：1. [ ] 为标准差。
　　2. ①、②、③表示在 1%、5%、10% 的水平内显著。

5）均值、方差、协方差、相关系数等图形展示。为了对中美股市的收益率、波动率、相关系数有更清晰的了解，用包中的语句画出这些图形。下面四张图是包中的内置图，不可以更改图形参数，如果想要更改图形样式，可以将条件均值、条件方差、条件协方差、条件相关系数单独提取出来，再用 plot() 进行个性化设置。

从条件均值图（见图 21-2）中可以看出，中国股市收益率的均值波动幅度依旧要大于美国股市收益率的波动幅度。图 21-3 是条件方差图，确切地说是条件方差图与已实现的绝对收益率的混合对比图，估计后计算的条件方差与已实现的绝对收益率走势基本是吻合的，说明估计值对真实情况的拟合度较好。图 21-4 是条件协方差图，并在 2009 年 1 月取得最大值。图 21-5 是我们最关心的动态条件相关系数图，从图中可以看出，两国股市的相关性在 [−0.1,0.3] 之间，除了 1999~2001 年期间为负值，大部分时候都为正值，并且在 2011 年 3 月和 2016 年 1 月这两段时期内相关性最高，而且表现出较为显著的同向变化趋势。

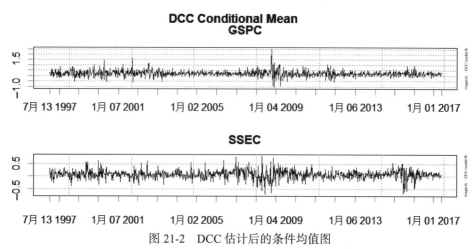

图 21-2　DCC 估计后的条件均值图

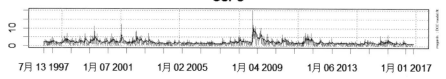
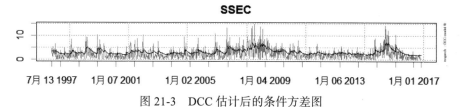

图 21-3　DCC 估计后的条件方差图

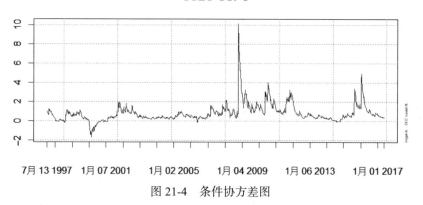

图 21-4　条件协方差图

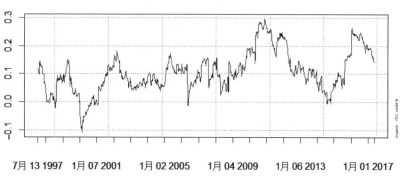

图 21-5　动态条件相关系数图

第22章

基于 TVAR 和 VAR 的量价关系研究

22.1 基于 TVAR 的标准普尔 500 指数量价关系研究

22.1.1 背景介绍

在理论上，量价关系被定义为金融资产收益率与交易量的关系，其深刻反应了资产市场的运行效率和信息动态（Karpoff, 1987）[98]。Karpoff（1987）[98]和 Gallent, Rossi and Tauchen（1992）[99]指出，以前的实证工作主要关注价格与交易量的同期关系，但对预测和风险管理而言，收益率与交易量间的动态（因果）关系包含更多信息（Chuang, Kuan and Lin, 2009）[100]。

一些理论研究考察了股票收益率与交易量的动态（因果）关系。Copeland（1976）[101]和 Jennings, Starks, and Fellingham（1981）[102]通过建立信息到达模型发现股票收益率与交易量间存在正的双向因果关系。在 Epps and Epps（1976）[103]的混合分布模型中用交易量衡量交易商的价格分歧，交易商基于新进入市场的信息来修正其保留价格，模型表明从交易量到绝对收益具有正的因果关系。然而，在 Clark（1973）[104]的混合共同因子模型中交易量被视作信息流速度的代理变量，在该模型中交易量与股票收益没有因果关系。Campbell, Grossman and Wang（1993）[105]指出伴随着高交易量的价格变动往往会被扭转，而那些交易量低的日内价格变动则不会出现此情况。此外，还有其他强调交易量信息内涵的均衡模型，Blume, Easley and O'Hara（1994）[106]指出交易量提供了过去价格变动的信息，因此交易量在被用于解释价格（收益）行为上时非常有用。Wang（1994）[107]在一个具有信息不对称特征的模型中发现交易量可能会提供关于未来预期收益的信息。

尽管有强大的理论基础，Karpoff（1987）[98]全面考察了支持量价间具有同期相关性的经验证据，仅发现二者间具有微弱的相互影响，Gallent et al.（1992）[99]也发现了类似结果。1990 年以来，研究焦点开始转向股票收益与交易量间的动态（因果）关系，这主要是基于格兰杰因果关系检验法的考察。但在这方面研究中，理论上"过去的交易量会对当前收益产生影响"的因果关系也没得到有力的实证支持。例如，Lee and Rui（2000）[108]指出中国沪深 A 股和 B 股市场的交易量并不能预测第 2 天收益。Chen, Firth and Rui（2001）[109]指出在法国、意大利、日本、英国和美国市场中也不存在这样的因果关系。Lee and Rui（2002）[110]采用日度数据研究发现在美国、日本和英国股市中，交易量并不是收益率的格兰杰原因。在巴基斯坦市场（Rashid, 2007）[111]和 5 个东南亚新兴市场（Pisedtasalasai and Gunasekarage, 2007）[112]中，交易量和收益率间也不存在因果关系。Chuang, Liu, and Susmel（2012）[113]在其所分析的 10 个亚洲市场中，仅在 2 个市场中发现交易量能够影响收益率。Chen（2012）[114]指出标准普尔 500 的交易活动仅在熊市中能影响后来的收益率，但当同时考虑牛市和熊市时量价间的因果关系就没有了。不过，也有一些研究发现交易量与收益率间存在因果关系，如 Saatcioglu and Starks（1998）[115]对 6 个拉丁美洲国家的研究。

还有一些研究指出量价间具有非线性关系（Hiemstra and Jones, 1994[116]；Moosa and Silvapulle, 2000[117]；Chen, 2012[118]）。Chuang et al.（2009）[100]使用分位数回归法研究发现对于 NYSE、S&P500 和 FTSE100 指数，当收益率处于分布顶端（底端）时，过去的交易量对收益率具有正向（负向）影响，Lin（2013）[108]和 Gebka and Wohar（2013）[119]采用相同方法研究发现在 6 个亚洲新兴市场国家和太平洋盆地国家也存在此现象。

22.1.2 数据处理及实证结果

选择 2001 年以来的标准普尔 500 指数收盘价和交易量月数据，对原始数据做如下处理：首先计算出 SP500 指数的日百分比收益率，作为 TVAR 模型中价格的度量指标；然后对原始的交易量数据取对数，作为 TVAR 模型中交易量的度量指标，如范例程序 22-1 所示。

范例程序 22-1：TVAR 的前期数据处理工作

```
library(timeSeries)                    # 加载时间序列包 timeSeries
temp0=read.csv("SP500.csv")            # 加载标准普尔 500 数据
temp1=as.timeSeries(temp0)             # 转换时间格式。注：第一栏必须为时间刻度数据
Y=returns(temp1[,4])*100               # 计算以收盘价为基准的报酬率，定义成 Y
X=log(temp1[,5])                       # 将交易量取对数，定义成 X
byX = timeSequence(from = start(X), to = end(X), by = "month")  # 取出 X 的月时间刻度
logV=ts(as.numeric(aggregate(X, byX, sum)),start=c(2001,1),freq=12)
  # 将 X 转换频率为月数据
byY = timeSequence(from = start(Y), to = end(Y), by = "month")  # 取出 Y 的月时间刻度
Ret=ts(as.numeric(aggregate(Y, byY, sum)),start=c(2001,1),freq=12)
  # 将 Y 转换频率为月数据
temp_ipi=read.csv("IPI.csv")           # 加载工业生产指数月数据
ipi0=ts(temp_ipi[,2], start=c(2000,12),freq=12)
  # 将工业生产指数赋予时间刻度。注：第 2 栏为指数。
IPI=diff(log(ipi0))*100                # 计算工业生产指数变动率
myData0=as.timeSeries(cbind(Ret,logV,IPI))  # 将 3 笔数据合并成新数据集
myData=na.omit(myData0)                # 去除缺值
```

因为 GDP 没有月数据，所以我们以工业生产指数变动率来衡量当月的经济景气。范例程序 22-2 将原始数据处理成价量关系需要的格式，然后合并门限变量工业生产指数为新的数据。我们先看看新的数据情况如何，可以分别执行 head(myData0) 和 head(myData)，比较一下两者差异。

范例程序 22-2：TVAR 的估计

```
library(tsDyn); library(xts)   # 加载 tsDyn 包和 xts 包
```

```
lags<-vars::VARselect(myData[,1:2],lag.max=12)$selection; lags
    # 选择 VAR 模型的滞后阶数
test1=TVAR.LRtest(myData[,1:2], lag=lags[3])
    # 对量价关系样本进行门限效应检验,该检验的原假设是"不存在门限效应",其中滞后阶数根据 SC 准则确定
summary(test1)          # 显示门限效应检验结果
out1.tvar=TVAR(myData[,1:2],lag=lags[3],thVar = myData[,3] ,nthresh=1, thDelay=1, plot=T)
    # 以工业生产指数变动率为门限变量,估计量价关系的 TVAR 模型并绘图(如图 22-1 所示),调整参数 nthresh 可以改
      变门限值个数,如"nthresh=2"就表示设定两个门限值(相应图形如图 22-2)
summary(out1.tvar)      # 显示 TVAR 模型估计结果
```

运行上述程序,即可得到标准普尔 500 量价关系的 TVAR 模型估计结果,整理后如表 22-1 所示。首先,对量价 VAR 架构进行门限效应检验,结果表明,价格方程和交易量方程都显著拒绝了"不存在门限效应"的原假设,说明在样本区间内量价关系发生了非线性变动。然后,以工业生产指数变化率(IPI)为门限变量估计 TVAR 模型,当设定一个门限值时,估计结果为 IPI = 0.906;当设定两个门限值时,估计结果为 $IPI_1 = -0.310$,$IPI_2 = 1.434$。

表 22-1　TVAR 模型的门限值估计结果

门限变量	门限值个数设定	门限值估计结果	门限效应检验(LR 统计量)	
			价格方程	交易量方程
工业生产指数变化率(IPI)	1	IPI = 0.906	57.50 (0.000 0)	81.66 (0.000 0)
工业生产指数变化率(IPI)	2	$IPI_1 = -0.310$ $IPI_2 = 1.434$	57.50 (0.000 0)	81.66 (0.000 0)

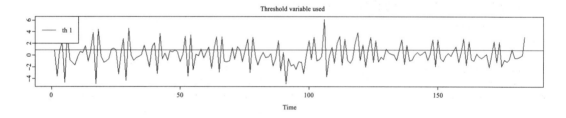

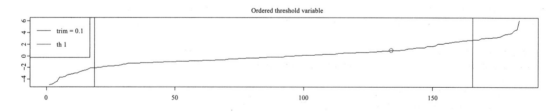

图 22-1　TVAR 模型的门限值选择过程(单个门限值)

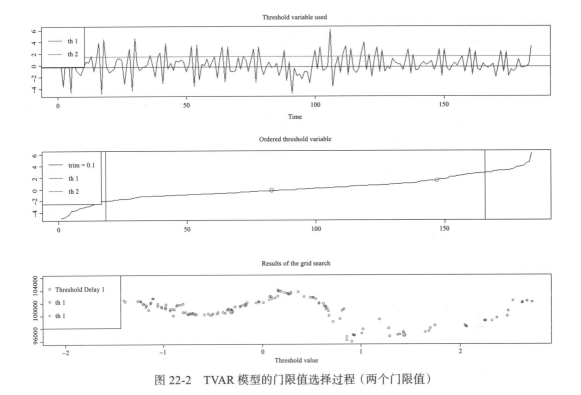

图 22-2　TVAR 模型的门限值选择过程（两个门限值）

22.2　基于 VAR 的道琼斯指数量价关系研究

22.2.1　背景介绍

长期以来，股市成交量与收益率之间的变动关系研究是金融领域的一个热点。量价关系反映了市场中信息的传递方式及投资者对信息的获取和价格发现的过程。股票市场中的量价关系是指市场指数或个股交易量与价格变化之间的相关关系。由于量价关系是股票技术分析理论的重要基石，也是广大投资者在投资实践中判断市场或个股运行趋势的主要手段之一。因此，对量价关系的研究具有重要的理论和现实意义。对量价关系的研究大致分为 3 种：①对成交量和价格变动的绝对值之间相互关系的研究；②对成交量与价格波动之间的因果关系之间的分析；③对成交量和价格波动之间的异方差性进行研究。[120]

本章将运用 VAR 模型，通过分析成交量与收益率之间的因果关系，对道琼斯指数进行量价关系分析。

22.2.2　数据处理与实证结果

选用道琼斯指数的日收盘价的对数收益率和日成交量作为样本数据，样本区间为 2007 年 7 月 6 日至 2017 年 7 月 5 日，共 2 518 组数据。数据来源于雅虎财经（*https://finance.yahoo.com/*）。在进行 VAR 的估计之前，首先需要以下准备工作。

1）计算股市收益率，由于获得的原始数据是两个指数的收盘价，可以根据公式获得指数的收益率，$ClosePrice_t$ 代表收盘价，代表对数收益率。

$$Ret_t = \ln\left(\frac{ClosePrice_t}{ClosePrice_{t-1}}\right) \quad (22\text{-}1)$$

2）计算成交量，去除成交量的时间趋势，取其残差作为成交量序列，$Volume_t$ 代表成交量，T 代表时间趋势变量，e_t 为残差，volt 代表调整后的成交量序列。

$$\log(Volume_t) = \delta T + e_t \tag{22-2}$$

$$e_t = Vol_t \tag{22-3}$$

3）对收益率和成交量建立 VAR 模型，根据施瓦茨原则，VAR 模型应取 4 阶。在 VAR 模型的基础上，对收益率和成交量做格兰杰因果关系检验和脉冲响应函数分析。本章以 vars 包为例，展示 VAR 估计过程。

$$Ret_t = \alpha_1 + \sum_{i=1}^{4} \beta_{1i} Ret_{t-i} + \sum_{i=1}^{4} \theta_{1i} Vol_{t-i} + e_{1t} \tag{22-4}$$

$$Vol_t = \alpha_2 + \sum_{i=1}^{4} \beta_{2i} Ret_{t-i} + \sum_{i=1}^{4} \theta_{2i} Vol_{t-i} + e_{2t} \tag{22-5}$$

R 语言代码如范例程序 22-3 所示。

范例程序 22-3：VAR 模型估计

```
library(vars)    # 加载用来估计 VAR 的包 vars
temp=read.csv("DJI.csv")    # 加载 DJI 数据
temp1=subset(temp,Volume!=0)    # 去除成交量为 0 的数据组
temp2=temp1[,c(1,5,6)]    # 取出数据组的第 1/5/6 列
myData=timeSeries::as.timeSeries(temp2)    # 转换时间格式。注：第一列必须为时间刻度数据
ret=timeSeries::returns(myData[,1])    # 计算以收盘价为基准的收益率
T=1:nrow(myData)    # 定义时间趋势变量
vol0=lm(log(myData[,2])~T)    # 将成交量取对数后做时间趋势的一元回归，去除时间趋势
vol=data.frame(vol0$resid)    # 取出 vol0 的残差，定义为调整后的成交量序列
newData= na.omit(cbind(ret,vol))    # 将收益率和成交量数据合并成新数据集，并去除缺值
colnames(newData)=c("ret","Vol")    # 新数据集的列名称命名为 ret, Vol
output=VAR(newData,lag=4,ic="SC",type="const")
    # 将滞后阶数长度定为 4，采用 SC 原则，模型中纳入常数项，做 VAR 估计
summary(output)    # 输出估计结果
causality(output,cause="ret",boot=TRUE, boot.runs=5000)
    # 假设收益率不是成交量的格兰杰原因，做格兰杰因果关系检验
causality(output,cause="Vol",boot=TRUE, boot.runs=5000)
    # 假设成交量不是收益率的格兰杰原因，做格兰杰因果关系检验
plot(irf(output, impulse = "ret", response = c("ret", "Vol"),boot=TRUE,
boot.runs=1000))    # 脉冲响应分析，给收益率一个冲击，得出成交量的脉冲响应结果
plot(irf(output, impulse = "Vol", response = c("ret", "Vol"),boot=TRUE,
boot.runs=1000))    # 脉冲响应分析，给成交量一个冲击，得出收益率的脉冲响应结果
```

实证估计结果如下。

1）VAR 模型估计结果如表 22-2 所示，从估计结果可以看出，滞后阶数的收益率与当期收益率显著负相关，与当期成交量显著负相关。滞后阶数的成交量与当期成交量显著正相关，且随滞后阶数的增加，对当期成交量的影响减小，但滞后阶数的成交量对当期收益率几乎无影响。

表 22-2 VAR（4）模型的估计结果

变量	系数	t 值	变量	系数	t 值
β_{11}	−0.108 8	−5.406[①]	β_{21}	−2.490 4	−5.627[①]
β_{12}	−0.060 9	−2.991[①]	β_{22}	−1.041 8	−2.324[②]
β_{13}	0.038 7	1.902[③]	β_{23}	−0.424 3	−0.948
β_{14}	−0.017 1	−0.854	β_{24}	−0.943 5	−2.137[②]

（续）

变量	系数	t 值	变量	系数	t 值
θ_{11}	0.000 2	0.221	θ_{21}	0.427 2	21.34[①]
θ_{12}	0.000 7	0.676	θ_{22}	0.204 1	9.429[①]
θ_{13}	0.000 1	0.078	θ_{23}	0.127 5	5.890[①]
θ_{14}	−0.000 3	−0.382	θ_{24}	0.103 9	5.196[①]
α_1	0.000 2	0.842	α_2	0.001 6	0.299

注：①、②、③表示统计量在1%、5%、10%的水平内显著。

2）对收益率和成交量做格兰杰因果关系检验。检验结果如表 22-3 所示，结果表明，收益率是成交量的格兰杰原因，而成交量不是收益率的格兰杰原因。该结果与模型估计结果一致，即收益率会影响成交量的变化，而成交量对收益率变化的影响不显著。

表 22-3　VAR（4）的格兰杰因果关系检验

原假设	F 值（p 值）
收益率不是成交量的格兰杰原因	9.878（0.000）
成交量不是收益率的格兰杰原因	0.344（0.837）

注：表中数值为 F 检验结果，括号内为 p 值。

3）图 22-3 为收益率与成交量的脉冲响应函数。结果表明，给收益率一个冲击，会对成交量产生显著持续的负向影响，且该影响随着时间的增加逐渐减弱。这表明如果收益率上升，则成交量会下降，并且影响持续减弱。给成交量一个冲击，对收益率的影响几乎为0。由此可见，脉冲响应函数的结果与格兰杰因果关系结果基本一致。而收益率与成交量对自身的影响表现基本一致，都会产生正向影响，且影响持续减弱。

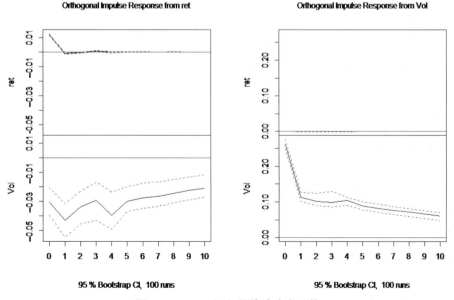

图 22-3　VAR（4）的脉冲响应函数

4）为了检验残差的时间序列特性，本章对残差使用 ARIMA 模型检验。两组残差 ARIMA 模型的最佳匹配都是 ARIMA(0,0,0)，这表明残差的时间序列是平稳的，如范例程序 22-4 所示。

范例程序 22-4：检验残差的平稳性

```
library(forecast)    # 加载包 forecast
auto.arima(residuals(output)[,1])
    # 对 VAR 方程 1 的残差做最佳 arima 的配比，检验残差序列是否平稳
auto.arima(residuals(output)[,2])
    # 对 VAR 方程 2 的残差做最佳 arima 的配比，检验残差序列是否平稳
```

5）考虑到时间趋势的影响，我们对上文中的 VAR 模型添加了时间趋势变量，方程如下，如范例程序 22-5 所示。时间趋势变量的估计结果如表 22-4 所示，结果表明，时间趋势统计变量并不显著，并且方程中其他变量在统计上的显著性水平也并未改变。

$$Ret_t = \alpha_1 + \gamma_1 T + \sum_{i=1}^{4} \beta_{1i} Ret_{t-i} + \sum_{i=1}^{4} \theta_{1i} Vol_{t-i} + e_{1t} \quad (22\text{-}6)$$

$$Vol_t = \alpha_2 + \gamma_2 T + \sum_{i=1}^{4} \beta_{2i} Ret_{t-i} + \sum_{i=1}^{4} \theta_{2i} Vol_{t-i} + e_{2t} \quad (22\text{-}7)$$

范例程序 22-5：在 VAR 模型的基础上加入时间趋势变量

```
output=VAR(newData,lag=4,ic="AIC",type="both")
    # 将滞后阶数长度定为 4，采用 AIC 原则，模型中纳入常数项和时间趋势变量，做 VAR 估计
summary(output)    # 输出估计结果
```

表 22-4　时间趋势变量的估计结果

	Coefficient	S.E.	t-value
γ_1	5.231×10^{-7}	3.317×10^{-7}	1.577
γ_2	3.727×10^{-6}	7.297×10^{-6}	0.511

6）如范例程序 22-6 所示，将滞后阶数长度设为 20，根据 AIC 原则，最佳滞后阶数为 19。格兰杰因果关系检验结果如表 22-5 所示，收益率和成交量的脉冲响应函数结果如图 22-4 所示。结果表明，收益率是成交量的格兰杰原因，但成交量不是收益率的格兰杰原因；给收益率一个冲击，会对成交量产生显著持续的负向影响，但成交量的冲击对收益率基本没有影响。

范例程序 22-6：改变 VAR 模型的滞后阶数

```
output=VAR(newData,lag.max=20,ic="AIC",type="both")
    # 将最大滞后阶数定为 20，采用 AIC 原则，模型中纳入常数项和时间趋势变量，做 VAR 估计
summary(output)    # 输出估计结果
causality(output,cause="ret",boot=TRUE, boot.runs=5000)
    # 假设收益率不是成交量的格兰杰原因，做格兰杰因果关系检验
causality(output,cause="Vol",boot=TRUE, boot.runs=5000)
    # 假设成交量不是收益率的格兰杰原因，做格兰杰因果关系检验
plot(irf(output, impulse = "ret", response = c("ret", "Vol"),boot=TRUE,
boot.runs=1000))    # 脉冲响应分析，给收益率一个冲击，得出成交量的脉冲响应结果
plot(irf(output, impulse = "Vol", response = c("ret", "Vol"),boot=TRUE,
boot.runs=1000))    # 脉冲响应分析，给成交量一个冲击，得出收益率的脉冲响应结果
```

表 22-5　VAR（19）的格兰杰因果关系检验

原假设	F 值（p 值）
收益率不是成交量的格兰杰原因	6.351（0.000）
成交量不是收益率的格兰杰原因	0.503（0.854）

注：表中数值为 F 检验结果，括号内为 p 值。

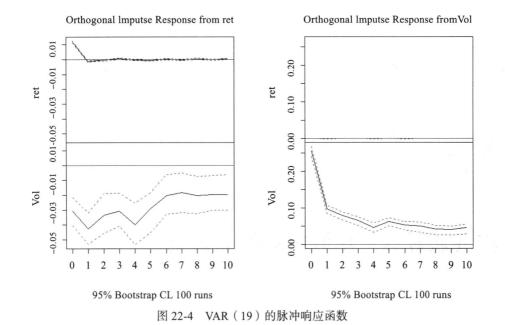

图 22-4　VAR（19）的脉冲响应函数

通过上文的论证分析，结果表明：道琼斯指数的收益率和成交量存在单向的因果关系，即价格的日收益率会影响成交量的变动，但成交量的变化对收益率无显著影响。

第23章

沪港通对 A+H 股联动性的影响

23.1 选题介绍

2014年11月17日，我国沪港通交易制度正式推出，在此之前，我国证券市场一直处在一种相对封闭的状态，沪港通作为我国资本市场的一次重大改革，将对推动我国证券市场与国际证券市场接轨、实现我国资本市场对外开放有着重要意义。两个市场互联互通后，一方面，外部资金将成为A股市场上的一支重要力量，而且随着时间的积累，外部资金在中国证券市场沉淀得将会越来越多，对中国证券市场的影响也将越来越大，受到国外危机传导机制的影响也会越来越深，截至2017年上半年，外部资金在A股市场累计净买入金额已达到1 577亿元。另一方面，沪港通的开通也扩宽了国内投资人的投资渠道，使投资人能非常方便地对港股市场进行投资，而港股市场相对于A股市场更加成熟，估值也更低，对国内投资人也非常有吸引力。截至2017年上半年，国内南下流入港股市场的金额已达到4 169亿元，沪港通已经成为影响港股市场的重要因素。在两个市场资金互相流通的背景下，有一批特殊股票天然地成为观察两地金融市场联动性的重要对象，就是A+H股。A+H股是指同时在A股市场和H股市场上市交易的股票，因为本质上都属于同一家公司，在不考虑两地交易制度等因素的影响下，它们应该有十分接近的价格，并在波动上具有很强的联动性。因此在沪港通开通后，随着市场互联互通程度的加深，两地市场的联动性将会呈现出什么变化？对这一问题的研究有着重大的现实意义。

23.2 文献综述

国外学者关于股票市场联动性的研究有很多，但大致可以分为有关联动性问题的计量方法和运用计量方法的实证研究两个方面。在计量方法上，Bollerslev（1990）[126]在其之前GARCH模型的研究框架下，发展出了CCC-GARCH模型，即常数相关模型，为金融时间序列联动性的研究做出了突破性成果，但由于该模型假设各个时间序列之间的相关系数为一个固定常数，与现实中的情况相违背，因此该模型在实际运用中存在很大的缺陷，针对这一问题，Engle（2002）[89]在CCC-GARCH的基础上，将常系数扩展到动态系数，提出了著名的DCC-GARCH模型，在实践中很好地刻画了金融时间序列的动态相关性，同时该模型也降低了模型中待估参数的个数，在应用上也十分便利。同年，Patton（2002）[121]在Copula函数中引入时间参数，用时变Copula函数来刻画金融资产，较好地拟合了金融时间序列之间的联动性。在实证研究方面，Arouri等人（2008）[122]运用DCC-GARCH模型对拉丁美洲六个市场进行研究，发现拉丁美洲市场间联动性较弱，同时与国际市场的联动性也微弱。

国内学者对市场联动性的研究主要集中在运用相关计量方法的实证研究方面，韦艳华、张世英（2004）[123]将Copula函数与GARCH模型相结合，动态地研究了上海股市各板块之间的相关结构。发现不同板块的指数收益率序列具有不同的边缘分布情况，各序列间有很强的正相关关系，条件相关具有时变性，各序列间相关性的变化趋势极为相似。张昭、李安渝、秦良娟（2014）[124]在文章中运用VAR模型测量了沪港通开通后对内地市场和香港市场之间的联动性关系。发现，沪港通实施之后，沪港两个股市间的联动性有所加强，其中上海股市对香港股市的影响明显增加。刘映琳、鞠卓、刘永辉（2017）[125]基于DCC-GARCH模型分析了农产品类、金属类和工业品类等大宗商品期货市场交易品种和国内外主要股票市场指数的波动性溢出关系和动态相依性。结果发现，股票市场对中国商品期货有波动率溢出效应，但是对于不同类型的大宗商品，其波动率溢出效应有明显差异。

本文采用的是多变量GARCH族模型中的DCC-GARCH模型来研究A+H之间的联动性。

23.3 实证方法：DCC-GARCH模型及其估计原理

当对单一资产收益率的波动进行分析时，我们常用GARCH模型进行建模，但当有多个资产时，我们不光要考虑各个资产的波动性，还要考虑多个资产之间的相关性，这就需要将单变量的GARCH模型扩展到多变量的GARCH模型。DCC模型即是多变量GARCH模型的一种，由Engle（2002）[89]在Bollerslev（1990）[126]提出的常数条件相关模型（CCC-GARCH）基础上发展而来，主要用于刻画两个变量之间的动态相关系数。该模型的形式如下：

$$r_t = \mu_t + e_t \tag{23-1}$$

$$e_t \sim N(0, H_t) \tag{23-2}$$

$$H_t = D_t R_t D_t \tag{23-3}$$

$$R_t = (Q_t^*)^{-1} Q_t (Q_t^*)^{-1} \tag{23-4}$$

$$Q_t = \left(1 - \sum_{m=1}^{M} \alpha_m - \sum_{n=1}^{N} \beta_n\right)\overline{Q} + \sum_{m=1}^{M} \alpha_m \eta_{t-m} \eta'_{t-m} + \sum_{n=1}^{N} \beta_n Q_{t-n} \tag{23-5}$$

式（23-3）中将条件协方差矩阵 H_t 分解成为条件方差矩阵 D_t 和条件相关系数矩阵 R_t，然后各自参数化。其中 $D_t = \text{diag}\{h_{11,t}^{1/2}, \cdots, h_{kk,t}^{1/2}\}$。

式（23-4）和式（24-5）中，(M,N) 是GARCH模型的滞后阶数，Q_t 为 $k \times k \times t$ 矩阵，k 为变量个数，t 为变量的观察时期数，$Q_t^* = \text{diag}\{q_{11,t}^{1/2}, \cdots, q_{kk,t}^{1/2}\}$，$\overline{Q}$ 为标准化残差 η_{t-m} 的无条件协方差矩阵，标准化残差 $\eta_{t-m} = D_t^{-1}e_t$。式（23-5）是DCC-GARCH估计的核心，α_m 和 β_n 为方程的待估计参数，决定了模型描述的动态相关性。同时为满足模型中的关键假设-H_t 属于正定矩阵，参数 α_m 和 β_n 必须大于零，且 $\alpha_m + \beta_n < 1$。

该模型的估计可以通过两步来实现。

1）估计单变量 GARCH，首先通过均值方程式（23-1）获得干扰项 e_t，得到 e_t 之后，建立各变量的 GARCH 模型，通过估计 GARCH 模型，可以得到条件方差矩阵 D_t，进而得到标准化残差 η_{t-m} 以及由 η_{t-m} 决定的 $\bar{Q}$，从而完成第一步的估计。

2）利用第 1 步估计出来的结果对式（23-5）的参数采用最大似然法进行估计，进而使用方程式（23-4）得到条件相关系数矩阵 R_t。

23.4 数据处理与实证结果

23.4.1 数据说明与处理

如范例程序 23-1 所示。本文首先计算每只 A + H 股被香港资本通过港股通持有的 A 股比例和被内地资本通过沪股通持有的 H 股比例之和。该值越高，说明两地市场在该股上互相之间介入程度越深。本文将展示每只 A + H 股在 A 股市场和 H 股市场的融合情况，然后将其按照从高到低排列，分别选取排名第 1、第 15、第 30、第 45、第 60 的 5 只股票作为样本股票（分别为：新华保险、南方航空、中远海控、中煤能源、中国石油及其对应的 H 股），用以研究沪港通的实施对 A + H 股联动性的影响，数据来源为 wind 数据库。考虑到沪港通开通时间为 2014 年 11 月 17 日，为了方便数据对比以及获得尽可能多的数据，选取该时间前后各 32 个月的日收益率数据，即 2012 年 3 月 1 日至 2017 年 7 月 1 日。股票日收益率的计算公式如下：

$$r_t = (\ln P_t - \ln P_{t-1}) \tag{23-6}$$

式中，r_t 代表指数的日收益率，P_t 代表股票的每日收盘价格，分别用 A1、A2、A3、A4、A5 表示 5 只股票的 A 股日收益率序列，H1、H2、H3、H4、H5 表示 5 只股票的 H 股日收益率序列。

范例程序 23-1：数据整理和描述性统计

```
library(tseries);library(fBasics);library(FinTS);library(rmgarch)
### 第 1 步 数据整理
for (i in 1:5) {
  # 采用 for 函数重复处理 5 只股票, 该函数的形式为 for(i in vector){}, i 为循环变量
sampA=read.csv(paste("A",i,".csv",sep = ""),header=T);
  # 读取 Ai.csv 文件（随 i 循环 5 次，依次读取 A1.csv, A2.csv, A3.csv, A4.csv, A5.csv), 并存在对象
    sampA 中，然后查看前 5 行数据。在这里运用了 paste 函数，该函数是将字母、变量连接起来并按字符
    格式输出的函数, sep = "" 表示字母之间直接连接, sep = " " 则表示字母间隔一个空格, 若不设置, 函数默
    认间隔一个空格
sampH=read.csv(paste("H",i,".csv",sep = ""),header = T)    # 同上
indexA=xts::as.xts(sampA[,2],as.Date(sampA[,1]));
  # 将 sampA 中的第 1 列转换成时间格式, 将 sampA 中的第 2 列转化成时间序列格式
indexH=xts::as.xts(sampH[,2],as.Date(sampH[,1]));
  # 将 sampH 中的第 1 列转换成时间格式, 将 sampH 中的第 2 列转化成时间序列格式
A=diff(log(indexA[,1]))[-1,];H=diff(log(indexH[,1]))[-1,];
  # 分别将对象 indexA 和 indexH 的第 1 列取对数值, 然后取一阶差分, 并将第 1 行删掉
AH=na.omit(merge(A,H,join = 'inner'));
  # 按时间索引合并对象 A 和 H, 并去掉缺失值然后保存在对象 AH 中
colnames(AH)=c(paste("A",i,sep = ""),paste("H",i,sep = ""));
  # 将对象 AH 的第 1 列和第 2 列重新命名为 Ai 和 Hi
print(head(AH));
  # 查看对象 AH 的前 5 行, 因为是在 for 函数中, 需要前面加上 print 函数, 因篇幅限制, 以下及之后的结果仅
    展示第一次循环的结果
                     A1             H1
2012-03-02   0.023645052    0.03807012
2012-03-05  -0.028583333   -0.02323165
```

```
2012-03-06 -0.011022334 -0.05939144
2012-03-07 -0.004658672 -0.01744425
2012-03-08  0.004301082  0.03915563
2012-03-09  0.006061705  0.01068144
```

第 2 步 描述性统计
##2.1 画时序图
```
opar=par(no.readonly = T);   # 生成图形函数 par ( ) 的一个参数 opar, 并令其为系统默认值
par(mfrow=c(1,2));   # 生成一个 1*2 的画布
plot(AH[,1],main=paste("A",i," 日收益率序列图 ",sep = ""));
    # 画出对象 AH 第 1 列的图形, 并命名为 Ai 日收益率序列图, 如图 23-1 所示
plot(AH[,2],main=paste("H",i," 日收益率序列图 ",sep = ""));
    # 画出对象 AH 第 2 列的图形, 并命名为 Hi 日收益率序列图, 如图 23-1 所示
par(opar);   # 将图形函数值恢复为系统默认值 opar
```
##2.2 描述性统计
```
print(basicStats(AH))   # 获得对象 AH 每列的基本统计情况
                      A1           H1
nobs          1231.000000  1231.000000
NAs              0.000000     0.000000
Minimum         -0.105614    -0.109803
Maximum          0.095673     0.130996
1. Quartile     -0.013107    -0.012538
3. Quartile      0.011571     0.011510
Mean             0.000286    -0.000058
Median           0.000000     0.000000
Sum              0.352389    -0.071499
SE Mean          0.000783     0.000650
LCL Mean        -0.001250    -0.001333
UCL Mean         0.001823     0.001217
Variance         0.000755     0.000520
Stdev            0.027477     0.022807
Skewness         0.240949     0.255073
Kurtosis         2.715802     3.205736
print(jarque.bera.test(AH[,1]));print(jarque.bera.test(AH[,2]));
    # 对对象 AH 的第 1 列和第 2 列分别进行 JB 检验
    Jarque Bera Test
data:  AH[, 1]
X-squared = 392.84, df = 2, p-value < 2.2e-16
    Jarque Bera Test
data:  AH[, 2]
X-squared = 543.82, df = 2, p-value < 2.2e-16
```

从表 23-1 中可以看出, 在收益率方面, 10 只股票的均值和中位数均接近 0 值; 在标准差方面, 在内地上市的股票略高, 但差异不大; 在偏度和峰度方面, 在香港上市的股票均呈现明显的右偏, 而内地上市的股票则左偏、右偏的情况都存在; 在峰度值上, 在内地上市的股票更高, "尖峰厚尾"的特征更加明显。从 10 只股票的 JB 统计量来看, 它们都在 1% 的显著性水平下拒绝原假设, 呈现非正态分布。图 23-1 显示了 10 只股票的日收益序列图, 图中均出现波动聚集的现象, 但在内地上市的公司在不同时间内的波动差异更大, 波动集群现象更加明显。

表 23-1 日收益序列的描述性统计

	均值	中位数	最小值	最大值	标准差	偏度	峰度	JB 值
A1	0.000	0.000	−0.106	0.096	0.027	0.241	2.716	392.840[①]
H1	0.000	0.000	−0.110	0.131	0.023	0.255	3.206	543.820[①]
A2	0.000	0.000	−0.106	0.097	0.027	−0.003	4.083	872.310[①]
H2	0.001	0.000	−0.199	0.171	0.027	0.170	6.139	1 976.900[①]

（续）

	均值	中位数	最小值	最大值	标准差	偏度	峰度	JB 值
A3	0.000	0.000	−0.106	0.096	0.028	0.041	3.857	708.250[①]
H3	0.000	0.000	−0.109	0.146	0.028	0.781	3.604	733.630[①]
A4	0.000	0.000	−0.106	0.096	0.026	−0.338	5.233	1 462.200[①]
H4	−0.001	−0.002	−0.083	0.121	0.023	0.593	2.324	357.860[①]
A5	0.000	0.000	−0.105	0.096	0.017	0.035	10.993	6 350.700[①]
H5	−0.001	−0.001	−0.068	0.076	0.017	0.305	2.233	282.310[①]

注：JB 为 Jarque-Bera 统计量。
①表示统计量在 1% 水平内显著。

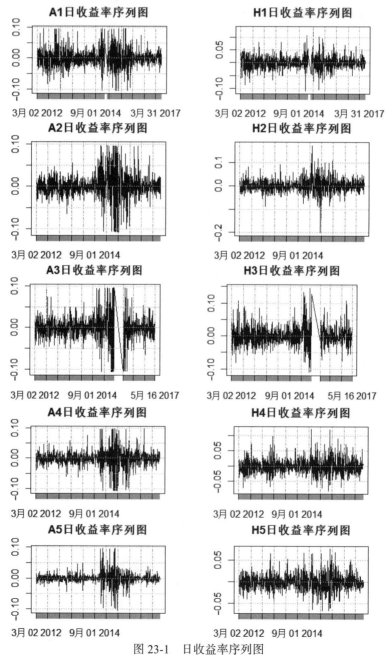

图 23-1　日收益率序列图

23.4.2 数据的平稳性和 ARCH 效应检验

Granger（1974）[127]的研究发现，如果时间序列数据是非平稳的，则有可能出现伪回归现象。所以在对时间序列建模之前，有必要对数据进行平稳性检验。本文采用常用的 ADF 检验和 PP 检验，如范例程序 23-2 所示。

范例程序 23-2：平稳性检验

```
### 第3步 实证分析
##3.1 平稳性检验
print(adf.test(AH[,1]));print(adf.test(AH[,2]));
    # 对对象 AH 的第1列和第2列分别进行 ADF 检验
Augmented Dickey-Fuller Test
data:  AH[, 1]
Dickey-Fuller = -11.297, Lag order = 10, p-value = 0.01
alternative hypothesis: stationary
Augmented Dickey-Fuller Test
data:  AH[, 2]
Dickey-Fuller = -10.177, Lag order = 10, p-value = 0.01
alternative hypothesis: stationary
print(pp.test(AH[,1]));print(pp.test(AH[,2]));
    # 对对象 AH 的第1列和第2列分别进行 PP 检验
Phillips-Perron Unit Root Test
data:  AH[, 1]
Dickey-Fuller Z(alpha) = -1092, Truncation lag parameter = 7, p-value = 0.01
alternative hypothesis: stationary
Phillips-Perron Unit Root Test
data:  AH[, 2]
Dickey-Fuller Z(alpha) = -1157.4, Truncation lag parameter = 7, p-value = 0.01
alternative hypothesis: stationary
```

由表 23-2 可知，五家上市公司的 A 股和 H 股日收益率序列的 ADF 检验与 PP 检验都在 1% 的显著性水平下拒绝原假设，说明各股票收益率序列是平稳的，可以进行进一步分析，如范例程序 23-3 所示。

表 23-2　平稳性检验

	ADF 值	PP 值
A1	−11.297①	−1 092.000①
H1	−10.177①	−1 157.400①
A2	−11.554①	−1 082.100①
H2	−9.736①	−1 239.200①
A3	−9.173①	−1 059.700①
H3	−10.302①	−1 042.400①
A4	−11.294①	−1 148.800①
H4	−10.498①	−1 169.400①
A5	−10.905①	−1 127.300①
H5	−10.388①	−1 178.900①

①表示统计量在 1% 显著性水平下显著。

范例程序 23-3：ARCH 效应检验

```
##3.2 arch 效应检验
fit.arA=arima(AH[,1],order=c(1,0,0));
```

```
# 用对象 AH 的第 1 列配适 AR(1) 模型,并保存在 fit.arA 中
fit.arH=arima(AH[,2],order=c(1,0,0));
    # 用对象 AH 的第 2 列配适 AR(1) 模型,并保存在 fit.arH 中
print(ArchTest(fit.arA$resid,lags=4));print(ArchTest(fit.arH$resid,lags = 4));
    # 对配适结果 fit.arA 和 fit.arH 的残差分别进行 arch 效应检验,滞后阶数选择 4 阶
ARCH LM-test; Null hypothesis: no ARCH effects
data:  fit.arA$resid
Chi-squared = 73.207, df = 4, p-value = 4.774e-15
ARCH LM-test; Null hypothesis: no ARCH effects
data:  fit.arH$resid
Chi-squared = 49.575, df = 4, p-value = 4.429e-10
print(ArchTest(fit.arA$resid,lags=8));print(ArchTest(fit.arH$resid,lags = 8));
ARCH LM-test; Null hypothesis: no ARCH effects
data:  fit.arA$resid
Chi-squared = 103.94, df = 8, p-value < 2.2e-16
ARCH LM-test; Null hypothesis: no ARCH effects
data:  fit.arH$resid
Chi-squared = 52.279, df = 8, p-value = 1.487e-08
print(ArchTest(fit.arA$resid,lags=12));print(ArchTest(fit.arH$resid,lags = 12));
ARCH LM-test; Null hypothesis: no ARCH effects
data:  fit.arA$resid
Chi-squared = 112.82, df = 12, p-value < 2.2e-16
ARCH LM-test; Null hypothesis: no ARCH effects
data:  fit.arH$resid
Chi-squared = 72.008, df = 12, p-value = 1.346e-10
```

从表 23-3 中可以看出,在滞后 4 阶、8 阶、12 阶三种情况下,五家上市公司的 A 股和 H 股日收益率序列都在 1% 的显著性水平下拒绝原假设,说明存在 ARCH 效应,可以进一步建立 DCC-GARCH 模型。

表 23-3 ARCH 效应检验

	arch(4)	arch(8)	arch(12)
A1	73.207[①]	103.940[①]	112.820[①]
H1	49.575[①]	52.279[①]	72.008[①]
A2	303.220[①]	333.710[①]	365.780[①]
H2	49.755[①]	68.264[①]	104.070[①]
A3	270.200[①]	327.600[①]	333.660[①]
H3	96.581[①]	118.430[①]	146.160[①]
A4	325.220[①]	344.810[①]	355.870[①]
H4	38.802[①]	44.591[①]	58.767[①]
A5	188.390[①]	240.850[①]	248.150[①]
H5	78.632[①]	115.230[①]	155.570[①]

①表示统计量在 1% 显著性水平下显著。

23.4.3 DCC-GARCH 模型的设定和估计

DCC-GARCH 模型的建立首先需要建立各个单变量的 GARCH 模型。这里范例程序 23-4 中的均值方程选择不带截距项的 AR(1),其待估计参数用 μ 表示,波动率方程选择 GARCH(1,1),用 $\bar{\omega}$、α、β 分别表示其截距项参数、ARCH 项参数、GARCH 项参数,分布函数选择多变量 T 分布,用 θ_1、θ_2 表示 DCC 模型的动态相关参数,v 表示模型的联合分布参数。

范例程序 23-4：DCC-GARCH 模型的设定和估计

```
##3.3 设定dcc-garch模型
meanEquation=list(armaOrder=c(1,0),include.mean=F,archpow=1);
    # 设置均值方程，方程形式为AR(1)，且不包含均值
varEquation=list(model="sGARCH",garchOrder=c(1,1));
    # 设置波动方程，方程形式为标准GARCH(1,1)，model为garch类型参数，此外还有eGARCH、iGARC-
      HgjrGARCH、apGARCH等
distspec=c("mvt");
    # 设置联合分布类型，这里选择多元T分布（mvt），此外还有多元正态分布（mvnorm）、多元laplace分布
      (mvlaplace)
spec=ugarchspec(mean.model=meanEquation,variance.model=varEquation);
    # 将设置好的均值方程形式和波动率方程保存到spec中，ugarchspec（）函数是用来设定单变量GARC模型
      在估计时的参数
Nspec=multispec(replicate(2,spec));    # 根据变量个数，将估计次数设为2次
myspec=dccspec(Nspec,VAR=F,robust=F,
               model = ("DCC"),
               external.regressors = NULL,
               distribution=distspec);
    # 在进行DCC估计之前，对它的参数进行设定，参数包括uspec、VAR、robust、lag、lag.max、lag.criterion、
      external.regressors、robust.control、dccOrder、model、group、distri-bution。其中VAR、
      robust、lag、lag.max、lag.criterion、external.regressors6个参数是与是否适配VAR模型来作
      为均值方程有关，robust.control是关于是否采用稳健回归的参数，model为dcc模型类型参数，此外
      还有dcc模型的非对称形式aDCC和FDCC，group为FDCC模型中的参数，distribution为上面提到的定
      义联合分布类型
fitDcc=dccfit(data=AH,myspec,solver="solnp");
    # 将dcc模型估计结果保存在对象fitDcc中
show(fitDcc);    # 展示dcc模型估计结果
*---------------------------------*
*          DCC GARCH Fit          *
*---------------------------------*

Distribution         :  mvt
Model                :  DCC(1,1)
No. Parameters       :  12
[VAR GARCH DCC UncQ] :  [0+8+3+1]
No. Series           :  2
No. Obs.             :  1231
Log-Likelihood       :  6118.88
Av.Log-Likelihood    :  4.97
Optimal Parameters
                 Estimate    Std. Error   t value  Pr(>|t|)
[A1].ar1         0.048042    0.031128     1.54338  0.122738
[A1].omega       0.000005    0.000008     0.64203  0.520856
[A1].alpha1      0.057345    0.024625     2.32871  0.019875
[A1].beta1       0.936414    0.030490    30.71219  0.000000
[H1].ar1         0.030770    0.030723     1.00155  0.316561
[H1].omega       0.000008    0.000012     0.69128  0.489392
[H1].alpha1      0.062717    0.023310     2.69058  0.007133
[H1].beta1       0.921848    0.015470    59.58832  0.000000
[Joint]dcca1     0.007123    0.003196     2.22892  0.025819
[Joint]dccb1     0.992046    0.004596   215.82974  0.000000
[Joint]mshape    5.860202    0.477067    12.28382  0.000000
Information Criteria
Akaike       -9.9218
Bayes        -9.8720
Shibata      -9.9220
Hannan-Quinn -9.9031
plot(fitDcc,which=4)
```

```
    # 画出第 4 张条件相关系数图，如图 23-2 所示（共有 5 张图，按顺序分别为条件均值图、条件方差图、条件协
      方差图、条件相关系数图、等权重资产组合的 VAR 图）
}
```

估计结果如表 23-4 所示。

表 23-4　DCC-GARCH 模型参数估计结果

	均值方程	波动率方程			DCC 参数		
	μ	$\overline{\omega}$	α	β	θ_1	θ_2	ν
A1	0.048	0.000	0.057	0.936	0.007	0.992	5.860
	(−0.123)	(0.521)	(0.020)	(0.000)	(0.026)	(0.000)	(0.000)
H1	0.031	0.000	0.063	0.922			
	(0.317)	(0.489)	(0.007)	(0.000)			
A2	0.079	0.000	0.057	0.941	0.040	0.777	6.531
	(0.010)	(0.584)	(0.012)	(0.000)	(0.040)	(0.000)	(0.000)
H2	0.008	0.000	0.042	0.951			
	(0.784)	(0.295)	(0.000)	(0.000)			
A3	−0.022	0.000	0.097	0.894	0.024	0.943	4.878
	(0.499)	(0.794)	(0.118)	(0.000)	(0.018)	(0.000)	(0.000)
H3	0.012	0.000	0.080	0.899			
	(0.738)	(0.224)	(0.000)	(0.000)			
A4	0.017	0.000	0.093	0.880	0.016	0.931	5.500
	(0.605)	(0.001)	(0.000)	(0.000)	(0.103)	(0.000)	(0.000)
H4	0.058	0.000	0.052	0.930			
	0.061	0.000	0.000	0.000			
A5	−0.012	0.000	0.130	0.869	0.000	0.903	5.482
	(0.756)	(0.356)	(0.007)	(0.000)	(0.999)	(0.000)	(0.000)
H5	0.081	0.000	0.076	0.910			
	(0.008)	(0.432)	(0.000)	(0.000)			

注：( ) 内为 p 值。

如表 23-4 所示，在波动率方程中，除了 A3 外，其他 9 只股票 ARCH 项系数均在 1% 或 5% 的显著性水平上显著，10 只股票的 GARCH 项系数均在 1% 的显著性水平上显著，说明 GARCH（1，1）的设定是合理的，同时 GARCH 项系数值均分布在 0.9 左右，远大于 ARCH 项系数，说明条件方差对后一期收益率的波动的影响更大，当期波动对前一期波动的敏感性很低。另外，10 只股票的 ARCH 项和 GARCH 项系数之和都接近于 1，说明各个股票的波动都具有显著的持续性。从 A 股和 H 股的对比来看，5 只 H 股除了第 1 支以外，GARCH 项系数均比 A 股的系数要高，而 ARCH 项系数则要低，说明 H 股股票的波动相对 A 股对前期波动的敏感性更低，而更容易受到前期条件方差的影响。

从 DCC 模型估计结果来看，前 3 组股票的估计参数都比较显著，参数 θ_1 说明滞后一期的标准化残差对动态相关系数有显著影响，参数 θ_2 取值接近 1 说明相关性具有很强的持续性。后两组股票的参数 θ_1 不显著，说明滞后一期的标准化残差对动态相关系数没有显著影响，尤其是第 5 组，其参数 θ_1 的 p 值接近 1，而参数 θ_2 显著且接近 1，说明其相关系数可能非常接近一个固定的常数。5 组 A + H 股的动态相关系数图如下：

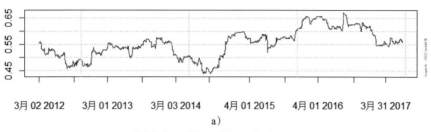
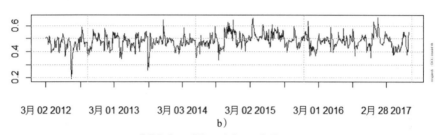
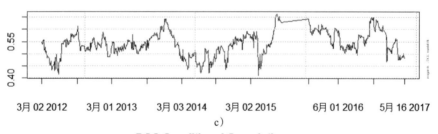
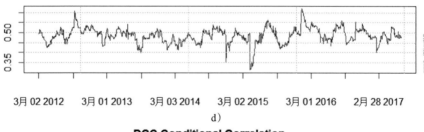
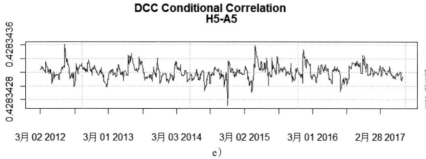

图 23-2 五组股票 A 股和 H 股动态相关系数图

在图 23-2a 中，相关系数在沪港通实施之后出现了明显的提高。在图 23-2b 中，沪港通开通之前相关系数处于 0.4 和 0.5 之间，开通之后相关系数出现了更多的 0.5 以上的值，相关性也得到了一定提高，只是提高幅度比第一张图明显要低。而在图 23-2c 和图 23-2d 中，沪港通开通前后相关系数的波动情况都非常相似，不存在明显的提高或降低。在图 23-2e 中，沪港通开通前后，相关系数都在 0.428 3 处非常小幅度的波动，近似于一个常数。

上述结果说明，沪港通开通之后，并不是所有 A+H 股的市场联动性都会有所提高，而是需要随着股票在两个市场的融合程度提高到一定程度，其联动性才会提高。从第 2 张图的南方航空来看，当香港投资人持有 A 股比例和内地投资人持有 H 股比例之和达到 14.90%（排名第 15）时，其联动性才略微有所提高。

23.4.4 研究结论

本文通过 Engle（2002）[123] 提出的 DCC-GARCH 模型，以 5 只融合程度不同的 A+H 股在 2012 年 3 月 1 日至 2017 年 7 月 1 日的日收益率数据为研究对象，对沪港通实施后对 A+H 股联动性的影响进行了研究，发现在沪港通实施后，大部分 A+H 股的联动性并没有增强，股票的联动性需要两地市场互相持有股票比例达到一定程度之后才会有所改善。

第24章

铜期货与现货的协整关系

24.1 门限 VECM 模型概述

门限 VECM 模型（以下简称 TVECM 模型）是在 VECM 模型基础上的进一步拓展。VECM 模型中误差修正项存在若干个门限值。不同门限值区间内，误差修正项的系数不同。这是对 VECM 模型的一种非线性修正。

24.2 背景概述

近 30 年来，我国大宗商品价格波动幅度较大且较频繁。企业、消费者抵御这些商品价格风险的能力很弱，经济发展容易受到这些商品价格波动的影响。我国铜生产原料贫乏，是世界上最大的铜消费国家，同时还是铜进口国家，国际铜价市场对我国铜市场影响较大，如何减少现货价格波动带来的冲击，确保企业生产经营的有序进行显得尤为重要。目前，世界上的通行做法是通过期货交易来规避现货价格波动造成的风险。从经济逻辑的角度讲，这是因为在相对长的同一市场周期内同一商品的期货价格和现货价格受相同经济因素的影响制约，它们的运行趋势基本一致，波动幅度也很相近。

现货和期货价格关系密切有两种解释：一是成本驱动论，现货价格决定期货价格，从成本角度考虑期货价格由现货价格和持有成本构成，现货价格作为构成成本因素之一，必然对期货价格有影响；二是引致需求论，期货价格拉动现货价格，期货价格信号可以提前反映市场供求变化，具有风向标的作用，现货的供求关系无疑要受这一因素的影响，从而使得现货价格受期货价格影响。

本节通过 VECM 和 TVECM 模型来获得沪铜期货与现货的协整关系。

24.3 数据处理与实证结果

24.3.1 对期货与现货数据的初步处理

我们首先把下载好的期、现货数据（csv 文件）载入 R（见范例程序 24-1），然后进行相应处理（见范例程序 24-2），并将数据可视化（见范例程序 24-3）。

范例程序 24-1：数据准备

```
temp1<-read.csv("现货结算价：boce 阴极铜：上海.csv")    # 读取现货铜数据的文件
temp2<-read.csv("沪铜主力（成交量）.csv")              # 读取期货铜数据的文件
temp_1<-na.omit(temp1)          # 去除 temp1 数据框中含有缺失值的行
temp_2<-na.omit(temp2[,c(3,4)])
                                # 选取 temp2 数据框中第 3、4 列数据（时间和收盘价），去除其中含缺失值的行
head(temp_1)                    # 查看 temp_1 数据框中前 6 行数据
head(temp_2)                    # 查看 temp_2 数据框中前 6 行数据
         时间        收盘价
 2012-09-05   55,730.0000
 2012-09-06   56,220.0000
 2012-09-07   56,650.0000
 2012-09-10   58,120.0000
 2012-09-11   58,360.0000
 2012-09-12   58,290.0000
```

范例程序 24-2：数据处理

```
library(xts)
spottemp1<-as.numeric(gsub(",","",as.character(temp_1[,2])))
    # 将 temp_1 数据框中第 2 列数据现货价格转换为 numeric 类型的变量，并存为 spottemp1 的向量。由于数
      据中具体数字含有逗号，所以用 gsub() 函数进行处理
spottemp2<-as.Date(temp_1[,1])
    # 将 temp_1 数据框中第 1 列数据现货交易日期转换为 Date 类型的变量，并存为 spottemp2 的向量
spottemp3<-na.omit(cbind(spottemp1,spottemp2))
    # 将 spottemp1 和 spottemp2 两列向量按列合并成数据框，并去除其中有缺失值的行，存为 spot temp3 的数据框
spot_price<-as.xts(spottemp3[,1],as.Date(spottemp3[,2]))
    # 将现货价格转换为 xts 格式，存为 spot_price
colnames(spot_price)<-c("spot")
    # 将 spot_price 的列名称改为 spot
head(spot_price) 查看 spot_price 的前 6 行数据
futuretemp1<-as.numeric(gsub(",","",as.character(temp_2[,2])))
    # 处理期货数据，原理同上
futuretemp2<-as.Date(temp_2[,1])
futuretemp3<-na.omit(cbind(futuretemp1,futuretemp2))
future_price<-as.xts(futuretemp3[,1],as.Date(futuretemp3[,2]))
colnames(future_price)<-c("future")
head(future_price)
ln_price<-na.omit(cbind(log(spot_price),log(future_price)))
    # 将现货和期货的价格取对数按列合并，同时去除含缺失值的行，存为 ln_price
head(ln_price)     # 看 ln_price 前 6 行数据
```

范例程序 24-3：画出现货和期货的基本走势图

```
plot(ln_price[,1],main="time series of spot & future",col="blue",ylab="")
    # 画出现货价格随时间的走势图（图 24-1）。用蓝色的线画出，标题命名为 time series of spot & future
lines(ln_price[,2],col="red")    # 在原图上用红色的线画出期货价格走势图
legend("topright", inset=c(0.038,0.17), legend=c("spot","future"),
       col=c("blue","red"),lty = rep(1,2),ncol=2)
    # 在图的右上角添加标注
```

图 24-1 铜期现货价格走势图

24.3.2 单位根检验

建立时间序列模型之前，首先要对变量进行单位根检验。单位根检验最常用的方法是 ADF 检验。

ADF 检验有三个模型，如下所示。

模型一：
$$\Delta X_t = \delta X_{t-1} + \sum_{i=1}^{m} \beta_i \Delta X_{t-i} + \varepsilon_t \qquad (24\text{-}1)$$

模型二：
$$\Delta X_t = \alpha + \delta X_{t-1} + \sum_{i=1}^{m} \beta_i \Delta X_{t-i} + \varepsilon_t \qquad (24\text{-}2)$$

模型三：
$$\Delta X_t = \alpha + \theta t + \delta X_{t-1} + \sum_{i=1}^{m} \beta_i \Delta X_{t-i} + \varepsilon_t \qquad (24\text{-}3)$$

范例程序 24-4 是执行平稳性检验的代码。

按照 1% 的置信水平，ADF 检验从模型三开始到模型一，δ 并不显著异于零，继续做一阶差分再进行 ADF 检验，模型三中 δ 会显著异于零。所以现货和期货对数价格都是 I（1）变量。结果如表 24-1 所示。

表 24-1 ADF 单位根检验结果

	s_t	Δs_t	f_t	Δf_t
带有截距项和趋势项的模型（p 值）	0.024[②]	0.000[①]	0.024[②]	0.000[①]
带有截距项的模型（p 值）	0.439		0.610	
没有截距项和趋势项的模型（p 值）	0.164		0.105	

注：1. 表中为 p 值。
2. ①、②、③分别代表 1%、5%、10% 的置信水平。

范例程序 24-4：平稳性检验

```
library(urca)
spot.df03<-ur.df(ln_price[,1],type = "trend",selectlags = "AIC")
```

```
# 对现货对数价格的数据做 ADF 模型三的检验,包括趋势项和截距项,最佳滞后阶数以 AIC 为标准
summary(spot.df03)    # 查看检验结果,结果不显著
###################################################
# Augmented Dickey-Fuller Test Unit Root Test #
###################################################
Test regression trend
Call:
lm(formula = z.diff ~ z.lag.1 + 1 + tt + z.diff.lag)
Residuals:
      Min       1Q   Median       3Q      Max
-0.122171 -0.004487 0.000551 0.004715 0.095692
Coefficients:
              Estimate Std. Error t value Pr(>|t|)
(Intercept)  2.521e-01  1.118e-01   2.256   0.0245 *
z.lag.1     -2.295e-02  1.016e-02  -2.259   0.0242 *
tt          -1.616e-05  7.415e-06  -2.180   0.0297 *
z.diff.lag  -2.183e-01  4.087e-02  -5.342 1.32e-07 ***
---
Signif. codes:  0 '***' 0.001 '**' 0.01 '*' 0.05 '.' 0.1 ' ' 1
Residual standard error: 0.0163 on 586 degrees of freedom
Multiple R-squared:  0.06065,    Adjusted R-squared:  0.05584
F-statistic: 12.61 on 3 and 586 DF,  p-value: 5.342e-08
Value of test-statistic is: -2.2591 2.4287 2.6772
Critical values for test statistics:
      1pct  5pct 10pct
tau3 -3.96 -3.41 -3.12
phi2  6.09  4.68  4.03
phi3  8.27  6.25  5.34
spot.df02<-ur.df(ln_price[,1],type = "drift",selectlags = "AIC")
    # 对现货对数价格的数据做 ADF 模型二的检验,包括截距项但不包含趋势项,最佳滞后阶数以 AIC 为标准
summary(spot.df02)    # 查看检验结果,结果不显著
spot.df01<-ur.df(ln_price[,1],type = "none",selectlags = "AIC")
    # 对现货对数价格的数据做 ADF 模型一的检验,不包括趋势项和截距项,最佳滞后阶数以 AIC 为标准
summary(spot.df01)    # 查看检验结果,结果不显著
spot.df13<-ur.df(diff(ln_price[,1])[-1],type = "trend",selectlags = "AIC")
    # 由于现货对数价格存在单位根,所以一阶差分后做 ADF 模型三的检验,最佳滞后阶数以 AIC 为标准
summary(spot.df13)    # 查看检验结果,结果显著
future.df03<-ur.df(ln_price[,2],type = "trend",selectlags = "AIC")
summary(future.df03)
future.df02<-ur.df(ln_price[,2],type = "drift",selectlags = "AIC")
summary(future.df02)
future.df01<-ur.df(ln_price[,2],type="none",selectlags = "AIC")
summary(future.df01)
future.df13<-ur.df(diff(ln_price[,2])[-1],type = "trend",selectlags = "AIC")
summary(future.df13)
head(temp_2)
    # 对期货对数价格做 ADF 检验,流程与现货一样
```

其中 z.lag.1 代表模型中的 δ,由于 p 值为 0.024 2,在 1% 的置信水平下并不显著异于零,所以要继续做 ADF 检验。

24.3.3 构建 VECM 模型

按照 SC 标准构建最佳阶数的 VECM 模型 VECM(2):

$$\Delta s_t = \alpha_1 + \delta_1 ECT_{t-1} + \sum_{i=1}^{2} \theta_{1,i} \Delta s_{t-i} + \sum_{i=1}^{2} \gamma_{1,i} \Delta f_{t-i} + e_{1,t} \quad (24\text{-}4)$$

$$\Delta f_t = \alpha_2 + \delta_2 ECT_{t-1} + \sum_{i=1}^{2}\theta_{2,i}\Delta s_{t-i} + \sum_{i=1}^{2}\gamma_{2,i}\Delta f_{t-i} + e_{2,t} \tag{24-5}$$

范例程序 24-5 是适配、估计 VECM 模型的代码。

分别用 Engle-Granger 和 Johanson MLE 求出协整向量，结果如表 24-2 所示。

表 24-2 Engle-Granger 和 Johanson MLE 的协整向量

	s_{t-1}	f_{t-1}
Engle-Granger	1.00	−1.00
Johanson MLE	1.00	−0.99

从表 24-2 可知，非均衡误差 $ECT_{t-1} = s_{t-1} - f_{t-1}$，即非均衡误差为沪铜现货和期货对数价格的基差。

如果我们想知道现货价格和期货价格之间是否存在长期均衡关系，我们就要检验 s_t 和 f_t 是否存在协整关系，如表 24-3 所示。

表 24-3 Engle-Granger 检验结果

	参数估计值	标准误	p 值
δ_1	−0.132	0.022	0.000[①]
δ_2	−0.011	0.018	0.547

①代表 1% 的置信水平。

结果表明，在 1% 的置信水平下，现货和期货之间存在着现货向期货的单向协整，在其他变量保持不变的情况下，现货价格相对于期货价格超出其均衡关系 1%，下一期现货价格就平均下降 0.132%。这表明非均衡误差对现货价格的影响尤为显著。所以短期内如果沪铜现货和期货价格偏离其均衡关系，我们可以根据期货价格来预判现货的走势。

范例程序 24-5：VECM 模型

```
lags<-vars::VARselect(ln_price,lag.max = 25)$selection
  # 调用 vars 包中的 VARselect () 函数，计算最佳滞后阶数
Lags                    # 查看估计结果
AIC(n)  HQ(n)  SC(n)  FPE(n)
    5      3      2      5
library(tsDyn)
vecm_eg<-VECM(ln_price,lag = lags[3],include = "const",estim = "2OLS")
  # 估计和检验 Engle-Granger 的 VECM, VECM 内设定 estim="2OLS" 代表最小二乘法，也就是 Engle- Granger
    方法
summary(vecm_eg)             # 摘要估计结果
summary(vecm_eg)$coefMat     # 查看估计系数表
                 Estimate     Std. Error     t value       Pr(>|t|)
spot:ECT       -0.1318531280  0.0223071861  -5.91079160   5.796829e-09
spot:Intercept -0.0005016336  0.0006126305  -0.81881919   4.132242e-01
spot:spot-1    -0.2678265801  0.0432890842  -6.18693106   1.155932e-09
spot:future-1   0.3606154014  0.0574449269   6.27758482   6.718287e-10
spot:spot-2     0.1115208174  0.0403868312   2.76131635   5.938237e-03
spot:future-2   0.1023745287  0.0589018914   1.73805164   8.272971e-02
future:ECT     -0.0107627720  0.0178711556  -0.60224264   5.472468e-01
future:Intercept -0.0007690501 0.0004908022  -1.56692472   1.176749e-01
future:spot-1  -0.0726816252  0.0346805714  -2.09574474   3.653547e-02
future:future-1 0.0015557461  0.0460213683   0.03380486   9.730443e-01
future:spot-2  -0.0129013581  0.0323554635  -0.39873816   6.902321e-01
future:future-2 0.1065725740  0.0471885993   2.25843902   2.428708e-02
```

```
vecm_eg$model.specific$beta          # 查看协整向量
vecm.jo<-VECM(ln_price,lag = lags[3],include = "const",estim = "ML")
    # 估计和检验 Johanson MLE 的 VECM, VECM 内设定 estim="ML" 代表 Johanson MLE 估计
summary(vecm.jo)                     # 摘要估计结果
summary(vecm.jo)$coefMat             # 查看估计系数表
vecm.jo$model.specific$beta          # 查看协整向量
```

输出结果中的 spot：ECT 和 future：ECT 分别代表 VECM（2）模型中的系数 δ_1 和 δ_2。Estimate 为参数估计值，Std.Error 为标准误差，Pr（>|t|）为 p 值。

24.3.4 格兰杰因果检验

如范例程序 24-6 所示，为了检验沪铜期货价格和现货价格之间的因果关系，我们对其进行格兰杰因果检验，结果如表 24-4 所示。

表 24-4 格兰杰因果关系检验结果

原假设	F 统计量	p 值
现货不是期货的格兰杰原因	11.93	0.000[①]
期货不是现货的格兰杰原因	79.23	0.000[①]

①代表 1% 的置信水平。

结果表明，在 1% 的置信水平下，沪铜现货价格不是期货价格的格兰杰原因的原假设被拒绝，而沪铜期货价格不是现货价格格兰杰原因的原假设也被拒绝。所以在滞后 2 阶的情况下，沪铜期货价格和现货价格互为格兰杰因果。

范例程序 24-6：格兰杰因果检验

```
library(vars)
BETA<-vecm_eg$model.specific$beta       # 查看协整向量
ECT_1<-ln_price%*%BETA                  # 构造 ECT 的数据
var_SF<-VAR(ln_price,lag.max = 20,ic="SC",exogen = ECT_1)   # 构建带 ECT 项的 VAR
causality(var_SF,cause = "spot",boot = TRUE,boot.runs = 5000)
    # 执行原假设为 "现货不是期货的格兰杰原因" 的检验
$Granger
    Granger causality H0: spot do not Granger-cause future
data:  VAR object var_SF
F-Test = 14.727, boot.runs = 5000, p-value = 8e-04
$Instant
    H0: No instantaneous causality between: spot and future
data:  VAR object var_SF
Chi-squared = 292, df = 1, p-value < 2.2e-16
causality(var_SF,cause = "future",boot = TRUE,boot.runs = 5000)
    # 执行原假设为 "期货不是现货的格兰杰原因" 的检验
```

24.3.5 检验 VECM 模型的残差的性质

如范例程序 24-7 所示，用 ARIMA 模型检验 VECM（2）模型残差的时间序列性质，结果两个残差最佳模型均为 ARIMA（0,0,0），所以两个残差均为平稳序列。

范例程序 24-7：残差项配适 ARIMA

```
library(forecast)
auto.arima(residuals(vecm_eg)[,1])
    # 自动配适 e_{1,t} 的最佳 ARIMA 模型
```

```
auto.arima(residuals(vecm_eg)[,2])
    # 自动配适 e_{2,t} 的最佳 ARIMA 模型
```

24.3.6 检验 VECM 模型是否合适加入趋势项

如范例程序 24-8 所示,在 VECM(2)模型中加入时间趋势项,结果如表 24-5 所示。

表 24-5 带有时间趋势的 VECM 模型结果

	参数估计值	标准误	p 值
现货时间趋势项	3.91×10^{-6}	3.67×10^{-6}	0.288
期货时间趋势项	-1.40×10^{-6}	2.95×10^{-6}	0.635

结果表明,在 10% 的置信水平下,沪铜现货价格和期货价格均没有显著的时间趋势,所以 VECM 模型中不适合加入时间趋势项。

范例程序 24-8:构建带趋势项的 VECM

```
vecm_egtrend<-VECM(ln_price,lag=lags[3],include = "both",estim = "2OLS")
# 构建带有趋势项的 VECM 模型
summary(vecm_egtrend)                    # 摘要估计结果
summary(vecm_egtrend)$coefMat            # 查看估计系数表
                 Estimate    Std. Error    t value      Pr(>|t|)
spot:ECT        -1.371828e-01  2.286088e-02  -6.00076541  3.454308e-09
spot:Intercept  -1.654629e-03  1.245360e-03  -1.32863557  1.844889e-01
spot:Trend       3.907611e-06  3.674767e-06   1.06336277  2.880585e-01
spot:spot-1     -2.640066e-01  4.343305e-02  -6.07847387  2.195674e-09
spot:future-1    3.566859e-01  5.755724e-02   6.19706434  1.089396e-09
spot:spot-2      1.138124e-01  4.043977e-02   2.81436851  5.052619e-03
spot:future-2    9.909455e-02  5.897601e-02   1.68025192  9.344492e-02
future:ECT      -8.852471e-03  1.832897e-02  -0.48297715  6.292936e-01
future:Intercept -3.557828e-04  9.984811e-04  -0.35632404  7.217270e-01
future:Trend    -1.400602e-06  2.946286e-06  -0.47537878  6.346954e-01
future:spot-1   -7.405081e-02  3.482293e-02  -2.12649554  3.388215e-02
future:future-1  2.964196e-03  4.614716e-02   0.06423355  9.488063e-01
future:spot-2   -1.372273e-02  3.242303e-02  -0.42324012  6.722764e-01
future:future-2  1.077482e-01  4.728467e-02   2.27871338  2.304550e-02
vecm_egtrend$model.specific$beta    # 查看协整向量
```

`spot:Trend` 和 `future:Trend` 分别代表现货和期货时间趋势项的系数。

24.3.7 构建 TVECM 模型

前面的 VECM 模型并没有考虑到交易成本,而投资者在市场上的实际操作时是存在着交易成本的,对于套利者来说,只有期货和现货之间的价格偏差(即基差的绝对值)大于交易成本时,才会发生套利行为,因此现货价格和期货价格之间的长期均衡关系对于现货价格和期货价格的修正会表现出时变性和非线性特征。在考虑了交易成本后,VECM 模型对于期货、现货市场间的价格关系的解释能力将会变弱,因此,考虑了交易成本的 TVECM 模型对于期货、现货市场间的价格关系的实证研究似乎就变得更有说服力。

基于以上设定,这里的 TVECM 模型如下:

$$\Delta s_t = \alpha_1 + \delta_1 ECT_{t-1} + \delta_3 D_{t-1} ECT_{t-1} + \sum_{i=1}^{3} \theta_{1,i} \Delta s_{t-i} + \sum_{i=1}^{3} \gamma_{1,i} \Delta f_{t-i} + e_{1,t} \quad (24\text{-}6)$$

$$\Delta f_t = \alpha_2 + \delta_2 ECT_{t-1} + \delta_4 D_{t-1} ECT_{t-1} + \sum_{i=1}^{3} \theta_{2,i} \Delta s_{t-i} + \sum_{i=1}^{3} \gamma_{2,i} \Delta f_{t-i} + e_{2,t} \qquad (24\text{-}7)$$

这里的 D_{t-1} 是虚拟变量，当存在套利机会时取 1，当不存在套利机会时取 0，δ_1 和 δ_2 表示不存在套利机会时的误差修正系数，δ_3 和 δ_4 表示存在套利机会时的不同误差修正部分；所以当存在套利机会时，现货市场上的误差修正系数为 $\delta_1 + \delta_3$，期货市场上误差修正系数为 $\delta_2 + \delta_4$。我们设定两个门限值，使用范例程序 24-9 中的代码，门限值估计结果为 –0.025 和 0.042，模型估计结果如表 24-6 所示。

表 24-6 TVECM 模型估计结果

	现货：ECT_{t-1}	期货：EXT_{t-1}
$ECT_{t-1} \geqslant 0.042$	–0.629 （0.000）①	0.136 （0.079）②
$-0.025 < ECT_{t-1} < 0.042$	0.027 （0.608）	0.064 （0.155）
$ECT_{t-1} \leqslant -0.025$	–0.136 （0.065）②	–0.116 （0.062）②

注：1. 括号内为 p 值。
　　2. ①、②分别代表 1%、10% 的置信水平。

结果表明，在 1% 的置信水平下，当 $ECT_{t-1} > 0.042$ 时，沪铜现货和期货之间存在着现货向期货的单向协整，现货价格相对于期货价格超出其均衡关系 1%，下一期现货价格就平均下降 0.629%。短期内当沪铜现货期货对数价格的基差大于等于 0.042 时，可以根据期货的价格判断现货价格的走势，如范例程序 24-9 所示。

范例程序 24-9：TVECM 模型

```
library(tsDyn)
tvecm<-TVECM(ln_price,lag = lags[3],nthresh = 2,trim = 0.05,
            ngridBeta = 20, ngridTh = 30,plot = TRUE)
  # 承接上面的 VECM 参数设定，执行 TVECM（ ）估计，Nthresh=2 是设定门限值个数为 2
summary(tvecm)                    # 摘要估计结果
summary(tvecm)$Pvalues            # 查看各区间 p 值
summary(tvecm)$coefficients       # 查看各区间系数
summary(tvecm)$StDev              # 查看各区间标准差
```

第25章

沪深 300 股指期现货关系的实证研究

25.1 背景介绍

随着中国股票市场的快速发展,个人、机构投资者也越来越多,对规避风险、套期保值等的需求也越来越强。基于以上原因,中国以沪深 300 股指为标的推出期货仿真交易 3 年后,在 2010 年 4 月 16 日正式推出了沪深 300 股指期货。

股指期货具有对冲市场风险、价格发现、资产配置的功能。有利于促进股票价格的合理波动,有利于提高市场流动性,促进市场创新,增强金融市场国际竞争力。这些功能、作用和股指期货信息传递功能一直受到学者、监管者和投资者的广泛密切关注。在完全有效的市场上,由于价格对新信息有快速、完全地调整反应,不会存在套利的情况,因此,股指期货与股指现货之间也不会存在领先滞后的引导关系。然而,在现实中不会存在完全有效的市场。与股指现货市场相比,股指期货市场有更低的交易成本并拥有杠杆效应。由于股指期货上述特点,当市场上出现新信息时,股指期货市场可能调整得更快。

本文以 2010 年 4 月 16 日至 2017 年 7 月 14 日的沪深 300 股指期货与现货的日收盘价为数据基础,通过运用 ADF 检验、协整检验、格兰杰因果检验,并建立向量误差修正模型(VECM),对我国沪深 300 股指期货与沪深 300 股指现货价格之间的关系进行实证研究。

25.2 文献综述

Garbade 和 Silber[128]在 1983 年通过动态模型论证了期货市场与股票市场的关系,他们认为,期货市场具有价格发现功能,股指期货与股指现货之间存在领先和滞后的关系。中国学者对于沪深 300 股指期,现货的关系也有过很多的研究。严敏和吴博[129]对沪深 300 股指期货仿真交易的数据做过一些研究,他们发现两个市场之间存在短期的格兰杰因果关系。张宗成和刘少华[130]在 2010 年通过对沪深 300 股指期货市场与现货市场日收盘价数据进行实证分析、研究，进而说明股指期货和现货之间存在长期均衡关系，两者之间相互引导。葛勇和叶德嘉[131]在 2008 年采用沪深 300 股指期货仿真交易数据，使用了 Johansen 协整检验、格兰杰因果检验、脉冲响应函数和方差分析等计量方法对股指期货进行了价格研究，发现在期货、现货市场之间不存在股指价格的协整关系，并且市场间价格的领先和滞后关系不显著，现货市场的价格引导作用要略大于期货价格。

25.3 数据处理与实证结果

数据来源于 wind 数据库，本节选取的是 2010 年 4 月 16 日至 2017 年 7 月 14 日沪深 300 股指期货日收盘价及其相对应的沪深 300 股指现货日收盘价，总计 1 761 个样本。

25.3.1 单位根检验

单位根检验有三种检验式，即不含截距项和时间趋势项的检验式、只含截距项的检验式以及两者都含的检验式，分别为：

$$\Delta F_t = \gamma F_{t-1} + \sum_{i=1}^{p} \delta_i F_{t-i} + \varepsilon_t \quad (25\text{-}1)$$

$$\Delta F_t = \mu + \gamma F_{t-1} + \sum_{i=1}^{p} \delta_i F_{t-i} + \varepsilon_t \quad (25\text{-}2)$$

$$\Delta F_t = \mu + \gamma F_{t-1} + \sum_{i=1}^{p} \delta_i F_{t-i} + v_t + \varepsilon_t \quad (25\text{-}3)$$

式中，是一个时间序列，为截距项，为时间趋势，为随机误差项。ADF 检验是从既包含截距项又包含时间趋势的第三个式子开始检验，直至检验出平稳序列为止。

数据预处理和 ADF 检验的代码如范例程序 25-1 与范例程序 25-2 所示。

范例程序 25-1：数据预处理

```
library(quantmod)              # 载入 quantmod 包
F0=read.csv("xinqihuo.csv")
S0=read.csv("xianhuo.csv")
  # 读取数据，这里是分别读取了沪深 300 股指期货和沪深 300 股指的数据，命名为 F0 和 S0
F1=xts::as.xts(F0[,-1],as.Date(F0[,1]))
S1=xts::as.xts(S0[,-1],as.Date(S0[,1]))
  # 将原数据变为时间序列，命名为 F1 和 S1
F2=na.omit(F1)
S2=na.omit(S1)
  # 去除空值
colnames(F2)=c("Close")         # 将 F2 收盘价的表头名称命名为 "Close"
dat0=merge(Cl(F2),Cl(S2))       # 将时间序列 F2 和 S2 的第一列按照时间对应拼接起来
dat=na.omit(dat0)               # 去除空值
ID=c("qi","xian")               # 重新命名为 "qi"、"xian"，分别对应期货和现货
colnames(dat)=ID                # 将拼接其来的新数据表头命名为 "qi","xian"
head(dat)                       # 展示一下预处理后的数据的前几行内容
```

范例程序 25-2：ADF 检验

```
library(urca)                   # 载入 urca 包
spot.df03<-ur.df(dat[,1],type = "trend",selectlags = "AIC")
  # 对股指的对数收盘价进行 ADF 检验，采用既包含截距项又包含时间趋势的模型，最佳滞后阶数按照 AIC 标准
    选择
summary(spot.df03)              # 展示结果，发现 p 值不显著
spot.df02<-ur.df(dat[,1],type = "drift",selectlags = "AIC")
  # 对股指的对数收盘价进行 ADF 检验，采用只包含截距项的模型，最佳滞后阶数按照 AIC 标准选择
```

```
summary(spot.df02)        #展示结果,发现p值不显著
spot.df01<-ur.df(dat[,1],type = "none",selectlags = "AIC")
 # 对股指的对数收盘价进行 ADF 检验,采用既不包含截距项又不包含时间趋势的模型,最佳滞后阶数按照 AIC 标
   准选择
summary(spot.df01)        #展示结果,发现p值不显著
spot.df13<-ur.df(diff(dat[,1])[-1],type = "trend",selectlags = "AIC")
 # 对股指的对数收盘价的一阶差分序列进行 ADF 检验,采用既包含截距项又包含时间趋势的模型,最佳滞后阶数
   按照 AIC 标准选择
summary(spot.df13)        #展示结果,发现p值显著
future.df03<-ur.df(dat[,2],type = "trend",selectlags = "AIC")
 # 对股指期货的对数收盘价进行 ADF 检验,采用既包含截距项又包含时间趋势的模型,最佳滞后阶数按照 AIC
   标准选择
summary(future.df03)         #展示结果,发现p值不显著
future.df02<-ur.df(dat[,2],type = "drift",selectlags = "AIC")
 # 对股指期货的对数收盘价进行 ADF 检验,采用只包含截距项的模型,最佳滞后阶数按照 AIC 标准选择
summary(future.df02)         #展示结果,发现p值不显著
future.df01<-ur.df(dat[,2],type="none",selectlags = "AIC")
 # 对股指期货的对数收盘价进行 ADF 检验,采用既不包含截距项又不包含时间趋势的模型,最佳滞后阶数按照
   AIC 标准选择
summary(future.df01)         #展示结果,发现p值不显著
future.df13<-ur.df(diff(dat[,2])[-1],type = "trend",selectlags = "AIC")
 # 对股指期货的对数收盘价的一阶差分序列进行 ADF 检验,采用既包含截距项又包含时间趋势的模型,最佳滞后
   阶数按照 AIC 标准选择
summary(future.df13)           #展示结果,发现p值显著
```

我们对沪深 300 股指的对数收盘价和股指期货的对数收盘价进行 ADF 检验,结果如表 25-1 所示,表中的统计结果为 p 值。从结果可以看出,两者的 ADF 检测值均大于 5% 置信水平下的临界值,不能拒绝原假设。原始时间序列存在单位根,是不平稳的。然后我们对 S_t 和 F_t 的一阶差分序列和进行 ADF 检验,结果表明两者的 ADF 检测 p 值均显著为 0,拒绝原假设,说明一阶差分后的原始时间序列不存在单位根,是平稳的,而且两个时间序列都是一阶单整序列。

表 25-1 ADF 单位根检验结果

模型	S_t	ΔS_t	F_t	ΔF_t
既包含截距项又包含时间趋势	0.105	0.000	0.015	0.000
仅包含时间趋势	0.157		0.018	
既没有截距项又没有时间趋势	0.871		0.072	

25.3.2 协整检验和 VECM 模型

如果想要知道沪深 300 股指期现货之间是否存在长期均衡关系,我们可以对它们进行协整性检验。首先,根据 SC 标准构建最佳阶数是 9,即按照下列公式建立 VECM 模型,其中 F_t 代表沪深 300 股指期货收盘价的对数,S_t 代表了沪深 300 股指现货收盘价的对数。$\varphi(F_{t-1} - \beta S_{t-1})$ 为误差矫正项 CECM。

$$\Delta F_t = a_1 + \varphi_1(F_{t-1} - \beta S_{t-1}) + \sum_{i=1}^{9} \zeta_{1i} \Delta F_{t-i} + \sum_{i=1}^{9} \theta_{1i} \Delta S_{t-i} \quad (25\text{-}4)$$

$$\Delta S_t = a_2 + \varphi_2(F_{t-1} - \beta S_{t-1}) + \sum_{i=1}^{9} \zeta_{2i} \Delta F_{t-i} + \sum_{i=1}^{9} \theta_{2i} \Delta S_{t-i} \quad (25\text{-}5)$$

对于二维时间序列协整关系的判断通常用 EG 两步法或 Johansen 检验。表 25-2 是这两种方法的检验结果。从表中可以看出,两种检验方法的检验结果是一致的。φ_1 的 p 值是显著的,而 φ_2 的 p 值是不显著的,这说明两者之间至少存在一个协整关系。即沪深 300 股指期

货与股指之间存在长期均衡关系，当沪深 300 股指期货与股指现货出现价格的波动偏离均衡状态时，协整机制会起作用，进行调整使两者的价格能够重新回到均衡的状态。而 φ_1 的 p 值是显著的，说明股指期货会向股指现货调整，现货在市场中起主导作用。

表 25-2 协整关系检验结果

	系数	标准误	p 值
Engle-Granger			
φ_1	−0.129	0.048	0.007
φ_2	0.015	0.043	0.726
Johansen MLE			
φ_1	−0.174	0.049	3.720×10^4
φ_2	−0.015	0.044	0.736

协整检验描述的是两个变量之间的长期均衡关系，但却没有涉及两个变量的短期波动情况。从 EG 两步法的检验结果来看，φ_1 为负且显著，φ_2 为正且不太显著，说明至少存在经由股指期货价格的调整实现期、现货价格之间的长期均衡关系；从调整的力度来看，系数的绝对值 0.129 大于系数的绝对值 0.015，说明沪深 300 股指期货价格的调整速度快于沪深 300 股指现货，这也说明沪深 300 股指期货在价格发现功能上更具优势。以上方程的调节系数分别为 −0.129 和 0.015，两个值都较小。说明沪深 300 股指期货价格与现货价格的短期波动受偏离长期均衡离差的影响较小。由于套利成本的存在，高频数据下（较短的交易期限内），对长期均衡偏离在短期内很少得以纠正，只有长期均衡的偏离程度超过了套利成本，才可能出现恢复长期均衡的过程。

协整检验和 VECM 模型的代码如范例程序 25-3 所示。

范例程序 25-3：协整检验和 VECM 模型

```
library(tsDyn)                                # 载入 tsDyn 包
lags <- vars::VARselect(dat, lag.max=25)$selection
  # 利用 vars 包的函数 VARselect，计算最佳滞后阶数
lags# 展示一下计算出的最佳滞后阶数
vecm.eg<-VECM(dat, lag=lags[3],include ="const",estim = "2OLS")
  # 利用 Engle-Granger 的方法来进行协整关系检验，VECM 内令 estim = "2OLS" 就代表 2-stage OLS，就是
    EG 两步法
summary(vecm.eg)                              # 展示一下检验结果
round(summary(vecm.eg)$coefMat,3)             # 展示一下检验结果的系数表
vecm.eg$model.specific$beta                   # 计算协整向量
vecm.jo<-VECM(dat, lag=lags[3],include ="const",estim = "ML")
  # 利用 Johansen 方法来进行协整关系检验，VECM 内令 estim = "ML" 就代表 Johansen MLE 方法
summary(vecm.jo)                              # 展示一下检验结果
summary(vecm.jo)$coefMat                      # 展示一下检验结果的系数表
vecm.jo$model.specific$beta                   # 计算协整向量
library(urca)
cointest_eigen<-ca.jo(dat,K=lags[3],type="eigen", ecdet="const",spec="transitory")
summary(cointest_eigen)                       # 极大特征值检验
cointest_trace<-ca.jo(dat,K=lags[3],type="trace", ecdet="const",spec="transitory")
summary(cointest_trace)                       # 迹检验
BETA=cajorls(cointest_eigen)$beta
EC0=dat%*%BETA[1:2]+BETA[3]                   # 计算协整方程
EC=as.xts(EC0,index(dat))                     # 转换成时间序列
plot(EC,main="Cointegrating relation")        # 画出协整关系图
```

沪深 300 股指期货和沪深 300 股指的协整关系如图 25-1 所示。

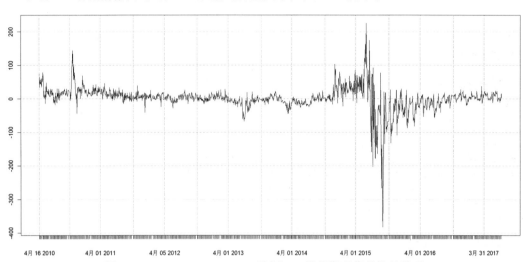

图 25-1　2010.4.16-2017.7.14 沪深 300 股指期现货的协整关系

从长期来看，该序列是稳定的，即沪深 300 股指期现货之间存在长期均衡关系，但在 2015 年下半年出现剧烈的波动，这是因为这一期间正值股灾，政府对期货市场施加了一些限制。我们将股灾时期对期货市场施加限制的这段数据去掉，得到期现货协整关系如图 25-2 所示，从图中可以看出，沪深 300 股指期现货之间还是存在着长期均衡关系。

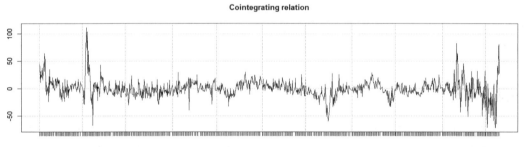

图 25-2　2010.4-2015.5 沪深 300 股指期现货的协整关系

25.3.3　格兰杰因果检验

存在协整关系就说明有存在因果关系的可能，要判断两个变量中哪一个变量是起解释作用的须用格兰杰因果检验。它主要被用于考察两变量之间在时间上的引导关系，以时间序列 F_t 和 S_t 为例，如果利用过去的 F_t 和 S_t 的值一起对 S_t 进行预测比只用 S_t 的过去值来进行预测所产生的预测误差更小的话，则认为 F_t 对 S_t 具有格兰杰因果关系。反之，认为 F_t 对 S_t 不具有格兰杰因果关系。

相对于格兰杰因果关系检验，我们更关注沪深 300 股指期货和现货波动之间的因果关系。因此，本文选择沪深 300 股指期货的收益率序列和现货收益率序列进行检验。我们利用如下公式分别计算股指期现货的日收益率，其中，$close_t$ 是原始数据中 t 日的收盘价，$close_{t-1}$ 是原始数据中 $t-1$ 日的收盘价，Ret_t 代表 t 日的收益率：

$$Ret_t = \ln \frac{close_t}{close_{t-1}} \times 100 \qquad (25\text{-}6)$$

从平稳检验来看，沪深 300 股指期现货收益率序列也是平稳序列，适用于格兰杰因果关系检验。我们的原假设是"沪深 300 股指期货不是股指现货的格兰杰原因、沪深 300 股指现货不是股指期货的格兰杰原因"，根据 SC 准则选定最佳滞后阶数是 9 阶，格兰杰因果检验代码如范例程序 25-4 所示。

范例程序 25-4：格兰杰因果检验

```
library(vars)             # 载入 vars 包
ret=timeSeries::returns(dat)   # 利用预处理后的收盘价数据计算股指现货的日收益率
ret=na.omit(ret)          # 去除空值
head(ret)                 # 展示一下日收益率的前几行
output=VAR(ret,lag=lags[3],ic="SC",type="const")   # 设定根据 SC 准则选择最佳滞后阶数
causality(output,cause="qi",boot=TRUE,boot.runs=5000)
    # 执行原假设为"期货不是现货的格兰杰原因"的检验
causality(output,cause="xian",boot=TRUE,boot.runs=5000)
    # 执行原假设为"现货不是期货的格兰杰原因"的检验
```

我们将检验结果整理成表 25-3。

表 25-3　格兰杰因果关系检验结果

原假设	F 检验值	p 值
沪深 300 股指期货不是沪深 300 股指现货的格兰杰原因	11.446 0	0.035 6
沪深 300 股指现货不是沪深 300 股指期货的格兰杰原因	14.453 0	0.030 6

从表中可以看出，这两个 p 值都是显著的，即在 5% 的置信水平下，原假设均被拒绝。所以沪深 300 股指期货是沪深 300 股指现货价格的格兰杰原因，沪深 300 股指现货也是沪深 300 股指期货价格的格兰杰原因。检验结果表明：股指期货价格与股指现货价格之间相互存在价格引导关系，两者价格互相有助于预测另一方价格。

25.4　研究结论

本文对沪深 300 股指期货与现货价格的关系进行了实证研究。平稳性检验结果表明，两者价格的时间序列都不平稳，带有趋势性，经过一阶差分后的序列都是平稳的。协整检验表明，沪深 300 股指期货与现货价格之间存在长期均衡的关系，即从长期的角度看，沪深 300 股指期货与现货价格同涨、同跌，并且涨跌幅程度相同，这样有利于规避投资者长期的投机、套利行为。向量误差修正模型（VECM）的结果表明，短期来看，沪深 300 股指期货能引导沪深 300 股指的价格，同时沪深 300 股指也能引导沪深 300 股指期货的价格，沪深 300 股指期货价格的调整速度快于沪深 300 股指，这也说明沪深 300 股指期货在价格发现功能上更具优势，有利于我国股票市场的稳定。格兰杰因果检验也表明，沪深 300 股指期货与现货存在双向引导的关系，沪深 300 股指期货有助于对沪深 300 股指现货价格的预测，沪深 300 股指现货也有助于对沪深 300 股指期货价格的预测。

从以上的分析可看出，投资者已经使用沪深 300 股指期货进行规避风险、套期保值，沪深 300 股指期货有了一定的积极作用。

第26章

中国商品期货指数通胀对冲能力的实证研究

通货膨胀通常会导致财富缩水，有必要通过适当的工具对冲通货膨胀的影响。由于商品期货本身不同于普通资产的属性以及我国期货市场的日益成熟，商品期货成为对冲通货膨胀的一种可选工具。鉴于指数化投资的趋势和优点，本章将使用VAR模型检验商品指数的通胀对冲能力，主要使用vars包。

26.1 背景介绍

2006～2016年，我国的广义货币M2余额由2006年1月底的34.56万亿元增长至2016年1月底的155.01万亿元，增长了4.49倍，年均增幅达16.2%。而我国GDP则相应的由21.9万亿增长至74.4万亿，货币量与GDP比值始终在1.5～2.1。如此迅速的M2增长和如此高的货币量与GDP比值，不禁引发大家对通货膨胀的担忧，更将通胀风险及其对冲问题摆在了每个人面前。而在我国资本市场上，普通投资者的投资渠道极为有限，主要集中在股票、基金和债券上。就股票市场而言，我国股市波动性、投机性较大，现阶段由于缺乏机构投资者等原因导致股市由投机者主导，资产配置、投资功能不足，而债券的收益通常可以视为是固定的，同样无法有效覆盖通胀率。

由于投资者在对冲风险、追求收益等方面的迫切需求与金融市场的不断发展深化，期权、期货等金融衍生产品在资产配置上作用越来越重要。大宗商品作为一般价格水平的重要组成部分，在反映通胀水平方面具有天然优势。商品期货通常具有很好的流动性，且其价格与标的商品价格联系紧密，用来对冲潜在的通胀风险是一种很自然的选择。本章使用VAR模型分析通胀率和商品期货指数收益率之间的关系，进而对国内商品指数期货的通胀对冲能力进行检验，为国内投资者在配置资产投资组合来对冲通胀风险时提供新的思路。

26.2 相关文献综述

自 20 世纪 70 年代以来，各类金融资产的通胀对冲能力就已成为学者们普遍关注的重要学术问题。大量文献调查研究了不同资产类别，包括股票、债券、商品、黄金和房地产的通胀对冲能力。下面将对商品期货的通胀对冲能力的相关研究进行归纳总结。

国外相关文献的研究结论比较一致，大都表明商品期货拥有显著的通胀对冲能力。例如 Spierdijk & Umar（2011）[132]则选择分商品类型使用 VAR 模型对不同商品期货的对冲能力进行研究，结果显示非能源和非贵金属期货品种的对冲效果最好，在各个投资期限内铜期货都能有效地为通胀提供保护，而农产品和畜产品则在六年以上的投资期对冲效果较好。Joshi（2012）[133]通过构造不同比例的投资组合，研究发现加入商品期货后可以提高原投资组合收益率，因此得出商品期货是对冲通胀的重要金融资产。Spierdijk & Umar（2013）[134]通过评估短期、中期和长期 S&P GSCI、RJ CRB 等商品期货指数的对冲能力（投资期限在 1 个月至 10 年之间）研究得出商品期货拥有显著的对冲美国通胀的能力，特别是投资期限至少一年的期货。市场能源、工业金属和活牛商品期货品种尤其具有良好的对冲能力。Gospodinov（2013）[135]则引入了新的研究方法，采用便利收益率来表征商品价格，通过 G7 国家的数据实证研究发现商品价格可以有效预测通货膨胀。

国内关于商品期货通胀对冲能力的研究较少，目前仅有部慧和汪寿阳（2010）[136]、余媚和孙彦雄（2012）[137]两篇文章较为系统地对其进行了研究。前者是基于 Fama & Schwert（1997）[138]经典模型对国内市场进行实证研究，选取铜、铝、燃料油、大豆、橡胶等期货品种进行回归分析，得出我国大部分大宗商品期货品种可以对冲通胀风险，尤其是未预期通胀风险，而行业股票则不具有类似功能。后者同样采用上述模型，研究发现，以农产品为代表的部分商品期货品种能够有效地对冲预期及未预期通货膨胀。彭韬（2013）[139]则针对不同商品属性对我国商品期货（铜、铝、豆粕和天然橡胶）的通胀对冲能力进行了实证检验，结果显示，四种商品期货均能有效地对冲预期通胀，其中铜和豆粕期货还能对冲未预期通胀。

26.3 通胀对冲定义

通货膨胀通常被定义为一般物价水平的持续上升，其结果是货币的购买力下降。通货膨胀会使人们拥有的财富缩水，引发金融市场的资产价格波动，是投资者，特别是长期投资者所面临的一类重要风险，严重的甚至还会影响社会的健康发展。因此，如何对冲通胀风险是投资者做出投资决策时不容忽视的问题。

通胀对冲则意味着要为因商品价格的上涨所带来的货币购买力的下降提供补偿。Fisher（1930）[140]认为，在相同期间内，资产的预期名义收益率应该等于预期通胀率和实际收益率之和，而实际收益率则应该由资本的生产力、投资者偏好以及风险等因素决定，在长期内是稳定不变的，故当某一项资产的名义收益率与通胀率进行一对一变化时，才能实现完全的通胀对冲。

26.4 数据处理与实证结果

26.4.1 变量选取与数据处理

根据上述通胀对冲的定义，本章选取全国居民消费者物价指数（CPI）的同比月度数据来衡量年度通货膨胀率，并进行对数差分处理，计算公式为：

$$CPI_t = \ln(CPI_t / 100) \qquad (26\text{-}1)$$

对冲工具上，我们选择期货价格指数而非特定的商品期货品种。这是考虑到普通投资者主动构建商品期货组合的成本和风险较大，而作为被动投资策略的商品指数化投资则具有分散风险、方便易行等优点。具体而言，我们选取南华期货编制发布的南华商品指数（NHCI）作为标的跟踪指数，同时为配合月度同比 CPI 数据，采用 NHCI 的每月月末数据来计算持有期为一年的投资组合收益率，计算公式为

$$r_t = \ln(p_t/p_{t-12}) \tag{26-2}$$

即当月末收盘价与上年同月末收盘价的对数收益率。

26.4.2 统计分析

表 26-1 为本章通胀率和 NHCI 商品指数收益率的描述性统计，R 中可用的包有 fBasics。

表 26-1 描述性统计

	均值	中位数	标准差	最小值	最大值	偏度	峰度
CPI	0.027	0.022	0.021	−0.018	0.083	0.577	0.458
NHCI	0.014	0.006	0.188	−0.440	0.495	0.228	−0.039

为了能够更加直观地观察通货膨胀和 NHCI 商品指数收益率的变动情况，接下来通过绘制图形来描述二者的变动路径。图 26-1 描述了 NHCI 收益率和通胀率的走势图，从图中可以看出二者之间具有类似的变化趋势，说明二者之间有一定程度的相关性。

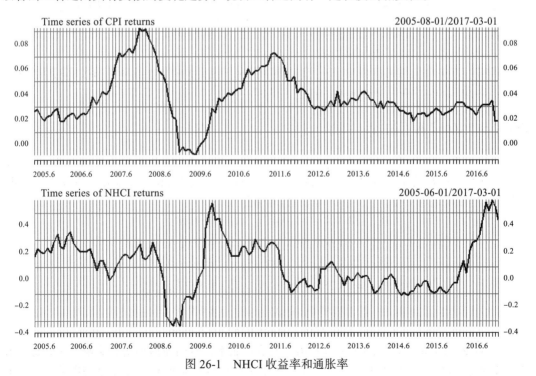

图 26-1 NHCI 收益率和通胀率

由于多数宏观经济变量都属于非平稳的时间序列变量，为了保证各月度时间内序列数据是平稳的，避免"伪回归"现象的出现，本章采用单位根检验法中最常用的 ADF 检验方法来对文中时间序列数据进行平稳性检验。R 中可用的包有 urca。从样本时间序列及其一阶差分序列 ADF 检验结果来看，各序列均为一阶差分平稳序列，且二者之间可能存在长期均衡的协整关系。

26.4.3 协整分析

为判断变量之间是否存在长期均衡关系，本章采用 Engle-Granger 协整检验方法。表 26-2 是协整检验的具体结果，由统计量的 p 值可以得知：在 5% 的显著性水平下，两变量在长期内存在双向协整关系。

表 26-2 协整检验结果

统计量	系数值	标准差	t 值	p 值
φ_1	−0.053	0.026	−2.016	0.046[①]
φ_2	−0.629	0.301	−2.089	0.039[①]

①表示在 5% 的显著性水平下显著。

26.4.4 格兰杰因果检验

本章检验了 NHCI 收益率与通货膨胀率序列之间可能存在的格兰杰因果关系，检验结果如表 26-3 所示。

表 26-3 格兰杰因果检验结果

原假设：不存在格兰杰因果关系	F 统计量	p 值
CPI—> NHCI	9.125	0.011[①]
NHCI—> CPI	8.640 7	0.048 6[①]

①表示在 5% 的显著性水平下显著。

从格兰杰检验结果可以看出，在 95% 的置信水平下，NHCI 收益率是通胀率的格兰杰原因，同时 NHCI 收益率也是通胀率的格兰杰原因。

26.4.5 VAR 模型估计

由协整检验结果可知 NHCI 收益率和通货膨胀率之间的确存在长期的均衡关系。由于如果变量间存在协整关系就可以使用 VAR 模型来估计它们之间的相互关系和反应模式。因此，根据 SC 准则选取滞后期为 1，估计 VAR(1) 模型结果如下：

$$R_{cpit} = 0.001\,4 + 0.943 R_{cpi(t-1)} + 0.008 R_{nhci(t-1)}$$
$$(0.001\,4) \quad (0.024\,4) \quad (0.002\,6)$$
$$(1.702\,0) \quad (38.624) \quad (2.940\,0)$$

$$R_{nhcit} = 0.025\,3 - 0.858 R_{cpi(t-1)} + 0.963 R_{nhci(t-1)}$$
$$(0.009\,4) \quad (0.284\,1) \quad (0.031\,1)$$
$$(2.692\,0) \quad (-3.021) \quad (30.956)$$

由 VAR（1）系数估计结果可以看出，通货膨胀率自身的滞后项对其影响最大，原因在于一般商品都存在价格刚性，滞后一期的 NHCI 收益率对通胀率也存在显著影响，但影响不大。滞后一期的 NHCI 收益率每增加 1 个百分点，会导致通货膨胀率上涨 0.008%，这说明 NHCI 指数对通货膨胀有预期作用，意味着投资人可以通过投资于 NHCI 商品指数期货来对冲通货膨胀风险，同时滞后一期的通胀率每上涨 1 个百分点，会导致 NHCI 收益率下降 0.858%。

26.4.6 脉冲响应分析

脉冲响应函数描述 VAR 中一个内生变量的冲击（Shock）或新息（Innovation）给其他变量所带来的影响。在 VAR 模型中，对第 i 个变量的冲击不仅直接影响第 i 个变量，并且通过 VAR 模型的动态（滞后）结构传导给所有的其他内生变量。图 26-2a 显示通货膨胀率对 NHCI 收益率冲击的响应，当 NHCI 受到外部冲击时，会给通货膨胀一个持续的正向冲击，但冲击较小。图 26-2b 显示 NHCI 收益率对通货膨胀率冲击的响应，当 CPI 受到外部冲击时，NHCI 收益率的响应在前四期为正向，之后逐渐变为负向。该结果说明，当通货膨胀受到冲击上升后，NHCI 收益率也会跟着上涨。这意味着 NHCI 收益率能够覆盖通货膨胀率，同样验证了 NHCI 期货指数具有通胀对冲能力。

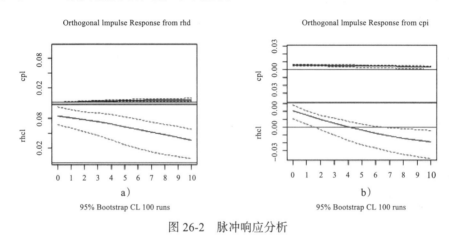

图 26-2　脉冲响应分析

26.5　主要的 R 程序代码及其说明

接下来是 R 程序的展示和说明，如范例程序 26-1 所示。

范例程序 26-1：VAR 模型估计前准备工作

```
library(xts); library(fBasic);    # 加载后面将用到的2个时间序列包 xts、fBasics
library(urca);library(tsDyn)      # 加载后面用来检验时间序列的包 urca、tsDyn
nfci0=read.csv("nfci.csv");head(nfci0)
   # 加载 NFCI 收益率和通胀率数据，并展示前6行。注：第一列必须为时间刻度数据
cpi=as.xts(nfci0[,2],as.Date(nfci0[,1]))    # 将 CPI 转换为 R 程序可处理的时间序列格式
nhci=as.xts(nfci0[,3],as.Date(nfci0[,1]))   # 将 NHCI 转换为 R 程序可处理的时间序列格式
data=na.omit(cbind(cpi,nhci))     # 去除缺值
colnames(data)=c("cpi","nhci")    # 修改列名
head(data)                        # 展示之后用来分析的数据前6行

## 描述性统计
basicStats(data)                  # 列出数据的均值、中位数等统计值
par(mfrow=c(2,1))                 # 将画布分为两部分
plot(cpi, xlab = "dates", main = "Time series of CPI returns")
   # 画通胀率随时间变化图，如图 26-1 上半部分所示
plot(nhci, xlab = "dates", main = "Time series of NHCI returns")
   # 画 NHCI 收益率随时间变化图，如图 26-1 下半部分所示
par(mfrow=c(1,1))                 # 将画布合并

# ADF 检验
```

```r
y=data[,1]                                            # 取通胀率数据
y.df=ur.df(y, type=c("trend"),selectlags = "AIC")     # 进行 ADF 检验
summary(y.df)                                         # 摘要检验结果
y=data[,2]                                            # 取 NHCI 收益率数据
y.df=ur.df(y, type=c("trend"),selectlags = "AIC")     # 进行 ADF 检验
summary(y.df)                                         # 摘要检验结果
y1=na.omit(diff(data[,1]))                            # 将通胀率数据进行一阶差分处理,并去除缺值
y2=na.omit(diff(data[,2]))                            # 将 NHCI 收益率数据进行一阶差分处理,并去除缺值
y.df1=ur.df(y1, type=c("trend"),selectlags = "AIC")   # 进行 ADF 检验
y.df2=ur.df(y2, type=c("trend"),selectlags = "AIC")   # 同上
summary(y.df1);summary(y.df2)                         # 摘要检验结果

# EG 检验
lags <- VARselect(data, lag.max=25)$selection         # 根据 AIC、SC 等规则确定 VAR 方程滞后项
vecm.eg<-VECM(data, lag=lags[3],include ="const",estim = "2OLS")  # 进行 EG 协整检验
summary(vecm.eg)                                      # 摘要检验结果
```

完成上述操作后,接下来要进行 VAR 模型的估计并根据模型进行后续分析,数据、包已经加载到工作区间,如范例程序 26-2 所示。

范例程序 26-2:VAR 模型估计及后续分析

```r
output=VAR(data, lag.max=20,ic="SC")                  # 估计 VAR 模型
coef(output)                                          # 列出模型系数
summary(output)                                       # 模型摘要

# Granger 因果关系检验
causality(output,cause="cpi",boot=TRUE, boot.runs=5000)
causality(output,cause="nhci",boot=TRUE, boot.runs=5000)

# impulse 响应分析
output.irf=irf(output, impulse = "cpi", response = c("cpi", "nhci"),
boot=TRUE, boot.runs=1000)                            # 外部冲击来自于通胀率
plot(output.irf)                                      # 画出脉冲响应图,如图 26-2 中的左图所示
output.irf=irf(output, impulse = "nhci", response = c("cpi", "nhci"),
boot=TRUE, boot.runs=1000)                            # 外部冲击来自于 NHCI 收益率
plot(output.irf)                                      # 画出脉冲响应图,如图 26-2 中的右图所示
```

参 考 文 献

［1］ Vance A. Data Analysts Captivated by R's Power［N］. New York Times, 2009-01-06.

［2］ Xie Y. Bookdown: Authoring Books and Technical Documents with R Markdown［M］. CRC Press, 2017.

［3］ Zivot E. Working with Time Series Data in R［R/OL］. https://faculty.washington.edu/ezivot/econ424/Working%20with%20Time%20Series%20Data%20in%20R.pdf, 2014.

［4］ Friendly M. Corrgrams: Exploratory Displays for Correlation Matrices［J］. American Statistician, 2002, 56(4): 316-324.

［5］ Frank M W. A New State-Level Panel of Annual Inequality Measures Over the Period 1916-2005［R］. Working Paper, Sam Houston State University, Dept of Economics and International Business, 2008.

［6］ White H. A Heteroskedasticity-Consistent Covariance Matrix Estimator and a Direct Test for Heteroskedasticity［J］. Econometrica, 1980, 48(4): 817-838.

［7］ Ramsey J B. Tests for Specification Errors in Classical Linear Least-Squares Regression Analysis［J］. Journal of the Royal Statistical Society, 1969, 31(2): 350-371.

［8］ Harvey A C, Collier P. Testing for Functional Misspecification in Regression Analysis［J］. Journal of Econometrics, 1977, 6(1): 103-119.

［9］ Huber P J. Robust Regression: Asymptotics, Conjectures and Monte Carlo［J］. Annals of Statistics, 1973, 1(5): 799-821.

［10］ Rousseeuw P, Yohai V. Robust Regression by Means of S-Estimators : Robust and Nonlinear Time Series Analysis［C］. New York: Springer, 1984: 256-272.

［11］ Yohai V. High Breakdown-Point and High Efficiency Robust Estimates for Regression［J］. Annals of Statistics, 1987, 15(2): 642-656.

［12］ Koenker R, Bassett G. Regression Quantiles［J］. Econometrica, 1978, 46(1): 33-50.

［13］ Koenker R. Quantile Regression［M］. New York: Cambridge University Press, 2005.

［14］ Brock W A, Heish D A, LeBaron B. Nonlinear Dynamics, Chaos, and Instability: Statistical Theory and Economic Evidence［M］. The MIT Press, Cambridge, 1991.

［15］ Brock W A, Dechert W D, Scheinkman J A, LeBaron B. A test for Independence based on the Correlation Dimension［J］. Economic Review, 1996, 15(3): 197-235.

［16］ Lo A We, Mackinlay A. Stock Market Prices Do Not Follow Random Walks : Evidence from a Simple Specification Test［J］. Review of Financial Studies, 1988, 1(1): 41-66.

［17］ Chow K V, Denning K C. A Simple Multiple Variance Ratio Test［J］. Journal of Econometrics, 1993, 58(3): 385-401.

[18] Phillips P C B, Perron P. Testing for a Unit Root in Time Series Regression [J]. Biometrika, 1988, 75(2): 335-346.

[19] Elliott G, Rothenberg T J, Stock J H. Efficient Tests for an Autoregressive Unit Root [J]. Econometrica, 1996, 64(4): 813-836.

[20] Kwiatkowski D, Phillips P C B, Schmidt P, Shin Y. Testing the null hypothesis of stationary against the alternative of a unit root: How sure are we that economic time series have a unit root [J]. Journal of Econometrics, 1992, 54 (1-3) : 159-178.

[21] Perron P. The Great Crash, the Oil Price Shock, and the Unit Root Hypothesis [J]. Econometrica, 1989, 57(6): 1361-1401.

[22] Zivot E, Andrews D W K. Further Evidence on the Great Crash, the Oil-Price Shock, and the Unit-Root Hypothesis [J]. Journal of Business & Economic Statistics, 1992, 10(3) : 251-270.

[23] Engle R F. Autoregressive Conditional Heteroscedasticity with estimates of the variance of United Kingdom inflation [J]. Econometrica, 1982, 50(4): 987-1007.

[24] Bollerslev T. Generalized Autoregressive Conditional Heteroskedasticity [J]. Journal of Econometrics, 1986, 31(3): 307-327.

[25] Hsieh D A. Modeling Heteroscedasticity in Daily Foreign-Exchange Rates [J]. Journal of Business & Economic Statistics, 1989, 7(3): 307-317.

[26] Nelson D B. Conditional Heteroskedasticity in Asset Returns: A New Approach [J]. Econometrica, 1991, 59(2): 347-370.

[27] Palm F C, Vlaar P J G. Simple Diagnostic Procedures for Modeling Financial Time Series [J]. Allgemeines Statistisches Archiv, 1997(81): 632-638.

[28] Sims C A. Macroeconomics and Reality [J]. Econometrica, 1980, 48(1): 1-48.

[29] Engle R F, Granger C W J. Co-Integration and Error Correction: Representation, Estimation and Testing [J]. Econometrica, 1987, 55(2): 251-276.

[30] Engle R F, Kroner K F. Multivariate Simultaneous Generalized ARCH [J]. Econometric Theory, 1995, 11(1): 122-150.

[31] Engle R F, Sheppard K. Theoretical and empirical properties of dynamic conditional correlation multivariate GARCH [R]. NBER Working Paper, 2001.

[32] Hansen B. Threshold Effects in Non-Dynamic Panels: Estimation, Testing and Inference [J]. Journal of Econometrics, 1999, 93(2): 345-368.

[33] Sall J. Leverage Plots for General Linear Hypotheses [J]. American Statistician, 1990, 44 (4) : 308-315.

[34] Belsley D A, Kuh E, Welsch R E. Regression Diagnostics : Identifying Influential Data and Sources of Collinearity [M]. New York: John Wiley and Sons Ltd, 1980.

[35] Bai J, Perron P. Estimating and Testing Linear Models with Multiple Structural Changes [J]. Econometrica, 1998, 66(1): 47-78.

[36] Bai J, Perron P. Critical Values for Multiple Structural Change Tests [J]. Econometrics Journal, 2003, 6(1): 72-78.

[37] Hansen B. Tests for Parameter Instability in Regressions with I(1) Processes [J]. Journal of Business & Economic Statistics, 1992, 10(3): 321-335.

[38] Hansen B. Approximate Asymptotic p Values for Structural-Change Tests [J]. Journal of Business & Economic Statistics, 1997, 15(1): 60-67.

[39] Goldfeld S M, Quandt R E. A Markov Model of Switching Regressions[J]. Journal of Econometrics, 1973, 1(1): 3-15.

[40] Hamilton J D. A New Approach to the Economic Analysis of Nonstationary Time Series and the Business Cycle[J]. Econometrica, 1989, 57(2): 357-384.

[41] Hsiao C. Analysis of Panel Data[M]. Cambridge: Cambridge University Press, 2003.

[42] Macurdy T E. An Empirical Model of Labor Supply in a Life Cycle Setting[J]. Journal of Political Economy, 1981, 89(6): 1059-1085.

[43] Barro R, Sala-i-Martin X. Economic Growth[M]. New York: McGraw-Hill, 1995.

[44] Durlauf S N. Manifesto for Growth Econometrics[J]. Journal of Econometrics, 2001, 100(1): 65-69.

[45] Durlauf S N, Johnson P A, Temple J R W. Growth Econometrics[M]. Handbook of Economic Growth, Volume 1, Part A, 2005: 555-677.

[46] Baltagi B, Levin D. Cigarette taxation: Raising revenue and reducing consumption[J]. Structure Change and Economic Dynamics, 1992, 3(2): 321-335.

[47] Ben-Porath Y. Labor force participation rates and the supply of labor[J]. Journal of Political Economy, 1973, 81(3): 697-704.

[48] Dhrymes P J. Mathematics for Econometrics[M]. New York: Springer, 2013.

[49] Lee M J. Panel data Econometrics: Methods-of-Moments and Limited Dependent Variables[M]. San Diego: Acaclemic press, 2002.

[50] Greene W H. Econometric Analysis[M]. Upper Saddle River, New Jersey: Prentice Hall, 2012.

[51] Amemiya T. The Estimation of the Variances in a Variance-Components Model[J]. International Economic Review, 1971, 12(1): 1-13.

[52] Breusch T S. Maximum Likelihood Estimation of Random Effects Models[J]. Journal of Econometrics, 1987, 36(3): 383-389.

[53] Maddala G S. The Use of Variance Components Models in Pooling Cross Section and Time Series Data[J]. Econometrica, 1971, 39(2): 341-358.

[54] Breusch T S, Pagan A R. The Lagrange Multiplier Test and its Applications to Model Specification in Econometrics[J]. Reviews of Economic Studies, 1980, 47(1): 239-253.

[55] Baltagi B. Pooling: An Experimental Study of Alternative Testing and Estimation Procedures in a Two-Way Error Components Model[J]. Journal of Econometrics, 1981, 17(1): 21-49.

[56] Honda Y. Testing The Error Components Model with Non-Normal Disturbances[J]. Review of Economic Studies, 1985, 52(4): 681–690.

[57] Moulton B R, Randolph W C. Alternative Tests of the Error Components Model[J]. Econometrica, 1989, 57(3): 685-693.

[58] King M L, Wu P X. Locally Optimal One-Sided Tests for Multiparameter Hypotheses[J]. Econometric Reviews, 1997, 16(2): 131-156.

[59] Baltagi B, Li Q. Prediction in the One-Way Error Component Model with Serial Correlation[J]. Journal of Forecasting, 1992, 11(6): 561-567.

[60] Gourieroux C, Holly A, Monfort A. Likelihood Ratio Test, Wald Test, and Kuhn-Tucker Test in Linear Models with Inequality Constraints on the Regression Parameters[J]. Econometrica, 1982, 50(1): 63-80.

[61] Wooldridge J M. Econometric Analysis of Cross-Section and Panel Data[M]. Cambridge: MIT Press, 2010.

[62] Baltagi B, Li Q. A Joint Test for Serial Correlation and Random Individual Effects[J]. Statistics and Probability Letters, 1991, 11(3): 277-280.

[63] Baltagi B, Li Q. Testing AR(1) Against MA(1) Disturbances in an Error Component Model[J]. Journal of Econometrics, 1995, 68(1): 133-151.

[64] Baltagi B. Econometric Analysis of Panel Data[M]. New York: John Wiley and Sons Ltd, 2005.

[65] Bera A, Sosa-Escudero W, Yoon M. Tests for the Error Component Model in the Presence of Local Misspecification[J]. Journal of Econometrics, 2001, 101(1): 1-23.

[66] Petersen M A. Estimating Standard Errors in Finance Panel Data Sets: Comparing Approaches[J]. The Review of Financial Studies, 2009, 22(1): 435-480.

[67] Stock J H, Watson M W. Heteroskedasticity Robust Standard Errors for Fixed Effects Panel Rata Regression[J]. Econometrica, 2008, 76(1): 155-174.

[68] Thompson S B. Simple Formulas for Standard Errors that Cluster by Both Firm and Time[J]. Journal of Financial Economics, 2011, 99(1): 1-10.

[69] Baltagi B H. Fixed Effects and Random Effects[M]. New York: Palgrave Macmillan, 2010.

[70] White H. Asymptotic Theory for Econometricians[M]. New York: Academic Press, 1980.

[71] Arellano M. Practitioners'corner: Computing Robust Standard Errors for Within-groups Estimators[J]. Oxford Bulletin of Economics and Statistics, 1987, 49(4): 431-434.

[72] Beck N, Katz. What to Do (and not to Do) with Time-Series Cross-Section Data in Comparative Politics. American Political Science Review, 1995, 89(3): 634-647.

[73] Driscoll J C, Kraay A C. Consistent Covariance Matrix Estimation with Spatially Dependent Panel Data[J]. Review of Economics & Statistics, 1998, 80(4): 549-560.

[74] Arellano M, Bover O. Another Look at the Instrumental Variable Estimation of Error-Components Models[J]. Journal of Econometrics, 1995, 68(1): 29-51.

[75] Hansen L P. Large Sample Properties of Generalized Methods of Moments Estimators[J]. Econometrica, 1982, 50(4): 1029-1054.

[76] Sargan J D. The Estimation of Economic Relationships using Instrumental Variables[J]. Econometrica, 1958, 26(3): 393-415.

[77] Arellano M, Bond S. Some Tests of Specification for Panel Data: Monte Carlo Evidence and an Application to Employment Equations[J]. Review of Economic Studies, 1991, 58(2): 277-297.

[78] Blundell R, Bond S. Initial Conditions and Moment Restrictions in Dynamic Panel Data Models[J]. Journal of Econometrics, 1998, 87(1): 115-143.

[79] Hansen B E. Threshold Effects in Non-Dynamic Panels: Estimation, Testing, and Inference[J]. Journal of Econometrics, 1999, 93(2): 345-368.

[80] Chang Y. Nonlinear IV Unit Root Tests in Panels with Cross-Sectional Dependency[J]. Journal of Econometrics, 2002, 110(2): 261-292.

[81] Andreou E, Ghysels E, Kourtellos A. Regression Models with Mixed Sampling Frequencies[J]. Journal of Econometrics, 2010(158): 246-261.

[82] Ghysels E, Santa-Clara P, Valkanov R. Predicting volatility: Getting The Most out of Return Data Sampled at Different Frequencies[J]. Econometrics, 2006, 131(1-2): 59-95.

[83] Ghysels E, Sinko A, Valkanov R. MIDAS Regressions: Further Results and New Directions[J]. Econometric Reviews, 2007, 26(1): 53-90.

［84］ Almon S. The Distributed Lag between Capital Appropriations and Net Expenditures［J］. Econometrica, 1965, 33(1): 178-196.

［85］ Bai J, Ghysels E, Wright J. State Space Models and MIDAS Regressions［J］. Econometric Reviews, 2013, 32(7): 779-813.

［86］ Hansen P R, Huang Z, Shek H H. Realized GARCH : A Joint Model for Returns and Realized Measures of Volatility［J］. Journal of Applied Econometrics, 2012, 27(6): 877-906.

［87］ Engle R F, Ng V. Measuring and Testing the Impact of News on Volatility［J］. Journal of Finance, 1993, 48(5): 1747-1778.

［88］ Andersen T G, Bollerslev T. Answering the Skeptics : Yes, Standard Volatility Models Do Provide Accurate Forecasts［J］. International Economic Review, 1998, 39(4): 885-905.

［89］ Christoffersen P, Feunou B, Jacobs K, et al. The Economic Value of Realized Volatility : Using High-Frequency Returns for Option Valuation［J］. Journal of Financial and Quantitative Analysis, 2014, 49(3): 663-697.

［90］ 王天一, 黄卓. 高频数据波动率建模——基于厚尾分布的Realized GARCH模型［J］. 数量经济技术经济研究, 2012(5): 149-160.

［91］ Engle R F. Dynamic Conditional Correlation : A Simple Class of Multivariate Generalized Autoregressive Conditional Heteroskedasticity Models［J］. Journal of Business & Economic Statistics, 2002, 20(3): 339-350.

［92］ Engle R F, Gallo G M. A Multiple Indicators Model for Volatility using Intra-Daily Data［J］. Journal of Econometrics, 2006, 131(1-2): 3-27.

［93］ Shirota S, Hizu T, Omori Y. Realized Stochastic Volatility with Leverage and Long Memory［J］. Computational Statistics & Data Analysis, 2014(76): 618-641.

［94］ Takahashi M, Watanabe T, Omori Y. Volatility and Quantile Forecasts by Realized Stochastic Volatility Models with Generalized Hyperbolic Distribution［J］. International Journal of Forecasting, 2016, 32(2): 437-457.

［95］ Watanabe T. Quantile Forecasts of Financial Returns using Realized GARCH Models［J］. The Japanese Economic Review, 2012, 63(1): 68-80.

［96］ Louzis D P, Xanthopoulos-Sisinis S, Refenes A P. The Role of High - Frequency Intradaily Data, Daily Range and Implied Volatility in Multi-period Value-at-Risk Forecasting［J］. Journal of Forecasting, 2013, 32(6): 561-576.

［97］ Tian S, Hamori S. Modeling Interest Rate Volatility : A Realized GARCH Approach［J］. Journal of Banking & Finance, 2015(61): 158-171.

［98］ Gerlach R, Wang C. Forecasting Risk Via Realized GARCH, Incorporating the Realized Range［J］. Quantitative Finance, 2016, 16(4): 501-511.

［99］ Huang Z, Wang T, Hansen P R. Option Pricing with the Realized GARCH Model: An Analytical Approximation Approach［J］. Journal of Futures Markets, 2017, 37(4): 328-358.

［100］ Karpoff J M. The Relation between Price Changes and Trading Volume : A Survey［J］. Journal of Financial and quantitative Analysis, 1987, 22(1): 109-126.

［101］ Gallant A R, Rossi P E, Tauchen G. Stock Prices and Volume［J］. Review of Financial Studies, 1992, 5(2): 199-242.

［102］ Chuang C C, Kuan C M, Lin H Y. Causality in Quantiles and Dynamic Stock Return-Volume

Relations[J]. Journal of Banking & Finance, 2009, 33(7): 1351-1360.

[103] Copeland T E. A Model of Asset Trading Under the Assumption of Sequential Information Arrival [J]. The Journal of Finance, 1976, 31(4): 1149-1168.

[104] Jennings R H, Starks L T, Fellingham J C. An Equilibrium Model of Asset Trading with Sequential Information Arrival[J]. The Journal of Finance, 1981, 36(1): 143-161.

[105] Epps T W, Epps M L. The Stochastic Dependence of Security Price Changes and Transaction Volumes: Implications for the Mixture-of-Distributions Hypothesis[J]. Econometrica, 1976, 44(2): 305-321.

[106] Clark P K. A Subordinated Stochastic Process Model with Finite Variance for Speculative Prices [J]. Econometrica, 1973, 41(1): 135-155.

[107] Campbell J Y, Grossman S J, Wang J. Trading Volume and Serial Correlation in Stock Returns[J]. The Quarterly Journal of Economics, 1993, 108(4): 905-939.

[108] Blume L, Easley D, O'hara M. Market Statistics and Technical Analysis: The Role of Volume[J]. The Journal of Finance, 1994, 49(1): 153-181.

[109] Wang J. A Model of Competitive Stock Trading Volume[J]. Journal of political Economy, 1994, 102(1): 127-168.

[110] Lee B S, Rui O M. Does Trading Volume Contain Information to Predict Stock Returns? Evidence From China's Stockmarkets[J]. Review of Quantitative Finance and Accounting, 2000, 14(4): 341-360.

[111] Chen G, Firth M, Rui O M. The Dynamic Relation Between Stock Returns, Trading Volume, and Volatility[J]. Financial Review, 2001, 36(3): 153-174.

[112] Lee B S, Rui O M. The Dynamic Relationship between Stock Returns and Trading Volume: Domestic and Crosscountry Evidence[J]. Journal of Banking & Finance, 2002, 26(1): 51-78.

[113] Rashid A. Stock Prices and Trading Volume: An Assessment for Linear and Nonlinear Granger Causality[J]. Journal of Asian Economics, 2007, 18(4): 595-612.

[114] Pisedtasalasai A, Gunasekarage A. Causal and Dynamic Relationships Among Stock Returns, Return Volatility and Trading Volume: Evidence from Emerging Markets in South-East Asia[J]. Asia-Pacific Financial Markets, 2007, 14(4): 277-297.

[115] Chuang W I, Liu H H, Susmel R. The Bivariate GARCH Approach to Investigating the Relation between Stock Returns, Trading Volume, and Return Volatility[J]. Global Finance Journal, 2012, 23(1): 1-15.

[116] Chen S S. Revisiting the Empirical Linkages between Stock Returns and Trading Volume[J]. Journal of Banking & Finance, 2012, 36(6): 1781-1788.

[117] Saatcioglu K, Starks L T. The Stock Price-Volume Relationship in Emerging Stock Markets: The Case of Latin America[J]. International Journal of forecasting, 1998, 14(2): 215-225.

[118] Hiemstra C, Jones J D. Testing for Linear and Nonlinear Granger Causality in the Stock Price-Volume Relation[J]. The Journal of Finance, 1994, 49(5): 1639-1664.

[119] Moosa I A, Slivapulle P. The Price-Volume Relationship in the Crude Oil Future Market, Some Results Based on Linear and Nonlinear Causality Testing[J]. International review of Economics & Finance, 2000, 9(1): 11-30.

[120] Lin H Y. Dynamic Stock Return-Volume Relation: Evidence from Emerging Asian Markets[J].

Bulletin of Economic Research, 2013, 65(2): 178-193.

[121] Gebka B, Wohar M E. Causality between Trading Volume and Returns: Evidence from Quantile Regressions[J]. International Review of Economics & Finance, 2013(27): 144-159.

[122] 李双成. 中国股票市场量价关系的理论与实证研究[D]. 天津：天津大学, 2006.

[123] Patton A J. Applications of Copula Theory in Financial Econometrics[D]. Ph.D Dissertation of University of Califonia, San Diego, 2002.

[124] Arouri M, Jawadi F, Nguyen D. International Stock Return Linkages: Evidence from Latin American Markets[J]. European Journal of Economics, Finance and Administrative Sciences, 2008(11): 54-65.

[125] 韦艳华, 张世英. 金融市场的相关性分析——Copula-GARCH 模型及其应用[J]. 系统工程, 2004, 22(4): 7-12.

[126] 张昭, 李安渝, 秦良娟. 沪港通对沪港股市联动性的影响[J]. 金融理论探索, 2014(6): 59-62.

[127] 刘映琳, 鞠卓, 刘永辉. 基于 DCC-GARCH 的中国大宗商品金融化研究[J]. 国际商务研究, 2017(5): 75-83.

[128] Bollerslev T. Modelling the Coherence in Short-Run Nominal Exchange Rates: Multivariate Generalized ARCH Approach[J]. Review of Economics and Statistics, 1990, 72(3): 498-505.

[129] Granger C W J. Spurious Regressions in econometrics[J]. Journal of Econometrics, 1974, 2(2): 111-120.

[130] Garbade K D, Silber W L. Price Movements and Price Discovery in Futures and Cash Markets[J]. Review of Economics & Statistics, 1983, 65(2): 289-297.

[131] 严敏, 吴博, 巴曙松. 我国股指期货市场的价格发现与波动溢出效应[J]. 系统工程, 2010(10): 32-38.

[132] 张宗成, 刘少华. 沪深 300 股指期货市场与现货市场联动性及引导关系实证分析[J]. 中国证券期货, 2010(5): 4-6.

[133] 葛勇, 叶德磊. 沪深 300 指期货与现货价格发现功能研究[J]. 金融管理干部学院学报, 2008(5): 99-102.

[134] Spierdijk L, Umar Z. Stocks, Bonds, T-Bills and Inflation Hedging: From Great Moderation to Great Recession[J]. Journal of Economics and Business, 2015(79): 1-37.

[135] Joshi A. Inflation Risk Hedging Strategy for Equities using Commodity Futures[J]. International Journal of Trade Economics & Finance, 2014: 78-82.

[136] Spierdijk L, Umar Z. Are Commodity Futures a Good Hedge Against Inflation[J]. Journal of Investment Strategies, 2014, 3(2): 35-57.

[137] Gospodinov N, Ng S. Commodity Prices, Convenience Yields, and Inflation[J]. Review of Economics & Statistics, 2013, 95(1): 206-219.

[138] 部慧, 汪寿阳. 商品期货及其组合通胀保护功能的实证分析[J]. 管理科学学报, 2010, 13(9): 26-36.

[139] 孙彦雄. 我国资产的通胀保护功能的实证研究[D]. 北京：对外经济贸易大学, 2012.

[140] Fama E F, Schwert G W. Asset Returns and Inflation[J]. Journal of Financial Economics, 1977, 5(2): 115-146.

[141] 彭韬. 国内商品期货的组合投资价值[D]. 长沙：中南大学, 2013.

[142] Fisher I. The Theory of Interest[M]. New York: Macmillan, 1930: 156-159.

后　　记

本书是同济大学经济与管理学院"高级金融计量模型"课程的教学成果之一。教学内容成书之际，我在欣喜之余，亦满怀感激。

首先，我要感谢我的合著者何宗武教授。2015年年初，我们邀请何宗武教授来同济大学为经济与管理学院经济类博士生讲授金融计量模型及其R语言实现的相关内容，本人有幸全程旁听、参与了课程教学，为何老师深入浅出、条分缕析的模型讲解所折服，更为何老师不辞劳苦、甘当人梯的教学精神深深感动。本书从构思到完稿，历时近两年，内容繁多，工作繁杂，若不是有学养深厚的何老师把舵，难以想象我能完成一本如此大部头的作品。

其次，我要感谢同济大学和我的领导及同事。我所在的经济与管理学院为我们提供了宽松的教学、科研环境，金福安书记及阮青松副院长都为我们的课程教学及本书的编写提供了关心和帮助；尤其感谢陈伟忠教授和兀云波老师，他们为我们的教学和本书的编写提供了强有力的支持和指导；感谢陈强教授于百忙之中欣然亲笔作序；感谢研究生院为本书的出版立项资助；感谢研究生院贾青青老师和袁怡洁老师不厌其烦地答疑解惑、提供协助。

我还要感谢选这门课的诸位同学，正是各位同学求知的渴望和活跃的思维，成就了老师的职业自豪感，也激发了老师著书立说的动力和灵感。本书的出版也有放弃暑假宝贵休息时间来上课的各位同学的功劳。

最后，我要感谢机械工业出版社华章公司的王洪波和王宇晴两位老师。本书的出版离不开王洪波老师的策划和协调，也离不开王宇晴老师专业细致的编辑支持。

本书由本人和何老师共同编著。本人负责第1～4章及第20～26章，何老师负责第5～19章。同济大学经济与管理学院的部分选课博士生和硕士生对本书相关章节的编写提供了协助，其中：蒋伟博士参与了第20章的编写，夏婷博士参与了第21章的编写，王盼盼和张琪同学参与了第22章的编写，杨恒同学参与了第23章的编写，羊洪伟同学参与了第24章的编写，谢姝涵同学参与了第25章的编写，曹欣童同学参与了第26章的编写。全书内容由本人统稿，书中如有错误偏颇之处，敬请各位读者批评指正！

马卫锋
2019年年初春于同济大厦A楼

推荐阅读

书名	作者	中文书号	定价
货币金融学（第2版）	蒋先玲（对外经济贸易大学）	978-7-111-57370-8	49.00
货币金融学习题集（第2版）	蒋先玲（对外经济贸易大学）	978-7-111-59443-7	39.00
货币银行学（第2版）	钱水土（浙江工商大学）	978-7-111-41391-2	39.00
投资学原理及应用（第3版）	贺显南（广东外语外贸大学）	978-7-111-56381-5	40.00
《投资学原理及应用》习题集	贺显南（广东外语外贸大学）	978-7-111-58874-0	30.00
证券投资学(第2版)	葛红玲（北京工商大学）	978-7-111-42938-8	39.00
证券投资学	朱晋（浙江工商大学）	978-7-111-51525-8	40.00
风险管理（第2版)	王周伟（上海师范大学）	978-7-111-55769-2	55.00
风险管理学习指导及习题解析	王周伟（上海师范大学）	978-7-111-55631-2	35.00
风险管理计算与分析：软件实现	王周伟（上海师范大学）	978-7-111-53280-4	39.00
金融风险管理	王勇（光大证券）	978-7-111-45078-8	59.00
衍生金融工具基础	任翠玉（东北财经大学）	978-7-111-60763-2	40.00
固定收益证券	李磊宁（中央财经大学）	978-7-111-45456-4	39.00
行为金融学（第2版）	饶育蕾（中南大学）	978-7-111-60851-6	49.00
中央银行的逻辑	汪洋（江西财经大学）	978-7-111-49870-4	45.00
商业银行管理	陈颖（中央财经大学）	即将出版	
投资银行学:理论与案例（第2版）	马晓军（南开大学）	978-7-111-47822-5	40.00
金融服务营销	周晓明（西南财经大学）	978-7-111-30999-4	30.00
投资类业务综合实验教程	甘海源等（广西财经大学）	978-7-111-49043-2	30.00
公司理财：Excel建模指南	张周(上海金融学院)	978-7-111-48648-0	35.00
保险理论与实务精讲精练	胡少勇（江西财经大学）	978-7-111-55309-0	39.00
外汇交易进阶	张慧毅（天津工业大学）	978-7-111-60156-2	45.00

推荐阅读

中文书名	原作者	中文书号	定价
公司金融(第12版·基础篇)	理查德 A. 布雷利 伦敦商学院	978-7-111-57059-2	79.00
公司金融(第12版·基础篇·英文版)	理查德 A. 布雷利 伦敦商学院	978-7-111-58124-6	79.00
公司金融(第12版·进阶篇)	理查德 A. 布雷利 伦敦商学院	978-7-111-57058-5	79.00
公司金融(第12版·进阶篇·英文版)	理查德 A. 布雷利 伦敦商学院	978-7-111-58053-9	79.00
《公司金融(第12版)》学习指导及习题解析	理查德 A. 布雷利 伦敦商学院	即将出版	待定
投资学(第10版·精要版)	滋维·博迪 波士顿大学	978-7-111-48772-2	55.00
投资学(第10版·精要版·英文版)	滋维·博迪 波士顿大学	978-7-111-48760-9	75.00
投资学：原理与概念(第12版)	查尔斯 P.琼斯 北卡罗来纳州立大学	978-7-111-53341-2	89.00
投资学原理：估值与管理(第6版)	布拉德福德 D. 乔丹 肯塔基大学	978-7-111-52176-1	95.00
投资学：以Excel为分析工具(原书第4版)	格莱葛 W.霍顿 印第安纳州立大学	978-7-111-50989-9	45.00
财务分析:以Excel为分析工具(第6版)	蒂莫西 R. 梅斯 丹佛大都会州立学院	978-7-111-47254-4	59.00
个人理财(第6版)	杰夫·马杜拉 佛罗里达亚特兰大大学	978-7-111-59328-7	79.00